# Vatertagebuch

# v a t e r

# k l a u s

# t a g e

# m o d i c k

# b u c h

Eichborn

1 2 3 4 06 05


Umschlaggestaltung: Christiane Hahn
Gesamtherstellung: Fuldaer Verlagsanstalt, Fulda

ISBN 3-8218-5744-7



Verlagsverzeichnis schickt gern:
Eichborn Verlag, Kaiserstraße 66, 60329 Frankfurt
www.eichborn.de

In mir sieht man den Vater,
was möglich war, das tat er.

Aus der Operette *Giroflé-Girofla* von Charles Lecocq

## Donnerstag, 1. Januar 2004

Wie in jedem Jahr haben wir als Silvesterfeuerwerk vier Raketen gekauft, eine für Emily, eine für Marlene, eine für Jamie, eine für mich, ballern sie aber schon seit einigen Jahren nicht mehr gemeinsam in die Dunkelheit des Kommenden. Den »guten Rutsch« schliddern wir inzwischen auf getrennten Bahnen: Marlene feiert mit Freunden und Freundinnen im Mollberger Haus, Emily mit ihrer Clique in einem anderen Stadtteil, und wir sind in der Nachbarschaft bei Thea D. eingeladen, Freunde, Bekannte, Nachbarn, eine Gesellschaft von etwa 25 Personen.

Wir begrüßen das neue Jahr auf der Dachterrasse der Atelierwohnung von Helmut L. mit Blick über unser Viertel, und weil ich weiß, daß Emilys und Marlenes Raketen von hier aus nicht zu sehen sind, widme ich ihnen gedanklich einfach zwei andere, die dicht nebeneinander, aber doch schon leicht auseinanderstrebend, hoch über unseren Köpfen explodieren, sich im Funkenregen wieder vereinigen und im Absinken verglühen. Die Schönheit von Feuerwerk besteht in seiner Flüchtigkeit, den strahlenden Augenblicken zwischen Entstehen und Vergehen. Vielleicht ist es dieser Anblick, der mich zum Jahreswechsel sentimentaler stimmt als zu Geburtstagen, an denen die Zeit gemächlicher abrollt. Im Ruck des Sekundenzeigers vom alten Jahr zum neuen, im Knall und Fall des Feuerwerks zischt mir durch den Kopf, daß unser Älterwerden nichts als ein sich ständig beschleunigender Sturz in die Zukunft ist. Und ein dauernder Abschied.

In L.s Atelier hängen mehrere Bilder, die mir gefallen; eins, Zwiebel und morsches Holz, ist klein genug, um bei uns in der Wohnung aufgehängt zu werden, aber mit 3.200 Euro übersteigt es unsere Möglichkeiten. Wenn Marlene nach dem Abitur ein Studium beginnt, wird unsere finanzielle Situation noch knapper, wenn Emily in zwei Jahren auch studiert, wird sie prekär. Vielleicht gibt's BAföG?

Jamie und ich liegen um zwei Uhr im Bett. Emily kommt um fünf Uhr, öffnet unsere Schlafzimmertür einen Spalt breit und ruft, daß sie wieder da sei. Sie und ihre ältere Schwester öffnen die Tür nie so weit, daß sie hereinsehen können. Die Liebe der Eltern möchte man spüren, vor Augen haben lieber nicht.

Mittags Tennis. In der ungeheizten Halle bleibe ich kalt und steif, das sportliche Ergebnis entsprechend dürftig, eher eine Ausnüchterungsübung. Als ich nach Haus komme, sitzen die drei Damen vor dem Fernseher und sehen eine geliehene DVD, *Corellis Mandoline*. Der Film sei, sagt Marlene, irgendwie wohl so ähnlich wie mein Roman *Der kretische Gast*. Wenn der von Hollywood verfilmt wird, soll's mir allemal recht sein. Wäre ein Trostpflaster auf die von Kritikerhäme geschlagenen Wunden.

Den DVD-Player habe ich im vergangenen Jahr als Weihnachtsgeschenk »für alle« gekauft. Jamie und die Mädchen behaupten, der Vorteil des Geräts sei, daß man nun Filme im nicht-synchronisierten O-Ton sehen könne. Angesichts unserer häuslichen Dreisprachigkeit – Deutsch, Englisch und fließendes Denglish – ein unwiderlegbares Argument. Und es nervt tatsächlich, wenn beispielsweise Tom Hanks und Bill Murray oder Danny Devito und Ernie aus der Sesamstraße auf Deutsch die gleichen Stimmen haben. Schließ einfach die Augen und stell dir vor, ich sei Tom Hanks ...

Heute kosten DVD-Player kaum noch die Hälfte. Im nächsten Jahr wird's vermutlich DVD-Recorder zum gleichen Preis geben. Technisches Gerät veraltet, ohne zu altern, kann nie »antik« werden, sondern verliert seine Funktion und wird deshalb nur billig und häßlich. Das Neue als Schrott von morgen.

## Freitag, 2. Januar

Emily und Marlene sind auf dem Land aufgewachsen, haben ihre gesamte Kindheit bis in die Pubertät zwischen Feld, Wald, Wiesen und See im Mollberger Haus verbracht. Dennoch wissen sie nicht recht, wie mit der umständlichen und antiquierten Technik des Hauses umzugehen ist. Die Wasserversorgung an- und abzustellen, die Heizungen und Öfen zu bedienen, haben sie nicht gelernt, weil das immer von den Erwachsenen erledigt wurde. Jetzt, da sie das Haus nutzen wollen, wächst ihnen mit derlei praktischen Mühen auch Selbständigkeit und Verantwortung zu. Erwachsensein ist eine lästige Angelegenheit.

Ich fahre nach Mollberg, um nachzusehen, ob Marlene nach der Party dort das Haus aufgeräumt und winterfest hinterlassen hat; etwas schlechtes Gewissen dabei, weil's so nach Kontroletti aussieht, rechne zwar nicht mit Chaos, aber doch mit geöffneten Fenstern oder/und laufenden Heizungen. Es ist aber alles tadellos in Ordnung. Das Haus, das immer freundliche Geborgenheit ausgestrahlt hat, deprimiert mich in seiner verlassenen Kälte und klammen Unbewohntheit. Seit unserem Umzug vor dreieinhalb Jahren haben wir dort kaum einen Handschlag investiert. Schleichender Verfall macht sich breit, den man spüren, sehen und riechen kann, und sobald die Haustür von außen verschlossen ist, tanzen wieder die Mäuse auf dem Tisch. Wir müssen das Haus wohl verkaufen; die Doppelbelastung können wir uns langfristig nicht leisten, und die kommenden Jahre werden finanziell nicht leichter. Als Idylle ihrer Kindheit bleibt das Haus den Mädchen vermutlich sogar besser im Gedächtnis, wenn es ihnen real nicht mehr zugänglich ist.

Im nackten Geäst der Kastanie hockt eine Krähe, äugt mir nach. Als ich ins Auto steige, krächzt sie. Es klingt nicht unfreundlich, ein Neujahrsgruß, und ich beschließe, die Krähe als Raben in Erinnerung zu behalten. Auf dem Zufahrtsweg zur

Landstraße fällt mir ein, daß ich hier manchmal Marlene und Emily auf den Schoß nahm und sie das Auto lenken ließ, wenn ich sie von Kindergarten oder Schule abgeholt hatte. Seit einem halben Jahr hat Marlene selber den Führerschein. Als sie mit dem Unterricht begann, hatte sie mich einmal gebeten, ihr die wichtigsten Schalter, Knöpfe und Pedale im Auto zu erklären. Es stellte sich heraus, daß sie tatsächlich Null Ahnung hatte. Als ich ihr Kupplung, Bremse und Gaspedal als Trockenübung erklärte, ging mir auf, wie schwierig gerade das zu vermitteln ist, was selbstverständlich erscheint. Für den, der es kann, ist Autofahren nur noch eine Art unbewußter Reflex, so wie man lesen und schreiben kann. Marlene fährt jetzt so Auto, wie ein Erstkläßler Worte zusammenbuchstabiert. Unsicher, aber zuversichtlich. Nicht selbstverständlich eben.

Ich kann Autofahren, Autofahren lernen nie mehr.

## Samstag, 3. Januar

Die Schulferien gehen dem Ende entgegen. Die Mädchen hocken gelegentlich wieder strebsam an ihren Schreibtischen. Marlene schreibt in Deutsch ein Referat, in dem sie Goethes *Werther* mit Plenzdorfs *Neuen Leiden* vergleicht. Neue Leiden, alte Leiden – ausgelutschter geht's nimmer. Der *Werther* muß sein, Plenzdorf – Vorschlag des Deutschlehrers – darf auch durch einen anderen Text ersetzt werden. Ich empfehle, statt Plenzdorf die Tagebücher Kurt Cobains zu nehmen. Was ich für eine irgendwie cool-geniale, teenager-kompatible Idee halte, wird von Marlene abgewinkt. Sie erfüllt offenbar lieber das Plansoll. Oder will es sich nicht mit Kurt Cobain verderben.

Sie fragt, ob man sagen könne, daß die Stürmer und Dränger »ziemlich eingebildete Angeber« gewesen seien. Kann man sagen, ja. Ich schlage ihr die Formulierung vor: selbstbewußt bis zur Überspannung. Ist zwar nicht das gleiche, wird von ihr aber schmunzelnd gekauft. Unverständlich ist ihr, wieso Werther als Rebell und Generationsidol durchging – das sei doch nur ein angepaßter, milde durchgeknallter Streber.

Da sie gestern zusammen in der Disco waren, haben Emilys Freundinnen Luise und Inga bei Emily übernachtet. Sie könnten raumgreifend die Gästebetten benutzen, drücken sich aber lieber in Emilys kleinem Zimmer mit Schlafsäcken auf Matratzen und Thermomatten zusammen. Camping. Da wird dann viel gekichert und gegackert. Vermutlich rekapitulieren sie den Verlauf des Abends und ätzen über die Dumpfheit der Jungs. Beim Frühstück sitzen sie ungeschminkt, brav, graziös-kleinmädchenhaft und schmieren sich fingerdick *Nutella* auf die Brötchen. Gestern abend, mit Eyeliner, Lidschatten und bauchnabelfreien Tops, waren sie schon fast erwachsen.

In diesem Alter hat man es ja überhaupt eilig damit, älter zu werden. In meinem Alter bedauert man diese Eile dann und wünscht sich, daß es mit dem Altern doch etwas gemächlicher vorangehen möge. Je älter man wird, desto schneller fließt die Zeit.

Denglish: I ärger me. (Marlene)

## Sonntag, 4. Januar

Über Nacht hat es geschneit. Beim Blick in den glitzernden Garten fällt mir die DVD mit Robert Altmans *McCabe and Mrs. Miller* ein; einer meiner Lieblingsfilme, den ich zu Weihnachten als Geschenk für Marlene bestellt hatte, der aber erst gestern geliefert wurde – ein Film, in dem Schnee atmosphärisch eine tragende Rolle spielt, dazu Songs von Leonard Cohens erstem Album.

Im letzten Jahr hat Marlene nämlich die CD für sich entdeckt; sie lief eine Weile ununterbrochen, und Marlene spielt sie immer noch häufig ab: »I lit a thin green candle, to make you jealous of me, but the room just filled up with moscitoes, who heard that my body was free. So I took the dust of a long sleepless night and I put it in your little shoe ...«. Das war Ende der 60er Jahre auch eine meiner ersten Begleitmusiken zu Liebeslust und Leid. Schwerstmelancholisch. Rätselhaft poetisch. Was wollte der Meister mir damit sagen? Was sagt der alte Mann heute Marlene? Wir werden es nie erfahren, aber wir werden immer davon überzeugt sein, daß er uns etwas mitgeteilt hat. Eine abgrundtiefe Stimmung nämlich. Die Platte erschien 1968, und ich war also genauso alt wie Marlene, als sie sie zum ersten Mal hörte. Ich war damals hemmungslos, doch herzlich unerwidert, in eine stupsnasige Blondine namens Annette verliebt. Mit ihr und Rolf W., der, weil ein Jahr älter als ich, schon den Führerschein hatte, fuhren wir im roten VW-Käfer zum Cohen-Konzert in der Hamburger Musikhalle. Wir waren schwerst beeindruckt, aber trotz des musikalischen Beistands biß ich bei Annette bis zum bitteren Laufpaß auf Granit.

Als ich Marlene andere CDs des Meisters gab, hörte sie nur knapp rein, um gleich zur »Ersten« zurückzukehren: *So long Marianne* und *Suzanne*. Ihr Lieblingsstück ist *Stranger Song*. »It's true that all the men you knew were dealers who said they were through with dealing everytime you gave them shelter ...«. Einmal behauptete sie, daß ihr CD-Player einzig und allein nur noch diese CD abspielen könne und bei allen anderen streike. Das stimmte zwar nicht ganz, aber es stellte sich heraus, daß das ziemlich fadenscheinige Mini-Gerät tatsächlich nicht mehr richtig funktionierte. Zum Geburtstag wünschte sie sich eine »richtige« Stereoanlage, bekam sie (ich trieb sie »second hand« preiswert auf) und spielte als erstes, natürlich, *Stranger Song*.

Und dieses Lied ist wiederum die Titelmusik zu *McCabe and*

*Mrs. Miller*. Ich hoffe, es gelingt uns, demnächst einen Abend zu finden, an dem wir alle vier Zeit haben, uns den Film gemeinsam anzusehen. Unsere Lieblingsfilme, -bücher, -musiken sollen auch die Lieblingsfilme derer sein, die wir lieben. Meistens haut das ja nicht hin; bin aber gespannt auf Marlenes Reaktion und darauf, ob das Wiedersehen des Films meiner Erinnerung an ihn standhält.

### Montag, 5. Januar

Marlene wird nach dem Abitur einen Job als Bilingual Assistant in der German School am Middlebury College antreten. Beiden Mädchen ist es unangenehm, über die Beziehungen ihrer Eltern an Jobs oder Praktikumsplätze zu kommen, aber wenn die Jobs so verlockend sind, entsagen sie ihrem Unbehagen und nutzen die Beziehungen doch ganz gern.

Marlene jobbt beispielsweise seit ihrem 16. Geburtstag im *Casablanca*-Kino, dessen Besitzer unser Freund Detlef ist. Dieser Job ist bei Schülern und Studenten begehrt, weil »easy« und prestigeträchtig: Karten abreißen, Popcorn und Getränke verkaufen, jeden Film umsonst angucken, akzeptabler Stundenlohn, hohes Ansehen bis Neid im Freundeskreis. Emily könnte den Job gleichfalls machen, was aber Marlene nicht paßt: Da würde sich die kleine Schwester in eine Welt einmischen, die sie sich erobert hat (selbst wenn wir als Eltern bei der Eroberung behilflich waren). Geschwisterkonkurrenz pur. Ein Ausweg wäre es, wenn Emily nicht im *Casablanca*, sondern im *Wall*-Kino anträte. Allerdings betreibt Emily mehr Aktivitäten (Klarinette, Big Band, Volleyball und demnächst auch noch Ballett) als Marlene und sagt, für den Job also eh keine Zeit zu haben. Auch eine Lösung. Merkwürdigerweise scheint die Konkurrenz bei der Schülerzeitung keine Rolle zu spielen: Da darf Emily in der Redaktion mitarbeiten trotz Marlenes Präsenz. Durch den Jahr für Jahr unvermeidlichen Abgang von Abiturienten wird dem Nachwuchs eine Chance gegönnt.

## Dienstag, 6. Januar

Das Schmücken des Weihnachtsbaums ist Sache der Mädchen, ebenso das Abtakeln. Und da heute Dreikönigstag ist, wird auch in unserem heidnischen Agnostikerhaushalt termingerecht abgetakelt. Emily stößt dabei Seufzer und unterdrückte Schmerzensschreie aus, aber nicht, weil sie das Ende der Weihnachtszeit traurig stimmt, sondern weil die Nadeln sie pieken und sie zu derlei Arbeiten grundsätzlich wenig Lust verspürt, was sie uns in der Regel mit »gar keine Zeit« verkauft.

Dieses Journal ist mein zweiter Anlauf. Im letzten Jahr habe ich es nach drei Monaten aufgegeben, weil mir die Sache unheimlich wurde. Indem ich nämlich Tagebuch schreibe, verstärkt sich mein berufsnotorischer Vampirismus gegenüber meinen Töchtern, die ich auf »Stoff« hin beobachte und belausche. Das habe ich zwar absichtslos immer schon getan, wovon mindestens drei Romane profitiert haben, aber dies dezidierte Vatertagebuch verrückt den Fokus doch entscheidend. Ich darf's ihnen gar nicht sagen! Sie würden womöglich anfangen, ihr Tun und Reden zu steuern, zu kontrollieren, würden posieren oder in Deckung gehen oder versuchen, sich und mich zu zensieren. Und wie weit darf ich bei diesen Mitschriften überhaupt gehen? Wo endet die Darstellung? Wo beginnt die Bloßstellung? Am Ende verklagen sie mich noch wegen Verletzung ihrer Persönlichkeitsrechte, so wie Biller und Herbst verklagt worden sind (die es allerdings, im Kampf um Marktanteile, auch ersichtlich darauf angelegt hatten).

Denglish: They have misched the party auf. (Emily)

## Mittwoch, 7. Januar

Wie der erste Schultag nach den Ferien war?

»Bootcamp«, sagt Emily.

Was darunter zu verstehen sei?

Die Sportlehrerin habe, vermutlich von sich auf andere schließend, allgemeinen Müßiggang und sinnlose Völlerei während der Weihnachtsferien den Schülern unterstellt und zwei Stunden lang ein erbarmungsloses Abspecktraining verordnet.

Marlene faßt ihren Überdruß an Schule gleich noch sehr viel allgemeiner: Sie habe einfach keinen Bock mehr auf den Scheiß, das sei doch bis zum Abitur nur noch ein bloßes Ab- und Aussitzen, didaktisch verordnete, per Schulpflicht legitimierte Langeweile. Sie kann das so locker sehen, weil ihr Abitur nicht gefährdet ist. Bei mir war seinerzeit das letzte halbe Jahr mindestens ebenso ätzend, aber ums Ganze aufregender, weil die Frage unbehaglich offen war, ob ich das Abitur überhaupt bestehen würde.

Die Deutschlehrer haben die Ferien genutzt, um Klassenarbeiten zu korrigieren. Emilys über Horvaths *Jugend ohne Gott*, Marlenes über Lessings *Nathan* – beide Arbeiten mit 12 Punkten benotet, was zu meiner Zeit irgendwo zwischen 2 und 1 gesegelt wäre. Also erfreulich. Marlenes Lehrer hat dem Kurs Lessing schmackhaft zu machen versucht, indem er behauptete, *Nathan* sei »so ähnlich« wie *Der Herr der Ringe* – wegen der Ringparabel. Dümmer geht's nimmer. Die Enttäuschung muß gigantisch gewesen sein. Ork!

An einer Stelle in Emilys Arbeit, an der sie wirre Textumstellungen durch Ziffern überschaubar zu machen versucht hat, bemerkt der Lehrer am Rand: »Ein Deutschaufsatz ist kein Puzzle.« Nicht ganz unkomisch, aber dennoch irgendwie humorlos. Mein Deutschlehrer, dessen ansteckende Begeisterung für Literatur dazu beitrug, daß ich wurde, was ich bin, pflegte meine Arbeiten meist einfallslos gleichlautend zu kommentieren: »Inhaltlich ansprechend, sprachlich gewandt. Gliederung unklar.«

## Donnerstag, 8. Januar

Marlene keucht seit Wochen, wenn nicht seit Monaten, gelegentlich einen abgrundtief sitzenden Husten aus und war deswegen bereits dreimal beim Hausarzt, der aber nichts feststellen kann. Gibt es so etwas wie psychosomatischen Husten? Hustet sie da irgendwelche Probleme ab? Oder womöglich ist's ein Stellvertreterhusten, mit dem meine Zigaretten entsorgt werden sollen. Im Haus rauche ich ja nun gar nicht mehr, und, statt wie früher 30 Zigaretten täglich, nur noch fünf bis sechs Zigarillos. Dennoch sehen es meine drei Damen stirnrunzelnd, eine Mischung aus Mißbilligung, Sorge und Mitleid.

Abends Essen mit Baumann und Schwalm vom Lappan-Verlag. Schwalm fragt, ob Marlene, die im Verlag ein Berufspraktikum gemacht hat (auch mit Hilfe der verhaßten Beziehungen), schon wisse, was sie werden bzw. studieren wolle. Soviel ich weiß, weiß sie's nicht genau. Und soviel ich weiß, belastet sie das. Jedenfalls sind Gespräche über das Thema schwierig: Sie reagiert gereizt, hört sich unsere Meinungen und Ratschläge an, braucht sie auch, ist aber zuverlässig genervt wegen eben dieser Ratschläge und Meinungen. Sie sitzt zwischen den Stühlen; es ist an der Zeit, das Elternhaus zu verlassen, aber so, wie sie die Schule noch aussitzen muß, muß sie uns noch eine Weile ertragen und abwittern. Neueste Wasserstandsmeldungen zu Studium und Berufsideen klingen nach Kunstgeschichte, Amerikanistik, Kulturmanagement. Ethnologie dann plötzlich. Oder doch Geschichte?

Zu meiner Zeit war das unkomplizierter. Man machte Abitur, und wenn man dann studieren wollte, verließ man das kleine Oldenburg und ging auf eine Universität. Heute sind die Berufsaussichten ungleich vager, und die Kids stehen viel unbehaglicher vor dem Leben, das da unweigerlich kommen wird, als unsereiner damals. Emily hat's aber einmal mit Humor genommen. Nachdem Charly B. und Ilse L., beide Lehrer, ihr ausufernd-pessimistische Vorträge über die Schwierigkeiten gehalten hatten, heutzutage im gewünschten Beruf zu landen, sagte sie: »Dann werd ich eben Berufsberaterin.«

Wegen ihrer doppelten Staatsbürgerschaft, ihrer Zweisprachigkeit und dem deutsch-amerikanischen Familienhintergrund ergibt sich für unsere Girls auch unmittelbar die Möglichkeit, in den USA zu studieren (wobei die Finanzierung dann noch schwieriger würde als sie es eh wird), aber diese Option scheint Marlene die Entscheidung noch schwerer zu machen. Wer die Wahl hat …

## Freitag, 9. Januar

Denglish: Can we eat sofort? (Emily)

Da ein gemeinsamer Termin nicht zu organisieren war, hat sich Marlene gestern *McCabe and Mrs. Miller* allein angesehen. Begeisterung ist was anderes! Mit *Stranger Song* gehe das ja alles recht gut und schön los, aber was denn, bitte, Cohens Musik ausgerechnet in einem Western verloren habe?

Das weiß ich leider auch nicht. Ich weiß nur, daß in meiner Erinnerung Musik und Bilder so gut zusammenpaßten, daß man denken konnte, die Musik sei für den Film geschrieben.

Emily liest als Schul-Pflichtlektüre Alfred Anderschs *Sansibar*. Kommentar nach 14 Seiten: »Voll das Laberbuch.« Das habe ich undeutlich anders, um nicht zu sagen: andersch, in Erinnerung. Mal nachlesen.

Für den Middlebury-Job im Sommer benötigt Marlene eine Social Security Card. Indem sie sich das Antragsformular aus dem Internet runterlädt, dämmert mir, daß das Erwachsenwerden nicht nur Selbständigkeit bedeutet; vielmehr knüpfen sich die institutionellen Netze immer dichter und enger um die Person. Das beginnt mit der Geburtsurkunde, setzt sich fort mit der Einschulung; mit 16 gibt's den Personalausweis, dessen Ausstellung beide Mädchen als große Sache wahrnahmen, als hätten sie erst dank dieses Papiers zu existieren begonnen (den amerikanischen Paß hatten sie immer schon – der war gewissermaßen angeboren); mit 18 ist man volljährig, dann macht man den Führerschein, dann Abitur, und dann und dann und dann. All diese Markierungen kann man als Orden empfinden, erworben im Kampf der Unschuld gegen den Zwangszusammenhang der Gesellschaft; es sind aber auch Narben. Den »Zauber« der Kindheit, den wir erst lieben und verstehen, wenn er Vergangenheit ist, macht wesentlich die Abwesenheit solcher Narben/Orden/ Markierungen aus.

## Samstag, 10. Januar

Marlene ist gestern mit ihrem Leistungskurs Geschichte, Thema: »Die Hanse«, nach Lübeck gefahren. Man schließt sich einem Leistungskurs Deutsch an, der dort auf den Spuren der Familie Mann wandeln will, eine offensichtlich unverwüstliche Pflichtübung in Sachen literarischer Anschauungsunterricht, die vor einem Vierteljahrhundert auch von meiner Schulklasse absolviert wurde.

Auf der Suche nach Babyfotos von ihr, die in der Abi-Zeitung als Illustrationen dienen sollen, hat Marlene neulich unsere Fotoalben durchforstet. Als sie da teils nachdenklich, teils amüsiert über den Fotos saß und sich wohl auch etwas wunderte, wie schnell das im Leben so geht, selbst wenn einem als Teenager alles unerträglich langsam vorkommt, fiel mir eine Episode aus dem vergangenen Jahr ein. Im Kunstunterricht war Marlene die Aufgabe gestellt worden, ein Porträt zu zeichnen oder zu malen, aus dem der Beruf des Porträtierten ersichtlich wird, angelehnt an die neusachlichen Fotografien August Sanders aus den 20er Jahren. Nach allerlei Gemurre über diese Aufgabenstellung verfiel sie auf die Idee, ein Foto abzumalen, das mich beim Schreiben zeigt. Das Foto ist etwa 15 Jahre alt. Ich sitze in Mollberg auf der Terrasse und mache handschriftliche Notizen oder Korrekturen, möglicherweise für den Roman *Weg war weg*. Als ich ihr, neugierig und geschmeichelt, beim Zeichnen über die Schulter schauen wollte, war ihr das unangenehm, und sie deckte das Blatt mit der Hand ab. Warum diese Scheu, fast schon Scham? Vielleicht deshalb: Wenn Eltern sich in ihren Kindern wiedererkennen, ist das meistens mit Wohlwollen und Genugtuung verbunden. Wenn Kinder sich in ihren Eltern wiedererkennen, ist das jedoch meistens mit Erschrecken und Resignation verbunden.

Marlenes Unlust am Kunstunterricht steht übrigens in umgekehrtem Verhältnis zu ihrem Talent: Sie kann nämlich wirklich zeichnen und malen, hat sogar schon erstaunliche Ölgemälde produziert. Den Spaß daran hat ihr leider eine »progressive« Kunstlehrerin gründlich ausgetrieben, die sich nicht für die realistische Rechtschaffenheit genauen Zeichnens interessiert, sondern die Schüler zu allerlei verblasener Experimental- und Aktionskunst nötigt. Eine Aufgabe bestand z.B. darin, einen Alltagsgegenstand so zu verfremden, daß er nicht mehr in seiner Funktion erkennbar war. Zumindest nicht mehr brauchbar. Was Robert Gernhardt in *Der letzte Zeichner* aufgedeckt hat, Schwindelei und Scharlatanerie ohne jede handwerkliche Grundlage, wird also zum Prinzip des Kunstunterrichts.

Eigentlich müßte man dieser Lehrerin ein paar Ohrfeigen oder Arschtritte versetzen, zumindest auf dem Elternsprechtag ein klares Wort mit ihr reden. Aber sowohl Marlene als auch Emily verbitten sich energisch jeden Eingriff der Eltern in solche schulischen Konflikte. Sie wollen das selber regeln. Da ich den Eindruck habe, daß sie es tatsächlich selber regeln, halte ich mich raus. Der als Kunstunterricht bezeichnete Etikettenschwindel geht freilich weiter – und Marlene wird einem ihrer wirklichen Talente systematisch entfremdet. Vor zwei, drei Jahren hatte sie noch die Idee, vielleicht einmal Graphik-Design zu studieren. Heute haßt sie solche Tätigkeiten. Ein Jammer. Vielleicht sogar ein Skandal. Das ist keine Erziehung, sondern Entziehung von Talent.

Jedenfalls führte das alles dazu, daß ich das Bild, das sie nach der Fotovorlage gemacht hatte, nie zu sehen bekam. Jetzt fragte ich sie danach. Ach das … Ja, das liege irgendwo im Keller. Sie holte es dann nach oben, und heute habe ich mir einen Rahmen dafür gekauft und in meinem Arbeitszimmer aufgehängt. Ähnlichkeiten mit meiner Physis sind immerhin vorhanden, und die Hand, die den Stift führt, ist gut getroffen.

## Sonntag, 11. Januar

Emily blättert in Reisekatalogen, schmiedet Pläne für die Sommerferien, will gemeinsam mit zwei oder drei Freundinnen los. Wohin? Nach Kreta! Genauer: nach Agia Galini. Das rührt mich, weil Jamie und ich uns dort 1980 kennenlernten. Emily macht sich also auf Spurensuche, will womöglich dem sogenannten Dunkel der Herkunft ein paar Lichter aufstecken.

»Vielleicht«, sage ich zu ihr, »findest du da ja auch den Mann fürs Leben.«

Und da kichert sie.

Weil es in Strömen regnet, hole ich Marlene vom Bahnhof ab. Wie's in Lübeck war?

Das Buddenbrook-Haus habe ihr gefallen, nicht zuletzt dank einer offenbar kompetenten Führung. Durch die Breloer-Filme habe sie ja auch schon einiges über »die Manns« gewußt, und das sei nun noch lebendiger geworden. Dann sei man allerdings auch ins Günter-Grass-Haus genötigt worden, und das sei ätzend peinlich gewesen. Sie finde es »voll daneben«, daß und wie sich da einer zu Lebzeiten Denkmale errichte und eine Art »Selbsthype« inszeniere. Ein guter Zeichner sei er übrigens auch nicht. Auch sei man darüber aufgeklärt worden, daß Grass für *Im Krebsgang* neun Fassungen produziert habe. Ob sich das denn, fragt mich Marlene fassungslos, gelohnt habe? *Neun* Fassungen?

»Finanziell schon«, sage ich. »Aber ansonsten ...«

## Montag, 12. Januar

Emily berichtet, in der Schule sei man nach bekannten Künstlern gefragt worden, die aus Oldenburg stammen. Nach langem Schweigen und dem Hilfsstichwort, vulgo: Eselsbrücke, »Museum« sei endlich Horst Jansen genannt worden. Erneutes Schweigen. Nachfassen der Lehrerin, wie's denn mit der Literatur sei? Da sei dann schließlich mein Name gefallen. Wohl mit gedachtem Fragezeichen. Das sei Emily alles sehr, sehr peinlich gewesen.

Ich kann's ihr nachfühlen, aber immerhin: In Oldenburg bin ich Goethe.

Neues aus den Klassenzimmern oder Wenn Witze töten könnten:

Lehrer mahnt Schülerin mehrfach zur Ruhe.

Schülerin: »Das kriegen Sie wieder. Ich sitze im Abi-Scherz-Komitee!«

## Dienstag, 13. Januar

Emilys Wertschätzung von Anderschs *Sansibar* hat sich nach kompletter Lektüre von »voll das Laberbuch« auf »na ja, geht so« gesteigert; von Pflichtlektüre darf man aber wohl auch nicht mehr erwarten.

Jamie mahnt mich, nicht zu rauchen, weniger zu trinken und dafür mehr mit dem Fahrrad zu fahren und zu Fuß zu gehen und zu joggen und und und. Mich nerven diese Mahnungen – weil sie damit recht hat. Sie will, sagt sie, nicht mit 60 Witwe werden. Die Mädchen wären dann Waisen. Hinterlassen würde ich ihnen wenig bis nichts, außer den Rechten an meinem Werk, die aber nach meinem Ableben noch weniger ertragreich sein dürften als zur Zeit. Man muß es schon zur kanonischen Schullektüre bringen, wie z.B. *Sansibar* oder *Homo Faber* – dann haben auch die Erben noch was davon. Ein *Werther* wäre auch gut. Oder *Die Bibel.*

Marlene nimmt im Geschichtsunterricht die polnischen Teilungen und die »Westbewegung« Polens durch. Das sei sehr wirr und vage dargestellt worden, und auf Nachfragen der Schüler habe die Lehrerin, undeutlich auf die Landkarte deutend, geantwortet: »Das ist im Lauf der Zeit einfach alles weiter nach links gerückt.«

Bei dieser Pädagogin wäre mal mit gezielten Schlägen auf den Hinterkopf anzuklopfen, ob da überhaupt noch jemand zu Hause ist. Wenn Marlene Geschichte studieren sollte, angesichts ihres einschlägigen Interesses durchaus denkbar, wird sie allerlei zurechtzurücken haben, was die Schule vermittelt hat oder eben auch nicht.

»When I think back on all the crap I've learned at High School, it's a wonder I can think at all.« (Paul Simon)

## Mittwoch, 14. Januar

Einmal wöchentlich erledigt bei uns eine Putzfrau drei Stunden lang »das Grobe«. Sie stammt aus dem Kosovo, spricht null Deutsch, ist freundlich, zuverlässig, schnell und gründlich. Wegen einer Familienangelegenheit ist sie einen Monat lang verreist. Wir müssen unseren Dreck also selber beseitigen.

Emily und Marlene sind fürs Bad zuständig und bewältigen die Aufgabe mit erstaunlicher Energie in geschwisterlichem Teamwork. Zuerst wird ein CD-Player im Bad installiert, um das lästig Unausweichbare beschwingter erledigen zu können. Gespielt wird eine aus meinen CD-Beständen gebrannte Best-Of-Mischung von REM, darunter die Coverversion von Cohens *First We Take Manhattan* mit der schönen Zeile: »It's father's day and everybody's wounded ...«

Als sie den Job erledigt haben, gehe ich ins Bad, um mich zu rasieren. »Mach jetzt bloß nicht wieder alles dreckig«, sagt Marlene, und ich verspreche gehorsam, den Raum so zu verlassen, wie meine Töchter ihn vorzufinden wünschen.

## Donnerstag, 15. Januar

Während femininer Unpäßlichkeiten leidet Emily regelmäßig und heftig und wird von Jamie mütterlich beraten und umsorgt. Als alleinerziehender Vater wäre man in solchen Situationen vermutlich rat- und hilflos. Da sie sich wieder einmal »unpäßlich« fühlt, läßt sich Emily von ihrer Mutter eine Entschuldigung schreiben, die sie vom Sportunterricht befreit. Sie könne, sagt sie, es kaum noch erwarten, 18 zu werden: dann könne sie sich endlich nach Lust und Laune ihre Entschuldigungszettel selber schreiben.

Marlene, die das kann und deshalb von Emily beneidet wird, macht von diesem Privileg amtlicher Volljährigkeit so gut wie keinen Gebrauch. So ist das mit den Dingen, die man sich sehnlich wünscht: hat man sie erst, verlieren sie ihren Reiz.

Denglish: I'm leaving erst at eight. (Marlene)

Neues aus den Klassenzimmern oder Chemie der Gefühle:

Chemielehrer: »Brom ist total unpolar. Ein apathischer Klops, der ist völlig uninteressant. Sie müssen das alles mal auf einer emotionalen Ebene sehen.«

## Freitag, 16. Januar

Das Elend der Englischlehrer, die mit muttersprachlichen oder zweisprachig aufgewachsenen Schülern konfrontiert werden: Umgangssprachlich sind solche Schüler den Lehrern fast immer überlegen und verfügen meistens auch über ein breiteres und subtileres aktives Vokabular. Um ihre Autorität zu sichern, verhalten sich die Lehrer solchen Schülern gegenüber gern besonders kleinkariert, wenn es um Rechtschreibung und Grammatik geht. Emily und Marlene beklagen zwar die erbsenzählerischen Ungerechtigkeiten, denen sie deshalb ausgesetzt sind, aber sie klagen auf dem hohen Niveau erstklassiger Noten und verbitten sich jede Intervention des Elternhauses. Bringt ja auch nichts; bringt nur die Lehrer noch mehr auf, weil sie sich dann auch noch mit erwachsenen Besserwissern herumschlagen müssen. Mutter Amerikanerin, Vater Übersetzer. Übel.

Einmal habe ich interveniert, nachdem Marlene für Schokoriegel nicht das gewünschte englische *bar of chocolate* geschrieben hatte, sondern das amerikanische *chocolate bar* – und als Fehler angekreidet bekam. Die Lehrerin druckste herum und bezog sich schließlich darauf, daß sie sich strikt ans Reglement halten müsse, das im Lehrbuch vorgegeben sei, und um der Gerechtigkeit im Klassenzimmer willen müßten sich eben alle diesem Reglement anbequemen. Emily bekam trotzdem ihre Eins im Zeugnis, aber das Verhältnis zur Lehrerin war seitdem unheilbar getrübt.

Im letzten Jahr wurde in Marlenes Englisch-Leistungskurs der Text von *Lola* behandelt, einem Song der Kinks, die mal zu meinen Lieblingsbands zählten. Es gibt also sehr wohl auch vernünftige Lehrer, und so lange die Kinks schulkanonisch überleben, kann das Leistungsniveau nicht so schlecht sein wie die Pisa-Studie unkt.

»Schooldays were the happiest days of my life, but we only appreciate when it's too late ...« – auch von den Kinks.

## Samstag, 17. Januar

»Wir ehren nicht gebührend das fremde, herüberkommende Wesen, das noch anderen Mächten nachlauscht, die es zur Welt brachten. Begrüßt wird der Nach-Wuchs, der eigene und zugehörige, nicht der plötzlich Eintretende, den wir nicht kennen. Er wurde aus unendlicher Weisheit vertrieben. In Wahrheit haben wir keinerlei Zugang zu der realen Verschwommenheit, aus der unser Bewußtsein hervorgeht. Wir pressen unser Verstehen in eine uns unzugängliche Welt.« (Botho Strauß: *Beginnlosigkeit*) Der Schmerz der Entfremdung, der uns befällt, wenn die Kinder erwachsen werden, um bald ihre eigenen Wege zu gehen, hängt genau damit zusammen, daß wir die Kinder zu wenig als Unbekannte, als »Fremde« verstehen, solange sie mit uns leben. Sie sind wie Gäste, die nach dem Weg fragen. Bald werden sie unterwegs sein und gelegentlich als Gäste vorbeischauen, die von ihrem Weg erzählen.

Die Flurwände unserer Wohnung hängen voll mit gerahmten Fotografien, eine Art Familiengalerie inklusive einiger Ahnen.

Ein verblichenes Foto zeigt meinen Großvater väterlicherseits, den Kopf gestützt auf die rechte Hand, die einen Stift hält, an einem mit Büchern und Manuskripten überladenen Tisch. Meines Vaters Vater war Lehrer, Oberstudiendirektor, und ein musischer, vom Jugendstil im Geist Worpswedes geprägter Feingeist, ein passabler Zeichner, der auch schriftstellerische Ambitionen hatte und etwas Lyrik publizierte. Neben sein Foto habe ich das Manuskript eines Gedichts in seiner Handschrift geklebt:

»Du willst zu uns gehen aus dunklen Weiten
Ungeborenes Leben unsres Lebens
Willst uns einen kleinen Weg geleiten
Bis wir heim in dunkle Weiten schreiten
Glück des Nehmens uns und Glück des Gebens
Leben heißt als Kette sich fühlen
Leben heißt aus ewig dunklen Weiten
Weiter gehen zu ewig dunklen Zielen«

Unterm lebensphilosophisch-geheimnistuerischen Pathos des Gedichts, datiert auf den 9. II. 1918, steckt der gleiche Gedanke wie bei Botho Strauß (dort übrigens auch mit dem üblichen, sprachlichen Theaterdonner vorgebracht, der das Anregende bei Strauß immer mit Peinlichkeit infiziert): Der Nachwuchs als eigenes, komplettes Subjekt von Anfang an. Und nicht nur das. »Willst uns einen kleinen Weg geleiten«, heißt es ausdrücklich, nicht nur: begleiten. Kinder als Geleiter. Sie bringen etwas mit in die Welt, was wir vergessen haben.

»Denn wir können die Kinder nach unserm Sinne nicht formen.« (Goethe)

## Sonntag, 18. Januar

Zwei meiner Gürtel haben es Emily angetan, und wenn sie sich am Wochenende aufhübscht, leiht sie sich gern den einen oder anderen aus. Der eine ist ein schlichter, zwei Zentimeter schmaler, brauner, abgenutzter Ledergürtel, dessen Attraktivität mir unklar ist. Gibt es etwa solche einfachen Dinge nicht mehr? Der andere ist allerdings mein Lieblingsgürtel, und ich verstehe Emilys Vorliebe dafür. In sein Leder sind mit dünnen, farbigen Lederbändern sehr feine Ornamente eingearbeitet: marokkanische Handarbeit.

Geschenkt bekommen habe ich ihn vor Jahren von meiner damaligen Freundin Micky, die ihn aus Marokko mitgebracht hatte. Die Beziehung zu Micky ging seinerzeit in Freundschaft in die Brüche, so daß ich gern an sie erinnert werde, indem Emily diesen Gürtel trägt. Wie ich wohl gelebt hätte bzw. heute leben würde, wäre die eine oder andere gescheiterte oder gelöste Beziehung stabil geblieben? Kinder hätte ich dann vielleicht auch. Aber nicht diese. Könnte man sich ja fast als Roman denken ...

## Montag, 19. Januar

Das Gymnasium in Bad Zwischenahn lädt mich zu einer Lesung vor Oberstufenschülern ein. Die üblichen Fragen von »Alles selbst erlebt?« bis »Für wen schreiben Sie?« kommen mit einer Zuverlässigkeit, die auf gründliche Vorbereitung schließen läßt. Eine Frage aber ist neu: »Zerstört Schreiben die Erinnerung?«

Ich bin perplex und weiß spontan nicht recht zu antworten, weil ich dazu neige, das Gegenteil zu behaupten – daß nämlich das Schreiben Erinnerung konstituiere. Hat nicht schon Sokrates beklagt, daß die Erfindung der Schrift den Menschen die Erinnerung geraubt hätte? Und es stimmt wohl auch, daß die Fiktion etwas Zerstörerisches hat, jedenfalls etwas, das die Authentizität trübt. Ein Tagebuch entgeht dieser Trübung noch am ehesten, wenn auch nicht völlig, weil es grundsätzlich keine ungestaltete Schriftlichkeit gibt. So sind diese Aufzeichnungen der Versuch, Momentaufnahmen meines Lebens als Vater festzuhalten, aber sie sind eben nicht das Leben selbst. Alles Schreiben hält Leben fest, hält aber auch zugleich vom Leben fern.

Auch die Frage »Was halten denn Ihre Töchter davon, daß sie in Ihren Büchern vorkommen?« ist nicht leicht zu beantworten. Die Mädchen haben sich nie darüber geäußert, daß und wie sie in *Der Mann im Mast* und *Vierundzwanzig Türen* porträtiert sind. Mag daran liegen, daß sie besser als jeder andere Leser wissen, daß es eigentlich keine Porträts sind, sondern nur bestimmte Beobachtungen ihres Lebens und Verhaltens, besonders auch Sprachverhaltens, Dinge also, die ich im Umgang mit ihnen finde, um daraus Erfindungen zu machen. Das Teenagerzimmer beispielsweise, das ich in *September Song* beschrieben habe, ist keine Beschreibung eines real existierenden Zimmers, sondern von mir so möbliert und eingerichtet, wie es für die Logik der Geschichte wichtig und stimmig ist. Aber diese Einrichtung war mir nur möglich, weil ich die Zimmer meiner Töchter kenne. Weil ich da immer mal wieder reingetreten bin. Die Beschreibung des Zimmers ist Erfindung aus Gefundenem, also Verdichtung. Meinetwegen auch Dichtung.

## Dienstag, 20. Januar

Für die spärlichen Guthaben auf ihren Bankkonten bekommen die Mädchen entsprechend spärliche Zinsen. Von diesen Zinsen wird ihnen nun Zinsabschlagsteuer zzgl. Solidaritätszuschlag abgezogen.

Ich rufe bei der Bank an: Die Mädchen seien nicht steuerpflichtig.

Bankangestellte: Dann hätten sie einen Freistellungsantrag ausfüllen müssen.

Ich: Aber das habe ihnen bei der Kontoeröffnung niemand gesagt.

Bankangestellte: Natürlich nicht, das müßten sie von sich aus tun. Die 38 bzw. 35 Cent bekämen sie natürlich zurück, wenn sie entsprechende Anträge beim Finanzamt stellen.

Man faßt sich an den Kopf. Der Anruf bei der Bank kostet mehr als die vom Fiskus abgegriffenen Beträge, zu schweigen vom Porto für die Anträge beim Finanzamt. Zu schweigen vom Aufwand.

Auf dem Rückweg von ihrem Job als Babysitter kommt Emily an der Kneipe vorbei, in der alle vierzehn Tage unsere Skatrunde tagt. Da sie weiß, daß wir heute spielen, schaut sie herein.

Ob sie sich nicht setzen, etwas trinken will?

Ach nö, wollte nur kurz Hallo sagen, und ist schon wieder weg. Eine frische Böe der Zuneigung.

»Das war aber nett von Emily«, sagt Peter, und indem ich die Karten fürs nächste Spiel mische, bin ich mir sicher, daß mich jeder um so eine Tochter beneiden muß.

## Mittwoch, 21. Januar

Marlene macht seit einiger Zeit einen mißgelaunten, deprimierten Eindruck, legt sich grundlos mit Emily an, kommt von Wochenendparties ungewöhnlich früh nach Hause, beantwortet Fragen wortkarg und mürrisch. Gespräche mit ihr sind schwierig, weil sie sich unverstanden fühlt, aber auch nicht zu verstehen ist (jedenfalls nicht von mir), weil sie sich nicht erklärt. Und sie erklärt sich nicht, weil sie davon ausgeht, sowieso nicht verstanden zu werden. Ein Circulus vitiosus, der mich schmerzt, und gegen diese Schmerzen weiß ich keine Medizin.

Jamie meint, Marlene habe Schwierigkeiten, als offiziell Erwachsene innerhalb der Familie ihre Position zu definieren: Zu jung, um ihrer eigenen Wege gehen zu können, zu alt, um sich reibungslos mit und bei uns wohlzufühlen. Zwischen den Stühlen, den Generationen, den Welten. Ich glaube, daß »ein fester Freund« ihr gut tun würde. Sie wird im Mai 19, und soviel wir wissen, ist ihr »der Richtige« noch nicht über den Weg gelaufen. Manchmal gibt es hier Anrufe von jungen Männern, die sie zu sprechen wünschen, aber Marlenes Reaktionen sind gelangweilt, kühl, abweisend. Vor ein paar Jahren habe ich mich beklommen gefragt, wie heikel ich wohl reagieren würde, wenn ich dermaleinst mit Liebhabern meiner Töchter konfrontiert werden würde. Jetzt mache ich mir Sorgen, weil es offenbar keinen Liebhaber gibt.

Sie ist sensibel, intelligent und schön, selbstbewußt, wählerisch und anspruchsvoll. So eine Kombination mag auf die Jungmännerwelt abschreckend wirken.

## Donnerstag, 22. Januar

Beim Mittagessen berichten die Mädchen vom Sportfest der Schule, das heute stattgefunden hat und sich offenbar in Volleyballspielen der Klassen beziehungsweise Jahrgangsstufen erschöpfte. Emilys Klasse war siegreich, Marlenes Jahrgang nicht. Höhepunkt des Ganzen war ein Volleyballmatch Lehrer gegen Schüler. Gespielt hätten die Lehrer gut, und gekleidet seien sie durchaus »cool« gewesen, T-Shirts und weit geschnittene Shorts. Einer jedoch habe nur ein winziges, slipartiges, dazu noch giftgrünes Höschen getragen.

»Immerhin jedenfalls das«, sagt Emily.

»Wieso immerhin?« frage ich.

Der spiele, sagt Marlene, sonst nämlich Nacktvolleyball.

Nacktvolleyball? Was das denn sei?

Na ja, da gebe es halt eine Gruppe von sportlichen FKK-Freunden, die nackt Volleyball spielten. Dieser Lehrer rasiere sich sogar die Beine, kichert Emily. Und außerdem trage der, wenn er denn überhaupt etwas trage, stets irgendein grünes Kleidungsstück, sei's als Oberbekleidung, sei's als Unterwäsche.

Ich wundere mich, woher meine Töchter derlei abwegige Details über Lehrerzwangsneurosen kennen.

Habe der Lehrer alles selbst und aus freien Stücken erzählt, sagt Marlene, vor versammelter Klasse. Der brauche eine Therapie. Gelte aber als überaus intelligent, eher Wissenschaftler als Lehrer.

Abgesehen von den regelmäßigen Gehaltszahlungen, der Aussicht auf ein sorgenfreies Pensionärsdasein und den ausgiebigen Ferien beneide ich keinen Lehrer um seinen Job. Und wenn einer seinen Schulstreß mit Nacktvolleyballspielen und Grünfetischismus erfolgreich bekämpft, ohne die Schüler mit seinen Macken zu behelligen: Glückwunsch. Andere erwischt es härter. Frau X sei mit 55 an Krebs gestorben. Herrn Y habe mit 52 ein Herzinfarkt matt gesetzt. Und bei Herrn Z sei unlängst ein Gehirntumor diagnostiziert worden; er habe noch zwei Monate zu leben und sei erst Anfang 50.

## Freitag, 23. Januar

Als Elternvertreterin nimmt Jamie an der Halbjahres-Zeugniskonferenz der 11. Klassen teil und berichtet, Emily werde das beste Zeugnis der Klasse bekommen. In den natürlich auch von mir geteilten Elternstolz mischt sich eine Spur Peinlichkeit, weil Stolz uns gar nicht zusteht. Sie ist unsere Tochter, aber ihre Leistung ist nicht unsere. Zu meiner Schulzeit verströmten solche »Bombenzeugnisse« auch eher den Hautgout des Strebertums. Beruhigend immerhin, daß Emily als vorlaute Plaudertasche eine entsprechend kritische »Kopfnote« verpaßt wird.

Ihre intellektuellen Leistungen lassen allerdings in mir die Hoffnung keimen, daß sie im Studium – sie redet manchmal von Jura – vielleicht Aussichten auf ein Stipendium haben könnte. Denn wie demnächst das Geld für zwei studierende Töchter aufzubringen sein soll, ist mir rätselhaft. BAföG? Und müssen das eigentlich meine Sorgen sein? Marlene ist volljährig. Sie kann sich selbst um so etwas kümmern (und tut es vermutlich sogar).

Die Last der Verantwortung, die wir übernehmen, indem wir uns Kinder leisten, können wir nur formal abwerfen, nie emotional. Deswegen bleiben Kinder Kinder, solange ihre Eltern leben.

## Samstag, 24. Januar

Emily spielt im Klarinettenunterricht neuerdings Beatles-Songs. Ihr Lehrer, ein klassisch ausgerichteter Orchestermusiker vom hiesigen Staatstheater, kommt sich vermutlich wie ein revolutionärer Feuerkopf dabei vor, während für Emily die Stücke eher Teile des klassischen Kanons sind, jedenfalls des klassischen Kanons unserer Familie. Von der Pop- und Rockmusik, mit der Jamie und ich aufgewachsen sind und die uns kulturell tiefer und affektiver geprägt hat als alle sogenannte Hochkultur, haben unsere Töchter mehr als alles andere die Beatles für sich akzeptiert. Als wir uns Ende letzten Jahres das überarbeitete, vom Phil-Spector-Sülzbombast befreite *Get Back*-Album kauften (nebenbei bemerkt: nicht überzeugend), interessierten die Unterschiede zur bekannten Produktion unsere Töchter fast so sehr wie uns.

Vielleicht liegt es daran, daß unser Interesse auf sie abfärbte, weil sie ja, ob sie wollten oder nicht, mit dieser Musik aufwuchsen. Ich glaube aber eher, daß diese Musik so zeitgeistresistent und modekrisensicher ist, daß sie auch bei späteren Generationen noch durchschlagend ankommt. Die Beatles sind zu so etwas wie ein Shakespeare des Pop geworden. Die unvergleichliche Frische, die von vielen ihrer Stücke immer noch ausgeht, beweist, daß auch das wahrhaft Populäre, die entschlossene Zeitgenossenschaft, das Zeug zum Klassiker hat. Als diese Musik neu war und ich so alt wie meine Töchter jetzt, rührte sie an eine gleichsam jungfräuliche Empfindung, ging direkt in Herz und Bauch und war meine erste Liebe. Es gehört zur Melancholie des Älterwerdens, daß solche Empfindungen nie wiederkehren. Man verliebt sich nicht mehr. Aber man liebt noch.

### Sonntag, 25. Januar

Marlene ist das Fahrrad geklaut worden. Oldenburg hat prozentual zur Einwohnerzahl vermutlich die höchste Anzahl Fahrräder in Deutschland und also wohl auch die höchste Diebstahlsquote. Seitdem wir in der Stadt wohnen, ist es das vierte Rad, das uns gestohlen wird. Fast schon Routine. Es bleibt aber jedes Mal ein Gefühl der Kränkung und der ohnmächtigen Wut. Und die Frage, ob Marlene das neue Rad selbst bezahlen muß.

Zum Nachmittagskaffee bei meiner Mutter, die in diesem Jahr 85 wird und sich, von einigen Aussetzern abgesehen, erstaunlicher Rüstigkeit erfreut. Unter den Aussetzern ist der mir unerträglichste, daß sie keine Gespräche mehr führt, sondern nur noch monologisiert und dabei die immer gleichen Geschichten auftischt, eingeleitet mit der Floskel: Ihr kennt doch bestimmt die schöne Geschichte …

Was mir schwer auf die Nerven geht, finden Marlene und Emily amüsant, zumindest tolerabel bis belanglos. So war es auch zwischen meiner Großmutter und ihren Enkeln: Womit die alte Dame meine Eltern zuverlässig auf die Palme brachte, empfanden mein Bruder und ich als liebenswürdige Schrulligkeit.

Zwischen Großeltern und Enkeln gibt es diese relativ spannungsarme Beziehung, weil sie keine Generationenkonflikte austragen. Sie begegnen sich auf einem Feld, das von Verantwortung frei ist, auch von Herrschaft. So sagt meine Mutter beim Spaziergang zu mir, wie sehr sie es genossen habe, mit meinen Töchtern umzugehen als sie noch kleine Kinder waren. Mit meinem Bruder und mir sei das nicht zu genießen gewesen, sondern eine Last. Obwohl ich sie verstehe, fühle ich mich von der schroffen Arglosigkeit der Bemerkung gekränkt. Zugleich empfinde ich Erleichterung, weil ich plötzlich weiß, daß sich bestimmte Familienstrukturen nicht zwangsläufig wiederholen müssen, daß man vom Trampelpfad des immer Gleichen abweichen kann. Mir jedenfalls war und ist immer noch der Umgang mit meinen Kindern Freude und Gewinn an sogenannter Lebensqualität, die Last und Verantwortungsdruck allemal ausgleichen.

Oscar Wilde: »Alle Töchter werden wie ihre Mütter. Das ist ihre Tragödie. Kein Sohn wird so. Das ist seine.«

## Montag, 26. Januar

Emily liest für die Schule und hoffentlich auch fürs Leben *Homo Faber*. Vielleicht will sie mir mal wieder was Gutes tun, als sie sagt, Frischs Stil habe Ähnlichkeit mit meinem, jedenfalls in *September Song* und *Vierundzwanzig Türen*.

»Danke für das Kompliment«, sage ich, aber leider beziehe sich die Ähnlichkeit nicht auf den Erfolg.

Später blättere ich in *Homo Faber*, um die Ähnlichkeit zu finden. Ich finde sie tatsächlich, und zwar, ums präzise auszudrücken, irgendwie, wundere mich allerdings darüber, weil Frisch mir kaum präsent ist, und ich werde mich hüten, diese Ähnlichkeit zu benennen. *Quod licet Max non licet Klaus*. Oder so ähnlich.

Neues aus den Klassenzimmern oder Child is father to the man:

Lehrer: »Nostradamus war Sohn von 18 Kindern.«

## Dienstag, 27. Januar

Wir haben als allgemein akzeptierte, quasi intergenerationelle Familienlektüre die deutsche Ausgabe des *Rolling Stone* abonniert. Heute kommt das Februarheft; darin, überraschend und verspätet, eine freundliche, wenn auch etwas uninspirierte Rezension meines Romans *Der kretische Gast*. Emily und Marlene finden das besonders anregend, weil ihr Vater durch den Kontext des Blatts irgendwie rock'n-roll-kompatibel wird.

»Hätte aber auch mit mehr Liebe gemacht werden können«, sagt Marlene über die Rezension und trifft damit ein Grundübel des gegenwärtigen Rezensententums. Das, was mit einem leider veralteten Begriff »Liebe zur Sache« hieß, ist aus der Literaturkritik fast völlig verschwunden. Statt dessen zynische Publikumsferne, Häme und ein inquisitorisches Verreißertum, das nie seine Maßstäbe offenlegt, auch gar nicht offenlegen kann, weil es keine kennt. Als ich die Rezension später abhefte, fällt mir auf, daß eine fast gleichlautende bereits erschienen ist. Es stellt sich heraus, daß der Rezensent, der im *Rolling Stone* das Buch lobt, es in der *Konkret* verrissen hat – ausgetauscht wurde nur der Schlußsatz. Schizophrenie der elenden Skribenten.

Je mehr Kinder über die Vergangenheit ihrer Eltern erfahren, über deren eigene Kindheit und Jugend, desto eher können sie von ihren Eltern enttäuscht sein, weil sie als Erwachsene nicht das gehalten haben, was sie in ihrer Jugend versprachen. All die alten Fotos von mir, auf denen ich, Berufswunsch Rockstar, Gitarre spiele …

Heute hängt die Gitarre mit gerissenen Saiten in meinem Arbeitszimmer, Staubfänger des Gestern.

## Mittwoch, 28. Januar

»Fällt dir nichts auf?« Marlene lächelt mich fragend an.

»Woran? An wem?« Ich weiß nicht, was sie meint.

»An mir natürlich.«

»An dir?«

»Ja.«

»Tja, also, um ehrlich zu ...«

»Ich war beim Friseur.«

»Ach ja. Aber man sieht eigentlich ...«

»Natürlich nicht. Ich hab die Haare ja auch zum Zopf geflochten.«

»Sind sie denn jetzt kürzer?«

»Nur einen Tick.«

»Ach so.«

»Ja. Und außerdem hab ich mir die Haare färben lassen.«

»Färben? Wie denn? Ich seh keinen Un ...«

»Hier. Und hier. Diese ganz zarten Strähnchen.«

»Oh. Ja. Jetzt seh ich's auch. Hab's natürlich auch schon vorher gesehen, dachte aber, daß deine Haare da vielleicht nur naß sind oder so beziehungsweise ...«

»Genau, ja. Hat die Friseuse gut hingekriegt. So hab ich's mir gewünscht.«

»Aha.«

»So, daß man's gar nicht merkt. Daß einem gar nicht auffällt, daß es gefärbt ist.«

»Nur so ein Hauch also?«

»Ja«, sagt Marlene. »Nur so ein Hauch.«

## Donnerstag, 29. Januar

Marlene fragt, ob ich ihr ein paar Tips geben kann, wie sich ihr Goethe/Plenzdorf-Referat zu einem Abstract zusammenfassen ließe (zu meiner Zeit hieß das noch Inhaltsangabe). Ich gebe ein paar Stichworte, sie notiert sie sich; ich gerate ins Formulieren, schließlich diktiere ich, und sie schreibt stillvergnügt und kopfnickend mit. Pädagogisch ist das natürlich hochgradig inkorrekt, aber es macht mir Spaß. Und als ich merke, daß es mein eigener Text geworden ist, merke ich auch, daß ich sie beeindrucken wollte: Sieh mal, was dein Vater drauf hat, wenn's um sein Metier geht.

Wenn ihr Deutschlehrer ihr die Sache abkauft, muß er sie literaturanalytisch für halbwegs begabt halten.

An Plenzdorf sieht man – nebenbei bemerkt und beispielhaft –, wie ein Text seines Themas wegen zum Erfolg wurde und im Kanon landete. Stilistisch wie eingeschlafene Füße. Das Buch erschien in der hysterischen Hochzeit des sogenannten Dissidententums, wo jeder Ossi, der sich als systemkritisch outete und eine Schreibmaschine bedienen konnte, im Westen zum »wichtigen Autor« proklamiert wurde.

## Freitag, 30. Januar

Glück der Kindheit ist Leben im Augenblick. Es gibt noch keine Vorstellung davon, daß strenggenommen alles Vergangenheit ist. Jedenfalls sind die Momente unserer Existenz, die wir bewußt wahrnehmen, als wahrgenommene immer schon vorbei, sind Geschichte. Gegenwart, hat Jean Paul Sartre einmal bemerkt, gleicht der verwischten Landschaft, die während einer Autofahrt an den Seitenfenstern vorbeihuscht. Im Rückspiegel erst sieht man, wie die Landschaft sich zu einem klaren Bild konfiguriert.

Diese Landschaft im Spiegel, die in jedem Augenblick neu entsteht und von der wir uns ununterbrochen entfernen, ist die Vergangenheit. Gegenwart aber ist immer verwirrend, vage und vieldeutig. Sie bestimmt unser Leben, läßt sich selbst aber nur als vergangene erfahren, erfassen und bestimmen. Erwachsenwerden heißt auch, zu begreifen, daß die Gegenwart uns entwischt, daß die Zukunft immer schmaler und die Vergangenheit immer breiter wird.

Die Halbjahreszeugnisse – für Marlene das letzte. Emilys ist überragend, Marlenes gut. Nur in Mathe schrammt sie am Abgrund. Ganz der Vater (der aber nicht nur schrammte, sondern im Abgrund seiner mathematischen Ignoranz versank).

## Samstag, 31. Januar

»Ein Kind ist ein Buch, aus dem wir lesen und in das wir schreiben sollen.« (Peter Rosegger) Kompletter Quatsch! Einer dieser beliebigen Gummisätze, die man auch auf alles andere anwenden könnte bzw. deren »Logik« beliebig ausgetextet werden kann. »Ein Kind ist eine Flasche, aus der wir trinken und die wir wieder auffüllen.« »Ein Kind ist ein Gummibaum, der uns Freude macht und von uns begossen wird.« Usw. Setzen, Rosegger. Sechs.

Emily springt als Ersatzspielerin bei unserer samstäglichen Tennisrunde im Freundeskreis ein. Zuerst spiele ich mit ihr ein Einzel. Gewinnen lassen kann ich sie nicht, weil sie weiß, wie ich spiele, und beleidigt wäre, wenn ich ihr den Sieg schenkte. Zu hoch gewinnen darf ich aber auch nicht, um ihr den Spaß am Spiel nicht zu nehmen und ihr Selbstbewußtsein nicht anzukratzen. Und weil sie im übrigen sehr gut spielt, muß ich mich am Ende nicht einmal sonderlich anstrengen, nur knapp zu gewinnen.

Dann spielen wir als Team ein Doppel und gewinnen es auch. Angenehmes, unausgesprochenes Zusammengehörigkeitsgefühl: Tochter & Vater. Partner. Und siegreich.

### Sonntag, 1. Februar

Gestern zum Essen hier zu Gast Edo Reents mit Frau, dazu Peter Welfers und Märle Poser. Edo zeigt sich annähernd ekstatisch entzückt von meiner Schallplattensammlung: »Daß du noch so viel Vinyl im Schrank hast!«

Der Abend gerät sukzessive zu einer nostalgischen Hörorgie. Als Edo *Waiting for the Wind* von Spooky Tooth (»Sogar die englische Pressung!!!«) auflegt und die Lautstärke auf 180 hochfährt, vibriert das Parkett und die Fensterscheiben klirren. Jamie mahnt mehrfach gedämpftere Töne an, nicht zuletzt mit Rücksicht auf Marlene, die seit gestern mit Magen-Darm-Grippe, vielleicht auch nur verkorkstem Magen, bettlägerig ist.

Beim sehr späten Frühstück ist sie aber schon wieder auf den Beinen. »War ja ziemlich laut bei euch«, sagt sie grinsend.

»Ja, tut mir leid«, sage ich. »Hat's dich sehr gestört?«

»Überhaupt nicht. Klang irgendwie gut.«

Und da fällt mir ein, daß es schon einmal ein Zusammentreffen von *Waiting for the Wind* mit Marlenes Ohren gegeben hat. 13, 14 Jahre muß das jetzt her sein. Es war die Nacht vom 5. auf den 6. Dezember, Vorabend zum Nikolaustag also. Auch damals hatten wir Gäste, und auch damals wurde dies Musikstück mit krachender Lautstärke gespielt. Kaum verklungen, erschien Marlene, fünf oder sechs Jahre alt, im Nachthemd auf der Treppe: Sie habe den Nikolaus gehört, seine schweren Schritte. Es war aber nur das Schlagzeug. Vielleicht aber hatte der Nikolaus das Schlagzeug nur als akustische Tarnung benutzt, um ungestört die in der Diele stehenden Gummistiefel der Mädchen zu füllen.

Edo hat mir in seiner Begeisterung (englische Pressung!) 100 Euro für die LP angeboten.

»Ich schenk sie dir«, hab ich gesagt, »wenn du über mein nächstes Buch in der FAZ 'ne Hymne abläßt.«

Nun wird ja möglicherweise mein nächstes Buch eben dies Journal werden. Mal sehen, ob Edo das rare Vinyl so viel wert ist, daß er öffentlich zu seiner »Bestechlichkeit« steht.

Abends im TV der amerikanische Spielfilm *Das Versprechen* nach Dürrenmatts Roman mit dem hinreißenden Jack Nicholson. Emily ist enttäuscht, ja geradezu erbost über das bittere Nicht-Happy-End: »Was ist das denn für'n Scheißschluß?«

## Montag, 2. Februar

Marlene geht mit ihrer Großmutter ins Kino: *Das Wunder von Bern*. Zwar hat Marlene den Film schon gesehen, aber weil Oma sich ohne Begleitung nicht mehr so recht ins Kino traut, tut die Enkelin ihr den Gefallen, hofft wohl auch darauf, daß Oma, angeregt durch den Film, von damals erzählt. »Und?« frage ich. »Wie war's?« Marlene verzieht das Gesicht, zuckt mit den Schultern.

»Was hat Oma denn gesagt?«

»Sie hat nur das erzählt, was sie uns schon hundert Mal erzählt hat.«

»Sonst nichts?«

»Als der Name Helmut Rahn fiel, da hat sie genickt und gesagt, den kennt sie.«

Neues aus den Klassenzimmern oder Sprachpurismus:

Schülerin: »Der Tag ist doch sowieso schon scheiße.«

Lehrer: »Was? Der Tag ist scheiße? Was ist das denn für 'ne abgefuckte Sprache?«

## Dienstag, 3. Februar

Nachts zwischen zwei und drei Uhr, wenn Sorgen, Ängste und Bedenken, die uns tagsüber nur als schwache Schatten folgen, im Sog der Schlaflosigkeit besonders düstere Fratzen bekommen und man fast geneigt ist, wieder fromm zu werden, um mit dem guten, alten Herrgott seiner Kinderzeit zu handeln, liegt heute auch Jamie wach. Wieso?

»Weil wir bald allein sind.«

»Zu zweit«, sage ich.

»Aber allein.«

Als die Kinder klein waren, hat man sich oft gewünscht, Ruhe zu haben, auch mal allein sein zu können oder zu zweit. Und jetzt, auf der Schwelle, fürchtet man sich vor der Leere und Stille, dem Ticken der Uhr. In Franz Werfels *Elternlied* ist das traurig und schön gefaßt:

»Kinder laufen fort.
Lang her kanns noch gar nicht sein,
Kamen sie zur Tür herein,
Saßen zwistiglich vereint
Alle um den Tisch.

Kinder laufen fort.
Und es ist schon lange her.
Schlechtes Zeugnis kommt nicht mehr.
Stunden Ärgers, Stunden schwer:
Scharlach, Diphterie!

Kinder laufen fort.
Söhne hangen Weibern an.
Töchter haben ihren Mann.
Briefe kommen, dann und wann
Nur auf einen Sprung.

Kinder laufen fort.
Etwas nehmen sie doch mit.
Wir sind ärmer, sie sind quitt,
Und die Uhr geht Schritt für Schritt
Um den leeren Tisch.«

## Mittwoch, 4. Februar

Marlene fährt nach Hamburg, um sich im US-Konsulat eine Social-Security-Card ausstellen zu lassen, die sie braucht, um im Sommer in Middlebury arbeiten zu können. Arbeitserlaubnis und Visum braucht sie nicht, weil sie die doppelte Staatsbürgerschaft hat. Beneidenswert. Mich dreht man alle Jahre wieder durch die Bürokratiemühle des amerikanischen Legalismus, obwohl ich doch der Ehemann einer US-Bürgerin und der Vater zweier US-Bürgerinnen bin.

Da ich dringend Vorschuß brauche, habe ich die erste Hälfte dieser Aufzeichnungen an den Verlag geschickt und als nächste Buchveröffentlichung avisiert. So beute ich also meine Töchter nicht nur als Stichwortgeber und Motivspender aus, sondern verkaufe sie, indem ich mich verkaufe, gewissermaßen gleich mit. Na ja, auch sie brauchen das Geld ...

Im Augenblick, da ich dies schreibe, tritt einer jener Zufälle des sogenannten wirklichen Lebens ein, die man in keinem Roman verwenden dürfte, will man nicht unglaubwürdig sein. Jamie kommt ins Arbeitszimmer, fragt, ob sie sehr störe?

»Nein, äh, Moment, noch diesen einen Satz. Worum geht's?«

Es geht um Geld. Und ich notiere: Was Kinder kosten und daß man solche Zufälle niemals ...

## Donnerstag, 5. Februar (Wolfenbüttel)

Seit gestern nachmittag in der Bundesakademie Wolfenbüttel, wo ich zusammen mit meinem alten Freund Martin Hielscher den Workshop *Ein Königreich für ein Wort* zu Fragen des literarischen Übersetzens leite. Abends hält Martin ein Referat über die Rolle von Lektor und Verlag. Im anschließenden Gespräch kommt die Rede auch auf die sogenannte Pop-Literatur à la Lebert, Stuckrad-Barre etc., an deren Erfindung als flüchtiges Marktphänomen Martin als ehemaliger Lektor von Kiepenheuer & Witsch beteiligt war.

Eigentlich, sagt er, sei das alles als zeitgemäße Variante von Jugendliteratur gedacht gewesen, bei der literarische Kriterien praktisch keine Rolle spielten. Und ob meine Töchter, die ja vom Alter her zielgruppenmäßig anvisiert worden seien, sich da angesprochen gefühlt hätten?

Allerdings. Sie haben insbesondere Stuckrad-Barres *Soloalbum* gelesen und sind zu einer seiner sogenannten Lesungen gepilgert; bei einem Eintrittspreis von über 20 Euro! So geht das Taschengeld dahin.

Und wie ich als Schriftsteller und Vater darauf reagiert hätte? Irgendwie eifersüchtig womöglich?

Eifersüchtig war ich, wenn überhaupt, nur auf die unfaßbar hohen Auflagen dieser windigen Jünglinge. Als Konkurrenz aber habe ich sie nie empfunden. Kein Mensch geht unschlüssig schwankend in die Buchhandlung, ob er sich lieber den neuen Stuckrad-Barre oder den neuen Modick kaufen soll. Und bei durchaus wohlwollend-neugieriger Lektüre von *Soloalbum* empfand ich das Büchelchen als eine Art Bindeglied zwischen *Bravo* und Literatur für Erwachsene. Als Marlene dann sogar eines Tages sagte, eigentlich fände sie meine Sachen aber doch irgendwie besser als die von Stuckrad-Barre & Co., war ich vollends versöhnt. Beziehungsweise vertöchtert.

## Freitag, 6. Februar (Wolfenbüttel)

Im Workshop Diskussion über die Neuübersetzung von Salingers *Catcher in the Rye*: Wo Old Man Bölls alte Übersetzung die kolloquiale Lässigkeit und idiomatische Drastik des Originals tendenziell zu verschnarchter Hochsprache glättete, macht Schönfeldts Version zwar deutlich, daß die Kunst dieses Textes der Jugendslang ist, aber in der Wahl des Vokabulars ist sie halbherzig, inkonsequent und fast so prüde wie Böll. »Damned« z. B. ist vom sprachlogischen Einsatz her eben nicht »verdammt«, schon gar nicht »verflucht«, sondern »beschissen«. Für »homey babe« schreibt Böll »häusliches Mädchen«, aber Schönfeldt macht es viel schlimmer, indem er »anständige Puppe« setzt – schlimmer, weil die Wendung erfunden ist, eine Übersetzerphantasie, die nicht aus der lebendigen Sprache stammt (von diesem hölzernen Pseudoslang wimmelt der ganze Text). Warum traut sich Schönfeldt nicht, z.B. »Spießerbraut« zu schreiben? Weil er erst gar nicht auf die Idee kommt! Ich vermute, daß Schönfeldt wenig bis gar keinen Umgang mit Jugendlichen hat. Falls doch, ist er taub.

## Samstag, 7. Februar

Marlene hat ihre überschaubaren, aber dennoch etwas wirr organisierten Ersparnisse auf einem neuen Konto zusammengelegt, was dazu führt, daß sie nun auch im Besitz einer Kreditkarte ist und somit einen weiteren Entwicklungsschritt zum nachhaltig vergesellschafteten Menschen gemacht hat.

»Fehlt nur noch ein Geldautomat in der Schule«, sagt sie, und vermutlich sind wir nicht mehr weit von einer Entwicklung entfernt, in der Schulen von der Wirtschaft gesponsort werden. Ronald McDonald Realschule. Coca-Cola-Gymnasium. Daimler-

Chrysler Universität. In den USA längst üblich, jedenfalls im Hochschulbereich.

Und da wir gerade von Geld reden: Was Kinder kosten (im Folgenden WKK): zum Beispiel Miete plus Nebenkosten für zwei Kinderzimmer ergeben in unserem Fall etwa Euro 250,– monatlich.

Neues aus den Klassenzimmern oder Handytechnik:

Lehrer: »Mal angenommen, auf der ganzen Welt gäbe es nur zwei Menschen, die ein MMS-Handy hätten …«

Schüler: »Wär gut, wenn die sich kennen.«

## Sonntag, 8. Februar

Emily und Marlene arbeiten regelmäßig und engagiert bei *Perspektiven* mit, einer Zeitschrift, die von Schülerinnen und Schülern verschiedener Oldenburger Gymnasien gemeinsam gemacht wird und vierteljährlich erscheint. Bemerkenswert ist daran, daß die Sache von keiner Schule gesponsort, getragen oder gestützt wird, sondern auf Eigeninitiative und Selbstausbeutung der Mitarbeiter basiert und funktioniert. Konzeption, Redaktion, Layout, Herstellung, Anzeigen, Vertrieb, Verkauf – alles auf eigene Faust. Bei einer Auflage von 2.000 Stück ist die Sache sogar kostendeckend.

Für die nächste Ausgabe ist ein Artikel über die Kneipenszene in der Baumgartenstraße geplant. Das Besondere daran ist, daß sich hier über die Generationen hinweg am selben Ort und in denselben Häusern, wenn auch unter wechselnden Namen, Lokale erhalten haben, die von Schülern und Studenten frequentiert wurden und werden. Das war bereits zu Zeiten meines Vaters so, setzte sich nach dem Krieg fort in meine Schulzeit während der Sechziger und ist heute immer noch so. Was für uns *Montparnasse* und *Gretna Green* war, heißt heute *Schmizz* und *Loft*.

Ob ich da vielleicht einen kurzen Beitrag liefern könne für *Perspektiven*? Meine damalige Freundin Hilde Frye, heute Redakteurin bei *woman*, wolle man auch fragen. So schließt sich der Kreis.

## Montag, 9. Februar

Die Zeitschrift *Young Miss*, sozusagen die *Brigitte* für Teenager, die seit einigen Jahren abonniert war, haben Emily und Marlene in seltener Einmütigkeit gekündigt. Das Blatt sei ständig flachsinniger geworden, nur noch Mode, Kosmetik und Promiklatsch. Besonders dünn bis übel seien die von Alexa Henning von Lange durchgeführten Interviews. »Das machen wir in unserer Zeitschrift besser.«

Kann aber auch sein, daß Marlene und Emily für die Angebote von *Young Miss* inzwischen zu alt sind. Interessant finden sie *Neon*, eine neue, vom *stern* gemachte Teenager-Illustrierte mit dem Untertitel *Eigentlich sollten wir erwachsen werden*. Zumindest Marlenes Situation ist mit diesem Untertitel idealtypisch beschrieben. In den USA gibt es inzwischen die Bezeichnung »Tweens«; damit sind Jugendliche gemeint, die noch Teenager sind, sich aber bereits als Twens fühlen.

WKK: Marlene Praxisgebühr Hals-Nasen-Ohren-Arzt Euro 10,–; Rezeptgebühr Euro 15,08.

## Dienstag 10. Februar

Neues aus den Klassenzimmern oder Worst case scenario:

Marlene: »1882 bombardierten die Briten Alexandria.«

Geschichtslehrerin: »Nein!«

Pause.

Geschichtslehrerin: »Sie meinten doch bestimmt Atombomben.«

Marlene: »Nein, ganz normale Bomben.«

Geschichtslehrerin: »Ich assoziiere mit Bomben immer Atombomben.«

Manchmal bekomme ich derlei Anekdoten beim Mittagessen aufgetischt. Wenn die Mädchen gegen 13:30 Uhr aus der Schule kommen, ist Jamie meistens schon im Laden, so daß wir zu dritt essen. Gemeinsame Mahlzeiten wirken bekanntlich verbindend, und manchmal kommt mir das wie ein Privileg vor, das ich gar nicht verdient habe, weil das Essen meistens von Jamie vorbereitet worden ist, ich aber gewissermaßen jenen Rahm abschöpfe, der in der freundlichen Erfahrung gemeinsamer Mahlzeiten besteht.

Neulich zum Beispiel so: Als ich eine Kartoffel ungeschickt zerteile, rutscht mir die Gabel ab, so daß mir Sauce aufs Augenlid spritzt. Emilys Kommentar: »Das Auge ißt mit.«

## Mittwoch, 11. Februar

Das Studentenpaar, das hier im Haus die Mansarde bewohnt, macht Andeutungen, in absehbarer Zeit ausziehen zu wollen. Wir überlegen, ob wir dann die Mansarde anmieten sollen, sei es als Wohnung für die Mädchen, sei es als Studio für mich und kommen zu dem Ergebnis, daß es sich nicht mehr lohnt. Was sollen wir mit mehr Wohnraum, wenn die Mädchen nicht mehr bei uns wohnen?

Marlene bekommt bei diesem Gespräch aber etwas in den falschen Hals und fragt entgeistert: »Wollt ihr mich etwa rausschmeißen?« Das spiegelt ihre Lage. Einerseits würde sie lieber heute als morgen ausziehen und ihr eigenes Leben leben, andererseits fürchtet sie sich davor, aus dem Nest geworfen zu werden. Draußen ist es spannend. Draußen weht aber auch ein scharfer Wind.

Denglish: I am stinkangry.

## Donnerstag, 12. Februar

Muß zu einer Bürgerversammlung wegen des Bebauungsplans in Mollberg. Aber der Autoschlüssel hängt nicht am Brett, und das Auto steht nicht, wo es stehen müßte. Auf Marlenes Terminkalender der Vermerk »16:00 Einkaufen mit Oma«. Also Anruf bei meiner Mutter, wo Enkelin und Großmutter nach erfolgter Einkaufstour bei Tee und Kuchen sitzen.

Unterwegs zur Versammlung erinnere ich mich, daß mein Vater relativ großzügig war, wenn seine Söhne sich das Auto erbaten. Aber man mußte natürlich fragen, und der Schlüssel hing auch nicht frei verfügbar im Flur; dafür war mein Vater zu autonärrisch, empfand den Wagen auch irgendwie als rollendes Wohnzimmer. Die Selbstverständlichkeit, mit der Marlene das Auto als familiäres Gemeinschaftseigentum nutzt, stört mich im Prinzip durchaus nicht, nicht zuletzt, weil ich keine affektive Beziehung zu Autos pflege, sondern sie als notwendiges Übel empfinde. Aber wenn ich das Übel brauche, brauche ich es.

WKK: Marlene nimmt alle 14 Tage zwei Stunden Nachhilfeunterricht in Mathematik. Pro Stunde Euro 15,– = Euro 60,– im Monat.

Demgegenüber gibt Emily einem Mädchen aus der 7. Klasse Nachhilfe in Englisch, bekommt dafür aber nur sechs Euro pro Stunde.

»Ich hab's ja nicht studiert«, sagt sie.

»Es ist aber deine Muttersprache«, sage ich. Und das ist ja eigentlich unbezahlbar.

## Freitag, 13. Februar

In der Zeitung eine Ankündigung, daß in Oldenburg demnächst eine Lesung mit Prinz Asserate stattfinden wird. Als sein Buch *Manieren* vor einem halben Jahr ins Haus kam, blätterte Emily interessiert darin herum.

»Das muß ja unheimlich teuer sein«, sagte sie nach einer Weile mit hübsch ironischem Unterton.

»Wieso?«

»Na, so wie *der* aussieht.« Sie meinte das Foto, das den Verfasser (oder Verfasserdarsteller) in königlicher Pose und edlem Zwirn zeigt. »Und dann auch noch 'ne kaiserliche Hoheit ...«

Buchpreise nach dem Aussehen ihrer Autoren zu kalkulieren könnte fast eine Marketingidee sein.

Für ihre Bewerbungen um Praktikumsplätze hat sich Marlene von ihrer Klassenlehrerin ein Empfehlungsschreiben oder, wenn man so will, ein Gutachten bzw. Führungszeugnis erbeten und bekommen. Es fällt zwar erfreulich positiv aus, wimmelt aber von orthographischen und grammatischen Fehlern. Verfaßt von einer Deutschlehrerin ...

## Samstag, 14. Februar

Kohlfahrten sind zur Winterzeit eherner Bestandteil der lokalen Folklore, eine Art Karnevalsersatzhandlung. Man trifft sich in diversen Gruppierungen (Betriebspersonal, Sportvereine, Kollegien), unternimmt eine gemeinsame Wanderung, auf der bei fundamental-folkloristisch gepolten Gruppen sogar geboßelt wird, zur meistens rustikal gelegenen Gaststätte und fällt dort über enorme Portionen Grünkohl mit Pinkel, Mettwurst und Kassler her; anschließend wird, wenn eine Kegelbahn vorhanden ist, gekegelt. Flüssig gemacht und gehalten wird das ganze Unternehmen durch erhebliche Quantitäten Bier und Korn. Wem solches Brauchtum unbekannt ist oder wem es mißfällt, dem mögen Kohlfahrten als regionaltypisch verbrämte Lizenz zum Saufen erscheinen.

Gestern abend hat Marlenes Abiturjahrgang eine Kohlfahrt absolviert. Marlene erscheint bereits vor 22 Uhr wieder zuhause, ebenso mißvergnügt wie nüchtern. Sie ist Vegetarierin und trinkt, wenn sie überhaupt etwas trinkt, Alkohol nur in homöopathischen Dosierungen. Diese doppelte Nüchternheit bei Kohlfahrten entspricht in etwa der unmaskierten Teilnahme an einem Maskenball oder dem Start beim Schwimmwettbewerb im dreiteiligen Anzug; jedenfalls landet man im falschen Film. Wenn sich dann zur Nüchternheit noch das ausgeprägte Verantwortungsgefühl gesellt, das Marlene eigen ist, gerät man über kurz oder lang in eine Erste-Hilfe-Rolle für jene, die psychisch und physisch dem Grünkohlexzeß nicht gewachsen sind. So ergeht es Marlene. Und sie ist nicht amüsiert.

Gibt es eigentlich Verantwortungsgefühl ohne Nüchternheit?

## Sonntag, 15. Februar

Auf dem Bibliotheksball der Universität treffe ich einen meiner ehemaligen Deutschlehrer, der es inzwischen zum Pädagogikprofessor gebracht hat. Beim Smalltalk mit ihm geht mir auf, daß ich in dem Mann immer noch den Lehrer sehe und mich selbst als seinen Schüler empfinde. So etwas wächst sich nie aus. Eltern bleiben auch immer Eltern. Und Kinder Kinder, selbst wenn aus ihnen Leute geworden sind.

Als wir gegen 2:00 Uhr zu Hause eintreffen, sitzt Emily noch mit ihrer Freundin Maike beisammen, die bei ihr übernachtet. Sie hören Musik. *Abbey Road*, Beatles. Es klingt sehr frisch, nach Jugend, guter Laune und was kost' die Welt.

Schreibe den kleinen Beitrag für die Schülerzeitung.

Emily: »Genauso hab ich's mir vorgestellt.«

Ich: »Dann hättest du's ja auch gleich selber schreiben können.«

Emily: »Ach, Papa …« Und das »ach« klingt wie ein Kopfschütteln.

Abends werfen sich Jamie und die Mädchen in Schale.

»Wo wollt ihr denn hin?«

»Ins Theater.«

»Und wieso fragt mich niemand, ob ich mit will?«

»Weil du sowieso nicht mitgegangen wärst.«

Wahrscheinlich stimmt das. Vielleicht stimmt es auch nicht. Als sie weg sind, komme ich mir furchtbar verlassen vor. Sie haben mich nicht mal gefragt!

## Montag, 16. Februar

Beim Mittagessen erzählt Emily, Marlene habe sie vorgestern nacht, als Emily nach Haus kam, in ihr Zimmer gerufen und gebeten, sie möge Woodstock (unsere Katze) aus ihrem Zimmer holen. Emily sei in Marlenes Zimmer gegangen, habe Woodstock dort aber nicht gefunden. Marlene hat vielmehr im Schlaf geredet. Früher ist sie manchmal schlafgewandelt, geisterte dann durchs Haus und hatte träumend wichtige Dinge zu erledigen.

Marlene schreibt eine Bewerbung für ein Praktikum in einem Hamburger Museum, bittet mich um Formulierungshilfe. So etwas mache ich gern. Ein Rest von Unentbehrlichkeit. Zum ersten Mal äußert Marlene einen konkreten Studiumswunsch, Kunstgeschichte und Amerikanistik, und ein Berufsziel: Internationales Kulturmanagement. Das klingt gewaltig, und das ist gut so. Wer nicht mehr will, als er kann, bleibt immer unter seinem Können. Angesichts ihres tabellarischen Lebenslaufs kommt mir das Internationale auch gar nicht mehr so hochstaplerisch vor: Vorschule in Rom, ein Grundschuljahr in New Hampshire, Schüleraustausch Paris, Schüleraustausch St. Petersburg. Zweisprachig erzogen.

Warum ist »Muttersprachler/in« der deutsche Ausdruck für »native speaker«? Das Deutsche kennt keine entsprechende Formulierung für Zweisprachigkeit. Vatersprache? Schön wär's ja.

## Dienstag, 17. Februar (Friedrichshafen)

Lesereise durch die Bodenseeregion. Der Freund Hermann Kinder hat vor den Terminen gewarnt: Da tobe der badische Fasching mit seinem Höhepunkt am »schmutzigen Donnerstag« durchs Land, mit Publikumszuspruch bei literarischen Veranstaltungen sei da kaum zu rechnen. Tatsächlich sitzen im Zug von Ulm nach Friedrichshafen auch schon jede Menge mehr oder minder Kostümierte und Alkoholisierte aller Altersklassen. Drei oder vier etwa zehnjährige Mädchen haben sich als große, verruchte Damen verkleidet, Netzstrümpfe, hochhackige Schuhe, Rouge, Lidschatten und Lippenstift. Ich empfinde Unbehagen bei ihrem Anblick, aber nicht wegen der gespielten »Verderbtheit«, sondern weil der notorische Kinderwunsch, nicht mehr Kind zu sein, sondern schleunigst erwachsen zu werden, mich immer traurig stimmt. Solche Trauer spürt man natürlich nur als Erwachsener, dem Kindheit unwiderbringlich versunken ist, und vielleicht spürt man diese Trauer als Vater oder Mutter noch einmal auf andere Weise, wenn die Kinder im Eiltempo aus ihrer Kindheit herausdrängen.

Für Karneval bzw. Fasching fehlt uns Norddeutschen bekanntlich das einschlägige Gen, und ich komme mir unter all den aufgekratzten Narren wie der letzte seriöse Mensch vor: wie ein Erwachsener in einem Kinderland. Da geht mir dann auch auf, daß der Mummenschanz eine Rückkehr ins Kindliche ist, ins Spiel, in die Freiheit des Unverantwortlichen, in der man das, was man spielt, tatsächlich ist. Kinder spielen nur ganz selten Kinder. Sie spielen Erwachsene.

In Kindergärten und Schulen gibt es auch in Norddeutschland Kostümfeste. Emily und Marlene haben da allerlei mitgemacht als Pirat, Clown oder Ritter. Emily war auch mal eine überzeugende Katze, und Marlene ist es sogar gelungen, sich als Welle zu kostümieren. Als Welle! Entscheidend war aber gar nicht das Kostüm, sondern die innere Entschiedenheit, keine Welle darzustellen, sondern eine zu sein.

Die Lesung im Friedrichshafener Kunstverein ist dann trotzdem ausverkauft.

## Mittwoch, 18. Februar (Freiburg)

Auch in Freiburg angeheiterte Maskierte und Kostümierte auf Schritt und Tritt. Treffe mich vor der Lesung mit meinem Freund Jens, dessen Tochter Gina im letzten Sommer mit uns in den USA war; ein halbes Jahr jünger als Marlene und ein Jahr älter als Emily neigte sie zwar eher Marlene zu, wodurch Emily gelegentlich ins demütigende Abseits der kleinen Schwester geriet, doch wirkte Gina auch ausgleichend zwischen den beiden; manchmal wurde sie für unsere dritte Tochter gehalten, und da sie wohlerzogen und mindestens so schön wie diese ist, ging das für mich als vermuteter und angemaßter Vater auch in Ordnung.

Nun hat, erzählt Jens beim Wein, die schöne Gina einen Freund. Offenbar »etwas Ernstes«, Biologiestudent aus Arztfamilie, der bei seinem ersten Auftritt im Hause der Angebeteten mit einem Strauß Rosen erschienen sei. So etwas gibt's also noch. Oder wieder. Derlei Gesten waren meinerzeit, also um 1968, ziemlich nachhaltig als bourgeoise Spießigkeit in Verruf. Ginas Mutter, ihrer Tochter bislang in herzlich erdrückender Zuneigung verbunden (»Gina und ich sind beste Freundinnen«), scheint angesichts des Unausweichbaren die Flucht nach vorn anzutreten, indem sie über den potentiellen Schwiegersohn ins Schwärmen gerät. Bleibt zu hoffen, daß sie sich nicht in ihn verliebt und damit aus dem Haus treibt.

Jens ist Verwaltungschef einer Klinik und als solcher intensiv mit Problemen von Renten- und Krankenversicherung vertraut. Wir geraten gesprächsweise auch bald in diese Regionen, die ja heutzutage immer unwirtlicher werden, düstere Sumpflandschaften, wo man vor nicht sehr langer Zeit noch mit freundlichen Gärten rechnen durfte. Wenn unsereiner irgendwann ins Pflegeheim muß und das als Rente euphemisierte Almosen und das eigene Vermögen dafür nicht reichen, erklärt Jens kühl, dann werde die Familie herangezogen. Das Horrorszenario, eines Tages womöglich am finanziellen Tropf meiner Töchter zu hängen, löst Schwindelgefühle und Zukunftsangst aus.

Die Lesung im Freiburger Theater ist aber sehr gut besucht, und das dämpft den Schrecken einstweilen.

## Donnerstag, 19. Februar (Konstanz und Gottlieben)

Lesung im Bodmann-Haus im Schweizer Gottlieben, direkt am Ufer des Bodensees, wo der »schmutzige Donnerstag« mir offenbar noch Publikum zutreibt: So eine Lesung, sagt mir ein Ehepaar, sei doch eine Gelegenheit, dem »närrischen Treiben« auszuweichen. Der Mann stammt allerdings aus Bremen …

Ich wohne bei den Freunden Susanne und Hermann Kinder in Konstanz, deren Gastfreundschaft wie stets von tiefer Herzlichkeit ist. Wir sitzen bis morgens um zwei am Küchentisch, und natürlich kommt das Gespräch auch auf unsere schriftstellerischen Pläne und Projekte. Als ich vom *Vatertagebuch* berichte, gibt es neben bedenklichen Mienen bedenkenswerte Einwände: Ob das nicht den berufsnotorischen Vampirismus des Schriftstellers zu weit treibe? Ob das nicht den Töchtern mitgeteilt werden müsse, damit sie sich später nicht zum bloßen Material degradiert und als Stofflieferanten ausgebeutet fühlten? Ob nicht zumindest nach Ablauf des Jahres Emily und Marlene das Manuskript zur Lektüre und damit zur Zensur zu überlassen sei? Und ob es nicht vollends unzulässig sei, für dergleichen nun auch schon Verlagsvorschuß zu kassieren, insofern damit eine Publikation gar nicht mehr aufzuhalten sei?

Alles ja Fragen, die mir sehr vertraut sind; im vergangenen Jahr ist die Sache daran gescheitert. Würde ich den Girls sagen, was ich im Moment schreibe, würden sie in irgendeiner Weise darauf reagieren, sei es skeptisch und zurückhaltend, sei es kokett und posierend. Alles aber auch Fragen, die von der Voraussetzung ausgehen, ich wolle hier eine Art investigativen Enthüllungsjournalismus mit meinen Töchtern als Opfer betreiben. Es geht aber gar nicht um ein indiskretes Journal über meine Töchter, sondern es geht um meine Rolle als Vater – die ich freilich nur in den Griff bekomme, indem ich meine Töchter und mein Verhältnis zu ihnen zu verstehen versuche. Hier soll niemand demaskiert, desavouiert oder bloßgestellt werden. Indem ich mich meiner Familie zuwende, als Beobachter, Chronist, vielleicht dann und wann auch als Kritiker, versuche ich, mich selbst besser zu verstehen. Das wäre die Idealvorstellung des Journals – und also unerreichbar: »Das ist ein weiser Vater, der sein eigen Kind kennt.« (Shakespeare: *Der Kaufmann von Venedig*)

Susanne und Hermann bringen das Heikle des Unternehmens auf den Punkt; aber vielleicht, weil sie selber keine Kinder haben, ist ihnen jener Grundzug des Ganzen fremd oder zumindest fern, der auf der Zuneigung und jenem Vertrauen gründet, die es nur zwischen Eltern und Kindern gibt. Mein Motiv ist jedenfalls nicht Mißtrauen (höchstens gegen mich selbst) oder Decouvrierungswut, sondern Zuneigung, ja: Liebe. Und zur Liebe gehört auch Diskretion. Wäre ich Maler, würde ich ein Familienporträt malen, *Selbst mit drei Frauen*, auf dem nicht nur die Mädchen, sondern auch meine Frau und eben meine Wenigkeit im Bild sind.

## Freitag, 20. Februar

Im überfüllten Freitagnachmittags-IC von Hannover nach Oldenburg ist mein Platz in einem Abteil reserviert, in dem auch eine Mutter mit zwei Kindern sitzt, ein fünf- oder sechsjähriges Mädchen und ein etwa vierjähriger Junge. Sie sind lebhaft, aufgeweckt und neugierig. Bevor Jamie und ich selber Kinder bekamen, hätte ich sie wahrscheinlich als überdreht, nervig und indiskret wahrgenommen. Ich war damals zwar kein Kinderschreck, fand Kinder aber lästig, störend, uninteressant, und selber Vater zu sein, war mir unvorstellbar. Das bessere Wissen über Kinder und Vaterschaft hat sich erst mit der eigenen Erfahrung eingestellt, und das gilt übrigens grundsätzlich: Wirkliches Wissen entsteht nur durch gelebte Erfahrung. Alles andere bleibt abstrakt. Die aus Kinderfeindlichkeit geborene, demoskopische Katastrophe unseres Landes hat in diesem Zusammenhang eine sich selbst generierende Wurzel. Je weniger Lebenserfahrung mit Kindern stattfindet, desto unvorstellbarer wird der Gedanke, eigene Kinder zu haben, und das erzeugt eine unaufhaltsame Abwärtsspirale. Eine andere Wurzel liegt natürlich im Ökonomischen: Kinder kosten, und die Gesetzgebung bestraft Familien und belohnt die Kinderlosen.

Die beiden Kinder im Zugabteil wollen jedenfalls von mir wissen, was ich da eigentlich lese.

»Das ist ein Manuskript.«

»Was ist das denn?«

»Ein Geschichte, aus der mal ein Buch werden wird.«

»Wie heißt die Geschichte?«

»*Das Goldboot.*«

»Oh!« sagt der Junge staunend. Der Titel gefällt ihm offenbar, wie er mir als Junge auch gefallen hätte.

»Wer hat das geschrieben?« fragt das Mädchen.

»Ein Freund von mir.«

»Und wie heißt der?« Das Mädchen.

»Manfred.«

»Und wie heißt du?« Der Junge.

»Klaus.«

»Schreibst du auch Geschichten?« Das Mädchen.

»Ja.«

»Kannst du uns mal vorlesen, was Manfred geschrieben hat?« fragt das Mädchen.

»Das würde euch nicht gefallen.«

»Wieso nicht? Ist die Geschichte nicht gut?« Das Mädchen.

»Doch doch, es ist nur ...«

»Nun laßt mal den Herrn in Ruhe lesen«, mischt sich jetzt die Mutter ein, und zwar im richtigen Moment, käme ich sonst doch in die Bredouille, erklären zu müssen, warum man für manche Geschichten älter sein muß. Und für andere Geschichten hoffnungslos zu alt ist.

## Samstag, 21. Februar

Essen beim Italiener mit Birgit und Ralph G., nachdem wir zuvor deren neue Wohnung besichtigt haben; aus ihrer alten hat man sie wegen Eigenbedarf hinausgekündigt. Ihr zwanzigjähriger Sohn, der wegen diverser Ehrenrunden immer noch ein Jahr Schule vor sich hat, nimmt die Gelegenheit wahr und bezieht eine eigene Wohnung; in der neuen, die für ein kinderloses Paar zugeschnitten ist, wäre es eng geworden. Nun aber, berichten die G.s, ließe er gelegentlich spitze, nur halbironisch zu verstehende Bemerkungen fallen, daß er sich wie rausgeschmissen vorkomme. Die Freiheit lockt und ist zugleich erschreckend. Die Gegenwart der Eltern ist unerträglich, aber ihre Abwesenheit ein Verlust. Da bin ich froh, daß bei uns der Platz knapp reicht. Manchmal ertappe ich mich bei Phantasien, wie nach dem Auszug der Mädchen über deren Zimmer zu verfügen sein wird. Als könnte ich nicht erwarten, was ich mit Wehmut kommen sehe.

Die G.s erzählen, vorgestern sei ein Bericht mit Foto über Emily in der Lokalzeitung gewesen. Ich weiß wieder mal von nichts, da ich unterwegs war. Jamie hat den Artikel natürlich ausgeschnitten – mir wird schon nichts entgehen.

Emily Modick, sagt Ralph G., sei übrigens ein treffender Name, passe zu ihr, klinge gut, sehe sogar gedruckt gut aus.

Hört man natürlich gern und stimmt vermutlich auch; Kunigunde Modick z. B. wäre nicht nur ein anderer Name, sondern würde die Person auch anders prägen, nach innen und außen. Menschen haben Namen – aber Namen haben in gewisser Weise auch Menschen, d.h., daß der Klang von Namen Kraft- und Resonanzfelder erzeugt, daß der Name an der Ausbildung einer Persönlichkeit teilhat, weil bei den Mitmenschen Namen Assoziationen hervorrufen, die auf den Namensträger zurückwirken. Ich selbst bin mit meinem Namen einverstanden, hätte es aber schöner gefunden, wenn Klaus sich Claus schriebe; in homöopathisch unscheinbarer Weise wäre ich dann eine andere, irgendwie apartere Person geworden. – Jamie, die eigentlich Marjorie heißt, hat ihren Mittelnamen Jamison zum Vornamen gemacht, und der ist mit ihr ungleich identischer als Marjorie.

Denglish: I can't merk me that.

## Sonntag, 22. Februar

Beim Sonntagsfrühstück, das nicht wie wochentags etappenweise in der Küche stattfindet, sondern nach Möglichkeit mit kompletter Mannschaft am großen Eßtisch, wird mir der Zeitungsausschnitt präsentiert. Es geht da um das freiwillige Sozialpraktikum für Jugendliche bei Diakonie und Caritas. Im vergangenen Jahr hat Emily während der Osterferien so ein Praktikum bei der Bahnhofsmission absolviert. Wir oder irgendwelche Lehrer haben sie nicht darauf gestoßen; vielmehr hat sich in ihrer Clique herumgesprochen, daß man so etwas tun kann, und da hat sie es dann einfach getan. Dringenden Bedarf schien es aber nicht zu geben. Jedenfalls erzählte sie damals, daß sich in der Bahnhofsmission zwei Mitarbeiterinnen und ein Zivi gegenseitig auf den Füßen standen und sich die wenige anfallende Arbeit aus den Händen rissen, um sich nicht zu langweilen. Emily hatte sich dann einfach zur Kundschaft gesetzt, zumeist Obdachlose, und sich mit denen unterhalten. Das wiederum hatte bei den Mitarbeitern Erstaunen ausgelöst, die ihre Hauptaufgabe wohl eher im Verteilen von Essen und Trinken sehen. »Vor ihrem Einsatz«, so die Zeitung, »habe die 17jährige Gymnasiastin Berührungsängste mit Obdachlosen gehabt. Gerade deshalb habe sie sich für die Bahnhofsmission entschieden. ›Ich habe meine Hemmungen und meine Angst verloren‹, sagt sie. Als Berufsziel stehe allerdings das Jurastudium fest.«

Letzteres ist mir neu! Zwar hat Emily im vergangenen Herbst ein Berufspraktikum in einer Anwaltskanzlei absolviert, und sie redet auch gelegentlich von einem Jurastudium. Möglichst in Harvard. Harvard! Boston!! Massachussetts!!! Wo die jährlichen Studiengebühren höher sind als mein Einkommen. Und das steht nun also fest? Nun ja, Harvard ist weit. Jura kann man auch in Hamburg studieren. Dennoch, Harvard wär' der Knüller.

In ihrem Alter war Jura auch für mich eine Option. Es kam dann alles ganz anders, und ich drücke Emily die Daumen, daß es bei ihr nicht anders kommt. Vor der Schriftstellerei kann man ja gar nicht genug warnen. Dabei hat sie durchaus erzählerisches Talent und liest Belletristik gleich stapelweise. Da kann die Warnung gar nicht deutlich genug ausfallen. Also Harvard.

Vor zwei Jahren hat Emily die Frage, was sie denn mal werden wolle, folgendermaßen beantwortet: »Führungsposition mit hohem Gehalt.«

## Montag, 23. Februar

Im Musikunterricht hat Emily, in der Bigband der Schule als übungsfaule Klarinettistin aktiv, aushilfsweise Bass gespielt. Habe Spaß gemacht, sei auch simpel gewesen. Auch Klavier würde sie gern spielen können.

Marlene sagt, sie habe als Kind Schlagzeug lernen wollen, was wir ihr aber wegen des Fehlens schallsicherer Übungsörtlichkeiten ausgeredet hätten.

Daran kann ich mich nicht erinnern. Vielleicht verdrängt man das, was man ausschlagen muß eher als das, was man gewähren kann.

»Ich würde auch gern Schlagzeug spielen können«, sage ich, und das stimmt auch.

»Und wieso lernst du's dann nicht?« sagt Marlene.

»Ich? Jetzt noch? In meinem Alter? Zu spät ...«

»Jetzt redest du genau wie Oma«, sagt Emily, und grinsen sich an.

Das Middlebury College sendet den Vertrag für den Sommer mit dem üblichen Wust an Formularen, Hinweisen, Vorschriften, Warnungen – diesmal in zweifacher Ausführung für Vater und Tochter. Sie ist aufgeregt und freut sich, und ich freue mich auch auf etwas, was es zwischen uns so explizit noch nicht gab: Zusammenarbeit.

Später kommt sie in mein Arbeitszimmer: Ob ich schriftliches Material, vielleicht sogar Videos, über Adorno habe? Und da ich in Middlebury ein Adorno-Seminar anbiete, denke ich, sie will sich daran beteiligen, was aber gar nicht möglich ist, weil die Bilingual Assistants ernsthaft zu arbeiten haben, wenn Studenten und Dozenten durch den Elfenbeinturm schweben und schliddern. Sie macht aber nur ein Referat für den Philosophieunterricht, Thema Existentialismus.

»Adorno war aber kein Existentialist«, sage ich.

»Ach nein?«

»Er hat den Existentialismus eher gehaßt.«

»Dann mach ich eben ein Referat darüber.«

Noch später fragt sie mich, wie groß schätzungsweise ein durchschnittliches Treppenhaus sei. Fünfzehntausend Quadratmeter? Es stellt sich einmal mehr heraus, daß mathematische Binsenweisheiten und räumliches Vorstellungsvermögen ihre Stärke nicht sind. Eher Adorno.

## Dienstag, 24. Februar

Noch einmal Namen: Marlene Jamison und Emily Laura. Jamison ist ein klassischer amerikanischer Mittelname, mit dem Familientraditionen festgehalten werden, hier nämlich der Geburtsname ihrer amerikanischen Großmutter. Laura ist jedoch lediglich ein zweiter Vorname. Emily hat neulich gesagt, sie hätte auch lieber einen familienbedingten Mittelnamen, und gefragt, warum wir ihr keinen verpaßt haben.

Ja, warum eigentlich nicht? Jamie und ich wissen es nicht mehr. Als Vornamen haben wir bewußt Namen gewählt, die deutsch und englisch ähnlich bis gleich ausgesprochen werden, womit Sean, Phoebe, Deidre und dergleichen Apartheiten nicht in Frage kamen. Und Jamison ist eben der traditionelle Mittelname. Aber Laura?

Neues aus den Klassenzimmern:

Lehrer: »Jan, mußt du in meinem Unterricht unbedingt Mathe-Hausaufgaben machen?«

Schüler: »Nee, Bio!«

Gut gegeben!

Wer seine Kinder zu verstehen versucht, versteht zumindest sich selbst besser und bekommt klarere Bilder der eigenen Kindheit. Auch so ist »das Kind des Mannes Vater«. (Wordsworth)

## Mittwoch, 25. Februar

Mit ermattendem Kurzzeitgedächtnis und stabilem Langzeitgedächtnis lebt meine Mutter zunehmend in Erinnerung und Vergangenheit, was Gespräche mit ihr schwierig macht, zumal das Langzeitgedächtnis nicht präzise ist, sondern zu Verklärungen und Verzerrungen neigt. Wenn sie dann Emily und Marlene Geschichten auftischt, wie's früher angeblich gewesen sei, diese Geschichten aber mit meinen eigenen Erinnerungen kollidieren, muß ich sehr an mich halten und Widerspruch unterdrücken, was mir nicht immer gelingt. So erzählte sie neulich eine Anekdote, aus der hervorgehen sollte, wie großzügig ihr Mann, mein Vater also, gewesen sei, während ich den gleichen Zusammenhang als Beispiel für dessen Knauserigkeit und eine daraus resultierende Ungerechtigkeit mir gegenüber in Erinnerung habe. Es entwickelt sich ein kurzer Disput, ich werde heftig und verlasse schließlich den Tisch. Gegenüber Emily und Marlene ist mir diese Reaktion später peinlich, eine Art Gesichtsverlust. Wunden aus Kindheit und Jugend vernarben, aber manche Narben schmerzen noch, wenn man daran rührt. Mir liegt daran, daß meine Töchter mit der Wahrheit unserer Familiengeschichte konfrontiert werden, aber die Wahrheit gibt es gar nicht, sondern nur ein unentwirrbares Gewebe aus subjektiven Perspektiven und Projektionen, Wahrnehmungen und Wunschvorstellungen.

WKK: Fahrrad für Marlene, gebraucht, ohne Gangschaltung: Euro 150,–.

## Donnerstag, 26. Februar

Emily findet es bedenklich und unbehaglich, wenn nicht bedrohlich, daß unser Planet verschwindet, wenn er eines fernen Tages von der sich ausdehnenden Sonne verschluckt werden wird. Daß der Weltuntergang von ihr persönlich nicht mehr erlebt werden dürfte, ist ihr zwar sonnenklar, aber sie sorgt sich offenbar um die Gattung.

»Die Menschheit ist dann vermutlich längst in andere Sternensysteme umgesiedelt«, dilettiere ich tröstend in kosmologischer Prophetie.

»Trotzdem«, sagt Emily. »Da haben wir uns all die Jahre so viel Mühe gegeben, das hier alles aufzubauen. Und dann so'n Scheiß.«

»Nun tu mal nicht so ironisch.« sagt da Marlene, »Ich denk, du hast Angst davor!«

Erinnert mich an einen törichten Schlager aus den fünfziger Jahren, den ich als Kind als höchst makaber empfand:

»Am dreißigsten Mai ist der Weltuntergang,
wir leben nicht mehr lang,
wir leben nicht mehr lang.
Doch keiner weiß, in welchem Jahr,
und das ist wunderbar.«

Indem ich die unsterblichen Verse zitiere geht mir auf, daß es sich dabei um einen dumpfen Reflex auf die damals grassierende Atombombenangst gehandelt haben könnte. Meine Mutter hortete mit der »Aktion Eichhörnchen« (»Denk daran, schaff Vorrat an«) unverderbliche Lebensmittel als Notration für den bevorstehenden Dritten Weltkrieg, und uns wurde angeraten, beim Atomblitz unter Tischen oder Schulbänken in Deckung zu gehen und den Schulranzen in den Nacken zu legen.

Zur Jahreswende 1999/2000, die ja auch ein viel und gern beschworenes Weltuntergangsdatum war, hat Jamies Bruder, der als kalifornischer New-Age-Jünger allen spirituellen Moden und jeder Verschwörungstheorie herzlich zugeneigt ist, Jamie in endlosen Telefongesprächen davon überzeugen können, ebenfalls allerhand Nudeln und Konserven einzulagern und die Badewanne voll Wasser laufen zu lassen. Als dann am 1. Januar 2000 das Leben einfach so weiterging wie zuvor, war die Enttäuschung natürlich groß.

Die Erwartung, unmittelbar am Abgrund zu stehen, ist in der Menschheitsgeschichte chronisch. (Steht irgendwo bei Walter Benjamin.)

### Freitag, 27. Februar

E-Mail von Hermann Kinder: »Ich möchte Dir Wind machen für das Vatertagebuch, weil ich Deiner Integrität in der Abwägung moralischer Fragen, zumal bei Deiner Familie, vertraue. (Falls ich mich von außen nicht täusche, bist du ein selten solidarischer Ehemann und Familienvater. Und zwar freiwillig und gern. Nicht wie gezwungen erscheinend bei X., nicht riskant libertär wie bei Y.) Solche Einschätzungen sind sehr verdächtig und bedenklich, möglicherweise völlig falsch.«

Das wohl nicht, aber dieser solidarische Familienmensch konnte ich nur dank Jamie werden. Ohne sie wäre das alles nichts.

Hermann Kinder weiter: »Ich meine, daß Du ein Gespür hast für das, was Du mit dem VaTaBu machen kannst und die Grenze zwischen notwendiger Offenheit und Familienschutz findest. Die grundsätzlichen Bedenken, die einem einfallen, sind nicht das Problem; der Punkt ist die private Sicherheit, zwischen Zumutbarkeit und Unzumutbarkeiten für die Familie entscheiden zu können.«

So ist es. Im übrigen ist diese Grenzziehung durch ein winziges Schlückchen Fiktion, zumindest Übertreibung, abgesichert.

Anders wär's unmöglich. Und anders machte es auch keinen Spaß.

WKK: Taschengeld für beide: Euro 1.600 jährlich

## Samstag, 28. Februar

»Väter sollte man weder sehen noch hören. Das ist die einzige solide Basis für ein Familienleben. Mütter sind anders. Mütter sind liebenswert.« So Oscar Wilde, und wie fast immer bei ihm, stimmt's nur zur Hälfte. Ungern gesehen und gehört werde ich beispielsweise morgens, wenn die Mädchen das Bad besetzt halten, um sich schulfein zu machen. Da kann man nur stören. Ich stehe immer erst auf, wenn sie weg sind.

Manchmal wird man aber auch ganz gern gesehen. So zum Beispiel heute abend, als Marlene beim Ausparken aus der Garage den Wagen so unglaublich schräg verkantet hatte, daß sie keinen Zentimeter mehr vor oder zurück kam. Da muß dann Papa ran, der gerade Fußball-Bundesliga guckt. Als das Auto wieder manövrierfähig ist, sind die entscheidenden Tore längst gefallen.

Und außerdem sind Mütter nicht grundsätzlich liebenswert, schon gar nicht alle. Jamies intensive Zuneigung für und Sorge um unsere Töchter hängt beispielsweise auch damit zusammen, daß ihre Mutter wenig liebenswert war, die Kinder als Last und Karriereverhinderung empfunden hat. Darunter hat Jamie gelitten. Und so ein Leid versucht sie ihren eigenen Töchtern unter allen Umständen zu ersparen.

In bestimmten Situationen sind Väter liebenswerter als Mütter. In der phasenweise emotional bis zum Tränenfluß diskutierten Frage, wann die Mädchen abends nach Hause kommen müssen, war ich viel toleranter als Jamie, vielleicht auch nur weniger ängstlich. Sugardaddy.

## Sonntag, 29. Februar

Auf dem Couchtisch liegt eine Bühnenfassung von Saint-Exupérys *Der kleine Prinz*. Das Stück wird von der Theater-Arbeitsgemeinschaft des Gymnasiums eingeübt. Laut Besetzungsliste spielt Emily den kleinen Prinzen.

»Ja, ja«, grinst sie auf meine Nachfrage, »super Casting eben.«

A propos Casting: Auch wenn das Jurastudium angeblich feststeht, hat sie zum Ausgleich doch ein Faible fürs Künstlerische, Theaterhafte, Populäre, Unseriöse, liebt schrottige Vorabendserien und besonders die unterirdischen TV-Casting-Shows. Am liebsten zieht sie sich solche Sendungen in dem Fernseher rein, der im Elternschlafzimmer steht. Hier ist sie, anders als im Wohnzimmer, vor Fragen wie »Was glotzt du da denn für'n Scheiß?« relativ unbehelligt, liegt auf dem Ehebett, die Fernbedienung fest im Griff und zappt sich durch den Trivialkanaldschungel.

Neues aus den Klassenzimmern:

Deutschlehrerin: »Jetzt nehmen Sie mal all Ihr Wissen zusammen: Was für ein Stilmittel ist das?«

Beredtes Schweigen.

Deutschlehrerin: »Eine rhetorische Frage.«

## Montag, 1. März

Begegnet man Menschen nur in zeitlichen Intervallen, erscheint deren Älterwerden nicht fließend, sondern sprunghaft, ruckartig wie die Bewegung der Minutenzeiger von Bahnhofsuhren. Je länger die Intervalle, desto größer die Differenz. Das gilt natürlich besonders stark für Kinder und Heranwachsende, weil die körperlichen und geistigen Veränderungen bei ihnen drastischer und offensichtlicher sind als bei Erwachsenen. Abgesehen von einigen Reisen und Auslandsaufenthalten, die ich ohne Familie absolviert habe, habe ich jetzt fast neunzehn Jahre in unmittelbarer Nähe meiner Töchter gelebt, so daß ihr Erwachsenwerden mir nicht wie das Rucken der Uhr vorkam, sondern wie ein Fluß, dessen Strömung allerdings von Jahr zu Jahr schneller wurde. Er nähert sich nun den Klippen von Marlenes Abitur, und dahinter hört man schon den Wasserfall rauschen, der uns trennen wird.

Marlene studiert Handbücher der deutschen Universitätslandschaft. Sie scheint dabei eher kleinere Städte ins Auge zu fassen, Tübingen, Freiburg etc. Heute fragt sie, wie's denn eigentlich in Greifswald so aussehe. Ich habe keine Ahnung. Das ist ja fernster Osten. Immerhin mit Seeblick. Und Rügen vor der Tür.

»Soll auch billiger sein im Osten«, sagt sie.

»Dein Urgroßvater hat in Jena studiert«, sage ich.

»Ist Jena denn okay?«

Das weiß ich leider nicht, aber ich weiß plötzlich, daß für die Generation meiner Töchter die deutsche Einheit so selbstverständlich ist, wie für mich die Teilung war.

Oscar-Verleihungen: Die Girls sind durchaus einverstanden mit den elf Oscars für *Der Herr der Ringe*. Und mit Sean Penn als bestem Hauptdarsteller. Johnny Depp wär wohl auch gern genommen worden …

## Dienstag, 2. März

Beim Kochen habe ich eine CD von John Prine aufgelegt. Als Emily aus der Schule kommt, läuft gerade *Hello in there*, ein rührender, weil unsentimentaler Song über die Einsamkeit alter Leute:

»You know that old trees just grow stronger,
and old rivers grow wilder ev'ry day.
Old people just grow lonesome
waiting for someone to say: hello in there, hello.«

Emily hört nachdenklich zu. Schließlich sagt sie: »Du mußt mal wieder bei Oma vorbeischauen.«

Soll mir doch keiner erzählen, Kunst sei wirkungslos!

Wie sich herausstellt, hat Marlene neulich beim Ausparken eine Beule ins Auto gefahren. Das ist der Rede nicht wert, weil Autos für mich ungeliebte Gebrauchsgegenstände sind. Dennoch liegt mir ein Wort wie »ärgerlich« auf der Zunge, aber ich spreche es nicht aus, sondern stelle mir vor, wie's wäre, wenn ich mich wegen eines banalen Blechschadens gegenüber meiner Tochter ereifern würde. Die Vorstellung ist überaus kleinlich, peinlich und verachtenswert. So tragen Kinder dazu bei, daß man sich in Contenance übt. Man will ihnen gegenüber eine gute Figur abgeben. Man will von ihnen geliebt werden.

Neues aus den Klassenzimmern oder Dumm gelaufen:

Lehrer: »Da hat man als Lehrer schon mal eine Antwort im Kopf, und dann kommt von einem Schüler so eine Frage!«

## Mittwoch, 3. März

Die von mir organisierte und moderierte Veranstaltungsreihe *Literaturgespräche im Kunstverein* findet heute zum Thema *Familiengeschichten* statt. Wenn ich schon die Arbeit damit habe, sollen es auch Themen sein, die mich interessieren. Als Gäste sind die Kollegen und Freunde Hanns-Josef Ortheil und Martin Hielscher dabei. Abgesehen von ihrer fachlichen Kompetenz haben beide Kinder; wir drei wissen also, wovon wir reden.

Das Gespräch geht von einer Bemerkung aus, die Hielscher vor einigen Jahren in einem Aufsatz gemacht hat: Die deutschen Schriftsteller »haben alle keine Kinder oder kennen ihre Kinder nicht. Sie lieben ihre Einsamkeit, ihre Weltabgewandtheit, ihre Körperferne, ihren Haß auf die populäre Kultur, die sie, selbst wenn sie sich ihrer ausnahmsweise einmal bedienen, auch noch zu etwas komplett Unverständlichem umdeklarieren.« Das bedeutet nun natürlich nicht, daß kinderlose Schriftsteller schlechtere Schriftsteller sind; Kinder ihrer Eltern waren, sind und bleiben auch alle Kinderlosen. Es bedeutet aber, daß der Umgang mit Kindern und die Beobachtungen an ihnen Erfahrungszuwachs auf unterschiedlichen Ebenen bringt, als da wären Sprachverhalten, Spiegelung der eigenen Kindheit, bewußte Erfahrung von Geburt, Kindheit, Adoleszenz und der Generationenfolge – Lebenserfahrung also, Erfahrung des Lebens. Und ist Literatur nicht auch das: in Sprache krisensicher gemachte Lebenserfahrung?

Die im Anschluß an Lesungen häufig gestellte Frage, wie man Schriftsteller geworden sei und warum man schreibe, ist konsequent nur zu beantworten, wenn man sich in die eigene Kindheit zurückversetzt, wo die Grundmuster und Schlüsselerlebnisse liegen. Bei Ortheil ist es zweifellos das entsetzliche Familientrauma, das ihn erst in eine Art Autismus treibt und schließlich zum Autor werden läßt, der dann in seinem Werk dies Trauma immer wieder thematisiert und wohl auch bewältigt. Bei mir dürfte die Erfahrung des Abgeschobenseins, des Unerwünschten, kombiniert mit der sich daraus ergebenden, extrem stark ausgeprägten Geschwisterkonkurrenz kreative Impulse ausgelöst haben: Phantasien, in denen ich mich bergen und verbergen konnte, aber auch solche, die mir Aufmerksamkeit und Zuwendung eintrugen.

Man schreibt also, um bestimmte Defizite oder Defekte auszugleichen, man schreibt, wie Sartre sagt, weil einem etwas fehlt im Leben. Das ist die neurotische, zumindest problematische

Wurzel. Es gibt aber noch eine Zweite. Schreiben ist nämlich für den Erwachsenen, was dem Kind das Spielen ist: ein fast unbegrenztes, mimetisches Vermögen, Glück der Verwandlung und Anwandlung in und an alles, was man nicht selbst ist. Schließlich, drittens, schreibt man, weil man geliebt werden will.

### Donnerstag, 4. März (Schleswig)

Während ich meinen Koffer für die Reise nach Schleswig packe, dringen spitze Panikschreie aus Marlenes Zimmer. Sie hat heute ihre letzte Englischklausur geschrieben und vor lauter Begeisterung das Arbeitsheft mit nach Hause genommen, statt es abzugeben. Da sie inzwischen den Text manipuliert haben könnte, müßte sie nun eigentlich die Klausur wiederholen. Die Lehrerin, die zum Glück noch telefonisch in der Schule erreichbar ist, nimmt die Sache jedoch gelassen, vertraut auf Marlenes Ehrlichkeit und weiß um ihre Zweisprachigkeit. Da gäbe es sowieso kaum etwas zu verbessern.

Die Lesung im Schleswiger Oberlandesgericht dank Constanze Ohde bestens organisiert und mit 120 Leuten gut besucht. Unter den Büchern, die ich im Anschluß signiere, auch ein ziemlich zerlesenes Exemplar von *Der Schatten den die Hand wirft*. Der alte Herr, der es mir vorlegt, sieht aus wie ein freundlicher Großvater.

Sein Lieblingsgedicht, sagt er, sei Sonett VIII.

Und wieso?

Weil es eins der schönsten Gedichte über Kindheit sei.

Das, sage ich, sei eins der schönsten Komplimente, die man als Autor erwarten dürfe.

Sonett VIII geht so:

»Das ist kein Kinderspiel wenn Kinder spielen.
Wenn Kinder spielen sind sie in den Dingen,
sind sie die Dinge selbst weil sie nicht zielen,
weil sie nicht zählen was an Jahresringen
ein Baum verrät verstehen sie die Bäume.
Die Kinder kennen kein Als-ob, kein Scheinen,
kein Unterschied verdunkelt ihre Träume,
und wenn sie weinen weinen sie und weinen.
Und wenn sie singen singen sie und singen,
und wenn sie sprechen sind sie selber Sprache,
wenn man erzählt sind sie ganz Ohr und schwingen
wie eine Saite zwischen Wort und Sache.
Wir wissen nur noch, daß wir wenig wissen,
wir schwingen nicht: Die Saite ist gerissen.«

## Freitag, 5. März

Emily möchte sich Ohrlöcher stechen lassen und wünscht dabei mütterlichen Beistand. Als phantasiebegabtem Hypochonder, der ich nun mal bin, würde mich der Anblick einer Ohnmacht nahebringen, und als Vater wirkte man bei dieser milde masochistischen Operation sowieso peinlich deplaziert. Manche Erfahrungen lassen sich eben nur von Mutter zu Tochter weitergeben, manche nur von Vater zu Sohn.

»Mein Vater und ich stehen vor dem Garderobenspiegel im Flur, er hinter mir, seine Arme über meine Schultern gelegt, seine Hände führen meine Hände, um die Verschlingung zustande zu bringen, die da vor meinem Hals entstehen soll, und während er mich unter lachenden Erklärungen ins harmloseste Geheimnis der Männerwelt einweist, erzählt er, daß sein Vater, mein Großvater, den ich nie erlebt habe, sondern nur aus Erzählungen kenne, weil er lange vor meiner Geburt starb, ihm seinerseits und seinerzeit auf diese Weise den Knoten beigebracht habe; einen Augenaufschlag lang, leicht versetzt wie die zweite Drehung des Krawattenknotens, sehe ich in diesem Moment hinter meinem Vater meinen Großvater stehen, so wie er auf dem Foto an der Wand über dem Schreibtisch meines Vaters steht, und hinter ihm, verschwommen und gestaltlos, erkenne ich in der routiniert-nachlässigen Wiederholung dieser Handbewegung nun eine ins Endlose zurückreichende Kette von Vätern, alle damit beschäftigt, ihrem Sohn zu erklären, wie aus zwei hängenden Stoffenden ein glatter Knoten zu binden sei.« (*Die Schrift vom Speicher*)

So etwas, denke ich mir, müßte die Mädchen streifen, wenn Jamie ihnen zeigt, wie man Lidschatten auflegt – oder eben auch beim Ohrlochstechen. Aber als sie aus der Stadt zurückkommen, sind Emilys Ohrläppchen immer noch jungfräulich.

»Es ist draußen zu kalt«, sagt sie. »Dann verheilt der Stich nicht richtig.«

Ach so …

## Samstag, 6. März

Neues aus den Klassenzimmern oder Risiken der Gentechnik:

Biologielehrerin: »Das Klonschaf Dolly ist eher gestorben als andere Schafe in dem Alter.«

Emily findet die Aussicht, daß ihre ältere Schwester in absehbarer Zeit das Elternhaus verlassen wird, nicht krass unangenehm. Ich kann das verstehen. Mir ging's beim Auszug meines Bruders ähnlich. Die mehr oder minder latente, mehr oder minder offen ausgetragene Geschwisterrivalität löst sich in nichts auf, und die Zweitgeborenen besteigen den verwaisten Thron.

Die Mädchen giften sich gelegentlich an, wobei das Gift meistens von Marlene gespritzt wird, die den Status der Großen, der Volljährigen, gegen den unmündigen Teenager ausspielt, als den sie ihre Schwester sieht und häufig genug ungnädig behandelt. Unerfreuliche Momente, die mich schmerzen, wenn ich sie mitbekomme. »Siehe, wie schön und lieblich ist es, wenn Geschwister einträchtig beieinander wohnen«, pflegte meine Großmutter zu zitieren (wen eigentlich?), wenn mein Bruder und ich uns gegenseitig zerfleischten. Schön und lieblich ist es in der Tat, wenn die Mädchen sich einig sind, zusammen tuscheln und kichern, sich gegenseitig Vokabeln abfragen, Garderobe tauschen und so weiter. Manchmal unternehmen sie sogar gemeinsam etwas, einmal wöchentlich Tennistraining, manchmal Kino.

Altersunterschiede schmelzen mit den Jahren. Mit 18 aber können zwischen zwei Jahren noch Galaxien liegen.

WKK: Mitgliedsbeitrag Tennisverein und Training für beide Mädchen: ca. Euro 800,– pro Jahr.

## Sonntag, 7. März

Marlene hat drei Freundinnen zum Frühstück eingeladen. Zwar ist auch noch die Rede vom bevorstehenden Abitur, aber sie beschäftigen sich doch eher mit dem, was danach kommt. Sie stehen auf der Schwelle, sie stehen vor einem Leben ohne Schule – es sei denn, sie werden Lehrerinnen. Und wenn sie selber Kinder bekommen, wird auch die Schule sie wieder einholen. Wer nämlich die Schulzeit seiner Kinder aufmerksam zur Kenntnis nimmt, sieht sich mit der Erfahrung konfrontiert, in seinem Leben gleich dreimal zur Schule gehen zu müssen.

Das erste Mal war unsere eigene Schulzeit, jene Vergangenheit, die uns oft frisch wie gestern erst erscheint und doch so unwiederbringlich dahin ist wie jedes Gestern, so tief versunken wie wir damals in den Schlaf, aus dem uns das blecherne Gehämmer des Weckers in einen weiteren Schultag riß.

Das zweite Mal, jetzt, ist die Schulzeit unserer Kinder, jene Gegenwart, deren Nächte das Piepen funkgesteuerter Chronometer beendet. Der Vormittag entzieht sich unseren Blicken. Zwar machen die Mädchen am Mittagstisch kein Geheimnis aus ihrem Schulalltag, aber auf unsere notorischen Fragen, wie's in der Schule war, bekommen wir lakonische Antworten à la »geht so« oder »na ja« oder bestenfalls die Auskunft, daß die Mathelehrerin »'ne blöde Kuh« sei. Wir sind es zufrieden; es hätte ja auch schlimmer kommen können.

Wir befinden uns also in jener Gegenwart, die so lange anhält, bis wir von Eltern schulpflichtiger Kinder zu Eltern ehemaliger Schüler geworden sind, um uns dann verwundert die Augen zu reiben und festzustellen, daß auch von diesen Tagen nichts als das unausweichliche *Es war einmal* geblieben ist.

Aber in diese Gegenwart mischt sich die dritte Schulzeit unseres Lebens ein: die Erinnerung an unsere eigene Schulzeit. Wenn wir beispielsweise das Innenleben von Schulen bei Konzerten, Theaterabenden oder Elternsprechtagen erfahren, sind wir uns unserer Eigenschaft als Eltern bewußt; aber wir fühlen uns doch auch ein wenig wieder wie die Schüler, die *wir* einmal waren, als gälten Lob oder Tadel, Aufmunterung oder Ermahnung zu mehr Fleiß oder disziplinierterem Verhalten nicht unseren Sprößlingen, sondern uns selbst. Und da denken wir dann zurück an schlaflose Nächte vor Klassenarbeiten, an verschwitzte Hausaufgaben, an Lehrer, die wir mochten, an solche, die wir haßten – und natürlich besonders an die, denen es unfreiwilligerweise gelang, zu Originalen zu werden, und deren kleine Schwächen, Spleens und Macken noch jahrzehntelang unerschöpflichen Gesprächsstoff bei Klassentreffen bieten.

So richtig dabeigewesen ist man bekanntlich immer erst in der Erinnerung, und deshalb ist der dritte Schulbesuch unseres Lebens, der in der Erinnerung ebenso verzerrte wie verklärte, am Ende der wichtigste. Denn *diese* Schulzeit endet nie; kein Klingelzeichen erlöst uns aus ihren Klassenzimmern, keine Abiturfeier entläßt uns aus ihr. In Heinrich Spoerls unverwüstlicher Pennälerphantasie *Die Feuerzangenbowle* heißt es: »Wahr sind auch die Erinnerungen, die wir mit uns tragen: die Träume, die wir spinnen, und die Sehnsüchte, die uns treiben. Damit wollen wir uns bescheiden.«

Alle Erfahrung ist Erinnerung.

## Montag, 8. März (Harsewinkel)

Wieso empfindet man es als tröstlich, daß man sich in seinen Kindern genetisch und, wenn sie an uns denken, auch geistig erhält? Weil man sich derart nicht nur als Gattung fortgepflanzt glaubt, sondern auch als Individuum, jedenfalls so lange man erinnert wird? Empfindet man solchen Trost aus Angst vor dem Nichts, dem wir entgegenleben? Wäre man jenseitsgläubig, bedürfte man vermutlich nicht den Trost der Kinder.

Ich notiere das in einem Café in Harsewinkel, einem Kaff bei Gütersloh, wo ich heute abend in der Gemeindebibliothek lese. Hier steht die Kirche mitten im Dorf, ist auch optisch das Zentrum des Ganzen. Vielleicht fassen mich ja deshalb solche spirituellen Spekulationen an?

Später: Nach der Lesung spricht mich eine gewisse Frau Diehm an und gibt sich als Nichte einer meiner (in die Familie eingeheirateten) Tanten, der Frau eines Bruders meines Vaters, zu erkennen. Mithin keine Verwandtschaft, aber doch Sippschaft, die mir freilich völlig unbekannt ist. Dennoch berührt es mich, blitzartig zu verstehen, in welchen familiären Netzwerken wir existieren. Und natürlich höre ich es gern, daß in diesem Teil der

Sippschaft immer darauf geachtet werde, »ob es einen neuen Modick gibt«. Gemeint sind nicht Kinder, sondern Bücher. Allerdings sind auch Bücher in gewisser Weise Kinder ihrer Verfasser: Sie werden konzipiert, ausgetragen und zur Welt gebracht. Dann gehen sie ihre eigenen Wege in den Köpfen der Leser.

Als ich heute Mittag losfuhr, waren die Mädchen enttäuscht – nicht etwa, weil sie einen Tag ohne Vater, sondern weil sie ohne Auto auskommen müssen, mit dem sie sonst montags zum Tennistraining fahren. Irgendwie hatte ich da das Bedürfnis, mich zu rechtfertigen: Harsewinkel ist mit der Bahn wirklich schlecht erreichbar.

»Ist ja schon fast ein Interessenkonflikt in Sachen Auto«, sagte ich und meinte es ironisch.

»So dramatisch muß man das nicht sehen«, sagte Marlene und meinte es ernst.

## Dienstag, 9. März

In seinem Buch *Lo und Lu* hat Hanns-Josef Ortheil Erfahrungen mit seinen Kindern notiert und verarbeitet; es ist allerdings kein Tagebuch, sondern der journalähnliche *Roman eines Vaters*. Das macht die Bewältigung des Stoffs leichter, weil Fiktionalisierungen wie Jalousien heruntergelassen werden können, wenn sonst das Authentische zur Indiskretion triebe. Der Roman darf sich umgekehrt auch Zuspitzungen und Übertreibungen erlauben, muß sogar eine gewisse Dramatisierung betreiben, weil er das Alltägliche ins Außerordentliche, das Banale ins Besondere hebt. Ortheils Neigung zum milden Pathos, zur Oper, wird hier noch durch die Verarbeitung musikalischer Leitmotive verstärkt. Das alles macht sein Buch rund bis opulent. Aber als Leser hat man ständig das Gefühl, daß es ganz so eigentlich nicht gewesen sein kann, daß der Autor mogelt. Zwar sind einem Roman illusionsfördernde Mogeleien zu verzeihen, doch beansprucht das Buch in seinem ganzen Gestus merkwürdigerweise auch wiederum biographische Authentizität für sich.

Das interessanteste Kapitel, *Literatur nach dem Ende der Literatur*, eher autobiographisch fermentierter Essay als Erzählung, reflektiert die Spannung zwischen Schreibblockade und Erfahrungsgewinn, die uns als Väter und Autoren ins Schwanken, aber auch zum Schwingen bringt. Als mir Jamie vor nunmehr fast zwanzig Jahren eröffnete, schwanger zu sein, war meine erste Reaktion: Dann kann ich nicht mehr schreiben. Das erwies sich rasch als purer Blödsinn, und die Panik von damals wurde mir schneller peinlich als die Kinder groß wurden.

Es gibt Geschwisterkonkurrenz. Es gibt auch Konkurrenzverhalten der Eltern gegenüber ihren Kindern. Gibt es auch Konkurrenz zwischen Büchern, in und mit denen man lebt, während man sie schreibt, und Kindern, mit denen man lebt, während man sie großzieht?

## Mittwoch, 10. März

Nach dem Abitur, sagt Marlene, wolle sie mit ein paar Freundinnen vielleicht mal nach Barcelona.

»Wieso Barcelona?«

»Wieso nicht? Soll doch cool sein.«

Es stellt sich heraus, daß man vor kurzem den Film *Barcelona für ein Jahr* gesehen hat, der von einer lebens- und liebeslustigen Clique junger Leute aus verschiedenen Ländern handelt, die in Barcelona als Wohngemeinschaft lebt. Vor einigen Jahren wollten Emily und Marlene unbedingt ein Austauschjahr in den USA verbringen, um dort zur High School zu gehen. Das hing ursächlich mit der Teenie-TV-Serie *Dawsons's Creek* zusammen, in der es um die Irrungen und Wirrungen in einer High School-Clique geht. Die Serie genießt in unserem TV-trauten Heim Kultstatus. Manchmal hängen Zettel am Schwarzen Brett im Flur: »Marlene, nimm bitte DC auf Video auf. E.«

Denglish: I would schließ that out.

Sehe mir abends im Fernsehen das Fußballspiel Bayern München gegen Real Madrid an. Emily liegt auf der Couch, und ich bin mir ziemlich sicher, daß sie schläft, weil Fußball sie so wenig interessiert wie mich irgendwelche Casting-Shows oder *Dawson's Creek*.

Sie schläft aber gar nicht, sondern sagt plötzlich: »Wenn man die Regeln einigermaßen versteht, ist Fußball gar nicht so uninteressant.«

»Willst du damit sagen, daß Fußball dich interessiert?«

»Ach nö, soweit würd ich jetzt nicht gehen.«

## Donnerstag, 11. März

Bei Terroranschlägen auf Züge sind in Madrid 200 Menschen ums Leben gekommen und über 1.000 verletzt worden. Barcelona, sagt Marlene, sei vielleicht doch keine so gute Idee. Was für eine Welt, in die diese Generation hineinwachsen muß! Im Frieden des Kalten Krieges fuhr unsereiner in den sechziger und siebziger Jahren einfach los, egal wohin, außer nach Osten. Meiner Generation stand die geteilte Welt offen.

Emily berichtet von zunehmendem Vandalismus in der Schule; unter den nachwachsenden Jahrgängen gebe es bereits ersichtlich mehr Gewalt als in ihrem Jahrgang. Ein Schüler der siebten Klasse habe neulich im Vorübergehen und ohne jeden Grund einem Lehrer in die Nieren geschlagen. Zur Rede gestellt, warum er das getan habe, habe er geantwortet, er habe einfach Lust dazu gehabt.

Während wir dies und anderes beim Abendessen besprechen, fragt mich Marlene, ob ich Salat wolle. Da ich in Gedanken noch dem Vorfall mit dem schlagwütigen Schüler nachhänge, verzögert sich meine Antwort um ein paar Sekunden.

»Das war ja gerade wie bei Oma«, sagt Marlene. »Man konnte richtig zusehen, wie dir die Frage vom Ohr ins Gehirn gekrochen ist.«

Tja.

## Freitag, 12. März

Die Küchenwanduhr liegt mitten auf dem Küchentisch.

»Ist sie runtergefallen?« erkundige ich mich.

»Die ist kaputt«, sagt Marlene.

»Was heißt kaputt?«

»Sie geht nicht mehr. Wahrscheinlich die Batterie. Ich hab sie von der Wand genommen, weil es mich nervt, daß sie dauernd die falsche Zeit anzeigt.«

»Und hier auf dem Tisch nervt sie dich nicht?«

»Nö.«

Verstehe es, wer kann. Ich kann's nicht, sondern mache mich auf, Batterien zu kaufen; sonst liegt die Uhr nämlich noch in drei Wochen auf dem Tisch.

Umgeben von hormongesteuerter, weiblicher Logik in dreifacher Ausführung, rechnet man die Katze dazu, in vierfacher, komme ich mir gelegentlich etwas verlassen vor. Das Verlassene hat aber auch den Vorteil des Gelassenen. Meine drei Damen lassen mich tun und lassen.

Hätte ich gern einen Sohn gehabt? Ich glaube nicht. Söhne sind schwierig – soweit ich weiß und mich selber kenne. Weil ich bestimmte Verhaltensweisen eines Sohnes besser verstehen würde als bestimmte Verhaltensweisen meiner Töchter, müßte ich mit einem Sohn vermutlich Probleme wälzen und Konflikte austragen, die so an mir vorübergehen, weil ich als Mann gar nicht erst gefragt werde, nicht in Frage komme. Da werde ich lieber gelassen.

### Samstag, 13. März

Die barsche Ungnädigkeit, mit der Marlene gelegentlich auf ihre jüngere Schwester reagiert, läßt mich fast immer Partei für Emily ergreifen, weil ich Marlenes Verhalten als unangemessen und ungerecht empfinde; das mag daran liegen, daß auch ich ein Zweitgeborener bin, der sich des Herrschaftsanspruchs seines Bruders erwehren mußte.

»Erstgeborene haben mehr Grund als Spätergeborene, auf ihre Geschwister eifersüchtig zu sein. Jeder Erstgeborene verfügt zu Beginn seines Lebens über die ungeteilte elterliche Zuwendung. Spätergeborene, die elterliche Investitionen von Anfang an teilen müssen, leiden nie so sehr wie Erstgeborene unter einer Verminderung elterlicher Liebe und Fürsorge, die durch die Ankunft eines neuen Geschwisterkindes ausgelöst wird. Eltern mißbilligen die Eifersucht, so daß Erstgeborene diese Eigenschaft oft unterdrücken.« Kinder streiten »um mehr elterliche Zuwendung und passen sich mit ihren Strategien ihrer jeweiligen familiären Nische an. Letzten Endes dreht sich die Geschwisterrivalität darum, wer die Kindheit überlebt. Im Sinn des Darwinismus heißt das aber: ist die Hürde der Kindheit einmal genommen, konkurrieren Geschwister weiter und kämpfen um das Recht auf Nachkommenschaft. Im Versuch, diese beiden, von Darwin als fundamental beschriebenen Ziele zu erreichen, werden Geschwister zu gewitzten Strategen. Was dabei entsteht, nennt man Persönlichkeit.« (Frank J. Sulloway: *Der Rebell der Familie*)

## Sonntag, 14. März

Im vergangenen Jahr ist es mir nach einer schweren Grippe gelungen, drei Monate lang nicht zu rauchen. Zwar bin ich wieder eingebrochen, paffe aber statt der 30 Zigaretten, die ich früher pro Tag durchgezogen habe, nur noch sechs bis acht Zigarillos, und die auch nicht mehr in der Wohnung, sondern draußen. Immer noch zuviel, klar, und irgendwann werde ich noch einmal ganz auf Los zurückgehen müssen.

Das Problem ist die Verknüpfung des Rauchens mit dem Schreiben, ein bedingter Reflex. Ohne zu rauchen, bin ich am Schreibtisch blockiert. Diese Sucht ist auch ein Erbteil meines Vaters. »Er ist an den Zigarillos gestorben, sagt meine Mutter. Er ist an seiner Arbeit gestorben, sagt mein Bruder. Und ich sage gar nichts, wußte aber plötzlich, als ich die Tür aufstieß, daß ein Erbteil meines Vaters an mich darin bestand, daß auch ich ohne Arbeit nicht leben, ohne Zigaretten aber nicht arbeiten konnte, und so hielten sich Produktivität und Selbstzerstörung die Hände.« (*Die Schrift vom Speicher*)

Eltern sind ihren Kindern Vorbilder und werden von ihnen nachgeahmt. Ich rauche und trinke regelmäßig Alkohol. Jamie raucht nicht und trinkt kaum. Zum Glück scheint Jamies Vorbild attraktiver zu sein, jedenfalls rauchen Emily und Marlene nicht.

»Eigentlich könntest du ja auch gleich wieder Zigaretten rauchen«, sagt Marlene, als ich nach einem Zigarillo von der Terrasse zurückkomme. »Wenn du sowieso wieder rauchst …«

Ich kann die Bemerkung und das Lächeln, mit dem sie vorgebracht wird, nicht einordnen. Verachtung? Zynismus? Mitleid? Sehr unbehaglich allemal.

Und als hätten sie sich verabredet, fragt mich Emily beim Abendessen: »Du trinkst doch fast jeden Abend Wein, stimmt's?«

»Na ja, fast jeden ...«

»Und merkst du das noch?«

»Wie meinst du das?«

»Genießt du den Wein noch? Oder trinkst du den wie Wasser?«

»Ja. Das heißt nein. Beziehungsweise ...«

Das Gespräch kommt auch gleich wieder aufs Rauchen und von da zurück aufs Schreiben. Ob mir das immer noch Spaß mache.

Ich sage, daß ich mir für jeden noch so kleinen Text jedes Mal einen Ruck geben, den inneren Schweinehund überwinden muß und daß es mir erst dann Spaß macht, wenn ich spüre, daß es gelingt.

»Also wie beim Joggen«, sagt Emily. »Wenn der Schmerz nachläßt und dich die Glückshormone umschwirren.«

»So ähnlich.«

Glückshormone! Irgendwie ja drollig.

## Montag, 15. März

Das Middlebury College schickt die Unterlagen für den Visa-Antrag. Der zu bewältigende Papierberg wächst Jahr für Jahr um einige Blätter. Was anzugeben, zu belegen, zu unterschreiben ist, lappt zuverlässig ins Absurde. Seit diesem Jahr läßt sich der Antrag nicht einmal mehr in dem Postweg abwickeln, sondern ich muß persönlich auf dem Konsulat in Berlin antanzen, wo unter anderem biometrische Daten erfaßt werden sollen. Und das bei mir – als Ehemann einer US-Bürgerin und Vater zweier US-Bürgerinnen. Sind das nicht genügend biometrische Daten?

Wie denn die Musikarbeit gelaufen sei, für die sie während der letzten Tage gebüffelt hat, frage ich Emily als sie aus der Schule kommt und erhalte die zu erwartende Antwort: Ziemlich mies. Zu erwarten ist allerdings auch, daß am Ende eine gute bis sehr gute Note dabei herauskommt, neigt Emily doch in dieser Hinsicht zu notorischer Tiefstapelei. Sie geht immer von einem Worst-Case-Szenario aus. Vermutlich keine schlechte Strategie: Es kann nur besser werden, Enttäuschungen und böse Überraschungen bleiben ihr erspart.

Neues aus den Klassenzimmern oder Metaphernfalle:

Schüler: »Was heißt Nibelungentreue?«

Deutschlehrer: »Solange ich mit der Freundin meiner Frau noch gut komm, äh, kann.«

## Dienstag, 16. März

Zum Papierkrieg fürs US-Visum gehören Belege, aus denen hervorgeht, daß man nach Ablauf des Visums zielstrebig dorthin zurückzukehren gedenkt, wo man hergekommen ist. Mit der Bescheinigung eines Arbeitgebers kann ich als selbständiger Kleinunternehmer aus der Literaturbranche nicht dienen. Vielleicht reicht eine Bestätigung, daß ich samt Frau und Töchtern ordnungsgemäß gemeldet bin und somit einen festen, familiär gleich dreifach verwurzelten Wohnsitz habe. Im »Bürgerbüro« (vulgo: Meldeamt) druckt man mir die gewünschte Bescheinigung auch zügig aus, aber Marlenes Daten sind nicht dabei.

»Marlene Jamison Modick«, so die Sachbearbeiterin, »wird bei uns nicht als Familienangehörige geführt.«

»Wieso? Das ist immerhin meine Tochter!«

Die Sachbearbeiterin befragt ihren Computer. »Sie ist über 18, also volljährig.«

»Aber deshalb ist sie doch immer noch meine Tochter und also eine Familienangehörige.«

»Meldetechnisch«, Schulterzucken, »nicht mehr.«

Schweigen. Nachdenken auf beiden Seiten des Tresens.

»Ich kann Ihnen aber bescheinigen, daß für die oben genannte Anschrift auch Ihre Tochter Marlene Jamison noch gemeldet ist.«

»Das wäre aber wirklich reizend.«

»Gern geschehen.«

Gebühr: Euro 4,80. Was Kinder kosten. Und meldetechnisch ist Marlene nicht mehr meine Tochter.

## Mittwoch, 17. März

Die Ungleichzeitigkeiten und Mischungsverhältnisse, mit und in denen wir leben, treten in der Pubertät besonders drastisch hervor, körperlich und geistig. Man beschäftigt sich mit Dingen, denen man intellektuell noch kaum gewachsen ist, und umgekehrt sucht man Vergewisserung im Bekannten. Bei Emily sind noch letzte Spuren dieser Schwellenexistenz erkennbar. Sie liest bereits Max Frisch und Kafka, blättert aber auch gerne noch in Kinder- und Jugendbüchern, zieht sich infantile TV-Serien rein und weiß zugleich, daß derlei unter ihrem Niveau ist.

Auch physisch, in Körperbau, Motorik, Gestik und Gesichtszügen, ist das Kind, das man war, noch ebenso präsent wie der Erwachsene, der man wird. In abgeschwächter Form begleiten uns solche Ungleichzeitigkeiten das Leben lang. Beim Anblick von Fotos, die uns zeigen oder beim Blick in den Spiegel erkennen wir manchmal noch Reste unserer Jugend, Spurenelemente unserer Kindheit, und zugleich lesen wir aus den Falten schon die Vorzeichnung des Alters. Und so gemischt sind auch unsere Gefühle. Das Kind steckt noch und immer in jedem Mann, in jeder

Frau, und manchmal hofft man, tatsächlich so alt zu werden, wie man sich gerade fühlt.

Überhaupt kommen Erfahrungen und Gefühle nie ganz rein daher. Es gibt kein Glück, dem nicht eine Spur Unglück beigemischt wäre, und sei es nur das Bewußtsein der Flüchtigkeit; und es gibt kein Unglück, in dem nicht noch Glücksmomente überdauern, und sei es nur als Hoffnung.

## Donnerstag, 18. März

Neues aus den Klassenzimmern oder Büchnerpreiswürdig:

Schülerin über *Leonce und Lena*: »Also, natürlich haben die beiden irgendwie 'ne Liebesbeziehung, da sie da ja auch noch so nackig angehüpft kommt.«

Beim Büchersortieren im Wohnzimmer stoße ich versehentlich eine Porzellankatze vom Regal; der Sturz kostet sie beide Ohren. Anschließend steche ich mir beim Öffnen einer Weinflasche mit dem Korkenzieher so treffsicher in den Daumen, daß er blutet. Marlene wird Zeugin beider Mißgeschicke und liefert den Kommentar: »Bist ja heute ziemlich grobmotorisch drauf.«

»Nur wenige Eltern schenken heutzutage dem Beachtung, was ihre Kinder ihnen zu sagen haben. Der traditionelle Respekt vor der Jugend ist vom Aussterben bedroht.« (Oscar Wilde)

## Freitag, 19. März (Bad Münstereifel)

*Literaturgespräch* in der Friedrich-Ebert-Stiftung. Es geht um die literarische Auseinandersetzung mit Nationalsozialismus und Zweitem Weltkrieg in jenen nachgeborenen Generationen, also auch meiner, die den ungeheuerlichsten Exzeß des 20. Jahrhunderts existentiell nicht selbst erfahren haben. Für uns Kinder des Wirtschaftswunders ist diese Vergangenheit aber weder vergangen noch historisch »bewältigt« oder literarisch »gebannt« und damit besänftigt und stillgestellt. Denn wir hatten und haben Eltern und Großeltern, die als Täter, Mitläufer, Angepaßte verstrickt oder als Opfer, Widerständige, Geschädigte betroffen waren; in manchen Biographien haben sich Verstrickung und Betroffenheit auch kompliziert gemischt. Und da sich fast jeder Autor früher oder später mit seiner Familiengeschichte befaßt, läßt sich diese Geschichte für unsereinen auch wieder in erzählbare Geschichten fassen.

Im übrigen ist zwischen 1933 und 1945 kein Steinchen in einen stillen Tümpel gefallen, sondern ein Gebirgsmassiv ins Meer der Geschichte, und dessen Wellen schwemmen in konzentrischen Kreisen immer noch Treibgut ans Ufer unserer Gegenwart, also auch der Gegenwart meiner Kinder. Die gesamte Nachkriegsgeschichte Deutschlands, bis zu einem gewissen Grad Europas, ist durchsetzt von den Folgen. Das reicht von der deutschen Teilung bis zum Beitritt der DDR zur BRD, von den Globkes und Lübkes, Kiesingers und Filbingers, über die NPD bis zum Glatzen-Neofaschismus, vom Eiertanz des Verhältnisses zu Israel über das absurde Gezerre ums Holocaust-Mahnmal bis zu den Schadensersatzforderungen aus Osteuropa und Griechenland. Die Auseinandersetzung mit Krieg und Faschismus, diese unendliche Geschichte, hat also sehr handfeste, politische Gründe und Hintergründe und ist keineswegs nur eine Zwangsneurose notorischer Betroffenheitsfanatiker und gutmeinender Vergangenheitsbewältiger.

Das alles bestimmt unsere politische und meinetwegen auch nationale Identität. Es bestimmt aber auch unsere Psychologie. Die Art und Weise, in der meine Eltern mit ihren Kindern umgingen, war nicht nur selbstverständlich autoritär, sondern – wie mild und marginal auch immer – infiziert von den Deformationen, die der Faschismus meinen Eltern zugefügt hatte.

Haben wir uns desinfiziert? Oder sind auch wir noch Überträger?

### Samstag, 20. März (Bad Münstereifel)

Der Generationenkonflikt, den unsereiner mit seinen Eltern auskämpfte, bekam seine besondere Schärfe durch die ideologiekritischen Zuspitzungen der sechziger Jahre und die zwischen fassungsloser Ungläubigkeit und moralischer Vorverurteilung schwankende Einsicht, daß unsere Eltern irgendwie im Nationalsozialismus befangen oder gefangen, mitgelaufen waren oder mitgemacht hatten, obwohl die eigentliche Verantwortung fürs Dritte Reich unsere Großeltern trugen. 1933 waren meine Eltern 14jährige Kinder. 1945 waren sie »Twens«, die man um ihre Jugend betrogen hatte, geschunden, verstört, davongekommen. Der Konflikt mit ihnen ging aber nicht nur um die braunen Schatten der Vergangenheit, nicht nur ums Politische; die Restauration, in der wir aufwuchsen, betraf die gesamte Lebenswelt, von den Benimmregeln inklusive der verklemmten und tabuisierten Sexualität über Kleiderordnungen bis zur Musik. Der Muff der fünfziger Jahre roch nicht nur übel und war lustfeindlich, sondern er klang auch schlecht. Dagegen machten wir mobil mit Beatles und Anti-Baby-Pille, Marx und Castaneda, Haschisch und langen Haaren. Auch wenn vieles nur heiße Luft war, nur vorbeitanzende Mode, manches nur albern, töricht und vermessen: So viel Auf- und Umbruch, so viel tabula rasa, so viel freie Aussicht hat es später nie mehr gegeben. Trotz aller Irrtümer, aller Selbstgefälligkeit und aller Kompromisse: Es sind damals Pfade gefunden worden, die inzwischen zu Autobahnen wurden. Wofür wir uns prügeln und beschimpfen ließen, ist heute kultureller Grundkonsens.

Und nicht zuletzt deshalb ist der Generationenkonflikt zwischen uns und unseren Kindern so schwach ausgeprägt. Sie haben uns keinen Faschismus vorzuwerfen. Auch kein falsches Bewußtsein. Nicht einmal mehr miese Musik.

## Sonntag, 21. März (Bad Münstereifel)

Allerdings: Unser Generationenkonflikt fand in der sicheren Deckung eines gesellschaftlichen Umfelds statt, in der Phantasien vom besseren Leben realisierbar schienen. Mit einem halbwegs passablen Abitur konnte man alles werden, Zahnarzt, Richter, Germanist. Und ohne Abi wäre man eben Rockstar geworden oder Revolutionär. Die Renten waren sicher, so oder so, und Zahnersatz und Brille zahlte die Kasse. Und das alles im tiefen Frieden des guten alten Kalten Krieges.

Die Zukunft unserer Kinder gleicht dagegen einer Lotterie, und es fällt nicht immer leicht, ihnen gegenüber Optimismus zu versprühen. Natürlich werden auch in Zukunft Karrieren gemacht werden, aber so offen, wie die Welt einmal war, wird sie lange nicht mehr sein.

»Give me back the Berlin Wall
give me Stalin and St. Paul
Give me Christ
or give me Hiroshima
Destroy another fetus now
we don't like children anyhow
I've seen the future, baby:
It is murder.«
(Leonard Cohen, *The Future*)

Den Abschlußvortrag der Tagung hält Jochen Hörisch, und obwohl eigentlich nur ein Nebenaspekt seiner Ausführungen, dreht sich die anschließende Diskussion um die Frage nach Sinn und

Unsinn eines literarischen Kanons. Mir geht dabei auf, daß jede Kanonisierung autoritäre Züge hat, Ermächtigungsphantasien von Leuten, die die literarische Deutungshoheit beanspruchen. Ein Kanon legt auch jede Entwicklung still: »Es kommt nichts mehr«. Und ein Kanon will Vielfalt bändigen. Was wichtig ist oder war, was literarisch gewirkt hat, ist aber in jeder geistigen Gruppierung und auch in jeder Generation etwas anderes. Der Kanon eines gelernten Ossis ist ein anderer als der eines eingeborenen Wessis; der eines Amerikaners ist ein anderer als der eines Inders; und das, was mich literarisch betroffen und gebildet hat, kann meine Töchter bestenfalls noch in Teilen bilden und betreffen.

## Montag, 22. März

Bücher sind wohl auch ein bißchen wie Kinder: Man hat sie als Idee gezeugt, als Konzeption empfangen, als Manuskript ausgetragen und großgezogen. Als fertiges Buch gehen sie dann ihre eigenen Wege in den Köpfen anderer Menschen – immer noch Kinder ihrer Erzeuger, aber frei nun von deren Einfluß.

Emily war beim Friseur, hat sich die Haare von schulterlang auf nackenkurz stutzen lassen, was ihr gut steht und sie älter aussehen läßt. Warum älter? Weil in der Frisur eine Form erkennbar ist?

Ihre Musikarbeit, die sie uns als mißraten annonciert hatte, ist übrigens mit zwölf Punkten benotet worden, was einer glatten Zwei entspricht. Wir freuen uns, und sie freut sich auch. Hätte sie die Arbeit gleich als gelungen eingeschätzt, würde sie sich jetzt weniger freuen. Vorauseilender Pessimismus, richtig plaziert, produziert sein Gegenteil.

Marlene bemerkt beim Mittagessen, daß sie nur noch eine einzige Pflichtstunde Mathematik vor sich habe, da Mathematik für sie kein Leistungskurs und kein Prüfungsfach ist. Da störe man ab sofort nur diejenigen Kursteilnehmer, die sich mit Mathematik aufs Abitur vorbereiten müßten, vom Lehrer ganz zu schweigen, der froh sei, die mathematischen Ignoranten vom Hals zu haben.

Was für ein Glücksgefühl: Nie mehr Mathe!

## Dienstag, 23. März

Erwachsen ist das Erwachen aus dem Traum der Kindheit.

Beide Mädchen haben ausgeprägten Ekel vor nicht mehr taufrischen Lebensmitteln. Brot, Käse, Joghurt werden argwöhnisch beschnüffelt und mit spitzen Fingern gefaßt, wenn entfernter Verdacht besteht, daß sie mit Schimmel befallen sein könnten. Mehlflecken auf Brot gelten grundsätzlich als verdächtig, Verfallsdaten auf Packungen werden mit hochgezogenen Augenbrauen studiert. Spätestens drei Tage *vor* Ablauf des Verfallsdatums gilt die Sache als komplett ungenießbar.

Sensibilität und Empfindlichkeit sind nicht das gleiche. Woher dieser frühe Ekel vor dem Verfall? Müßte doch eigentlich bei älteren Menschen als unbewußte Todesabwehr viel ausgeprägter sein. Vielleicht liegt es daran, daß man als Jugendlicher hier etwas ahnt, was noch außerhalb der eigenen Erfahrung und Vorstellung liegt. Mit 18 ist man noch unsterblich.

Denglish: It really wühls me up. (Emily)

## Mittwoch, 24. März

Im Geschichtsunterricht liest Marlene einige Kapitel aus Günter Grass' *Mein Jahrhundert*. Das sei »voll der Schrott«, für den Geschichtsunterricht zwar halbwegs akzeptabel, weil's ja immerhin um bestimmte, historische Ereignisse gehe, geschrieben aber sei es »mega-unterirdisch«, und auch bei geschichtlichen Texten dürfe man doch wohl ein gewisses sprachliches Niveau erwarten. Es sei gewiß nicht leicht gewesen, sich hundert Geschichten zu hundert Jahren und hundert historischen Ereignissen aus den Fingern zu saugen, aber immer, wenn Grass nichts mehr eingefallen sei, und das sei häufig der Fall gewesen, habe er »irgendwelche ungebildeten Hausfrauen labern lassen« oder, noch unerträglicher, sich selbst in den Geschichten gefeiert. Wenn man nun noch bedenke, daß Grass das ganze Zeug gar nicht selber recherchiere, sondern dafür irgendwelche Studenten und Assistenzkreaturen als Zuträger beschäftige (das habe nämlich die Kustodin des Grass-Hauses in Lübeck erzählt und zwar so, als sei dies Zuträgertum eine besonders tolle Leistung), wenn man also bedenke, daß dieser Autor eigentlich nur in seine krumme Sprache presse, was nicht mal auf seinem eigenen Mist gewachsen sei, dann sei das, mit einem Wort, megaschlapp. Einer wie ich recherchiere doch schließlich auch selber; oder hätte ich in Sachen Kreta etwa Studenten bezahlt, die mir Futter fürs Buch geliefert hätten? Nicht? Na bitte.

Ach, ich hätte sie küssen können, meine kluge und in der Empörung noch schönere Tochter! Und was den Kanon angeht: Soll *sie* mal machen.

## Donnerstag, 25. März

Als fälschungssichere biometrische Merkmale gelten nicht nur der gute alte Fingerabdruck und die Struktur der Iris, sondern auch die Bewegungsmotorik beim Gehen, die Handschrift und – was mich überrascht – der Rhythmus, mit dem die Tastatur eines Computers bedient wird (von Schreibmaschinen ist schon nicht mehr die Rede). Es gibt also so etwas wie die unverwechselbare Handschrift maschinellen Schreibens.

Und in der Tat: Wenn ich mittags mein Kreativschläfchen auf der Couch im Wohnzimmer halte und dem gedämpften Tacken der Tastatur lausche, das aus dem Wintergarten dringt, in dem der Familien-PC steht, weiß ich ohne hinzusehen, wer da schreibt. Emily legt ein Irrsinnstempo vor, um dem, was sie denkt, mit den Fingern halbwegs folgen zu können; manchmal spricht sie auch so schnell, daß sie über ihre eigenen Worte stolpert oder Worte zu einer unverständlichen Lautstenographie verkürzt; mir jedenfalls unverständlich – Jamie versteht es. Marlene hat einen bedächtigen, festen, entschlossenen Schreibrhythmus; sie will sich nicht selbst überholen, sondern sie versucht, mit sich überein zu kommen. Sie ist fast schon da.

Neues aus den Klassenzimmern oder Lautschrift:
Schülerin: »Wie schreibt man ›image‹?«
Englischlehrer: »Wie man's spricht.«

## Freitag, 26. März

Letzter Schultag vor den Osterferien.

Zwar arbeitet Marlene zielstrebig für die kommenden Abitur-Klausuren, geht aber eigentlich nur noch pro forma zur Schule: Der Drops ist gelutscht. Ihr Abi-Jahrgang beschäftigt sich mit

Vorbereitungen für die große Sause: Abi-Fete, Abi-Zeitung etc. Dafür brauchen sie Geld und legen unternehmerischen Erfindungsgeist an den Tag, indem sie zum Beispiel in den Pausen auf dem Schulhof Würstchen grillen und verkaufen. Es grillt der Mensch, solang er strebt.

Für die Abi-Zeitung werden diverse Umfragen erhoben: Wer wird dereinst mal was? Welche beiden ergeben das schönste Paar? Im Hinblick auf Marlenes Berufsaussichten ergibt die Umfrage das Ergebnis Politikerin. Da kann man nur hoffen, daß die Demoskopie keine prognostische Kraft hat.

In ihren Bewerbungsschreiben für Volontariate in amerikanischen Museen notiert sie als Studienwünsche weiterhin Amerikanistik, aber nicht mehr Kunstgeschichte, sondern nur noch Geschichte. Schade eigentlich.

Nicht die Vergangenheit vergeht, sondern die Erinnerung läßt nach.

## Samstag, 27. März

Lese Detlev Claussens Adorno-Biographie. Auf die (schon als bloße Frage empörende) Frage, warum er eigentlich aus dem Exil nach Deutschland zurückgekehrt sei, antwortet Adorno 1962 dem *Organ der Deutschen Postgewerkschaft*(!): »Ich wollte einfach dorthin zurück, wo ich meine Kindheit hatte und am Ende aus dem Gefühl, daß, was man im Leben realisiert, wenig anderes ist als der Versuch, die Kindheit verwandelnd einzuholen.« Später präzisiert er den Gedanken, indem er Kindheit als das bezeichnet »wodurch mein Spezifisches bis ins Innerste vermittelt war«.

Der Lebenslauf also als Versuch, die Erfahrungen der Kindheit in Zusammenhängen krisensicher zu machen, die solche Erfahrungen nicht mehr zulassen. Anders ausgedrückt: Im schartigen, meinetwegen auch falschen Leben das Glück, das richtige Leben der Kindheit festzuhalten – aber nicht nostalgisch verklärt, sondern produktiv, als Utopie und Versprechen.

Noch anders ausgedrückt und bezogen auf Autorenschaft (was bei Adorno übrigens auch mitschwingt): »Schreiben bedeutet dem Erwachsenen, was dem Kind das Spielen ist.« (Robert Louis Stevenson)

## Sonntag, 28. März (Berlin)

Auf der Zugfahrt nach Berlin, wo ich morgen früh auf dem US-Konsulat das Visum für Middlebury beantragen muß, weiter Adorno. In der Familienutopie aus Goethes *Wilhelm Meister* sieht Adorno den »bestätigten Gedanken der Dauer« als »eine Form nahen und glückvollen Zusammenlebens einzelner, die vor der Barbarei behütet, ohne der Natur, die in ihr aufgehoben ist, Gewalt anzutun. Eine solche Familie aber läßt sich sowenig wie irgendeine andere soziale Utopie ausmalen.«

Man kann aber versuchen, das Familienleben, das man führt und die Erziehung, mit der man seine Kinder konfrontiert, im Geist dieser Utopie zu realisieren in der Hoffnung, daß dieser Geist die Abkömmlinge eines solchen Familienlebens mental derart stabilisiert, daß sie anständige, das heißt gegen jede Form von Barbarei resistente, Menschen werden. Die Idee einer »behüteten Kindheit«, und die daraus resultierende Erfahrung von Geborgenheit, ist weder kitschig noch obsolet. Zarte Pflanzen werden so lange unter Glas gezogen, bis man sie der Kälte aussetzen kann.

## Montag, 29. März (Berlin)

Der bürokratische Aufwand für ein US-Visum ist vollends ins Absurde gewuchert, die Sicherheitsmaßnahmen vor und in der amerikanischen Botschaft sind so kafkaesk, wie Kafka es sich nie hätte träumen lassen. Wenn das so weitergeht, wird man demnächst nur noch in Unterwäsche vorgelassen und trägt dann unterm nackten Arm transparente Aktenordner mit Formularen und Fotos, Abstammungsurkunden und Identitätsnachweisen, aus denen hervorgeht, daß es sich bei einem selbst tatsächlich um einen selbst handelt. Nachdem ich drei Stunden diesen Irrgarten folgsam durchwandert, auch meine Fingerabdrücke vorschriftsmäßig hinterlassen habe und schließlich zum »Interview« mit einem »Officer« vorgelassen werde, frage ich, ob es mir als Ehemann einer US-Staatsbürgerin und Vater zweier US-Staatsbürgerinnen bei zukünftigen Einreiseabsichten eventuell irgendwie leichter, unbürokratischer gemacht werden könne. Der überaus freundliche Officer empfiehlt, die Anfrage nicht in Berlin, sondern im Konsulat in Frankfurt/Main vorzubringen; entsprechende Anmeldeformulare seien aus dem Internet zu beziehen. Im Prinzip, so seine Einschätzung, stehe meiner Einbürgerung in die USA nichts im Wege. »Great«, sage ich und bedanke mich – so weit muß es ja nicht gleich kommen. Das Weltbürgertum unserer Familie macht die Welt nicht unbedingt zugänglicher für mich.

Auf der Rückfahrt in der FAZ eine Rezension über Gertrud Leuteneggers Roman *Pomona* mit folgendem Zitat aus dem Werk: »Mit einem Mal war jener Abend wieder da, da ich dich vor dem Einschlafen nicht mehr stillte. Es war der erste Schmerz, den ich dir zufügen mußte, die erste ungeheure Verzweiflung, die ich in dir auslöste, ich nahm deine kleine Hand und legte sie auf meine Wange, wie du das beim Trinken stets getan hattest. Und da mir nichts Hilfreicheres einfiel, sagte ich dir alle ersten Wörter vor, die du schon kanntest, eines nach dem anderen, die ganze Reihe, unablässig wiederholend, von vorn nach hinten, von hinten nach vorn, ein rhapsodischer Singsang, eine magische Litanei, bis du getröstet eingeschlummert warst, immer noch deine kleine Hand auf meiner Wange, und an jedem folgenden Abend bauten wir aus deiner fassungslosen Trauer die Zufluchtsstätte der ersten Wörter, bis dir daraus ein Spiel wurde und dein wachsendes Vokabular über die Welt.«

Die Mutterbrust ersetzen durch Sprache. Das konnte nur einer Schriftstellerin einfallen.

## Dienstag, 30. März

Das Abstillen als Eingang zur Sprache: In dem Zitat Gertrud Leuteneggers steckt auch der Gedanke, daß unser Leben ein ständiges Abschiednehmen und Neubeginnen ist.

Vorausgesetzt, daß die Zeugung nicht bereits aus einem Zustand abruft, über den wir nichts wissen, wäre die Geburt der erste, dramatische Abschied aus dem Mutterleib. Es folgt die Entwöhnung von der Brust, und so geht es dann in kleinen und großen Intervallen immer weiter, vom Elternhaus in den Kindergarten, in die Schule, das Abitur usw.; es ist dies »usw.«, vor dem Marlene soeben ankommt. Und das Hintersichlassen ist zugleich immer ein Eintreten bis hin zum Abschied über die letzte Grenze, hinter der wiederum das liegt, was wir nicht wissen. Oder auch gar nichts.

Von diesen Stufen und Stadien nehmen Kinder viel leichter Abschied als ihre Eltern, in denen mit jedem Schritt, den sich ihre Kinder von ihnen entfernen, das Gefühl des Unwiderbringlichen wächst. Den Kindern aber wächst etwas zu: das Leben, die Welt, die Erfahrung des anderen.

Als Marlene und Emily erst in den Kindergarten und dann in

die Schule kamen, haben Jamie und ich bei aller Freude auch Abschiedsschmerz empfunden, weil die Kinder Wege betraten, die nicht mehr unsere waren.

## Mittwoch, 31. März

Während der ersten Ferienwoche absolviert Emily ein freiwilliges Praktikum in einem Kindergarten für geistig und körperlich Behinderte. Sie tut das aus eigener Initiative, und dafür hat sie meinen Respekt und meine Bewunderung. Der Job sei schwierig, sagt sie, aber auch schön. Um über die selbstlosen Praktikanten zu berichten, sei heute sogar die BILD-Zeitung im Kindergarten erschienen. »Die wollen«, sagt Emily, »wohl mal was Möchtegern-Seriöses im Blatt haben.«

Während Emily also gewissermaßen aus Selbstlosigkeit zu Boulevardruhm kommt, ergibt sich für Marlene ein ungleich glamouröserer Auftritt. Sie posiert als Fotomodell für ein Poster der Stadtbibliothek, die demnächst ihr 100jähriges Jubiläum begeht – immerhin irgendwie passend als Schriftstellersprößling. Sie habe dafür ein Buch lesend an einer Verkehrsampel stehen müssen.

Lesend an einer Ampel?

Schulterzucken. Der Fotograf werde sich da schon etwas bei gedacht haben.

Na hoffentlich ...

## Donnerstag, 1. April

Das *Literarische Caféhaus* des NDR zum Thema *Historischer Roman* wird hier im Kunstverein aufgezeichnet. Bevor Jamie und ich uns auf den Weg machen, um als sogenannte interessierte Öffentlichkeit die Ränge zu füllen, erkundigt sich Marlene beim Abendessen, ab wann denn ein Roman eigentlich historisch sei.

Das weiß niemand. Nicht einmal die akademischen Literatursachbearbeiter mit 13 Monatsgehältern, die das Genre deutend und definierend beackern. Romane sind Romane. Es gibt gute Romane, und es gibt schlechte. Und das wär's.

Abgesehen von Science Fiction und Utopien wird strenggenommen jeder Text sogleich historisch. Gegenwart ist nicht faßbar. Nur die vorliterale Selbstvergessenheit der Kindheit kommt dem Augenblick nah. Selbstvergessenheit ist eigentlich nicht das treffende Wort, weil es ein verlorenes Wissen voraussetzt. Selbstbewußtlosigkeit? Geht auch in die falsche Richtung.

In der Diskussionsrunde dann, die sich so uninspiriert und unstrukturiert über mehr als zwei Stunden dahinschleppt, daß ich froh bin, daß unsere Töchter nicht mitgekommen sind, beantwortet Gisbert Haefs die Frage, warum er historische Romane schreibe, mit dem schönen Satz: »Ich habe Kinder, und die brauchen Schuhe.« Was Kinder kosten ...

## Freitag, 2. April

BILD-Zeitung von heute: »Die jungen Samariter von Oldenburg« Fotolegende: »Jorina, Letitia und Emily (v. li.) opfern eine Woche ihrer Osterferien, engagieren sich für das Projekt ›Szenenwechsel‹«

»Da seh ich voll beschissen aus«, findet Emily.

»Find ich aber gar nicht«, finde ich.

BILD: »Emily Modick (17) und Klassenkameradin Jorina Strunzius (16) machen mit. Die beiden Gymnasiastinnen betreuen in der Oldenburger Kindertagesstätte am Philosophenweg eine Gruppe mit sieben entwicklungsverzögerten Kindern. Emily: ›Ich finde es schön, sich sozial zu engagieren.‹«

Fraglos ein journalistisches Meisterwerk! Kann man die BILD eigentlich abonnieren?

Abende, an denen wir zu viert zusammen sind, werden immer seltener, zumal am Wochenende. Heute packen wir die rare Gelegenheit am Schopf und besuchen ein uns bislang unbekanntes Restaurant namens *Mediterrano*. Die gigantische Speisekarte bietet Balkanisches und zu 95 Prozent Fleischgerichte. Während ich ein Bœuf Stroganoff ordere, werden meine vegetarischen Damen nur mühsam fündig, aber es gelingt schließlich doch, und allen schmeckt es (was auch eher selten vorkommt). Das Gespräch plätschert freundlich und entspannt durch Klatsch, Tratsch und Allerlei. Daß ich nach dem Essen gleich zwei Zigarillos paffe, wird nachsichtig kritisiert. »Anfangs lieben Kinder ihre Eltern noch; wenn sie älter werden, urteilen sie über sie; manchmal vergeben sie ihnen.« (Oscar Wilde) Heute wird vergeben.

Emily erzählt, daß ihre Freundin Luise sich nicht recht traue, mich anzusprechen.

Wieso nicht? Ob ich der gegenüber etwa unfreundlich sei?

Das zwar nicht, doch hege sie die Befürchtung, mich dann aus irgendwelchen hochbedeutenden Überlegungen oder schriftstellerischen Meditationen zu reißen. Der Schriftsteller sei doch wohl irgendwie immer im Dienst. Emily habe ihr das jedoch ausgeredet. Träfen Luises Befürchtungen nämlich zu, müßten Emily und Marlene ja mit Knebeln im Mund auf Filzsocken durch die Wohnung schleichen. Was bekanntlich nicht der Fall sei.

Mit Marlene am Steuer fahren wir dann in traulich-familiärer Stimmung nach Hause und sehen uns auf DVD *The Usual Suspects* im englischen Original an. Leider kann ich mich nicht konzentrieren (der Film verlangt in der Tat Konzentration), weil mir der unerledigte Essay durch den Kopf geht, den ich unbedingt vom Schreibtisch haben möchte. Insofern hat Luise gar nicht so falsch gelegen. Ich setze mich also an den Schreibtisch, aber vom balkanischen Rotwein befeuerte Müdigkeit verhindert konzentrierte Arbeit. Für einen Wiedereinstieg in den komplizierten Film ist es zu spät. Ich gehe zu Bett und bedauere es, den Abend nicht zu viert vorm TV durchgehalten zu haben.

### Samstag, 3. April

Eine Schülerin aus Süddeutschland hat im Leistungskurs Deutsch eine Facharbeit verfaßt mit dem enorm facharbeitskorrekten Titel »Perspektivenwechsel als eine Form der kreativen Intertextualität am Beispiel von Klaus Modicks *September Song*« und schickt mir nun den Text, armiert mit einem Anschreiben ihres Lehrers (»die von mir mit der Maximalpunktzahl benotete Arbeit ...«). Einem analytischen Teil, der sich mit dem Roman befaßt, folgt als kreative Kür eine Fortsetzung des Textes aus Sicht der Tochter des Erzählers. Immerhin erfreulich, daß so etwas gemacht wird.

In neuer, von mir hier stillschweigend in die richtige, also alte Rechtschreibung veredelt, schreibt nun die Schülerin dazu: »Falls Sie meine Arbeit in der Luft zerreißen wollen« (wieso sollte ich wollen?) »oder sonst einen Kommentar auf der Zunge haben« (im Augenblick nicht), »würde ich mich freuen ...« etc. pp. »Außerdem würde mich die Meinung Ihrer Tochter interessieren« (wegen des Singulars »Tochter« wird's jetzt aber interessant), »die ja ungefähr in meinem Alter sein müßte. Selbstverständlich nur, wenn es ihr nicht lästig ist.«

Bekanntlich, mir jedenfalls, habe ich zwei Töchter, was auch (wieso eigentlich?) im Klappentext von *September Song* vermerkt wird: »... lebt mit seiner Frau und seinen beiden Töchtern in ...« Daß daraus nun die einzige Tochter zusammengekürzt wird, verdankt sich wohl der »kreativen Intertextualität«, die den Autor mit dem Erzähler verwechselt. Nicht überall, wo ich »ich« schreibe, bin auch ich drin.

Da diese unmittelbare Eins-zu-Eins-Lesart weit verbreitet ist, muß ich annehmen, daß viele Leser mich für die mild paranoide, hypochondrische, larmoyante Erzählerfigur aus *September Song* halten. Und wenn diese Leser dann meine Töchter kennenlernen, können die ihnen ja eigentlich nur noch leid tun! Emilys Freundin Luise, die sich nicht traut, mich anzusprechen! Wahrscheinlich denkt sie gar nicht, daß sie mich aus nobelpreiswürdigem Nachdenken schreckt, sondern daß ich der verspießerte Blödmann aus *September Song* bin. So macht man also seinen Kindern Schande, indem man vorgibt, ein anderer zu sein.

»Ich wünsche Ihnen«, so das Schlußwort der Schülerin, »viel Spaß beim Lesen und hoffe, daß Ihnen gefällt, was ich fabriziert habe.«

Erst mal ablagern lassen. Oder den Töchtern geben. Erst der einen. Dann der anderen. Oder umgekehrt.

## Sonntag, 4. April

Im Halbschlaf meiner Siesta klingt eine Spieluhr, zwei, drei Takte, *Sarabande*, bricht abrupt ab. Wohl geträumt. Noch einmal ein paar Takte. *Sarabande*. Woher kenn ich das? Oder *Für Elise*? Nein, *Sarabande*. Von Händel! Wieso kenn' ich Klassikignorant ein Stück von Händel? Ach ja, Filmmusik, *Barry Lyndon*, schöner Film, lange her. Paar Takte mehr jetzt. Ach nee, doch nicht *Sarabande*. Was anderes. Ich kenn' es genau. Es klingt aus der gelb-weißen Spieluhr. Ein Holzkasten. Wenn man den Deckel öffnet, kommt ein Bajazzo zum Vorschein, die Walze beginnt zu klimpern, der Bajazzo bewegt sich dazu. Die Spieluhr steht im Kinderzimmer im Mollberger Haus. Zwölf, fünfzehn Jahre ist das her. Ungefähr. Aber im Halbschlaf, im Wiederklingen der Walze, ist es jetzt. Es ist immer jetzt. Die Kinder liegen im Etagenbett, Marlene oben, Emily unten. Ich komme ins Zimmer, um eine Gute-Nacht-Geschichte zu lesen. Die Spieluhr läuft. Der Bajazzo dreht sich. Jeder kennt die Melodie. Die Walze läuft aus, leises Knacken. Welche Geschichte heute abend? *Bobby Otter and the Blue Boat*. Okay, Bobby Otter. Schöne Geschichte. Es ist still im Zimmer. Die Kinder sind ganz Ohr. Hängen an meinen Lippen. Ganz Ohr. Alles leise. Ich lese. Träume. Lese. Leise. Auf dem Flur, von wo die Spieluhr in meinen Halbschlaf schlich, ist es wieder still.

»Die Spieluhr«, sage ich später zu Jamie, »die in Mollberg im Kinderzimmer stand, die hab ich vorhin gehört. Oder geträumt.«

»Gehört«, sagt Jamie. »Sie steht im Wandschrank, ganz hinten irgendwo. Ich mußte sie vorhin beiseite räumen. Dabei ist sie angesprungen.«

»Weißt du, welche Musik sie spielt?«

»*Memories*.«

»*Memories*?«

»Aus *Cats*.«

»Kenn' ich nicht.«

»*Memories* kennt doch jeder.«

Aber nicht immer hat man sie.

## Montag, 5. April

Zum Abschied von ihrem Praktikum schenkt Emily dem Kindergarten *Sommerschauer*, eins der von mir verfaßten Kinderbücher. Die Kindergärtnerinnen seien verblüfft gewesen, daß Emilys Vater der ihnen als Autor durchaus bekannte Herr M. sei, aber daß der auch Kinderbücher geschrieben habe, war ihnen neu. Wenn das Buch nicht mal in der Zielgruppe Kindergarten angekommen ist, muß ich mich jedenfalls nicht mehr über die unterirdischen Verkaufszahlen wundern.

## Dienstag, 6. April

Das Abitur *in effigie* hockt Marlene täglich mehrere Stunden am Schreibtisch. Sie büffelt und ist dabei bestens gelaunt. Man kennt das. Es ist der Rausch des Gelingens.

»Fällt dir was auf?« Emily kommt in mein Arbeitszimmer und setzt sich neben mich an den zweiten Schreibtisch.

»Äh ... neue Hose?«

»Nö.«

»Neue Haarspange?«

»Och, Papa!« Sie wendet grinsend den Kopf hin und her.

»Ohrstecker! Du hast dir die Ohren stechen lassen.«

»Na also.«

Dies Vatertagebuch notiere ich nach dem Frühstück. Anschließend das Tagespensum. Derzeit, zur anstehenden Publikation, die Überarbeitung des Vermonter Journals, das ich im letzten Jahr in Middlebury führte. Abends das normale Tagebuch. Also drei Tagebücher parallel. Und dabei vergehen die Tage.

Während ich dies notiere, sitzen die Girls beim späten Ferienfrühstück in der Küche. Sie plaudern und giggeln. Dabeisein wär' alles! »Life is what happens to you while you're busy making other plans.« (John Lennon) Das Leben passiert, während du es notierst. (K. M.)

Denglish: Giggeln

## Mittwoch, 7. April

Nach Besorgungen in der Stadt sitzen Jamie und ich im Café, lesen Zeitungen; genauer: ich lese, und dabei sieht sie mich über den Rand ihrer Zeitung an. Kritisch? Nachdenklich? Irgendwie ernst jedenfalls, und ich weiß, daß gleich was kommen muß.

»Und?«

»Emily smokes.«

Ach du Schreck. »Zigaretten?«

»Dope.«

Ich bin erleichtert. »Regelmäßig?«

»Of course not. She has tried it.«

Bei unserer einschlägigen Vergangenheit kein Grund zur Empörung. Soll man sich zumindest Sorgen machen? Och nö. Emily ist psychisch stabil genug, um mit derlei umzugehen. Ich spüre sogar eine Art – ja, was denn? – Befriedigung? Zustimmung? Sie kennt damit eine Erfahrungsweise, die auch uns wichtig war, die uns geprägt hat, und zwar durchaus nicht zum Schlechten. Für uns war Dope ein Treibstoff, der uns von der Welt unserer Eltern entfernte, etwas, das sie nicht kannten, selbst wenn sie wußten, daß wir es nahmen. Es entzog sich ihrer Kontrolle, und das beunruhigte sie.

Eine denkwürdige Begegnung mit meinem Vater ist mir in Erinnerung. Mitte der Siebziger Jahre war das. Ich studierte in Hamburg und besuchte aus irgendwelchen Gründen meine Eltern. Meine Mutter war schon zu Bett gegangen, mein Vater und ich hockten in der Küche und tranken Flaschenbier.

Er fragte mich, ob ich noch Haschisch rauche. Und wie das denn so sei?

Schwierig zu erklären, sagte ich, aber leicht zu probieren und zog ein paar Krümel Gras und Zigarettenpapier aus der Tasche. Er könne ja mal dran ziehen.

»Kommt nicht in Frage.«

»Wieso nicht?«

»Es ist eine selbstgedrehte Zigarette.«

»Ja und?«

»Ich hasse selbstgedrehte Zigaretten.«

»Wieso?«

»Sie erinnern mich ans Kriegsgefangenenlager. Und an die Jahre danach, als wir Kippen aus dem Rinnstein gesammelt haben.«

Da habe ich meine Rauchutensilien wieder in die Tasche gesteckt, eine Filterzigarette meines Vaters geraucht und mit ihm noch eine Flasche Bier getrunken.

## Donnerstag, 8. April

Jamie und Emily sind für einen Stadtbummel nach Hamburg gefahren. Marlene sitzt am Schreibtisch, und ich sitze auch am Schreibtisch. Mittags gehen wir gemeinsam essen, unterhalten uns über den kommenden Sommer in Vermont. Es freut mich, daß sich Marlene darauf freut, und sogar die Vorstellung, daß sie dort eine Art Sekretärin ihres Vaters sein wird, scheint sie nicht zu schrecken. Dann setzt sie sich wieder an ihren Schreibtisch. Und ich setze mich an meinen.

»Smells like teen Spirit« Heute ist Kurt Cobains Todestag, und abends sind die Musikkanäle voll davon. Marlene sieht sich das an, eher interessiert als fasziniert. In den Interviews und Konzertmitschnitten wirkt Cobain nicht depressiv, nicht mal neurotisch, nur ein bißchen wie ein zorniger junger Mann. Auch die Musik ist eigentlich nicht düster, sondern vital, ungehobelt und rüde. Der Mann wollte den Erfolg; als er ihn hatte, konnte er damit nicht umgehen und hat sich umgebracht. So die einfache Formel, hinter der es sehr viel komplizierter zugegangen sein muß.

An den früh Gestorbenen, egal ob Selbstmord oder nicht, ist vermutlich besonders anziehend, daß sie nie alt werden können, weder in der Wirklichkeit noch in der Erinnerung. Sie können auch nicht mehr floppen. James Dean oder Jim Morrison, Büchner oder Keats. Ewige Jugend zum Preis des Lebens. In Marlenes Zimmer hängt ein Poster von Kurt Cobain. Ein schlecht rasierter, gutaussehender, freundlicher Junge mit Gitarre und Zigarette. Mehr Schwiegersohn als Bürgerschreck.

### Freitag, 9. April

Im Fernsehen *Enemy at the Gates*, ein Film über die Schlacht von Stalingrad wie Hollywood sie gern gehabt hätte: das irrsinnige Massensterben reduziert und zugespitzt im Westernmuster auf ein heldenhaftes Duell zweier Scharfschützen. Da sich über schlechte Filme leichter diskutieren läßt als über gute, ergibt sich ein Tischgespräch über den Zweiten Weltkrieg. Das Thema ist in unserer Familie nicht neu und von besonderem Interesse. Beide Großväter der Mädchen waren Kriegsteilnehmer, allerdings nicht nur an verschiedenen Fronten, sondern auch auf verschiedenen Seiten. Während mein Vater am Rußlandfeldzug beteiligt war, zu seinem Glück aber nicht in Stalingrad, landete Jamies Vater mit den alliierten Truppen in der Normandie. Persönlich gegenübergestanden haben sie sich also nicht. Nach dem Krieg hätten sie sich begegnen können, da Jamies Vater zu den Besatzungstruppen in Bremerhaven gehörte.

»Das wär ja eine gute Geschichte«, sagt Emily.

Ich nicke vor mich hin. Mal sehen …

Beide Großväter haben den Krieg überlebt, aber als Marlene geboren wurde, waren beide schon tot. Was die Mädchen über sie wissen, wissen sie von uns, aus den Erzählungen der Großmütter. Fotos.

## Samstag, 10. April

Noch in Pyjamas und Bademänteln hängen die Mädchen sich gleich nach dem Frühstück vor die Glotze.

»Was gibt's denn so Dringendes?«

»*Dawson's Creek*«, sagt Marlene

»Die letzte Folge«, sagt Emily melancholisch.

»Die allerletzte«, sagt Marlene.

»Ruhe jetzt«, sagt Emily.

Einmal muß es ja auch vorbei sein. Aber während sie all die kleinen Abschiede, mit denen sie sich aus ihrer Kindheit herausbewegt haben, gar nicht oder erleichtert zur Kenntnis genommen haben, faßt sie bei der letzten Folge dieser Teenie-Serie die Wehmut an. Wenn ich es recht verstehe, spielt die Folge zehn Jahre nach den spät- bis postpubertären Abenteuern und Verwicklungen, die sonst Woche für Woche durchdekliniert worden sind. Die ehemalige Heldin ist inzwischen – ausgerechnet – mit einem Schriftsteller verheiratet, der Drehbücher für eine TV-Serie mit dem Titel *The Creek* verfaßt, und der Produzent dieser Serie ist – ausgerechnet – der Held. Achtung: Selbstreferentialität! Womit dann alles rundgemacht und glattgeschmirgelt wäre. Kein Grund zur Trauer also. Das Leben geht weiter. Das Fernsehprogramm auch.

Abends mit Birgit und Ralph G. in die Kneipe. Der 20jährige Sohn der G.s, ein hübscher und wohl auch erfreulich windiger Junge, ist schon seit Jahren mit einem Mädchen liiert, das nun in Berlin studiert. Da lasse der Junge, der hier immer noch mit dem bzw. gegen das Abitur kämpft, seine Blicke wohl schon mal wohlwollend bis begehrlich über die ortsansässige Damenauswahl schweifen und habe erst neulich im Elternhaus eine Bemerkung gemacht, welch erfreulichen Anblick doch beispielsweise Marlene M. biete.

Erfreulicher Anblick ist zutreffend. Ansonsten unerhört. Mit

Freundin in Berlin hier meiner Tochter nachzusteigen. Das wär ja noch schöner!

Sonntag, 11. April

Ostereier werden bei uns nicht mehr versteckt, aber Jamie läßt sich den Spaß nicht nehmen, kleine Geschenke für die Mädchen so im Garten zu deponieren, daß sie gesucht werden müssen, aber auch nicht übersehen werden können. Und die Mädchen machen uns den Spaß, für ein paar Augenblicke so zu tun, als seien sie noch die Kinder, die an den Osterhasen glauben. Sie spielen Kindheit. Als Kinder spielten sie Erwachsene, aber in diesem Spiel gab es kein »als ob«, sondern es war eine echte Verwandlung. »Auf uns«, schreibt Robert Louis Stevenson in *Kinderspiele*, »die wir weiter fortgeschritten sind und fein mit den Fäden des Schicksals spielen, blicken sie nur von Zeit zu Zeit, um einen Wink für ihre eigene mimetische Reproduktion zu erhaschen. Zwei Kinder, die Soldaten spielen, sind sich selbst viel interessanter als eines dieser scharlachroten Wesen, das sie beide imitieren. Das ist möglicherweise die größte Seltsamkeit von allen. ›Kunst für die Kunst‹ ist ihr Motto, und das Tun erwachsener Leute ist nur als Rohmaterial zum Spiel interessant. Kein Théophil Gautier, kein Flaubert kann das Leben gefühlloser betrachten oder die Reproduktion höher über der Wirklichkeit einstufen.«

Vorbei, verweht, nie wieder. Es folgt das »als ob«, das bewußte Spiel, die gespielte Verwandlung, die Ironie.

Osteressen. Auf Wunsch meiner Mutter in einem Gasthaus in Bad Zwischenahn. Mein Bruder hat seine Teilnahme wegen Arbeitsüberlastung abgesagt. Die Mädchen bedauern das; sie sehen ihren Onkel selten, aber gern. Er lockert bei solchen ritualisierten Festtagsessen auch die Gruppendynamik auf. Gruppenstatik wäre das treffendere Wort, insofern »die Unterhaltung« in Form eines Endlosmonologs von meiner Mutter bestritten wird. Die Versatzstücke dieses Monologs sind allen so bekannt, daß man wie ein antiker Chor mitsprechen könnte (Emily und Marlene haben in der Zitation ihrer Oma längst auch parodistische Talente an den Tag gelegt). Fluchtpunkt der redundanten Rede ist stets ihre eigene, komplizierte und wenig glückliche Kindheit; sie ist allerdings nicht der Wirklichkeit, meinetwegen auch Wahrheit, dieser Kindheit auf der Spur, sondern träumt sich redend eine Legende zurecht, in der sie die Zerrüttung zur Harmonie und das Elend zum Glück verzaubert. 30 Jahre ihres Lebens hat sie in dürftigen Verhältnissen und elenden Kriegs- und Nachkriegszeiten verbracht, 55 Jahre jedoch in Frieden und ständig wachsendem Wohlstand. Ihre Sehnsucht aber geht zurück zu Not und Elend. Warum? Weil sie da Kind war.

## Montag, 12. April

Neues aus den Klassenzimmern oder Botanik des Englischen:

Englischlehrerin: »Do you know what sycamore trees are?«

Schüler: »Nö.«

Englischlehrerin: »Well, it's a special tree.«

## Dienstag, 13. April

Emily geht auf Aquisitionstour, um Anzeigenkunden für die Schülerzeitung *Perspektiven* zu begeistern, klappert ein paar Geschäfte in unserer weiteren Nachbarschaft ab, kommt aber erfolglos und frustriert zurück; lediglich die Weinhandlung *Veritas*, bei der ich ein überaus guter Kunde bin, habe vages Interesse signalisiert, allerdings noch keinen Auftrag vergeben. Der Zufall und meine geweckten Vaterinstinkte wollen es, daß ich heute sowieso noch eine Kiste Rotwein einzukaufen habe, die übrigens teurer ist als eine viertelseitige Anzeige in den *Perspektiven*.

»Meine Tochter hat mir erzählt, daß Sie eine Anzeige in ihrer Schülerzeitung schalten wollen«, sage ich zum Besitzer, als es ans Zahlen geht. »Das finde ich nett von Ihnen.«

»Ach, das Mädchen vorhin, das war Ihre Tochter?«

»Ganz recht.«

»Ja, also ... Das hab ich mir schon gedacht.«

»Was?«

»Na, daß das Ihre Tochter war.«

»Wieso? Wegen der Ähnlichkeit?«

»Nein beziehungsweise irgendwie ... Natürlich schalte ich eine Anzeige. Diese Schülerzeitungen sind viel werbewirksamer als die Tageszeitung. Und die Teenager trinken ja auch schon mal ganz gern ein Gläschen Prosecco.«

»Prosecco?«

»Oder was auch immer.«

So wäre die Sache also zur allseitigen Zufriedenheit geregelt. In mir sieht man den Vater, was möglich war, das tat er.

Bliebe das Korrektheitsproblem. Alkoholwerbung, die auf Minderjährige zielt? Und meine Töchter trinken Prosecco?

## Mittwoch, 14. April

Bislang war's wenig frühlingshaft, aber seit gestern ist es sonnig und milder. Marlene sitzt, mit Decken vermummt, im Liegestuhl auf der Terrasse und liest Heinrich Bölls *Die verlorene Ehre der Katharina Blum*, einer dieser politisch korrekten Gähn-Titel, die es dank der sogenannten 68er-Lehrer im Deutschunterricht zu kanonischer Hartleibigkeit gebracht haben.

»Gefällt's dir?«

Gequältes Seufzen.
»Und wieso nicht?«
»Hat's dir etwa gefallen?«
»Überhaupt nicht.«
»Na also.«

»Denn wie die Menschenrasse nach Jahrhunderten der Zivilisation noch Züge ihrer barbarischen Väter trägt, so hat auch das Individuum Mensch die Jugend nicht ganz hinter sich gelassen, wenn es bereits alt und ehrwürdig und Lordkanzler von England ist. Wir schreiten an Jahren ungefähr wie eine eindringende Armee in einem öden Land voran; das Alter, das wir erreicht haben, halten wir, wie man sagt, nur mit einem Außenposten und halten immer noch den Kontakt zur äußersten Nachhut und dem Ursprung des Marsches aufrecht. Dort ist unser wahrer Stützpunkt, der nicht nur der Anfang, sondern die ewige Quelle unserer Fähigkeiten ist.« (Robert Louis Stevenson: *Virginibus Puerisque*) Das sind keine militaristischen Metaphern, sondern Bilder eines Mannes, der als Kind mit Zinnsoldaten spielte.

Während ich die Passage abschreibe, überfällt mich die Erinnerung, daß in frühen Kindertagen auch mein Bruder und ich einen Schuhkarton voll Zinnsoldaten hatten, der aber sehr bald aus dem Arsenal unserer Spielzeuge verschwand. Vermutlich fielen sie einem Sammler ins Auge, der beschloß, daß solche Dinge für Kinder viel zu schade sind und uns mit Plastikfiguren entschädigte.

## Donnerstag, 15. April

Erster Schultag nach den Osterferien. Marlene bekommt das Ergebnis ihres letzten Tests in Biologie, eines ihrer ungeliebten und schwächeren Fächer. Ergebnis: Sehr Gut. Sie kann entspannt ins Abitur gehen.

Emily leiht sich Brechts *Der gute Mensch von Sezuan* bei mir aus. Der sei jetzt dran. Der war damals auch schon bei mir dran. Der wird wohl auch noch lange dran bleiben.

Ob ich's gut gefunden hätte.

Jedenfalls interessant, sage ich.

Man will ja niemanden demotivieren.

Der Todestag meines Vaters. Er starb 1985, knapp 66 Jahre alt. Am Telefon erklärt meine Mutter, dieser Tag sei für Marlene ein ganz besonderer; schließlich sei sie vier Wochen später zur Welt gekommen. Wichtiger dürfte für Marlene doch wohl der eigene Geburtstag gewesen sein.

Das Sterben meines Vaters war aber in der Tat ein Wettlauf mit Marlenes Geburt. Sie wäre sein erstes Enkelkind gewesen, und er hat darum gekämpft, sie noch zu erleben. Während er immer schwächer und zerbrechlicher wurde, nahm Jamie unentwegt zu. Bei einem unserer letzten Besuche legte er seine Hand auf Jamies Bauch, lächelte und nickte wortlos vor sich hin. Das war sein Gruß an Marlene, Willkommen und Abschied in der selben Geste.

## Freitag, 16. April

Im Fernsehen läuft eine ganze Serie der *100 Jahre*-Clips, in denen jeweils ein bestimmtes Ereignis eines Jahres des 20. Jahrhunderts in Kurzform abgehandelt wird. Häppchenhistorie zwar, aber als Überblick nicht übel, weniger übel jedenfalls als Günter Grass' eitles *Mein Jahrhundert*. Die Girls schauen interessiert zu und warten darauf, was wohl in ihren Geburtsjahren die geschichtliche Stunde schlug. Marlenes Premierenjahr 1985 stand gemäß dieser Selektion im Zeichen von Aids als Jahrhundertseuche, während Emilys Erscheinen in dieser Welt 1986 von der Tschernobyl-Katastrophe begleitet wurde.

»Das sind ja richtige Glücksbringer«, sagt Marlene.

Als der Fallout des Tschernobyl-Reaktors über Europa niederging, an strahlenden Frühlingstagen im Mai, war Jamie gerade mit Emily im 2. Monat schwanger. Wir trauten uns kaum vor die Haustür. Ich erinnere mich mit Beklemmung und Verstörung an die Atmosphäre jener Wochen. Endzeitstimmung lag überm Land. Wir dachten sogar daran, uns in die USA zu evakuieren.

WKK: »Ich hab mir mal 'n paar Briefmarken von deinem Schreibtisch genommen«, sagt Marlene. »Brauch ich für die Schülerzeitung.« Macht ca. Euro 5,– im Monat.

## Samstag, 17. April

Emily springt wieder einmal als Ersatzspielerin in unserer samstäglichen Tennisrunde ein, spielt sehr gut, lange, präzise Grundschläge, und ich bin stolz auf sie.

Indem sie versehentlich die Funktion »Identitäten abmelden« wählt, produziert Emily am Familien-PC ungewollt eine Reaktion, die sämtliche E-Mail-Konten löscht. Da ich in den Posteingangs- und -ausgangsdateien noch allerlei Unerledigtes stehen habe und auch das Adressbuch komplett gelöscht ist, bin ich stink- bis stocksauer, aber nicht auf Emily, sondern auf Bill Gates. Wie ist es möglich, daß ein derart drastischer Eingabebefehl nicht per Bestätigungsabfrage gesichert wird? Emily glaubt natürlich, daß ich auf *sie* sauer bin, aber ich ärgere mich nicht nur über Gates, sondern besonders und wieder einmal über mich selbst: Es ärgert mich, daß mich so ein lächerlicher Scheiß überhaupt ärgert.

»Identitäten abmelden«! Es ist das Grundübel der PC-Welt, die wir unserem Leben, unserem Denken und Fühlen längst implantiert haben, daß wir unter elektronischer Nervosität leiden und bei Störungen panisch werden. Nachdem Marlene ein paar vergebliche Versuche unternommen hat, die Konten neu einzurichten, stellt sich schließlich heraus, daß überhaupt nichts gelöscht, verschwunden oder im Offline-Orkus verschollen ist. Nach einem Neustart ist alles wie es vorher war – außer meinem Vorsatz, mich nie mehr über einen PC so zu ärgern, daß meine Tochter sich davon getroffen fühlt.

## Sonntag, 18. April

Marlene hat sich inzwischen einen Praktikumsplatz in einem Museum in Washington D.C. beschafft, den sie direkt im Anschluß an den Job in Middlebury antreten kann und ist auf der Suche nach einem weiteren Praktikum. Sie wird also mindestens vier Monate in den USA verbringen. Hinter sich läßt sie nicht nur Schule und Elternhaus, die sowohl Zwangsanstalten als auch Schutzzonen sind; sie muß sich dann auch von ihren Freunden und Vertrauten trennen. Diese Aussicht dämmert zwielichtig. Im Freundeskreis sei nicht nur eitel Freude über die kommende Freiheit zu spüren, sondern es läge auch Melancholie über diesen Treffen, Abschiedsstimmung. *The Last Picture Show.*

WKK: Jamie und ich sind zum Brunch bei Freunden, deren Kinder bereits im Studium sind. Sie bekommen Euro 800,– pro Monat, pro Kind. Als ich das höre, wird mir schwindelig, und ich verschlucke mich fast an meinem Lachsbrötchen. Als Erste-Hilfe-Maßnahme murmelt Jamie etwas von BAföG.

## Montag, 19. April

Apropos *Last Picture Show*: Sobald sie in die USA geht, muß Marlene auch ihren Job im Kino aufgeben. Das macht dann den Weg für Emily frei, die endlich ihre Schwester als freundliche Foyerkraft beerben kann. Dagegen fallen Marlene keine Einwände ein, obwohl ich das Gefühl habe, daß ihr sogar noch diese Erbfolge übel aufstößt.

»Vom Standpunkt der Evolution betrachtet, sind die diversen Persönlichkeitsmerkmale nichts anderes als unterschiedliche Strategien, soviel elterliche Investitionen wie möglich zu erhalten und das Überleben bis ins Erwachsenenalter zu sichern. Marx befand sich im Irrtum, als er den primären Motor des historischen Wandels außerhalb der Familie suchte. Freud kam der Wahrheit um einiges näher, als er die Bedeutung von Konflikten in der Familie erkannte. Allerdings täuschte sich auch er, weil er der Libido und damit dem Ödipuskonflikt den Vorrang einräumte. Der Eltern-Kind-Konflikt ist jedoch weitgehend sekundärer Natur, nämlich *abgeleitet aus geschwisterlicher Rivalität um die elterlichen Ressourcen*. Ebensowenig läßt sich behaupten, daß diese Konflikte durch sexuelle Triebe bestimmt sind und damit ihren Ursprung in der Sexualität haben. Vielmehr konkurrieren Geschwister miteinander um elterliche Investitionen in all ihren typischen Formen und streben danach, so viel Zuwendung wie möglich von beiden Eltern zu erlangen. Aus diesem Grund ist der Eltern-Kind-Konflikt (...) eine wesentliche Ursache für rebellisches Verhalten; mit dem Geschlecht des jeweiligen Elternteils indes hat das nichts zu tun.« (Frank J. Sulloway: *Der Rebell der Familie*)

Sulloways Buch, das mit seiner Anwendung des Darwinismus auf Familienstrukturen zu ebenso einfachen wie überzeugenden Ergebnissen kommt und Erfahrungen plausibel macht, die jeder kennt, der in Geschwisterverhältnissen aufgewachsen ist, hat mir übrigens mein um zwei Jahre älterer Bruder geschenkt.

## Dienstag, 20. April

Jamie ist gestern mit ihrer Freundin Hanne für eine Woche nach Prag gefahren, Urlaub von der Familie. Ich übernehme also das Kommando im Haushalt, und als erste Amtshandlung der Vaterwirtschaft bleibt die Küche kalt: Wir essen in der Kantine des Landtags.

In der Schule läuft eine sogenannte Projektwoche zum Thema Wasser. Wasser sozusagen auf und in allen Kanälen. Emilys Klasse geht Rudern. Für den literarischen Dunst über den Wassern sorgt der Kollege John von Düffel (übrigens ein Oldenburger), der in der Aula der Schule seine wäßrige Schwimmerprosa liest. Er habe laut Emily flüssig genuschelt, weshalb man wenig verstanden habe, aber das Wenige sei nicht schlecht gewesen.

WKK: Winter- und Sommertraining Tennisjugend 03 – 04: Euro 357,– pro Kopf, mithin Euro 714,–.

## Mittwoch, 21. April

Marlene kommt früher als erwartet aus der Schule, bleich wie eine trockene Scheibe Toast. Kopfschmerzen, Übelkeit. Vielleicht liege es am Fisch, den sie gestern in der Kantine gegessen habe. Sehr unwahrscheinlich; der hätte, wäre er faul gewesen, früher zu rumoren begonnen. Marlene legt sich ins Bett, Woodstock, die Katze, legt sich dazu, und ich mache Marlene Kamillentee, weil Jamie in solchen Fällen auch immer Kamillentee ans Krankenlager liefert. Sie wäre jetzt vermutlich zufrieden mit mir.

Nachmittags geht's Marlene dann auch gleich wieder gut (Kamillentee?). Sie sitzt auf der Terrasse im Liegestuhl und paukt

Biologie. Nachdem ich den Rasen gemäht habe, suche ich die Rosen nach Läusen ab und greife dabei auch zur chemischen Giftspritze.

»Voll der Zufall«, sagt Marlene.

»Was?«

»Du killst die Blattläuse, und ich muß hier was lernen über Parasitologie. Hier, guck mal, das Foto. Eklig.«

Neues aus den Klassenzimmern oder Der Wein der Betroffenheit:

Schüler: »Also, Gorleben ist doch quasi überall.«

Lehrerin: »Wenn Sie ein Wein wären, würde ich Sie als platt im Abgang bezeichnen.«

## Donnerstag, 22. April

Den Geschwisterdarwinismus sehen Eltern mit Mißvergnügen und versuchen, ihn zu brechen, was vermutlich unmöglich ist. Man kann ihn dämpfen, mildern. Umgehen kann man damit nur, indem man versucht, den Kindern gerecht zu werden und ihnen gegenüber gerecht zu sein. Das wäre das Beste, was Erziehung vermag. »Die Familie läßt sich am sinnvollsten als Anordnung verschiedener Nischen darstellen, die jeweils von einem Individuum besetzt sind. Jede Nische eröffnet spezifische günstige Ausgangspunkte. Wegen dieser unterschiedlichen Perspektiven erlebt jedes Familienmitglied die gleichen Ereignisse auf seine eigene Weise.« (Sulloway) Die Familienwelt der Erstgeborenen ist also eine andere als die der Zweitgeborenen. Die Familienwelt der Kinder ist eine andere als die der Eltern. Dem muß man gerecht werden.

Und in einer Familie wie der unseren, in der ich das einzige Individuum mit dem y-Chromosom bin (Katze inklusive), behaust auch ein Vater seine Nische, in der er sich nützlich machen kann: Rasen mähen, Geld verdienen, Glühbirnen auswechseln etc. pp. – und gelegentlich männliche Rationalität an den Tag legen; das aber nicht zu entschieden und nicht zu oft, weil die Wand zwischen Rationalität und Unsensibilität irgendwie fadenscheinig ist.

### Freitag, 23. April (Singen)

In der FAZ ein etwas planlos mäanderndes Gespräch zwischen Paul Kirchof, Hans D. Barbier und Frank Schirrmacher zum Gummithema *Freiheit, Steuern und das Alter*. Barbier: »Kinder sind Kinder. Sie sollten von ihren Eltern gewollt sein, ohne daß die Gesellschaft in ihnen heranwachsende Produktionspotentiale und Förderer des technischen Fortschritts sieht. (...) Wie man jungen Leuten das Kinderkriegen schmackhaft macht, weiß ich nicht. Ich bin auch nicht sicher, ob es eine gesellschaftliche Aufgabe ist, das zu tun.«

Da bin *ich* aber ganz sicher! Und wie man es »den jungen Leuten schmackhaft macht«, weiß ich auch: Steuerbefreiung. Daß unsereiner sich für Kinder entschieden hat, bleibt unsere Sache; eine andere Sache ist es aber, daß wir steuerlich dafür deftig bestraft werden. Kirchof sieht das klar: »Wenn wir den Zukunftsfaktor Familie aus den Augen verlieren, haben wir einen Realitätsverlust, der uns in den Niedergang dieses Kultur- und Demokratiesystems führt. Wenn wir schon die Leistung der Menschen über das Einkommen definieren (...), dann müssen wir in dieser Gesellschaft wieder richtig definieren, was Leistung ist. Wenn das Kindererziehen nicht nur bei der Kindergärtnerin und bei der Lehrerin Leistung ist, sondern auch bei der Mutter,« (und bitte sehr auch beim Vater!) »dann folgt daraus, daß wir ihr Anerkennung vermitteln müssen, das heißt konkret: Einkommen. Hier kann der reiche Staat Deutschland mit ständig wachsendem Steueraufkommen Veränderungen bewirken. Die Kassen sind ja nicht leer, die sind voll, wir geben das Geld nur vorher aus.« Nachdem man es unsereinem aus der Tasche gezogen hat! »Auch mir bereitet es Unbehagen, Familien und Kinder nicht als Erlebnis-, sondern als Finanzierungsthema zu behandeln. Trotzdem, leider muß man die Frage nach unserer Zukunftsfähigkeit auch in diese ökonomische Welt transportieren.«

Abends Lesung im Rahmen der *Erzählzeit* in Singen. Nach meiner eigenen Veranstaltung höre ich mir noch Margit Schreiners Lesung an, ein zwischen Komik, Zynismus und Sympathie oszillierender Text über die verstorbene Mutter – ein Text, den man zu Lebzeiten der Porträtierten schreiben, aber nicht publizieren kann, es sei denn, das Verhältnis wäre radikal zerrüttet. Das zwingt mich erneut, darüber nachzudenken, ob überhaupt und wenn ja, wie stark bearbeitet, dies Tagebuch publizierbar ist.

Anschließend sehr einverständiges Gespräch mit der Schreiner, in dem es u.a. um die Schwierigkeiten unserer Situation als Autoren mit Kindern geht (sie hat eine 13jährige Tochter). Beispielsweise können wir bestimmte Aufenthalts-Stipendien nicht oder nur zum Preis familiärer Trennung wahrnehmen, weil die entsprechenden Wohnungen nur für Einzelpersonen ausgelegt sind oder die Kinder nicht aus ihren schulischen Zusammenhängen gerissen werden können. Das bewahrt einen aber auch vor allerlei fragwürdigen bis rufschädigenden Stadt- und Landschreiberstellen. Einschneidender ist es da schon, daß unsere notorische, durch Kinder immer akut verschärfte Finanznot gelegentlich zu literarischen Schnellschüssen zwingt. Mein Leben mit Kindern hat mir als Autor gewiß genützt, hat meinen Horizont erweitert und auch Stoff erschlossen. Ob es auch geschadet hat, läßt sich nicht recht ermessen. Ein oder zwei meiner Bücher wären jedenfalls ausgereifter auf den Markt gekommen, wenn die chronische Geldnot mich nicht zur Eile getrieben hätte.

## Samstag, 24. April

Auf der Rückfahrt von Singen weiter in Detlev Claussens Adorno-Buch, streckenweise ein leicht konfuser Eiertanz, weil es ein Leben erzählt, ohne eine Biographie sein zu wollen. An Kirchofs Bemerkung in der FAZ von gestern, daß (zumindest halbwegs harmonische) Familienverhältnisse nicht nur als privater Erfahrungsraum und Glücksressource, als Privatsache also abzutun seien, sondern sich auch »in dieser ökonomischen Welt« behaupten müssen, erinnert folgende Passage Adornos: »Der Familie wird die Rechnung präsentiert (...) für ökonomisches Unrecht, die Ausbeutung hauswirtschaftlicher Arbeit in einer sonst den Marktgesetzen gehorchenden Gesellschaft, und für alle jene Triebverzichte, welche die Familiendisziplin den Mitgliedern auferlegt, ohne daß im Bewußtsein der Familienmitglieder diese Disziplin stets sich rechtfertigte und ohne daß sie mehr an die Aussicht recht glaubten, für dergleichen Verzichte etwa durch gesichertes und tradierbares Eigentum entschädigt zu werden, wie es auf der Höhe des liberalen Zeitalters der Fall zu sein schien.«

Obwohl Adorno mit solchen Einsichten gegen die Idealisierung und Idyllisierung von Familie anschrieb, speisen sich fast sein gesamtes Denken und seine publizistische Produktion aus der Erinnerung ans Glück der Kindheit. »Was ein Kind empfindet, das im Neuschnee seine Fußspur hinterläßt, zählt zu den mächtigsten ästhetischen Triebkräften.« Diese Empfindungen sind aber eben nur als vergangene überhaupt zu begreifen und zu fassen, als Nie-Wieder.

## Sonntag, 25. April

In der Wohnung über uns sind vorgestern neue Mieter eingezogen, Bekannte, denen wir die Wohnung vermittelt haben. Der Mann ist etwas älter als ich, seine (zweite) Frau Anfang dreißig; sie haben ein anderthalbjähriges Kind, und das nächste Kind wird demnächst geboren werden. Man hört nun Geschrei und Weinen, und der Mülleimer füllt sich mit vollgeschissenen Windeln. Aus der Distanz ist mir dies Déjà-vu nicht unangenehm; es weckt Erinnerungen. Zugleich empfinde ich Erleichterung, das alles hinter mir zu haben. So ähnlich müssen sich Großeltern fühlen. Das Entzücken über kleine Kinder ist dann frei von der Last des 24-Stunden-Services, den sie fordern, frei von Verantwortung, sorglos. *Reine* Freude.

Der späte Vater hat bereits aus erster Ehe einen erwachsenen Sohn, und wenn seine nachgeborenen Kinder so alt sein werden wie unsere jetzt, wird er Mitte 70 sein. Ich beneide ihn wahrlich nicht. Als ich neulich zu ihm sagte, ich bewunderte immerhin seinen Mut, sich in diesem Alter noch einmal der ganzen Prozedur auszusetzen, grinste er etwas verlegen, zuckte mit den Schultern und sagte, das sei nicht seine Entscheidung gewesen.

Emily hat unseren neuen Nachbarn schon als Babysitter gedient, bevor sie hier einzogen. Der Job ist nun leichter geworden: keine Anfahrt mehr; sie kann bei eingeschaltetem Babyfon sogar in unserer Wohnung bleiben.

## Montag, 26. April

»Der familiäre Status von Erstgeborenen besteht darin, daß sie eine Vorrangstellung genießen, und sie sind bestrebt, diesen Status aufrechtzuerhalten, indem sie ihre Nische gegen Übergriffe durch jüngere Geschwister verteidigen.« (Sulloway) Marlene verhält sich entsprechend lehrbuchmäßig, indem sie immer noch versucht, Emily den Job im Kino zu verweigern. Bei der letzten Schichtbesprechung dort sei man zu dem Ergebnis gekommen, daß es zu wenig Schichten bei zu vielen Mitarbeitern gebe.

»Dann«, hat Emily clever gekontert, »sind die ja alle heilfroh, daß du endlich aufhörst.«

Freund Jens aus Freiburg macht einen Überraschungsbesuch. Zeigt mit berechtigtem Stolz ein Foto seiner umwerfend hübschen, 18jährigen Tochter, blinzelt mir dabei zu und sagt: »Heißer Feger, was?«

Daß er das sagt, empfinde ich als peinlich. Er darf das allerdings sagen – als Vater. Quod licet Iovi …

»Wirklich sehr hübsch«, sage ich – als Freund.

## Dienstag, 27. April

Brief an Jürg Amann:

»Über Deine Zustimmung zur *Schrift vom Speicher* habe ich mich sehr gefreut, und da ich auch größere Teile Deines Werks kenne, verstehe ich gut, wieso Du besonders hier Verwandtschaften empfindest. Lob für dies Buch stürzt mich allerdings auch immer in eine gewisse Verlegenheit und zwar aus folgendem Grund: Anfang der 90er Jahre habe ich mit *Die Schrift vom Speicher*, *Der Schatten den die Hand wirft* und *Das Licht in den Steinen* drei eng miteinander korrespondierende Bücher geschrieben, die mir viel Kritikerlob einbrachten, die Bestenliste zierten und also auf dem Markt gründlich durchfielen und mich finanziell praktisch ruinierten. *Schrift* hat bis heute keine 2.000 Stück verkauft, *Schatten* 500 und *Licht* 1.500 (falls die Verlagsabrechnungen korrekt sind). Ich stand mit zwei kleinen Kindern und meiner damals nicht berufstätigen Frau vor der Alternative, entweder den

Bettel hinzuschmeißen, zurück in die Werbung zu gehen oder Lehrer zu werden und nach Feierabend weiter derartige Kunststücke zu produzieren, oder zukünftig Bücher zu schreiben, die am Markt erfolgreicher wären. Ich schrieb dann *Der Flügel* und hatte den bitter notwendigen Erfolg damit.

Das war also ein Wendepunkt in meiner Entwicklung – weg von der schwer lesbaren sprachlichen Preziose hin zu einer Art plot-orientierten, unpeinlich-unterhaltsamen Erzählliteratur. Geblieben sind mir von dieser Kurskorrektur allerdings gemischte Gefühle, weil ich gezwungen war, mich von Schreibweisen zu verabschieden, die für mich damals durchaus noch nicht ausgereizt waren. Ein weiteres Buch dieser Art war begonnen, wurde dann aber der Not gehorchend zur Kurzgeschichte abgewrackt (*Das Blau auf Fenstern und Türen*), fiel sozusagen dem *Flügel* zum Opfer und dem, was folgte. Wäre ich Single gewesen, hätte ich mich vielleicht auf dem niedrigen ökonomischen Niveau halten können – in der Verantwortung gegenüber meiner Familie war das ausgeschlossen.

Meine Geschichte ist damit also auch eine darüber, wie das sogenannte Familienglück (das ich in der Tat gefunden zu haben glaube, soweit das in unserer glücksskeptischen und -feindlichen Zynikerwelt möglich ist) nicht nur die materielle Existenz von Autoren bestimmt, sondern auch deren Schreibweisen und Stil beeinflußt. Das ändert nichts daran, daß jene drei Bücher mir besonders am Herzen liegen. Es waren meine Sorgenkinder. Immerhin sind sie noch lieferbar, was in der gegenwärtigen Situation auf dem Buchmarkt, den die Furie des Verschwindens durchtobt, einigermaßen verblüffend ist. Daß Du Dich für eins von ihnen erwärmt hast, ist schön. Übrigens schreibe ich derzeit an einem Projekt mit dem Arbeitstitel *Vatertagebuch*, ein nicht-fiktionales Journal, in dem es auch um die Beziehungen zwischen Familie und literarischer Produktion geht, gehen muß.

Ab Ende Juni bin ich wieder für sieben Wochen in die USA,

nicht ungern, aber doch auch immer noch des Geldes wegen. Indem ich die Buchstaben USA schreibe, fällt mir Dein amerikanisches Journal ein. Habe ich mich dafür eigentlich bei Dir bedankt? Ich meine schon, bin mir aber plötzlich unsicher. Es hat mich jedenfalls sehr berührt, nicht zuletzt, weil es Erfahrungen streift, die ich mit Dir teile. Es hat mich manchmal auch befremdet (was ja nichts Unangenehmes sein muß), weil ich mich wunderte, wie wenig USA-Wirklichkeit da vorkommt und wieviel Seelenrealität.«

## Mittwoch, 28. April

Normalerweise gehen die Mädchen ungeschminkt zur Schule; heute morgen aber brezelt Marlene sich deutlich heftiger auf. Warum? Es ist ihr letzter, aber wirklich allerletzter offizieller Schultag. Nächste Woche folgen »nur noch« die Abitur-Klausuren.

»Wie war's?« frage ich, als sie zum Mittagessen einläuft.

»Super. Sie haben ganz laut *The Final Countdown* gespielt. Wird jedes Jahr gemacht, und früher konnte man sich nie vorstellen, daß es einmal einem selbst gelten wird.«

»Fühlst du dich befreit?«

»Na ja, irgendwie schon. Da ist aber noch ein anderes Gefühl, etwas beklommen. Schwer zu beschreiben.«

Das Gefühl hat einen Namen: Nie wieder. Was Schule für sie war, wird sie erst jetzt begreifen.

Dann kommt ihre Freundin Aylin; sie packen Decken zusammen und verschwinden in Richtung Schloßgarten. Abhängen!

Emily wirkt bedrückt. Marlenes Schatten wächst noch einmal sehr massiv, da sich das Familieninteresse auf ihr Abitur konzentriert.

Denglish: School starts first later (mit »first« ist »erst« gemeint; richtig wäre »only«).

## Donnerstag, 29. April

»Mit Schrecken muß man einsehen, daß man oft früher schon, wenn man den Eltern opponierte, weil sie die Welt vertraten, insgeheim das Sprachrohr der schlechteren Welt gegen die schlechte war.« (Theodor W. Adorno) Oft war man aber auch das Sprachrohr der besseren Welt, und es ist noch viel schrecklicher, wenn man später einsehen muß, daß einem die Welt den Glauben an ein besseres Leben ausgetrieben hat.

Besuch von Edith P. aus Frankreich. Deren 20jährige Tochter hat schon vor zwei oder drei Jahren ihren ersten »Freund« gehabt, von dem sie inzwischen wieder getrennt ist. Wie's denn in Sachen Liebe bei unseren Mädchen stehe?

Das, was man »feste Beziehung« nennt, ist bei beiden nicht in Sicht. Sie haben ihre Gruppen und Cliquen und darin oder darüber hinaus ihre Flirts. Der sogenannte Richtige ist noch nicht erschienen. Sie sind wählerisch und kritisch, wollen nicht den Erstbesten, sondern gleich den Besten. Auch gut.

Neues aus den Klassenzimmern oder Lebensmittelchemie:

Chemielehrer: »Wofür braucht man Spiritus?«

Schüler: »Käsefondue?«

## Freitag, 30. April

Zu Besuch bei C. und I., kinderloses Paar, beide Lehrer. Obwohl C. nur eine halbe Stelle hatte, und obwohl er sich zwischenzeitlich zwei Jahre Auszeit nahm, ist es ihm gelungen, sich dank eines sogenannten Burn-Out-Syndroms in den vorzeitigen Ruhestand versetzen zu lassen. Nun frönt er, wohlbeleibt und bestens gelaunt, dem aus Steuergeldern finanzierten Müßiggang.

Ich verstehe, daß man es nach 20 bis 30 Jahren Schuldienst nicht mehr ertragen kann, täglich mit Schülern konfrontiert zu werden. Unverständlich ist mir allerdings, daß diese freigesetzten Leute dann überhaupt nicht mehr arbeiten müssen. Sie könnten in Schulbibliotheken oder Archiven eingesetzt werden oder, wenn ihnen dort die Luft zu trocken ist, in Sportvereinen; sie könnten meinetwegen auch öffentliche Grünanlagen pflegen.

Im übrigen bin ich davon überzeugt, daß zu viele Leute Lehrer geworden sind und werden, die sich für diesen Beruf innerlich gar nicht interessieren. Wer dann einen Dienst schiebt, der ihm ewig fremd bleibt, und also ein entfremdetes Berufsleben führt, muß zwangsläufig »ausbrennen«. Die Gründe werden von solchen Leuten aber nie bei sich selbst gesucht, sondern im System, in den schwieriger werdenden Bedingungen und Zuständen an Schulen, wozu sie wiederum durch ihre notorische Distanz zum ungeliebten Job beitragen (ohne es zu wollen).

Besonders unerträglich sei – und ist wohl auch objektiv – die zunehmende Gewalt. Ist heute aber von »Gewalt an Schulen« die Rede, ist immer die von Schülern ausgehende Gewalt gemeint. Vielleicht hängt die Zunahme dieser Gewalt ja auch damit zusammen, daß Lehrer die physische Gewalt nicht mehr ausüben, mit der noch zu meiner Schulzeit Schüler diszipliniert wurden, von der Prügelstrafe in der Volksschule bis zum Werfen mit dem Schlüsselbund. Durch solch brachiale Disziplinierung ist Gewalt unter Schülern auch verhindert oder unterdrückt worden. Und vielleicht hätte insofern »die Gewalt« ganz allgemein gar nicht zugenommen, sondern sich nur völlig auf die Schülerseite verlagert?

Ich erzähle von der laufenden Arbeit an diesem Journal und rechne damit, daß sich C.s und I.s Interesse darauf konzentriert, wie ich den Komplex Schule anfasse. Weit gefehlt. Die Hauptschwierigkeit, so beide unisono, müsse doch vermutlich darin bestehen, die Sexualität meiner Töchter zu thematisieren. Ich schreibe aber kein Töchtertagebuch; das könnten Marlene und Emily allemal besser, wenn sie es wollten.

## Samstag, 1. Mai

Hatte mich, beiläufig und ohne recht drüber nachzudenken, um die Leitung des Studios für Literatur und Theater an der Universität Tübingen beworben und bekomme nun die Einladung zu einem Vorstellungsgespräch. Muß mir selbst also schleunigst Klarheit darüber verschaffen, ob ich auf meine älteren Tage tatsächlich noch einen Job auf Angestelltenbasis annehmen will, der zwar den Vorteil hätte, uns finanziell zu entlasten, aber auch mit diversen Mühseligkeiten verbunden wäre, von denen die Entfernung nicht die geringste ist.

Telefoniere deshalb ratsuchend mit Hanns-Josef Ortheil, der den Spagat zwischen Schriftstellerexistenz und Hochschule seit Jahren offenbar relativ schadlos aushält. Während wir uns unterhalten, höre ich im Hintergrund die Stimmen seiner Kinder. Er und ich gehören zu den Autoren, die von ihrem literarischen Werk leben können – da unsere Kinder jedoch von uns leben, müssen wir auch Dinge betreiben, die unserem Werk abträglich sind. Kinder aufzuziehen und eine Familie ökonomisch zusammenzuhalten, ist allerdings auch ein Werk.

Fahre Emily zu einer außerhalb wohnenden Freundin, und weil ich über die Vor- und Nachteile der Tübinger Sache grübele, verfahre ich mich und muß schließlich einen weiten Umweg machen. Ich erzähle Emily den Grund meiner Unkonzentriertheit.

»Geht's dabei ums Geld?« fragt sie.

»Es geht immer ums Geld.«

Es ist mir peinlich, vor ihr solche Existenznöte auszubreiten. Ich fürchte, daß sie fürchten könnte, daß wir noch klammer sind, als wir tatsächlich sind. Ich möchte nicht, daß sie das Balancieren am ökonomischen Abgrund beunruhigt.

Verglichen mit all den bestallten und beamteten Doppelverdienern unserer Freundes- und Verwandtenkreises geht's bei uns knapp zu. Dennoch sind wir nicht »arm«. Wie peinlich erst müßte es mir gegenüber meiner Familie sein, wären wir es.

## Sonntag, 2. Mai

Pflichtlektüre Deutsch für Emily ist derzeit Brechts *Der gute Mensch von Sezuan*. Trocken sei das und furchtbar didaktisch, der erhobene Zeigefinger als literarisches Prinzip. Wie ich denn überhaupt Brecht so fände.

»Eigentlich«, sage ich, »gefallen mir nur die Gedichte. Oder jedenfalls ein Teil der Gedichte.«

»Und die ganz kurzen Geschichten von diesem Herrn K.«, sagt Emily, »die sind auch cool.«

»Wieso cool?«

»Die passen doch irgendwie immer.«

Präziser läßt sich vermutlich nicht definieren, was »cool« und was klassische oder kanonfähige Literatur ist. Und da wir gerade von Gedichten reden, fällt Emily ein, daß sie in Englisch ein Gedicht von Marlowe durchgenommen hat.

»Marlowe?«

»Na, du weißt doch, der aus *Shakespeare in Love*. Der da umgebracht wird oder was.«

## Montag, 3. Mai

1951 fiel Christi Himmelfahrt auf den 3. Mai. Ich bin also an einem Vatertag geboren. Zolle dem Zahn der Zeit angemessenen Tribut, indem ich den Vormittag beim Zahnarzt verbringe. Ein Zahn wird gezogen, zwei werden als Brückenpfeiler präpariert. Frage mich, während die Betäubungsspritze gesetzt wird, welcher Altersmasochismus mich dazu getrieben hat, diese Operation ausgerechnet auf meinen Geburtstag zu legen. Ob man sich da vielleicht besonderes Mitgefühl einhandelt? Der Operateur und seine Praxisbesatzung scheinen jedenfalls feinfühliger als üblich mit mir umzuspringen.

Jamie schenkt mir, was auch sie und die Girls gut gebrauchen können, ein Handy nämlich. Ich zählte bislang zur zügig gegen null tendierenden Minderheit der Handy-Muffel. Des weiteren bekomme ich einen neuen Jogginganzug, auf daß die durch Sport betriebene Erhaltung meiner Leistungskraft ein modisches Äußeres bekomme, in dem ich (O-Ton Emily) »nicht wie'n Asi« aussehe. Die Mädchen schenken mir einen sehr schönen Seidenschal, den ich gleich mal probeweise umwerfe.

»Siehst aus wie'n richtiger Dichterfürst«, sagt Marlene.

»Das habt ihr nun davon«, sage ich und denke, gut, daß du nicht gesagt hast: Siehst aus wie Peter »Der Schal« Rühmkorf.

Das relevante Ereignis des Tages ist jedoch Marlenes erste Abitur-Klausur. Englisch. Die leichtere Übung. Sie kommt zufrieden und entspannt nach Haus.

## Dienstag, 4. Mai

Das Handy mit Codes zu programmieren und dann auch noch zu kapieren, wie man mit einer Unzahl von Funktionen umgehen soll, und ob man diese Funktionen, von der Auswahl der Klingeltöne über Adressenspeicher und Mailbox bis hin zu diversen Displayspielen, überhaupt je gebrauchen will, bleibt für mich trotz Gebrauchsanweisung eine Geheimwissenschaft. Außerdem sind die Zeichen auf der Tastatur derart klein, daß ich sie ohne Brille nicht erkenne, und die Tasten sind so winzig, daß ich mich vorsehen muß, nicht gleich zwei auf einmal zu drücken. Das alles ist für Marlene ein Kinderspiel. Wie die einer Sekretärin, die blind tippen kann, huschen ihre schlanken Finger über die Tastatur und treffen die gewünschten Tasten, als hätte sie's nicht gelernt, sondern als sei's ihr angeboren.

So vollzieht sich das, was ich einmal als elektronische Nervosität bezeichnet habe: der Kurzschluß zwischen Körperfunktionen und -reaktionen und technischem Material, das Eindringen technischer Bewegungsabläufe in die menschliche Motorik. Für meine Generation bestand dieser Kurzschluß vielleicht im Umgang mit HiFi-Stereoanlagen und einem sich entsprechend ausdifferenzierenden, akustischen Wahrnehmungsvermögen.

## Mittwoch, 5. Mai

Hätte heute abend zu einer Lesung in Graz erscheinen sollen, verpasse jedoch in einer Mischung aus frühvergreister Fehleinschätzung und schlichter Dummheit das Flugzeug. Ich habe im Lauf meiner Autorenexistenz an schätzungsweise 600 bis 700 Lesungen und einschlägigen Veranstaltungen teilgenommen, und nie habe ich einen Termin verpaßt. Bin über meinen Blackout so konsterniert, daß mir nicht einmal mehr der Name der Krankheit einfällt, zu deren Symptomen es gehört, daß man sich nicht mehr an Namen erinnert.

Komme deprimiert, mit tiefem Groll gegen mich selbst wieder nach Hause, wo Marlene in ihrem Zimmer am Schreibtisch sitzt. Nachdem ich kurz mein Desaster geschildert habe, greift sie nach einer Dose mit *Notfallbonbons nach Dr. Bachs Blütenextrakten* und steckt mir einen Bonbon in den Mund, wie eine Mutter ihrem Kind besänftigend etwas verabreicht. Die würden helfen. Nehme sie gelegentlich auch, z.B. vor Klassenarbeiten. Tatsächlich beruhige ich mich, lege mich auf die Couch und bin fast schon eingeschlafen, als mir einfällt, daß Marlene heute ihre zweite Abi-Klausur geschrieben hat. Geschichte.

Ich rappele mich wieder auf, gehe in ihr Zimmer. Wie es gelaufen sei.

»Nicht schlecht«, sagt sie, »ich war schon eine Stunde vor Abgabe fertig. Alles klar.«

»Glückwunsch.«

»Danke. Geht's dir jetzt besser?«

Ich nicke matt.

»Wieso hast du denn eigentlich das Flugzeug verpaßt? Bist du zu spät losgefahren?«

»Ich bin zum Flughafen Osnabrück/Münster gefahren und war auch rechtzeitig da.«

»Ja und?«

»Der Flug nach Graz geht ab Hannover.«

»Oh-ha!«

## Donnerstag, 6. Mai

Neues aus den Klassenzimmern, wo der unfreiwillige Humor in hoher Blüte steht, gelegentlich aber auch der freiwillige, wie diese Aussage eines Lehrers beweist:

»Ich setze voraus, daß Sie die Texte, die ich verteile, auch lesen. Nicht daß mir jemand kommt und sagt: Ach Mensch, auch noch lesen? Ich mußte die doch schon nach Hause tragen.«

Sehen uns das *Concert for George* auf DVD an – noch ein Geburtstagsgeschenk für mich, über das sich alle freuen können. »Wirkliches Schenken hatte sein Glück in der Imagination des Glücks des Beschenkten. (...) Eben dazu ist kaum einer mehr fähig. Günstigenfalls schenken sie, was sie sich selber wünschten.« Das stimmt, aber es stimmt, wie so vieles bei Adorno, irgendwie auch nur halb. Geschenke, die man sich selber wünscht, können auch Gemeinsamkeit stiften, innerhalb der Familie, aber auch in anderen Gruppenzusammenhängen. Und daß das Tauschprinzip familiäre Beziehungen bestimmt, ist nicht zu bestreiten; zugleich wird das Tauschprinzip innerhalb der Familie aber auch ständig außer Kraft gesetzt. Jedenfalls hat Jamie das »Glück des Beschenkten«, also meins, bei dieser DVD imaginiert, weil sie mich kennt und weil sie weiß, daß meine Reaktionen auf diese Musik ihren eigenen sehr ähnlich sind. Man kennt sich ja sehr wesentlich auch deshalb, weil man gemeinsam etwas Drittes erfährt und sich über diese Erfahrungen austauscht. Das reicht von solcher klassischen Popmusik bis zu den gemeinsamen Kindern.

»Ihr habt's gut«, seufzt Emily melancholisch am Schluß des Konzerts. »Ihr habt Musik aus eurer Jugend, die heute immer noch rüberkommt. Und was haben wir? Techno ...«

## Freitag, 7. Mai

Marlenes letzte Abi-Klausur (Biologie); gut sei das gelaufen, besser als erwartet – vielleicht gerade deshalb, weil ihre Erwartungen hier relativ gedämpft waren. Gratulieren kann man noch nicht so recht, weil nächste Woche noch eine mündliche Prüfung folgt. Gefeiert wird aber schon in effigie der großen Freiheit, die da kommen soll. Marlenes Jahrgang hat sich auf T-Shirts die Aufschrift »Lauter Helden« drucken lassen; der tiefere Sinn erschließt sich freilich nur den Eingeweihten: Der Direktor des Gymnasiums heißt Held.

Und ob sie zur Feier auf dem Pferdemarkt eine Flasche Sekt aus dem Keller mitnehmen könne. Selbstverständlich. Sie ist aber schon nach einer Stunde wieder zu Hause – und zwar nüchtern. Überschäumend war die Party wohl nicht.

Anruf einer alten Bekannten aus Hamburger Tagen. Ihr Mann hat sie samt zweier Töchter verlassen, einer zwanzig Jahre jüngeren Frau wegen. In den letzten Jahren sind in unserem Bekanntenkreis immer mehr Beziehungen und Familien in die Brüche gegangen, was auch Alterserscheinungen sind. Um die Fünfzig kommt so manche und so mancher ins Grübeln, ob das wirklich alles gewesen sein soll. Wer jetzt, da auch die Kinder »aus dem Gröbsten raus« sind, nicht Schluß macht, bleibt bis zum Ende. Wer aber Schluß macht, der zieht alle Beteiligten, zumal die Kinder, ins Mahlwerk von Scheidungsrecht, Finanzamt, psychologischen Scharmützeln und gerät so erst recht ins Gröbste. »Gewährt die Ehe eine der letzten Möglichkeiten, humane Zellen im inhumanen Allgemeinen zu bilden, so rächt das Allgemeine sich in ihrem Zerfall, indem es des scheinbar Ausgenommenen sich bemächtigt, den entfremdeten Ordnungen von Recht und Eigentum es unterstellt und die verhöhnt, die davor sich sicher wähnten.« (Adorno)

## Samstag, 8. Mai (Basel)

Mit der Bahn zur Lesung auf der Buchmesse Basel.

Zu Salvador Dalís hundertstem Geburtstag in der FAZ ein aufschlußreicher Aufsatz Martin Warnkes, der grundsätzliche

Dimensionen künstlerischer, mithin auch literarischer Entäußerung ins Öffentliche streift: »Die Faszination, die von den bildlichen [bzw. textlichen] Spiegelungen eines persönlichen Seelenlebens ausgeht, leitet sich im Falle eines Künstlers allein aus der Tatsache ab, daß dieser in der Lage ist, sie in Bildern« [bzw. Texten] »anschaulich wiederzugeben. Eigentlich ist nicht einzusehen, warum ich die seelische Disposition eines Künstlers interessanter finden soll als diejenige meines Friseurs. Daß dies dennoch der Fall ist, liegt an der objektiven Eindrucksmacht der Bilder« [bzw. Texte].

Wenn man als Autor im Anschluß an Lesungen oder in Zuschriften zu hören bekommt, man habe ausgedrückt, was ein Leser so oder ähnlich empfinde, selbst aber nicht ausdrücken könne, erfährt man in Form eines Kompliments, daß dieser Regelkreis sich geschlossen hat. Warnkes Darlegung interessiert mich deshalb, weil grundsätzlich auch nicht einzusehen ist, warum meine Erfahrungen als Vater interessanter sein sollen als die jedes anderen Vaters. Offenbar gehe ich davon aus, daß die subjektive Einmaligkeit meiner Wahrnehmung »objektive Eindrucksmacht« gewinnt, verallgemeinerbar wird – und zwar sogar noch in einem Journal, das fast frei von Fiktionalisierungen ist, die sonst solche Eindrucksmacht erzeugen.

»Dieses Privileg der Künstler«, so Warnke weiter, »hat allerdings auch eine Kehrseite: Jene romantische Tradition, die den Künstler in einem Zustand dauernder Selbstentäußerung wünscht, erzeugt eine entsprechende Erwartung des Publikums, so daß die Künstler unter einen seelischen Offenbarungsdruck geraten, der sie sozusagen permanent bekenntnispflichtig macht.« Diese Kehrseite hat aber wiederum noch eine weitere Kehrseite, weil der »Offenbarungsdruck« auch häufig aus ganz unromantischer, ökonomischer Notwendigkeit entsteht – wie Gisbert Haefs bemerkt hat: »Ich schreibe historische Romane, weil meine Kinder Schuhe brauchen.« Bekenntnispflicht als Marktzwang.

In Basel regnet es. Windig und kalt. Die Lesungen finden auf dem Messeplatz in einem Zelt statt. Wegen der ungewöhnlichen Kälte hat man Gasstrahler installiert, die entsetzlich zischen und fauchen. Hinter dem Zelt befindet sich eine Skateboardbahn, auf der die Skateboards rumpeln, auf Beton knallen, und die jugendlichen Skateboarder brüllen. Trotz Mikrofon gelingt es nur mühsam, den Text gegen diese Widrigkeiten durchzusetzen. Überraschenderweise ergibt sich dennoch ein Gespräch mit dem Publikum, in dem allerdings keine Rede von objektiver Eindrucksmacht ist.

Vor mir hat Burkhard Spinnen aus seinem Kindheitsbuch gelesen. Hätte mich gern mit ihm unterhalten, weil es da beträchtliche Schnittmengen zu meiner eigenen Sache gibt, nicht nur literarisch, sondern auch lebenspraktisch: auch Spinnen hat zwei Kinder. Er hat aber keine Zeit, sondern hechelt, von der Zeltatmosphäre gleichfalls schwer erschüttert, fluchtartig und lebenspraktisch zum Bahnhof zurück.

## Sonntag, 9. Mai

»Kinder stören. ›Weg mit dem Kind‹ ist auch die Parole der heutigen vermeintlich kinderfreundlichen Familienpolitik. Da sind sich alle einig. Fort mit dem befreiten Kind: Kindertagesstätten, Horte, Ganztagsschulen, Betreuerinnen, möglichst früh, immer früher, Schule schon ab dem vierten Lebensjahr, von Geburt an, warum auch nicht. Da unterscheiden sich sozialistische nicht von christlichen Parteien.

»Aber die Institution«, zum Beispiel Familie, »ist bockig. Sie läßt sich nicht vergewaltigen. Eher geht sie zugrunde, ob Elfenbeinturm oder Wiege. Ihre Prinzipien bleiben – wenn auch heimatlos – Liebe und Neugier.« Soweit der Soziologe Alexander Schuller in der *Welt am Sonntag*.

Macht die kinderfeindliche Politik, die uns von der Tagesmutter bis zur Ganztagsschule Erlösung von unseren Kindern andient, statt uns von der Steuer- und Abgabenlast zu erlösen, unsereinem das Leben teuer, ist es zugleich eine zynische, unter Intellektuellen und im Feuilleton besonders verbreitete und tief verwurzelte Ideologie, die alles desavouiert und sauer macht, was nach Zustimmung zu Familie und Kindern riecht. Falsch oder halb verstandener Adorno rumort da noch in den Hinterköpfen. Zwar war Kindheit ihm der letzte Fluchtpunkt schwindender Utopie, wenn er etwa die Bemerkung macht, der wäre der Wahrheit am nächsten, der sich wieder ganz vergegenwärtigen könnte, was ihn als Kind »ansprang«, als er zum ersten Mal bestimmte Worte hörte. Dabei geht es natürlich nicht um die nostalgische Beschwörung der unwiederbringlich verwehten Kindheit, sondern die kindliche Erfahrung von etwas Unverwechselbarem, nicht Austauschbarem, subjektiv Ursprünglichem wird zum Modell des Denkens, wenn nicht gar der besseren, also utopischen Welt. Zwar gesteht Adorno auch der Familie zu, »humane Zelle im Inhumanen« zu sein, doch zielt umgekehrt sein berühmter Satz »Es gibt kein richtiges Leben im falschen.« direkt auf Familie als »muffige Interessengemeinschaft«.

Dieser berühmte Satz ist aber in der Tat eine »totalitäre Phrase«, weil er »einer Entwurzelung Vorschub leistet, die zu den Voraussetzungen ideologischer Verführbarkeit gehört.« (Friedrich Dieckmann) Und diese Entwurzelung wird wiederum von unserer angeblich kinderfreundlichen Familienpolitik fortgesetzt, indem sie Familien die ökonomischen Mittel entzieht, Kinder in der Familie aufzuziehen. Und es ist eben dieser Satz, der Begriffe wie Geborgenheit, Familienglück oder gar Idylle als spießig denunziert – damit aber nicht nur die Begriffe meint, sondern auch die kompletten Erfahrungsräume, die hinter diesen Begriffen stehen, als dümmlich und antiquiert ausgrenzt aus einer Gesellschaft, deren Selbstverständnis von kinderlosen Doppelverdienern und doppelt verdienenden Singles definiert wird.

## Montag, 10. Mai

Apropos Bekenntnispflicht als nackter Marktzwang: Nach einem Gespräch mit unserem Steuerberater habe ich meine Bewerbung für Tübingen zurückgezogen. Er hat mir nämlich vorgerechnet, daß nach Abzug der Kosten (Zweitwohnung, doppelte Haushaltsführung, Fahrtkosten, höherer Steuersatz, Wegfall von Honorareinnahmen etc.) von dem Gehalt kaum etwas übrigbliebe. Besonders irrsinnig ist dabei, daß durch diese nur theoretische, sprich Brutto-Erhöhung unseres Einkommens der BAföG-Anspruch der Mädchen auf der Strecke bliebe. Den auch noch herausgerechnet, blieben von dem Bruttogehalt von immerhin ca. 50.000,– Euro nur noch etwa 5.000,– Euro als jährlicher Gewinn, was natürlich in überhaupt keinem Verhältnis zum Aufwand stünde.

Irgendwie fühle ich mich erleichtert. Die Vorstellung, die nächsten Jahre teils in Tübingen, teils in Zügen zu verbringen, um dann die Wochenenden zwischen Familienleben und Arbeit am eigenen Werk zu teilen, ist wenig anheimelnd. Und so ist mein Verzicht vermutlich das Glück eines anderen.

Um nicht als konzeptionsloser Querulant dazustehen, mache ich unseren sogenannten Familienpolitikern, die ja vermutlich in Massen dies Buch lesen werden, folgenden Vorschlag: Pro Kind wird der jeweils gültige Steuersatz grundsätzlich um 10 Prozent gemindert.

## Dienstag, 11. Mai

Neues aus den Klassenzimmern:
Bei der Behandlung von Brechts *Der gute Mensch von Sezuan* verheddert sich die Deutschlehrerin in allerlei Absurditäten, merkt

das freilich selbst und entschuldigt sich mit den Worten, da habe sie jetzt wohl Chinesisch gesprochen. Worauf Emily zur Antwort gibt, das sei doch angesichts des Stücks eine kongeniale Leistung. Worauf wiederum die Lehrerin Emily als unverschämt bezeichnet.

Und was »die Behandlung« von Literatur angeht: Manches muß ja in der Tat behandelt werden wie eine Krankheit.

Warum sind Kindheitserfahrungen so prägend und im Alter noch stabil bis zur Regression? Weil es lauter »erste Male« sind, mit einer Formulierung Stevensons: Erfahrungen, die an »die Jungfräulichkeit der Empfindung« rühren. Sie sind so leuchtend, weil sie noch von keiner Abstraktion eingefärbt und gewissermaßen auch geschichtslos sind.

Gehorche heute abend meiner Bekenntnispflicht durch eine Lesung im Schloß von Jever. Die Auszahlung des Honorars in bar erleichtert die Pflicht.

### Mittwoch, 12. Mai

Nie wieder Schule! Jedenfalls nicht für Marlene, die heute ihre allerletzte Prüfung geschafft hat. Emily bewundert laut und neidet stumm.

In der Prüfung, Deutsch mündlich, sei Marlene gefragt worden, was für ein Roman denn wohl Hesses *Demian* sei. Grübel, grübel ... Dann die Antwort: ein Vademecum-Roman. Gelächter in der Prüfungskommission. Dann eben ein Entscheidungsroman. Sie meine gewiß, so der Deutschlehrer in hilfreicher Absicht, Entwicklungsroman. Ja, das meine sie.

Aber ich find's ja doch irgendwie schade: Vademecum-Roman war die beste aller möglichen Antworten.

Schließlich sei sie noch aufgefordert worden, die Figur des Nathan mit der des Raat aus *Professor Unrat* zu vergleichen. Das habe sie aber überfordert.

Ja, wen hätte das nicht überfordert? Vergleichen Sie Thomas Buddenbrook mit Wilhelm Tell. Oder die Figur des Wallenstein mit Oskar Mazerath. Ein Lehrer freilich, der seinem Kurs *Nathan der Weise* schmackhaft machen will, indem er behauptet, das sei so ähnlich wie *Der Herr der Ringe*, wird auch keine Schwierigkeiten damit haben, Ähnlichkeiten zwischen Homer und Hera Lind festzustellen.

Nachmittags Großreinemachen in Marlenes Zimmer. Schulbücher, Hefte, Ordner kommen in einen Karton. Der Karton kommt in den Keller. Nie wieder Schule. Was einem wirklich Kindheit war, dämmert erst dem Erwachsenen, was Heimat sein könnte, in der Fremde; was Schule war, wer sie überstanden hat.

Der Präsidentschaftskandidat Horst Köhler sagt heute in einem Gespräch mit der FAZ: »Das Anspruchsdenken, das sich als Folge unseres Sozialsystems herausgebildet hat, ging sicher auch auf Kosten der Solidarität in der Familie. Es ist leider immer noch so, daß Kinderkriegen ökonomisch bestraft wird über die Rentenversicherung und das Steuersystem. Die Familie als Ort der Sozialisation und der Vermittlung von Grundwerten ist vernachlässigt worden – möglicherweise auch als Spätfolge der Lebenseinstellung der Achtundsechziger Generation.«

Den Schwarzen Peter für den Totalbankrott von Rentenversicherung, Steuersystem und Familienpolitik den Achtundsechzigern zuzuschieben, ist natürlich ein Persilschein für die dafür verantwortlichen, seit mindestens zwanzig Jahren vollmundig lügenden, Politiker aller Parteien. Da könnte man ebensogut behaupten, die Vermögensvernichtungsmaschine namens Rentenversicherung gehe auf Bismarcks Konto. Und daß diejenigen, die sich noch Kinder »leisten«, von Politik und Gesellschaft für ihre Leistung bestraft werden, ist keine sonderlich originelle Einsicht. Es käme darauf an, strafmildernde Maßnahmen durchzusetzen.

### Donnerstag, 13. Mai

Marlenes Geburtstag, der zwanzigste, an dem sie neunzehn Jahre alt wird. Der 13. Mai 1985 war in Hamburg ein sonniger, etwas drückender Frühsommertag. Die Geburt war schwierig, weil Marlene groß und mit neun Pfund ungewöhnlich schwer war; einen Kaiserschnitt lehnte Jamie ab, es kam zu einer kurzen Phase von Sauerstoffmangel. Schließlich »stehe ich vor einem Glaskasten, und da liegt sie drin, bläulich am ganzen Körper, ein verschrumpeltes Etwas, nasse Härchen auf dem Kopf, dreht mir das Gesicht zu, große, weit aufgerissene Augen, bewegt einen Arm, als recke sie ihn mir entgegen, ich sehe alles verschwommen, weil ich Tränen in den Augen habe, lege eine Handfläche gegen das Glas, wo ihr Arm sich mir nähert, das Glas scheint zu schmelzen, verschwindet für den Bruchteil des Augenblicks, in dem sich unsere Blicke treffen, und so berühren wir uns zum ersten Mal im Leben durch eine Glasscheibe hindurch, und diese Berührung sagt mir mit einer Bestimmtheit, die erst jetzt, da ich mich daran erinnerte, wirklich in mir aufging, daß dies Kind meine Tochter ist.« (*September Song*)

Ihre Hilflosigkeit ließ mich zum ersten Mal verstehen, was Verantwortung bedeutet, und in ihrem Eben-Angekommensein war ich endlich erwachsen geworden.

Früh um acht spielen Marlene und Jamie Tennis, während Emily schon in der Schule ist und ich, fast gar nicht eifersüchtig, meine einsame Runde im Schloßgarten jogge. Zu dritt kann man schließlich nicht Tennis spielen, und eine Mutter-Tochter-

Partie ist wohl auch eine angemessene Art, den heutigen Tag zu beginnen.

»Illustrer Abend« in der Schule, vom Sketch über Chorgesang und Gedichtrezitation bis zur Schwarzlicht-Show: ein Kessel Buntes. Emily beteiligt sich als tanzendes Gerippe an einer szenischen Darbietung von Goethes Gruselballade *Totentanz.* Die Abiturjahrgänge machen nicht mehr mit; die haben schon anderes im Kopf.

»Marlene ist nicht mehr dabei«, sage ich in der Pause zu Jamie, und der banale Satz klingt uns beiden in den Ohren, als habe er eine enorme Bedeutung.

## Freitag, 14. Mai

Zum Abschied schenkt Marlenes Englischlehrerin allen Kursteilnehmern ein »Quote of the Day«, das sie sich als für sie passend ausgesucht haben. Marlene hat sich für diese Verse Shakespeares entschieden:

»Time's glory is to calm contending kings,
To unmask falsehood, and bring truth to light,
To stamp the seal of time in aged things,
To wake the morn, and sentinel the night,
To wrong the wronger till he renders right,
To ruinate proud buildings with thy hours,
And smear with dust their glittering towers.«

Es kommt mir so vor, als wären es Zeilen für mich ...

Sie fragt, ob wir als Eltern uns freuen, daß es mit der Schulzeit bald vorbei sei.

»Emily hat ja noch zwei Jahre«, sage ich.

»Die sind schnell vorbei.«

»Eure Schulzeit hat mir jedenfalls mehr Spaß gemacht als meine eigene.«

»Da hast du dich also am Leid der anderen erfreut.«

»So würd ich das nicht sehen.«

## Samstag, 15. Mai

Emily hat seit acht Jahren Klarinettenunterricht bei einem Orchestermusiker; sie übt so gut wie nie, höchstens mal ein Viertelstündchen direkt vorm Unterricht, auf daß der nicht allzu peinlich werde. Ein paar Jahre hat sie in der Big Band der Schule mitgespielt, macht das aber seit einiger Zeit auch nicht mehr und hat nun angekündigt, auch keinen Unterricht mehr nehmen zu wollen. Ich finde das betrüblich, aber zum musikalischen Glück kann man niemanden zwingen. Wenn es nach all den Jahren bei ihr immer noch kein inneres Bedürfnis ist, wird's auch keins mehr, sondern bleibt Pflicht- und Zwangsveranstaltung. Da verprassen wir die stolzen 792,– Euro, die der Unterricht im Jahr kostet, lieber für Lustvolleres.

Auch Marlenes Gitarrenkünste sind nie recht über holperige Anfangsgründe hinausgekommen. Als sie damit anfing, hatte ich noch gehofft, selber zum Spaß an der Gitarre zurückzufinden, aber es ist mir nicht gelungen. Meine Gitarre hängt zwar griffbereit neben dem Schreibtisch, ist jedoch zur Dekoration verkümmert, verstaubt, mit zwei gerissenen Saiten. Ich weiß nicht genau, warum mir das Musizieren, das mir vor zwanzig Jahren so wichtig war, wichtiger als das Schreiben, so vollständig abhanden gekommen ist. Kann sein, das Schreiben hat es verdrängt – Erato hat Terpsichore nicht neben sich geduldet. Es ist ein nicht wiedergutzumachendes Versäumnis, mit meinen Töchtern keine gemeinsamen musikalischen Erfahrungen gemacht zu haben. Wir hätten uns da in einer Sprache kennengelernt, getroffen und verstanden, die direkt ins Herz geht.

Zu spät.

Denglish: Do I need to schäl the potatoes?

## Sonntag, 16. Mai

Das Blaue da oben durchsichtig, ein paar Schäfchenwolken treiben von Südwest. Vögel zirpen, ein Schmetterling taumelt durch die Rhododendronblüten. Marlene liegt im Liegestuhl, liest T. C. Boyles *World's End* auf Englisch, Emily sitzt am Gartentisch und lernt Französisch. Ich warte auf Freunde, die mich zum Fußballspiel abholen wollen, sitze auf der Bank, lese, paffe einen Zigarillo, blicke manchmal vom Buch auf und sehe zu, wie der Rauch in der Frühlingsluft vergeht. Wir drei denken alle an etwas anderes, aber Licht und Duft des Gartens spinnen uns in eine Gemeinsamkeit ein, schöner und flüchtiger als die Blüten.

Dann blicke ich wieder ins Buch und werde auch gleich aus der Idylle streng in die Ordnung negativer Dialektik kommandiert: »Wohl wäre gegen die Parole der Geborgenheit nicht die ebenso zerschlissene vom gefährlichen Leben auszuspielen; wer wollte in der Schreckenswelt nicht ohne Angst leben.« Aber, dies ewige Aber des Maestros: »Richtet das Gefühl von Geborgenheit sich häuslich bei sich selber ein, so unterschiebt es die Sommerfrische fürs Leben.« (Adorno: *Jargon der Eigentlichkeit*)

Wär das wirklich so übel? Sommerfrische fürs Leben? Wenn Emily oder Marlene später an ihre Zeit im Elternhaus zurückdenken, werden solche gemeinsamen Momente im Garten und anderswo vielleicht ihre Erinnerung fermentieren, selbst wenn die Momente längst verduftet sind.

Dann kommen meine Freunde.

»Was is'n das für 'ne Liga, in der der VFB spielt?« erkundigt sich Emily.

»Keine sehr gute«, sagt Bernd.

»Ist das denn überhaupt noch 'ne Liga?« setzt Emily nach.

»Ja, klar, aber eben 'ne schlechte.«

»Und spielen die da gegen die schlechtesten Mannschaften von ganz Deutschland?« will Marlene wissen. Voll die fiese Frage!

»Nur Niedersachsen ...«

»Schlecht genug«, sagt Marlene.

Während der Fahrradfahrt zum Stadion nickt Bernd mir mitfühlend zu. »Hartes Los.«

»Als Emily sieben oder acht Jahre alt war, war sie mal vorübergehend Fan von Bayer Leverkusen.«

»Ausgerechnet ...«

»Ja, und zwar deswegen, weil bei Leverkusen Ulf Kirsten mitspielte, und in Emilys Klasse hieß ein Mädchen, das sie mochte, mit Vornamen Kirsten, und da war sie dann also Leverkusen-Fan.«

»Hartes Los«, sagt Bernd noch einmal. »Drei Frauen auf einmal ...«

Ach was. Was zählt, ist auf'm Platz! Da scheint nämlich die Sonne, wir trinken ein Bier zur Bratwurst, und der VFB gewinnt am Ende 4:3 gegen den TUS Weyhe. »Geborgen« ist die Gurkentruppe aber immer noch nicht; weiterhin droht der Abstieg, die Unter- und Schreckenswelt der 5. Liga.

## Montag, 17. Mai

Statt der ihr nach Selbstein- bis -überschätzung zustehenden zwölf, mindestens jedoch zehn Punkte, bekommt Emily als mündliche Deutschnote lediglich acht Punkte verpaßt und ist empört.

Ob's vielleicht auch daran liege, vermutet Jamie, daß Emily als notorische Quasselstrippe möglicherweise als, nun ja, sozusagen Unterrichtsstörfaktor gelte?

Das will sie nicht völlig ausschließen, aber dennoch sei die Benotung skandalös, habe die Lehrerin ihren Protest doch mit zwei denkwürdigen Begründungen gekontert: von Emily hätte sie, erstens, »mehr erwartet« – heißt also, die enttäuschte Erwartung der Lehrerin führt zur Abwertung der Leistung. Zweitens seien ihre Antworten »zu selbstbewußt« – heißt also, Selbstbewußtsein wird bestraft. Es ist übrigens jene Lehrerin, die bei der Behandlung von Brechts *Der gute Mensch von Sezuan* »chinesisch« gesprochen und dafür von Emily die einzig passende Antwort bekommen hat. Derlei wird im Soll verbucht.

Daß so viele Zitate Adornos durch dies Journal flanieren, liegt nicht etwa daran, daß ich erst auf meine älteren Tage den notorisch-dialektischen Spielverderber entdeckt hätte; mein Wiederlesen verdankt sich der Vorbereitung auf den Sommer in Middlebury, wo ich ein Seminar über *Minima Moralia* halten werde. Texte sind jedoch, mit einer Formulierung des Maestros, »wie Spinnweben: Sie ziehen alles in sich hinein, was da kreucht und fleucht«, und so verfängt sich mein Gekreuche ebenso in Adornos Text, wie Adornos Gefleuche im Netz meines Textes zappelt.

Adornos streberhafte Besserwisserei, seine bis ins Diktatorische lappenden Unbedingtheiten, sind so schwer erträglich wie der Furor, mit dem er »verdächtige«, angeblich unbrauchbar gewordene Begriffe wie Familie, Geborgenheit, Glück etc. dialektisch aufdröselt, bis sie wirklich und hoffnungslos unbrauchbar sind. Versöhnlich stimmt, wenn man seine Trauer spürt, weil aus den Erfahrungen, die hinter diesen Begriffen stehen, seine eigene, geistige Identität gebildet ist. Er zieht Bilanz und beklagt Verluste.

## Dienstag, 18. Mai (München)

Auf der Bahnfahrt zur Lesung in München finde ich in der Titelstory des *Spiegel*, *Schlaue Mädchen – Dumme Jungen*, allerlei anthropologische, soziologische und psychologische Gründe für das wachsende Leistungsgefälle zwischen den Geschlechtern in Schulen und Hochschulen. Daß Mädchen friedlicher, strebsamer, aufnahmefähiger, pflegeleichter sind als Jungen, weiß jeder, der Töchter hat, kann es aber nicht hinreichend begründen, traut sich womöglich nicht, es zu begründen, weil diese Gründe allzu dicht an den Rollen- und Geschlechterklischees siedeln. Jedenfalls leuchtet ein, daß es in Gesellschaften, die, selbst in ihren Kriegen, nicht mehr von nackter Körperkraft dominiert werden, auf andere Fähigkeiten ankommt.

Gelegentlich werde ich gefragt, ob ich nicht auch gern einen Sohn gehabt hätte. Man kann sich's ja nicht aussuchen, und er wäre mir gewiß so willkommen gewesen wie die Mädchen es waren. Dennoch ist mir die Vorstellung eines Sohnes weniger angenehm, aber nicht etwa, weil ich mich nun mit einem lesefaulen Banausen und aggressiven, verhaltensgestörten Computer- und Skateboardfreak rumschlagen müßte, der in der Schule nicht mitkommt; ich glaube eher, daß ich mich als Vater in einem Sohn deutlicher gespiegelt sehen und mehr in ihn hineinprojizieren würde als in Töchter, die eben doch Wesen von jenem ganz anderen Stern sind. Daß ich sie manchmal nicht verstehe und von den Mutter-Töchter-Konferenzen ausgeschlossen bin, schafft auch eine gewisse Entlastung und Freiheit.

Im Anschluß an die Lesung werde ich noch von zwei Damen des veranstaltenden Tukan-Kreises in ein Restaurant eingeladen. Eine der beiden hat drei, die andere zwei Töchter und ist bereits Großmutter. Auf die Frage, woran ich arbeite, deute ich dies Journal an und produziere die mir inzwischen bekannte Reaktion: Heikel sei das, indiskret womöglich.

Es sei aber kein Töchtertagebuch, sondern ein Vatertagebuch.
Ob man das denn voneinander trennen könne.
Nein, aber ...
Na bitte.

## Mittwoch, 19. Mai

»Eine Radikalkur, sich von den Doppel- und Dreifachbelastungen der mittleren Jahre zu entlasten, haben die Gesellschaften Mitteleuropas angetreten. Nur noch ein knappes Drittel der Erwachsenen setzt in ihnen Kinder in die Welt. Subjektiv gesehen kann Kinderlosigkeit für die Betroffenen überaus leidvoll sein – so schmerzvoll es eben ist, die wichtigste Sache des Lebens, nämlich das Leben selbst, zwar erhalten zu haben, aber nicht weitergeben zu können. Objektiv ist Kinderlosigkeit eine Entlastung. Sie entlastet, indem sie eine zentrale Sphäre der mittleren Lebensphase, die Elternschaft, einfach wegschneidet. Entsprechend können andere Sphären, insbesondere der Beruf, Raum gewinnen. Kein Wunder, daß Nichteltern, die sich im jugendlichen Habitus in jugendlichen Kreisen bewegen, auch länger jung aussehen.

Und doch altern sie eher, als Eltern altern. Denn Nichteltern ist es versagt, in den Jungbrunnen zu steigen, in den Eltern eintauchen. Diese setzen sich in der Elternrolle nicht nur von der nächsten Generation ab, sondern versetzen sich auch in sie hinein, setzen sich mit ihr in eins und durchleben mit ihr ein zweites Mal, aus anderer und komplexerer Perspektive, Nöte und Wünsche von Kindheit, Jugend und (später) mittleren Jahren. Während sie sich mit eigenen Kindern identifizieren, identifizieren sie sich zugleich mit eigenen Eltern; man versteht sich besser und löst sich leichter voneinander. Der Stab ist weitergegeben.« (Karl Otto Hondrich: *Die mittleren Jahre.* FAZ v. 8. 5. 2004)

Hondrichs Text ist mit einer Sequenz von fünf Gruppenfotos illustriert, die vier amerikanische Schwestern im Abstand von etwa fünf Jahren in jeweils ähnlichen Posen zeigen. Beeindruckend an der Sequenz ist nicht, daß Menschen sich im Lauf der Jahre verändern; beeindruckend ist vielmehr, wie sie sich trotz dieser Veränderungen erhalten und wie aus der Familienähnlichkeit sukzessive das Eigene, aus unterschiedlichen Erfahrungen geformte, von Physiognomien hervortreibt. Je älter man wird, desto unähnlicher wird man.

## Donnerstag, 20. Mai (Schlagsülsdorf)

Neben meinem Frühstücksteller am Küchentisch steht eine Topfblume, daneben liegt ein Päckchen.

»Hat wer Geburtstag?«

»Och, Papa ...«

Es dämmert. Vatertag. Bei der Blume handelt es sich laut Beipackzettel um eine Campanula Addenda, anspruchslos und pflegeleicht, treibt zweimal jährlich kleine, sternförmige, blaue Blüten, ist winterhart und zur Dekoration, nicht zum Verzehr bestimmt. Die kommt in den Garten. Im Päckchen ist ein Brillenband. Die Befestigungsschlaufen des alten seien, laut Emily, schon so »fies nikotingelb«. Ich bin gerührt. Wangenküßchen von und für Marlene, Wangenküßchen von und für Emily. Kuß von und für meine Frau, ohne die der Vatertag für mich nichts als Christi Himmelfahrt wäre.

Vatertagsausflug als Familienunternehmen. Marlene als Chauffeuse. Man merkt ihr die fehlende Routine an; sie fährt sozusagen eckig, denkt über die verschiedenen Funktionen nach: Schalten, Blinken, Rückspiegel etc.; ihre Physis sperrt sich noch gegen die Technik.

Wir besuchen Hannelore und Norbert, alte Freunde aus

Hamburger Tagen, die in Schlagsülsdorf ein Seminarhaus betreiben. Kinderloses, doch kinderliebes Paar. Hannelore ist Marlenes Patentante. Drinnen und draußen, Gebäude und Garten des Anwesens von einer geleckten Perfektion, die an Sterilität grenzt, nicht nur im Gästebereich, sondern auch in den Privaträumen; bis zur Besenkammer durchdesigntes Landambiente. *Schöner Wohnen* war auch längst da und hat fotografiert. Im abgezirkelten Garten steht kein Grashalm an der falschen Stelle. Das Unbehagliche solcher inszenierten Behaglichkeit. Ich verstehe, daß es als Seminarbetrieb ein Schaustück für Gäste ist. Dennoch verstört mich die Leere des Arrangierten. Keine Gießkanne steht schief, keine Rose rankt undirigiert. Nichts liegt im Weg, alles an seinem Platz. Ein emotionales Vakuum. Es ist die leere Ordnung der Kinderlosigkeit.

Hannelore schenkt Marlene zum Abitur ein vom Foto abgemaltes Bild unseres verschollenen Katers Tigger. Als wir wieder zuhause sind, druckst sie herum, das Bild sei wunderschön, gefalle ihr aber dennoch und irgendwie nicht recht; sie wisse nicht genau, warum. Vielleicht kommt ihr die freundliche Naivität der Ausführung zu kindlich vor?

Als wir uns die Fotos ansehen, nach denen das Bild gemalt ist, sagt Emily plötzlich: »Tigger soll wiederkommen.« Vor ein paar Jahren hätte sie dabei Tränen in den Augen gehabt; jetzt ist nur ihre Stimme leicht gepreßt.

Das freundliche Bild »gefällt nicht recht«, weil es den Verlust des liebenswert-gemütlichen Tiers heraufbeschwört, an dem wir alle sehr gehangen haben.

## Freitag, 21. Mai

Als hätte sie meine Notizen vom 15. erraten, bittet Marlene mich, ihre Gitarre zu stimmen. Da will ich mich nicht lumpen lassen und besorge mir einen Satz Saiten, um das verstaubte Dekorationsstück aufzutakeln. Ob's je zum Duett kommt?

Im Auto läuft eine Kassette der *Tuscon Sessions* von Linda Ronstadt umd Emmylou Harris, darunter eine sehr ergreifende Version von David Olneys Song *1917*:

»The strange young man who comes to me
A soldier on an three-day spree
Who needs one night's cheap ecstasy
And a woman's arms to hide him …«

»Gab's im Ersten Weltkrieg denn schon Ecstasy?« wundert sich Marlene, weil sie die Droge mit der Erfahrung verwechselt hat.

»Was sind wir doch für eine verrottete Generation«, kichert Emily ihr wunderbar ironisches Kichern, als das Mißverständnis aufgeklärt ist. »Nichts als Drogen im Kopf …«

## Samstag, 22. Mai

»**Vater** *m*: Die *gemeingerm.* Bezeichnung für ›Haupt der Familie, Erzeuger, Ernährer‹ (*mhd.* Vater, *ahd.* Fater, *got.* Fadar, *engl.* Father, *schwed.* Fader). Der alte *idg.* Verwandtschaftsname (…) ist möglicherweise eine Bildung zu einem alten Lallwort der Kindersprache wie Papa (vgl. auch *gr.* Páppas, *lat.* Papa) oder gehört zur *idg.* Wurzel po(i)= ›hüten, schützen‹.«

(*Duden. Die Etymologie der deutschen Sprache*)

**Vater,** 1) *allg.:* der Mann im Verhältnis zu seinem Kind; im rechtl. Sinn der Mann, der zum Zeitpunkt der Geburt mit der Mutter des Kindes verheiratet ist, der die Vaterschaft anerkannt hat bzw. dessen Vaterschaft gerichtlich festgestellt ist (§ 1592 BGB); auch der Adoptivvater. 2) *Religionsgeschichte:* in den Naturreligionen vielfach Bez. des als Urheber der Welt verehrten höchsten Wesens, in Hochreligionen des väterl. Macht und Fürsorge repräsentierenden obersten Gottes (bes. im Christentum).«

(*Meyers Großes Taschenlexikon in 25 Bänden*)

## Sonntag, 23. Mai

»Jene wunderbare Leichtigkeit, mit der die Kinder unmittelbar und aus ganz geringfügigem Anlaß von der tiefsten Betrübnis zur Fröhlichkeit übergehen, vom Weinen zum Lachen usw., und umgekehrt; dies äußerst Wechselhafte und Vielfältige ihrer Gemütsart und Einbildungskraft – muß daraus nicht ein viel größeres Glück oder ein viel gelinderes Elend entstehen als in den anderen Lebensaltern?« (Giacomo Leopardi: *Das Gedankenbuch*)

Das, was man Ausgeglichenheit nennt, entsteht erst durch die sogenannte Lebenserfahrung; bei Kindern gibt es keine Ausgeglichenheit, kein lauwarm, keinen Kompromiß, sondern Wechselbäder der Empfindung. Ein ausgeglichener Charakter ist immer auch einer, dem das Leben die Extreme abgeschliffen hat. Die Eltern schleifen, die Schule schleift, und irgendwann kommt auch die Liebe, die Extreme verspricht, aber, wenn sie bleibt, schleift.

Neues aus den Klassenzimmern oder Einführung in die Tautologie:

Deutschlehrer: »Bei denen, die gute Arbeiten geschrieben haben, sind die Arbeiten gut ausgefallen.«

## Montag, 24. Mai

Der Carl-von-Ossietzky-Preis geht in diesem Jahr an Noam Chomsky – erfreuliche Entscheidung. Allerlei Feierlichkeiten und Veranstaltungen in der Stadt. Heute vormittag gibt's eine Diskussionsrunde mit Schülern des 12. und 13. Jahrgangs in der Aula der Cäcilienschule. Als 11. Jahrgang ist Emilys Klasse nicht zugelassen. Große Empörung. Emily wird erfolgreich beim Direktor vorstellig: Der 11. Jahrgang darf nun doch.

Von Chomsky, der altersmäßig ihr Großvater sein könnte, zeigen die Mädchen sich angetan; warum, bleibt mir einigermaßen unklar, weil das, was er gesagt hat, nicht unbedingt so klingt, als reiße es Teenager vom Hocker: Kritik der Globalisierung, Kritik der Medien, Kritik an der totalen Ökonomisierung der Welt auf Kosten bürgerlicher Freiheiten.

Abends gehen Jamie und ich zur Podiumsdiskussion mit Chomsky im Audimax der Universität. Der Saal gerammelt voll, 80 Prozent Studenten und Schüler. Der eher unscheinbare Mann spricht klar und unakademisch, humorvoll und unprätentiös, macht komplizierte Zusammenhänge verständlich und nachvollziehbar, ohne zu simplifizieren. Er spricht offen aus, was Politiker tunlichst verschweigen (vorausgesetzt, sie begreifen es überhaupt). Und irgendwann verstehe ich auch, warum er junge Leute fasziniert: Als Projektionsfläche. Er wirkt klar, wahr und unbestechlich, ist öffentlich anerkannt und beliebt und wird so zu einer charismatischen Figur, die wir alle gern als Vater, zumindest als Großvater, gehabt hätten. Wie er auf seine Kinder und Enkel wirkt (so er denn welche hat), wissen wir nicht, und das ist vermutlich auch gut so.

Manchmal treffe ich auf Leute, die Schüler oder Kollegen meines Vaters waren. Aus deren fast ausnahmslos freundlichen, respektvollen, auch bewundernden Erinnerungen an ihn schließe ich, daß er nach außen als ungebrochen positive Vaterfigur funktioniert hat. Nach innen, als *pater familiae*, traten auch unangenehme Züge hervor, Schwächen und Härten, Widersprüche und Gleichgültigkeit, unter denen ich gelitten habe. Erst im Umgang mit meinen eigenen Kindern habe ich zu begreifen gelernt, daß ein Privileg der Innenwelt von Familien darin besteht, Schwächen und Widersprüche ohne Liebesentzug leben zu können. Aber da war mein Vater schon tot. Und ich lerne immer noch.

## Dienstag, 25. Mai

Im letzten Jahr hat Emily in einer Anwaltskanzlei ein Berufspraktikum absolviert, worüber sie einen Bericht verfassen mußte. Den hat sie heute zurückbekommen, benotet mit 14 Punkten. »Durch das Praktikum«, schreibt sie abschließend, »wurde mein Wunsch, Rechtsanwältin zu werden, gestärkt. Auch wenn ich oft überrascht war, wie viel bodenständiger und unglamouröser das Rechtswesen ist, bin ich trotzdem noch an dem Gebiet interessiert. Vor allen Dingen die Gerichtsverhandlungen faszinierten mich. Am meisten reizt mich das internationale Recht, da hier u.a. auch ein mehrsprachiges Studium Voraussetzung ist.«

Und was meint das BGB dazu? Zum Beispiel § 1631 a (1): »In Angelegenheiten der Ausbildung und des Berufes nehmen die Eltern insbesondere auf Eignung und Neigung des Kindes Rücksicht.« Alles klar, machen wir …

Als Emily auf der Suche nach einem Praktikumsplatz war, hat sie sich jede Hilfestellung des Elternhauses verbeten. Es sollte ohne Vitamin-B klappen. Nach diversen Absagen bekam sie dann auch einen Platz – ausgerechnet in der Kanzlei, in der mein ältester Freund Sozius ist (was Emily aber nicht wußte, da die Kanzlei den Namen meines Freundes nicht im Titel führt). Das hätte sie also einfacher haben können; so aber hatte sie es besser, nämlich aus eigener Kraft.

## Mittwoch, 26. Mai

»Immer, wenn ich mal raus geh, fängt's an zu pissen.«

»Das«, sagt Marlene, »ist der liebe Gott, der dir sagen will, daß du nicht mehr rauchen sollst.«

»Da hätt ich jetzt aber gar nicht dran gedacht.«

»Kommt man ja auch nicht gleich drauf.«

»Aber daß du's gleich gewußt hast ...«

»Ja-haa!«

Und derlei gewagte Theodizee, obwohl meine Töchter ungetauft sind. Heidenkinder.

Übungen in katholischer Basisfrömmigkeit haben sie durch ihre Oma verpaßt bekommen; evangelischen Religionsunterricht haben sie, durchaus interessiert, mitgemacht; als ihre Freundinnen sich der Konfirmation und damit einer Bonanza von Geschenken näherten, spielten auch unsere Töchter mit dem Gedanken, sich taufen zu lassen, um am Goldrausch der Konfirmation partizipieren zu können. Als sie jedoch erfuhren, daß der Konfirmation allerlei einschlägiger Unterricht vorausgeht, also zusätzliche Schule, haben sie der Konfession entsagt und sind dankend in ihrem Heidenstatus verblieben.

## Donnerstag, 27. Mai

Im Traum wohnten Jamie und ich, noch kinderlos, in der Hamburger Glashüttenstraße, oben in der fünften Etage. Bei einem Sturm begann das Haus so stark zu schwanken, daß schließlich das gesamte Stockwerk wegbrach, sich auf die Seite legte und nach unten fiel. Uns passierte nichts dabei, aber es war schwierig, sich neu einzurichten, weil ein Teil der Wände nun Fußboden war, ein anderer Teil Decke, und Decken und Fußböden waren umgekehrt zu Wänden geworden. Auch gab es allerlei Streß wegen Haftungsfragen und mit Versicherungen. Noch träumend fragte ich mich, was mir das alles sagen wollte, und fand, immer noch träumend, auch gleich die Antwort: Es gehört ins Vatertagebuch. Das war ja völlig logisch.

Heute morgen aber, den Traum in frischer Erinnerung, weiß ich immer noch nicht, was mir das alles sagen will, aber der Traumanweisung, es hier zu notieren, mag ich mich nicht widersetzen. Versteh es, wer kann.

Jamie und Marlene spielen jetzt, da Marlene nicht mehr zur Schule muß, manchmal vormittags Tennis; ob ich spielen will, wird nicht gefragt. Heute sind sie für den Tag nach Osnabrück gefahren, Felix-Nußbaum-Museum und Remarque-Haus angucken. Ob ich mitwolle, bin ich nicht gefragt worden. Mutter und Tochter gehen noch einmal einen gemeinsamen Weg, bevor Marlene ihre eigene Richtung einschlagen wird. Emily und ich halten die häusliche Stellung.

## Freitag, 28. Mai

»Ob man es bequemer findet, Babys, wenn sie nachts ständig brüllen, aufzunehmen oder sie schreien zu lassen, hängt von so unterschiedlichen Dingen ab wie der nervlichen Verfassung der Mutter, der Dicke der Wände und der Beschwerden der Nachbarn.« (Katherine Whitehorn)

Wir haben derlei hinter uns und sind nur noch freundliche Nachbarn, die sich nicht beschweren, quasi schon eine großelterliche Haltung toleranter Distanz. Das Baby der neuen Mieter über uns ist jedenfalls ein ausdauernder Schreihals, aber sein Geschrei klingt weniger nach Hunger, Protest oder Schmerz, sondern erheischt als Geplärre Aufmerksamkeit und pegelt sich als Gegreine zu Selbstgesprächen ein, als sei es fasziniert von der eigenen Stimme und höre dieser zu. Die Vorstellung, solche Phasen noch einmal verantwortlich mitmachen zu müssen, ist blechern; goldig ist nur die Erinnerung daran.

### Samstag, 29. Mai

Im hellen Zwielicht des Maiabends gehen Jamie und ich Richtung City und werden von Marlene überholt, die mit dem Fahrrad unterwegs zur Spätschicht im Kino ist. Das Tempo, mit dem sie zu uns aufschließt; der Moment, in dem wir mit ihr gleichauf sind; die kurzen Worte, die wir dabei wechseln; die Schnelligkeit, mit der sie sich von uns entfernt, ohne sich umzudrehen, aber mit einem Winken; das rote Glühen des Rücklichts in der Dämmerung des Frühlings.

Emily kommt so spät, daß es schon wieder früh ist, aus der Disco nach Hause, öffnet unsere Schlafzimmertür einen Spalt breit, um die von Jamie gewünschte Ich-bin-wieder-da-Meldung abzuliefern, verharrt aber vor der Tür, als habe sie noch mehr zu sagen.

Jamies Mutterinstinkt wittert Probleme. »Was ist passiert?«

Emily öffnet jetzt die Tür vollständig. Im Licht, das vom Flur auf sie fällt, sehe ich ihr Gesicht: Der Alarm ist abgeblasen – sie strahlt! »Ich habe gewonnen.«

»Wo? Was?«

»In der Disco, bei einer Tombola. Einen DVD-Player!«

### Sonntag, 30. Mai

Beim gemeinsamen Pfingstfrühstück zeigt Marlene sich über das Gewinnerglück ihrer kleinen Schwester wenig amüsiert und mault, daß es eigentlich ein Skandal sei, daß sich im *Schmizz* jetzt sogar die Siebzehnjährigen bis weit nach Mitternacht aufhalten dürfen.

»Warst du in dem Alter nicht auch schon da?«

»Klar.«

»Na also.«

»Das ist doch was ganz anderes!«

Wir grinsen. Marlene guckt verkniffen. Wir grinsen aber weiter. Am Ende grinst sie auch. Und dann lachen wir alle.

Den DVD-Player, verkündet Emily, 49,50 Euro Verkaufspreis bei *Media Markt*, wolle sie verkaufen, da wir ja bereits einschlägig ausgestattet seien.

»Vielleicht kauf ich ihn dir ab«, sagt Marlene. »Weil ich ja demnächst ausziehe und so …«

»Okay«, sagt Emily. »Für 44,50 kriegst du den Zuschlag und sparst fünf Euro.«

»Deiner Schwester könntest du vielleicht etwas mehr nachlassen«, schlage ich vor.

»Nö!« sagt Emily.

Verkaufsgespräch gescheitert …

Mit Freunden machen Jamie und ich eine ausgedehnte Radtour. Daniel erzählt von seiner 27jährigen Tochter, die Psychologie studiert und derzeit ihr Examen macht. So richtig erwachsen, sagt er, werde sie erst jetzt. Und zwar merke er das daran, daß sie anfange, ihm Ratschläge zu geben. Früher habe sie ihn um Rat gefragt. Zum Glück mache sie ihm aber noch keine Vorschriften.

Während der Fahrradtour am Fluß entlang kommen wir durch einen Wald, erreichen eine kleine Lichtung mit Blick aufs träge fließende Wasser, und wie ein überscharf belichtetes Foto steht mir da alles vor Augen: Die Zelte, der Lagerfeuerplatz, der Fahnenmast. An genau dieser Stelle am Fluß habe ich als Kind, vor mehr als 40 Jahren, an einem Zeltlager teilgenommen.

Dann sind wir vorbei. Unaufhaltsam strömt das Wasser.

## Montag, 31. Mai

Die Zufahrt ist von kniehohen Gräsern bewachsen, die fast abgeblühten, dunkelroten Rhododendren streifen die Seitentür des Wagens. Von den Rändern her breitet sich Moos und Gras über die Terrassenziegel aus, in den Fugen wächst Fingerhut, sogar Birken- und Eichensprößlinge, und Brombeeren wuchern bis dicht an die Hauswände. Die Dachrinnen sind mit Laub und Nadeln verstopft, durch die Latten der Garage hat sich Efeu gezwängt, und die Verplankung der Hauswände ist mit einer grünen Schicht bezogen. Drinnen riecht es stockig, und ein paar Mäuse haben auf dem Tisch getanzt. Höchste Zeit also, daß wir das Mollberger Haus für den Sommer herrichten. Weil wir die finanzielle Belastung langfristig nicht tragen wollen noch können, haben wir uns entschlossen, es zu verkaufen, was aber aus juristischen und technischen Gründen erst im nächsten Jahr möglich sein dürfte. Am Haus ihrer Kindheit scheint Marlene weniger zu hängen als Emily, denn als wir den Kaufentschluß faßten, nahm Marlene das betrübt, aber gelassen auf, während Emily mit den Tränen kämpfte, obwohl sonst Marlene dichter am Wasser gebaut hat.

An der Tür meines ehemaligen Arbeitszimmers hängen zwei Bilder, die Marlene als Kind mit Farbkreide gemalt hat: *Papa liegt in der Hängematte* und *Papa sitzt am Kachelofen*. Der mächtige Ofen, mit dem wir fast das gesamte Haus beheizten, war nicht nur geometrisch ein Mittelpunkt, sondern auch atmosphärisch. Das Gefühl der Geborgenheit, auch des Gemütlichen, das dies Haus wie ein guter Geist belebte, verdichtete sich im Winter auf der Ofenbank zu einer fast greifbaren Substanz. Vielleicht ist das der Grund, warum auf Marlenes Bild die Proportion auffallend verschoben ist: Im Verhältnis zum riesigen, das Blatt ausfüllenden Ofen wirke ich wie eine Puppe.

Nachdem wir einige Stunden im und ums Haus heftig geräumt, geputzt und gegärtnert haben, sitzt Emily auf der Ofenbank, den Kopf gegen die kalten Fliesen gelehnt, und starrt an die Holzdecke.

»Sehnst du dich hierher zurück?« frage ich sie.

Sie zuckt mit den Schultern. »Eigentlich nicht. Ich weiß aber, daß es schön war. Und wenn ich Träume habe, in denen Zuhausesein eine Rolle spielt, ist es immer Mollberg. Wie kommt das?«

»Es ist die Kraft der frühen Eindrücke. Schwer zu beschreiben.«

»Ich verstehe«, sagt sie. Und ich weiß, daß sie es wirklich versteht.

Schließlich packen wir ein paar Sachen zusammen, die noch im Haus liegen, aber von niemandem mehr gebraucht werden, zum Beispiel Klamotten aus Kindertagen, darunter eine bunte Zipfelmütze aus Wolle. Emily setzt sie sich lachend noch einmal auf, und für einen winzigen Augenblick ist sie wieder der freundliche Kobold, in den die Mütze sie damals verzaubert hat.

## Dienstag, 1. Juni

Zur Kraft der frühen Eindrücke stoße ich auf ein paar Sätze in Giacomo Leopardis *Gedankenbuch*: »… in der Regel bildet das Kind sich in jedem Bereich nach der ersten Erscheinung, die es gesehen, eine Idee von der ganzen Art oder Gattung.« Der Kachelofen wäre also für meine Töchter zur Idee des Ofens schlechthin geworden; der Mollberger See zur Idee des Sees, der Ozean bei Bay Head zur Idee des Ozeans usw. »Und es bildet sie lebhaft und dauerhaft, so ihm nicht andere Beispiele der nämlichen Gattung häufig erscheinen, sei's noch in der Kinderzeit, sei's auch später, um die nach dem ersten Beispiel gefaßte Idee zu verwischen. Sonst, und zumal wenn die anderen Erscheinungen nicht in der Kindheit schon jene erste verdrängen, erhält sich die erste noch während langer Zeit, auch in späteren Lebensaltern, und dient uns als Typus für alle anderen Individuen einer Gattung, von denen wir uns ein verhältnismäßiges Bild machen müssen und die wir mit unseren Sinnen nicht wahrnehmen.« Wenn man also als kleines Kind erstmals einen Schornsteinfeger sieht (um in der Nähe des Ofens zu bleiben), bleibt die Vorstellung, die man sich später von Schornsteinfegern macht, immer jener ersten Gestalt und ihrem Auftreten nachgebildet. Das zeigt, »mit welch hoher Wahrscheinlichkeit die Charakterzüge der Menschen, ihre Neigungen, dieses oder jenes Verhalten usw. von unscheinbaren Umständen ihrer Kindheit herrühren können; und wie oft sich die Charaktere und besonders die Meinungen (von denen dann das Verhalten, ja fast unser ganzes Leben abhängt) unter dem Einfluß jener winzigen Umstände, Zufälle, Verschiedenheiten in den Kindesjahren herausbilden; und dabei suchen selbst die bedeutendsten Kenner des Menschen den Grund und den Ursprung dieser Dinge überall, nur nicht hier.«

Die Prägekraft erster Eindrücke dürfte übrigens auch damit zusammenhängen, daß sie nicht wiederholbar sind.

Marlene ist mit einer Freundin nach Leipzig und Dresden gefahren: Erkundungstour in Sachen Studium, angelockt von Berichten über angeblich gute Studienbedingungen in den blühenden Landschaften des Ostens. Ob dieser Eindruck wohl Prägekraft hat?

### Mittwoch, 2. Juni

Nachdem sich Emily neulich bitter über eine mündliche Note in Deutsch beklagt hatte, die sie als unter ihrem Niveau empfand, hat sie nun in einer schriftlichen Arbeit über Frischs *Homo Faber* laut Selbsteinschätzung »ein paar Punkte zuviel«. Schüler klagen über Noten wie Bauern übers Wetter. »Ein Bauer klagt immer über das Wetter. Er muß übers Wetter klagen, wie ein Kranker über die Ärzte, denn er hängt davon ab. Er wird immer sagen: es ist zu naß, oder es ist zu trocken, weil er nämlich recht hat. Denn es ist ja wirklich immer gerade zu kalt oder zu heiß. Der Ausgleich stellt sich erst im ganzen ein. In einem vollen runden Jahr. Aber wer kann das überblicken. Du kannst ja keine Stunde überblicken, in der du eben lebst.« (Carl Zuckmayer: *Vermonter Roman*)

»Was Marlene jetzt wohl macht?«

»Die ist in Dresden«, sagt Jamie. »Oder in Leipzig.«

»Das weiß sogar ich«, sage ich. «Ich meine, was sie wohl jetzt in diesem Augenblick gerade macht?«

»Das weiß ich doch nicht. Sie wird mit ihrer Freundin im Café sitzen. Oder sie gehen in eine Disco.«

»Ich denke, es geht da ums Studium.«

»Vielleicht sind sie ja auch in der Semper-Oper.«

»Ach so. Na ja, dann ...«

## Donnerstag, 3. Juni

Kinderlose Menschen mögen die Welt kennen, aber sie kennen das Leben nicht. »Das Ziel des Lebens ist Leben; das Ziel des Wohlbefindens ist, all das zu ermutigen, was Wohlgefühl hervorruft. Ziel der Zeugung ist es, Erzeuger zu schaffen. Der Kreiseffekt ist durchaus nicht von enttäuschender Sinnlosigkeit, sondern vielmehr der beste (und einzige) aller möglichen Effekte.« (Jean Liedloff: *Auf der Suche nach dem verlorenen Glück*)

Zwischen Sehnsucht nach Kindheit und Fernweh gibt es eine Verwandtschaft; beide sind unstillbare, utopische Affekte. »Neue Orte beinhalten das Versprechen, der richtige Ort zu sein; denn die Illusion einer magischen Rückkehr in die Mutterarme ist in jeder klar wahrgenommenen Wirklichkeit unhaltbar. So besitzt im Vergleich das Grün weit entfernter Felder ein verlockendes Strahlen für den Wenn-nur-Menschen, der aus Gründen, die er selbst nicht einmal erinnert, meint, die Erfüllung bestünde im Wechsel zu einem bestimmten anderen Ort.« (Liedloff)

Liedloffs Studie, der Verhaltensweisen venezuelanischer Indianer zugrundeliegen, ist nicht ohne weiteres auf unsereinen übertragbar. Bemerkenswert ist auf jeden Fall der unsentimentale, anti-nostalgische Ansatz, den man so zuspitzen kann: Wer sich in die Kindheit zurücksehnt, hat eine unglückliche Kindheit gehabt (aus der sich ein unglückliches Leben speist).

## Freitag, 4. Juni

Telefongespräch mit meinem Lektor Matthias Bischoff in Sachen dieses Journals. Im Oktober wird er erstmals Vater.

»Da kommt mein VaTaBu ja im richtigen Moment.«

»Oder es kommt zu spät.«

»Zu spät?«

»Vielleicht erfahre ich daraus, auf was ich mich eingelassen habe.«

»Keine Bange. Es wird unter anderem eine Apologie der Vaterschaft.«

»Oh, das muß ich mir mal gleich notieren. Gutes Verkaufsargument.«

»Es wird sowieso ein Bestseller.«

»Mh, mh … Wieso?«

»Wenn alle Leser, die Väter sind, es kaufen …«

»Männer lesen wenig.«

»Leserinnen also.«

»Leserinnen sind keine Väter.«

»Aber sie haben welche.«

Marlene kommt von ihrer Feldforschungsreise aus Leipzig und Dresden zurück. Leipzig habe ihr gefallen: sei größer als Oldenburg, wirke aber im Zentrum kleiner. Ob das irgendwie noch was DDR-Spezifisches sei.

Aber der Bahnhof, sage ich, sei doch geradezu gigantisch.

Das Gebäude schon, aber am Zugverkehr hapere es doch sehr. Nicht mal ein ICE-Anschluß. Die Uni sei wie ausgestorben gewesen und sehr häßlich, in Dresden übrigens desgleichen. Von Aufbau Ost sei da nichts zu sehen. Die Frauenkirche immerhin irgendwie eindrucksvoll.

Und ob sie auch in der Semper-Oper gewesen ...

Man habe es vorgehabt, habe dann jedoch ein Plakat mit der Ankündigung eines Konzerts von Ben Harper gesehen. Und da sei man dann lieber hingegangen. Sehr gut sei's gewesen. In Dresden!

Ob sie sich denn nun vorstellen könne, dort zu studieren.

»Och, na ja, mal sehen. Hat ja noch Zeit ...«

## Samstag, 5. Juni

»Mit uns«, meint Emily mit gut gelauntem Selbstbewußtsein, »habt ihr ja irgendwie Glück gehabt.«

»Wie meinst du das?«

»Marlene und ich machen keine Probleme. Nicht in der Schule und auch sonst nicht.«

Ja, wir haben Glück gehabt. Und die Mädchen haben auch Glück gehabt mit ihren Eltern. Wir haben es immer noch. Und sie haben es immer noch. Ja doch, Glück kann man haben. Man kann auch etwas dafür tun. Nur erzwingen kann man es nicht. Es fällt einem zu.

Ein Freund aus verwehten Tagen schickt mir eine E-Mail mit einem Foto, auf dem ich langhaarig und jugendschön auf meiner zwölfsaitigen Gitarre klimpere. Lange Haare, lange her.

Stolz auf eine Vergangenheit, in der ich mich sehr wohl gefühlt habe, zeige ich Emily das Foto. Gewiß wird sie jetzt sagen, wie toll ihr Vater mal ausgesehen hat.

»Von diesem Popstar«, sagt sie grinsend, »hat man aber lange nichts mehr gehört.«

Mit der Musik (als aktives Musizieren) habe ich ein Instrument verlassen oder aufgegeben, mit dem sich Erfahrungen schaffen lassen, in denen Zeit und Altern für Momente stillstehen; Momente, und das macht sie besonders glücklich, die man mit anderen teilen kann. Das Schreiben ist mir zum Ersatz geworden: »Dieser unerhörte, wundervolle und halb wahnsinnige Zustand, plötzlich eine ganze Welt in sich zu wissen und eine Geschichte als Ganzes, wie ein lebendiges Wesen, aber schon mit allen tausendfachen Einzelzügen vor sich zu sehn – gleichzeitig den Sinn zu wissen, aber auch das Äußere, den Klang, die Instrumentation, alles – und gar nicht mehr selbst zu denken oder zu erfinden, sondern nur zuzuhören, abzulauschen, als komme es über eine grade nur in einer besonderen Einstellung zu fassende Welle – eine wirkliche ›Sendung‹ …« (Carl Zuckmayer) Nur daß man diesen unerhörten, wundervollen Zustand, anders als beim Musizieren, nicht teilen kann. Einsame Sache.

### Sonntag, 6. Juni

Familientreffen mit meiner Mutter, meinem Bruder, dessen Freundin und uns vieren, ein bißchen auch als Abiturfeier für Marlene arrangiert. Jedenfalls bekommt sie allerlei Geschenke, zum Beispiel Schmuck; von meiner Mutter einen silbernen Armreifen, den Marlene tragen wird, weil sie ihn sich selbst ausgesucht hat.

Nicht ausgesucht hat sie sich Halskette, Amulett und Armreifen, den ihre Großtante aus Michigan zur *Graduation* geschickt hat; ersichtlich teure Teile, ersichtlich aber auch, daß sie nicht nach Marlenes Geschmack sind. So etwas verschwindet dann in Etuis und Kästen, wird vergessen, bis eines Tages irgendein Kind, mein Enkelkind vielleicht, beim Spielen und Stöbern darauf stößt und dann seine Mutter fragt, woher dieser Schmuck stammt. Ach ja, wird sie dann sagen, der ist von deiner Groß-Großtante, und bekommen habe ich ihn an einem Tag im Juni, damals ...

WKK: Als Geschenk zum Abitur für Marlene ein Gutschein über 500 Euro für eine Reise ihrer Wahl.

Die regressive Feuerzangenbowle-Phantasie, noch einmal spielerisch Kind oder Jugendlicher sein zu dürfen, mag gelegentlich ihr Anziehendes haben. Gegenüber unseren Eltern bleiben wir lebenslänglich Kinder, was mit zunehmendem Alter immer problematischer wird. Meine Mutter, obwohl geistig und körperlich vergleichsweise rüstig, bedarf mit ihren 85 Jahren verstärkt Rat und Hilfe. Beides erwartet und bekommt sie im Rahmen des Möglichen von ihrer Familie. Von ihren Söhnen nimmt sie freilich nur die Hilfe in Anspruch; deren Rat nimmt sie nicht ernst, weil wir als ihre Kinder für sie keine Autorität darstellen. Sätze wie »Das versteht ihr noch nicht« oder »Ihr könnt's ja gar nicht wissen« gehören zu ihrem Standardrepertoire: Als wir Kinder waren, verstanden wir noch nicht, was es heißt, erwachsen zu sein; als wir erwachsen waren, verstanden wir nicht, was Elternschaft bedeutet; seit mein Vater tot ist, verstehe ich nicht, was es heißt, allein zu leben; seit ich Vater bin, verstehe ich die Last des Alterns nicht. Wie alle möchte meine Mutter alt werden; wie alle will sie aber nicht alt sein. Fürs Altwerden ohne Altern gibt's aber noch kein Rezept.

»Obwohl die meisten von uns sich nicht erinnern können,

sich je völlig richtig gefühlt zu haben, wirklich mitten in dem gelebten Augenblick, übertragen wir doch häufig die Illusion davon sowohl auf die Vergangenheit als auch auf die Zukunft. Wir sprechen von den goldenen Kindheitstagen oder der guten alten Zeit, um die Illusion aufrechtzuerhalten, daß Richtigkeit nicht wirklich fern sei. Die Unschuld der Kinder, von der wir meinen, sie habe uns vor den grausamen Wirklichkeiten beschützt, war von Bestürzung und Verwirrung begleitet angesichts der Widersprüche zwischen dem uns Gesagten und dem, was wir geschehen sahen. Und das Gefühl von etwas Fehlendem war damals ebenso wie heute stets anwesend; damals jedoch gab es irgendwie die Illusion, daß uns die ›Richtigkeit‹ eröffnet werden würde, wenn wir nur erst endlich erwachsen und den Menschen des ›richtigen‹ Alters zugesellt wären. Wir ahnten damals noch kaum, daß die Menschen des richtigen Alters uns immer um eine Länge voraus sein würden, bis die Zeit uns zu glauben gestatten würde, sie seien nun eine Länge oder mehr hinter uns.« (Liedloff)

## Montag, 7. Juni

Der Wohnungsnachbar und zweifache Vater in effigie baut in seinem Garten eine Doppelschaukel auf, kämpft mit den Tücken der notorisch unverständlichen Montageanleitung (›Unterlegscheibe 3 a zwischen Bolzen IV und Querverstrebung justieren‹ – man kennt das, lernt es aber nie). »Da macht man was mit«, sagt er mit gepreßter Stimme.

Ich nicke verständnisvoll und erinnere mich daran, wie wir damals in Mollberg die Holzschaukel aufbauten; es dauerte den ganzen Tag, und hinterher wackelte sie immer noch.

Vater werden, behauptet die Spruchweisheit, sei nicht schwer, Vater sein dagegen sehr. Muß es nicht umgekehrt heißen? Vater *ist* schließlich jeder, der die biologischen Voraussetzungen erfüllt hat, und er ist es sogar noch, wenn er sich schon vor der Geburt aus dem Staub macht. Viel schwerer ist es, Vater zu werden, indem man die Rolle akzeptiert und lebenslang lernt, damit umzugehen, also ständig zu werden. Wer immer strebend sich bemüht ...

Den Rasen mähe ich mit einem altertümlichen Handmäher; eine schweißtreibende und blasenbildende Angelegenheit, die ich aber als eine Art Ausgleichssport nicht ungern übernehme. Nun hat der neue Nachbar einen elektrischen Rasenmäher in die Hausgemeinschaft eingebracht. Zu meiner Überraschung ist Emily begeistert. Ob sie den mal ausprobieren darf?

Natürlich. Will sie etwa freiwillig diesen Job übernehmen?

Ach nein. Sie rasiert nur ein wirres Muster ins Gras und reicht das Gerät dann gleich wieder an mich weiter: »Das ist doch schön für dich, daß das so leicht geht«, sagt sie, sinkt in den Liegestuhl und liest. Immerhin liest sie in einem Schulbuch.

## Dienstag, 8. Juni

Ein Paar sehr teure Schuhe hat Marlene vor einiger Zeit so sehr in die Augen gestochen, daß sie es gekauft hat, obwohl es ihr etwas zu klein ist; jetzt drücken ihr die Schuhe auf die Zehen. Und eigentlich sei *ich* für diesen Fehlkauf verantwortlich, insofern sie ja von mir die sehr langen und gekrümmten Zehen geerbt habe. *Den* Schuh zieh ich mir aber nicht an! Also beginnt ein Verkaufsgespräch mit Emily, ob die sich eventuell für diese unglaublich scharfen Treter erwärmen könne. Ich schlage einen Tausch vor: der von Emily neulich gewonnene DVD-Player gegen die Schuhe. Aber meine Vermittlung stößt auf taube Ohren. Geht mich ja auch nichts an. Sie werden sich schon einigen.

Bei sommerlicher Hitze unterm Sonnenschirm auf der Terrasse. Emily liest kopfschüttelnd einen Text Brechts zum epischen Theater, Marlene blättert gelangweilt, mit hochgezogenen Augenbrauen, in der *Young Miss*, deren Abo gekündigt worden ist, weil die Mädchen sich zu alt dafür fühlen; es kommen nur noch Restexemplare bis Ablauf des Bezugszeitraums, die man gewissermaßen notgedrungen noch zur Kenntnis nimmt.

Das mit dem epischen Theater, sagt Emily, kapiere sie nicht. Beim dramatischen Theater wüßten die Zuschauer doch auch, daß sie im Theater und nicht im wirklichen Leben säßen.

»Aber eigentlich sollen sie's vergessen«, sage ich. »Wenn du einen Film siehst, denkst du ja auch nicht daran, daß dort Kameras und Scheinwerfer gestanden haben, daß die Toten gar nicht tot sind und das Blut nur Ketchup ist.«

»Und Brecht will also, daß man an so etwas denkt?«

»Ich glaub schon.«

»Auf so was muß man aber auch erst mal kommen«, sagt Emily. »Kein Wunder, daß der in Hollywood so erfolglos war.«

»Tja, aber eigentlich geht's ja auch um Theater, und ...«

»Kann man hier denn nicht mal in Ruhe lesen?« unterbricht Marlene unsere Theaterdebatte.

»Entschuldigung«, sage ich. »Wir wußten ja nicht, daß die *Young Miss* dir noch so viel Konzentration abfordert.«

Emily grinst. Marlene sagt nichts. Ihr Gesicht sieht aber aus, als wolle sie ›Bäh‹ sagen.

## Mittwoch, 9. Juni

Ich schwitze über der Übersetzung von Charles Simmons' *Powdered Eggs* (was zum Teufel heißt *hauteur*?), als Emily in mein Arbeitszimmer kommt.

»Kant und Rousseau«, sagt sie.

»Hä?«

»Werte und Normen. Ich brauch was über Kant und Rousseau.«

»Ach so. Da links, im Regal mit den Lexika, das dicke grüne Buch. *Philosophenlexikon.*«

Sie zieht das Buch heraus, blättert und sagt: »Ich versteh bei Philosophie zwar nur die Hälfte, macht aber trotzdem Spaß. Ich mein, wenn's Spaß macht, macht sogar Arbeit Spaß. Verstehst du das?«

»Ja, ich glaube schon. Ich glaube, deshalb arbeite ich, was ich arbeite.«

Sie blättert immer noch. »Wen ich echt kein Stück verstehe, ist Kant, irgendwie.«

»Mh, mh, ja, ist auch nicht so ganz einfach.«

»Nee, echt.« Inzwischen offenbar bei Kant angekommen, hat sie zu blättern aufgehört. »Der sieht auch schon so komisch aus, eyh.«

»So? Na ja ...«

»Ja, Mensch, hast du dir schon mal angeguckt, wie der aussieht?!« Sie tippt empört auf Kants Bild, klappt das Buch zu und geht auf die Terrasse, wo ich sie dann von meinem Schreibtisch aus sitzen und lesen sehe.

Sie also Kant und Rousseau, ich Simmons. Was mach ich aus *at face value*? Gleichmütig? Schwach. Ohne mit der Wimper zu zucken. Besser.

Als ich für eine Zigarillopause nach draußen komme, fragt sie, ob ich den Unterschied wisse zwischen der Goldenen Regel und Kants Kategorischem Imperativ. Ich weiß nicht einmal, was die Goldene Regel ist.

»Was du nicht willst, das man dir tu, das füg auch keinem anderen zu.«

»Ach so. Ist das nicht so ziemlich das gleiche wie Kants Imperativ?«

»Eben nicht. Bei Kant ist es ein allgemein verbindliches Gesetz des Handelns. Die Goldene Regel ist nur eine moralische Forderung im eigenen Interesse.«

Sie hat es so erklärt, daß sogar ich es endlich begriffen habe. »Du solltest vielleicht Philosophie studieren statt Jura.«

»Und was hab ich davon? Am Ende steh ich in so 'nem Lexikon, aber das Geld verdienen die anderen.«

Die praktische Vernunft meiner Tochter.

### Donnerstag, 10. Juni

Papierkrieg mit der Familienkasse, um auch weiterhin die matten 154,– Euro Kindergeld für Marlene beziehen zu können, wenn sie in den kommenden Monaten ihre Praktika macht. Das Ausfüllen einschlägiger Formulare ist eine Wissenschaft für sich. Am Telefon ist die Dame von der Familienkasse allerdings freundlich, hilfsbereit und unbürokratisch, Eigenschaften also, die nicht zwingend zum klassischen Verhaltensprofil deutscher Amtspersonen zählen. Wahrscheinlich hat sie selber Kinder.

Nach Liedloff versorgt die Mutter das Kind, »einfach weil es da ist; sein Dasein ist Grund genug, es ihrer Liebe zu versichern. Ihre bedingungslose Bejahung bleibt stetig, während allmählich sein Vater als wichtige Figur in Erscheinung tritt, die an seinem sich entwickelnden Sozialverhalten und seinem Fortschritt in Richtung Unabhängigkeit interessiert ist. Der Beifall seines Vaters macht sich bemerkbar, wann immer es ihn verdient; die Liebe seiner Mutter ist bedingungslos. Die stetige Liebe des Vaters ist von der gleichen Beschaffenheit wie die der Mutter, doch gibt es da eine Beimischung von Zustimmung, die abhängig ist vom Betragen des Kindes. Auf diese Weise sichert die Natur sowohl Stabilität als auch Anreiz zu sozialem Verhalten. Später wird der

Vater sich immer deutlicher herausheben als Vertreter der Gesellschaft, und er wird das Kind leiten, indem er ihm durch sein Beispiel zeigt, was erwartet wird, und zwar hinsichtlich verschiedener Verhaltensmöglichkeiten, die den jeweiligen Traditionen angemessen sind, an denen das Kind teilhaben wird.«

Demnach funktionieren Väter also als Agenten des jeweiligen Systems, an dessen Traditionen, aber eben auch Zwänge und Raster die Kinder sich anzupassen haben. Wenn man als venezuelanischer Indianer weiter in seinem naturvölkischen Zustand verbleiben möchte, mag das vielleicht erstrebenswert sein. In der Welt, in der wir leben, muß es aber auch sehr wesentlich Aufgabe der Eltern sein, ihre Kinder nicht einfach zu integrieren, sondern gegenüber bestimmten Traditionen kritikfähig zu machen.

## Freitag, 11. Juni (Agia Galini/Kreta)

Marlene fährt uns nach Bremen zum Flughafen, küßt uns zum Abschied und wünscht ihren Eltern eine gute Reise. Es ist auch eine Reise in die Vergangenheit, weil Jamie und ich eine Woche Urlaub in Agia Galini auf Kreta gebucht haben, wo wir uns vor genau 24 Jahren kennenlernten. Seitdem sind wir nie wieder da gewesen. Die Erinnerung an die Tage, an denen für uns als Paar alles angefangen hat, war immer derart intensiv und leuchtend, daß wir sie uns durchs Wiedersehen nicht verderben wollten. Eingegangen sind Teile dieser Erfahrungen dann in meinen Kreta-Roman, und erst, als ich vor einem Jahr damit fertig war, hatte ich das Gefühl, einem Wiedersehen mit der Wirklichkeit des Orts gewachsen zu sein. Na gut, wir werden sehen.

Ich habe keine Flugangst, aber bei jedem Flug mehr oder minder ausgeprägte Katastrophenszenarien im Kopf, wie das wohl wäre bei einem Absturz. Diesmal, ausgerechnet bei diesem Start, mischen sich noch schmerzhaft präzise Phantasien dazu, wie unsere Töchter sich durchzuschlagen hätten, kämen beide Eltern ums Leben. Die Vorstellung erzeugt eine wunde Benommenheit. Für einen Moment kommt mir diese Reise absolut unverantwortlich vor. Eigentlich müßten wir jeweils verschiedene Flüge buchen. Aber dann dürften wir auch nicht mehr gemeinsam Auto fahren. Man dürfte gar nichts mehr gemeinsam unternehmen. Nicht mal spazierengehen.

Im Übrigen erreichen wir pünktlich und unversehrt den sicheren Boden Kretas, werden als Pauschaltouristen, die wir heute sind, mit dem Taxi nach Agia Galini kutschiert, checken im Hotel ein, gehen an den Strand, schwimmen, kehren schließlich in derselben Taverne ein, in der wir vor fast einem Vierteljahrhundert zum ersten Mal miteinander sprachen, und sind uns plötzlich sicher, daß es richtig war, noch einmal zurückzukehren.

### Samstag, 12. Juni (Agia Galini)

Als ich 1972 zum ersten Mal hierher kam, war Agia Galini noch nicht einmal ein Geheimtip; es gab nur eine Handvoll Rucksacktouristen, die am Strand und in den Olivenhainen am Flüßchen campierten, verständnislos, aber wohlwollend gelitten von den Einheimischen – immerhin frequentierte man ja die bescheidene Gastronomie des Dorfs. 1980 war der Ort dann schon zu einem der bekanntesten Geheimtips der Insel ausposaunt worden. Wildes Camping war untersagt. Die Dorfbewohner vermieteten Privatzimmer zu Spottpreisen, meins kostete umgerechnet 7,– DM pro Nacht, und es gab ein erstes Hotel. Dann kam in steigenden, inzwischen aber schon wieder verebbenden Wellen der Pauschaltourismus, und ich war mit bewährtem Zweckpessimismus davon ausgegangen, jetzt eine überdimensionierte Mischung aus Nepplokal, Plastikfolklore, Stranddisco und Souvenirladen vorzufinden.

So ist es aber durchaus nicht, und Jamie und ich sind froh, ja: glücklich, daß jener gute alte *genius loci*, dem wir unsere Gemeinsamkeit verdanken, hier offenbar immer noch unkaputtbar herumgeistert. Zwar gibt's jetzt mehr Hotels und mehr Tavernen, die Speisekarten sind vier- bis fünfsprachig ausgedruckt, am Strand sind Liegestühle und Sonnenschirme zu mieten, fünf Euro pro Tag – aber ist uns das nicht alles sehr angemessen? In unserem Alter? Man liegt ja sehr bequem im Schirmschatten, und das Meer ist so blau wie immer. Am Strand zu campieren: das war einmal und ist erst in der Erinnerung richtig schön geworden. Wir wünschen uns, daß Emily und Marlene irgendwann einmal herkommen, weil dieser Strand und dieses Meer auch der früheste Fluchtpunkt ihrer eigenen Herkunft sind.

Mir kommt es wichtig vor, die Mädchen anzurufen, damit sie wissen, daß wir gut angekommen sind, damit sie sich keine Sorgen machen. Jamie hat es damit nicht eilig: No news is good news. Es ist alles im Lot. Unsere Töchter sind doch erwachsen, so gut wie jedenfalls. Und wir sind hier.

Mittags treffen wir wie verabredet Wolfgang Ferchl auf der Hafenmole. Er hat 14 Tage Urlaub auf Kreta hinter sich und reist morgen wieder ab. Wir reden, unvermeidlich, viel über Bücher und Literatur, und natürlich auch übers Vatertagebuch, von dem Wolfgang weiß, weil der Vertrag zustandekam, als er noch bei Eichborn war.

»Aber wie«, fragt er, »schreibt man eigentlich ein Vatertagebuch an Tagen, an denen man keine Erfahrungen als Vater macht?«

Kann auch nur einer fragen, der kein Vater ist.

## Sonntag, 13. Juni (Agia Galini)

Am frühen Morgen höre ich im Traum Emily sagen: Papa, wo sind denn eigentlich deine warmen Hemden? Und wache auf, wälze mich herum. Beunruhigt. Warum braucht sie eins meiner warmen Hemden? Und was bedeuten eigentlich warme Hemden in Traumlogik? Daß ihr etwas fehlt. Wärme. Zuneigung also. Sie vermißt uns. Wir fehlen ihr. Beziehungsweise ich fehle ...

Von meiner Unruhe geweckt fragt Jamie, was los sei, und als ich ihr das Problem erkläre, sagt sie: »Emily fehlt nichts. Dir fehlt was.«

»Mir? Wieso? Was denn?«

»Eine Decke.«

So ist es.

Im stillen Meer auf dem Rücken liegen, sich treiben lassen, mit ein paar trägen Bewegungen fast schwerelos sein. Der Himmel. Die Gipfel des Ida. Schneefelder. Ein dunkler Fleck am Südhang: der Eingang zur Kulthöhle, auf deren Blickachse der Palasthof von Festos ausgerichtet ist. Weiter unten ockerfarbige Macchia, dann verstreute Olivenbäume, die immer dichter zusammentreten, bis sie am Fuß des Massivs einen grünen Teppich bilden. Das Laub blinkt metallisch. Vom Strand Musikfetzen. Bouzoukigeklimper. Meinetwegen könnte es jetzt sogar *Zorba's Dance* sein. Stille Tage im Klischee. Thymianduft. Geruch von Holzkohle. Salzluft. Und da hinten am Strand, auf einer der bequemen blauen Liegen, im Schatten eines Sonnenschirms, liegt Jamie und liest. Nein, sie schaut zu mir hinaus. Winkt. Hier bin ich! Ich winke zurück. Und ich bin auch hier.

Sind wir nicht alle ein bißchen Kreta? »Von Kreta kommt ja das meiste, was wir sind im Grunde.« (Rolf Vollmann)

Zuhause haben wir dann auch noch angerufen. Erstmal 0049, dann Vorwahl ohne Null. Alles okay? Sowieso. Wieso auch nicht? Erholt euch gut. Und tschüß.

## Montag, 14. Juni (Agia Galini)

Ein Tavernenwirt erzählt uns, daß Griechenland seit der Euro-Einführung und der damit einhergehenden Teuerung viele Touristen an die billigere Türkei verloren habe. Auch diese Saison sei schlecht, wieder einmal. Was den Leuten hier Sorgen macht, ist uns recht. Agia Galini ist alles andere als überlaufen und ausgebucht, wenn auch voller als vor 24 Jahren. Damals kannte man nach spätestens einer Woche fast alle Einheimischen, die Kontakte mit Touristen hatten, und fast jeden Touristen – zumindest vom Sehen.

Und in diesem Jeder-kennt-jeden-Ambiente, sagt Jamie, sei uns, ihr und mir, sehr schnell ein Spitzname verpaßt worden. Ob ich das etwa nicht gewußt habe.

»Ehrlich gesagt …«

»The married couple.«

Das Ehepaar! Nein, das habe ich nicht gewußt. Aber es wundert mich auch nicht, weil es damals zwischen uns beiden so heftig gefunkt hatte, daß diese Energie offenbar auch nach außen abstrahlte.

»Diesmal kriegen wir einen anderen Spitznamen«, sage ich.

»Which one?«

»Das Ehepaar, das jedem hier erzählt, daß es sich hier kennengelernt hat.«

»Do we really?«

»Ich glaub schon.«

»But the people love to hear it«, sagt Jamie.

Das stimmt. Die Einheimischen sind stolz auf ihre Insel und lieben deren Schönheit. Erfahrungen, wie wir sie hier gemacht haben, verdanken sich auch dieser Atmosphäre. Und die Atmosphäre ist wiederum bereichert durch solche Erfahrungen. Übrigens sind wir auch hier und heute glücklich, anders als beim ersten Mal, aber ebenso unübersehbar. Das gefällt den Leuten auch. Und uns erst ...

Zu Hause rufen wir heute nicht an.

### Dienstag, 15. Juni (Agia Galini)

Bootstour an der schroffen Steilküste entlang zum Palmenstrand von Preveli, über den in den siebziger Jahren allerlei paradiesische Hippieschwärmereien im Umlauf waren. Kein Wunder! Hier weht trotz Tagestourismus ein Hauch von Südsee, Erinnerung an weltentrückte Unberührtheit – man muß sich nur die anderen Touristen wegdenken (es sind nicht viele) und natürlich die unvermeidlichen Liegestühle. Das geht besonders gut, wenn man sich wie wir welche mietet, drei Euro pro Stück. Ein paar Boote ankern fast unmerklich schaukelnd in der Bucht; der Fluß, der klar und palmengesäumt aus der Schlucht ins Meer fließt, bildet am Strand eine Lagune. Jetzt muß man sich nur noch die lächerlichen Tretbötchen wegdenken, mit denen man den Fluß befahren kann. Wir mieten eins. Kostet auch drei Euro.

»Man könnte«, sage ich, »mit diesen Tagesausflugskuttern ja eigentlich die komplette Südküste abklappern, von Hafen zu Hafen, von Strand zu Strand, und ein bißchen bleiben, wo's einem gefällt, und dann weiter bis zur Westspitze, bis zum letzten Strand. Ich wundere mich, daß ich damals nicht auf die Idee gekommen bin.«

Wahrscheinlich deshalb, sagt Jamie, weil es die Ausflugsdampfer noch gar nicht gegeben habe. Und außerdem: Wie ich mir das vorstelle. Noch einmal los mit Ruck- und Schlafsack? Und die nächste Dusche fern der Heimat?

»Ja, gut.« Das leuchtet mir ein. »Aber die Mädchen. Die könnten doch mal so ein Harbour-Hopping machen.« Doch indem ich das sage, weiß ich schon, daß es sentimentaler Quark ist, von seinen Kindern zu erhoffen, daß sie die eigenen, Traum gebliebenen und bleibenden Träume realisieren. Die Kinder setzen uns nicht fort. Sie müssen ihre eigenen Strände entdecken. Und vielleicht sind die noch frei von Tretbooten, Liegestühlen und married couples – vielleicht sogar von Erinnerungen.

## Mittwoch, 16. Juni (Agia Galini)

Zwischen Aperitif und Abendessen flanieren wir durchs Dorf. Jamie zieht es in den Randbezirk, in dem es kaum noch Lokale gibt. Sie suche den Laden, in dem wir damals darüber gesprochen hätten, ob wir später Kinder haben wollten. Ob ich das etwa nicht mehr wisse.

Doch, doch, das weiß ich noch. Eigene Kinder zu haben war mir zu der Zeit völlig unvorstellbar. Ich war 29, hatte gerade meine Doktorarbeit abgeliefert, hatte einen gutbezahlten, mich aber intellektuell wenig fordernden Job als Werbetexter, hatte mit einer nicht sonderlich tiefgehenden Beziehung, in der an Kinder nicht im Traum gedacht wurde, fast abgeschlossen, hatte das Gefühl, frei, unabhängig und noch so jung zu sein, daß mein Leben jetzt eigentlich erst richtig anfing. Erste Texte von mir waren publiziert worden, eine Existenz als Schriftsteller schwebte mir vor und schien auch irgendwie mehr als nur eine Phantasie zu sein. Was wollte ich da mit Kindern? Mit Kindern konnte ich noch nie etwas anfangen. Kinder machten Lärm und Schmutz, kosteten Zeit, Geld und Nerven. Und für Schriftsteller waren Kinder vermutlich eine permanente Kreativitätsbremse, fleischgewordene, unruhestiftende Schreibblockaden. Und dann traf ich hier auf Kreta, sozusagen auf neutralem Gelände, eine Amerikanerin; wir verliebten uns, und nach zwei ziemlich rauschhaften Wochen auf Wolke Sieben fragte sie mich, ob *ich* Kinder haben wolle. Sie fragte nicht: Wollen *wir* Kinder haben? Aber sie meinte das so. Und ich, der ich niemals, unter keinen Umständen, Kinder haben wollte, sagte: Ja.

Doch, das weiß ich noch.

Das Lokal, in dem mir dies Ja über die Lippen kam, finden wir nicht wieder. Aber die Fischtaverne gibt es noch, in der wir eines Abends gegessen haben, und am Nebentisch saß ein altes englisches Ehepaar, sehr freundlich zueinander, verliebt, wie ein altes Ehepaar nur verliebt sein kann (kann man weise ineinander verliebt sein?). Und wir hatten beide das Gefühl, als sähen wir beim Anblick dieses Ehepaars in einen Zeitspiegel, der uns unser Bild vorauswarf, vierzig Jahre später.

»Weißt du das noch?«

»Of course I do.«

Ich nehme gegrillte Sardinen, Jamie nimmt Barbe. Und die kleine, magere Katze unterm Tisch kriegt auch was ab.

## Donnerstag, 17. Juni (Agia Galini)

Mit einem Mietwagen durch die Berge; einen Kilometer von der Küste entfernt ist außer uns kein Tourist mehr unterwegs, noch in Sicht. Rast bei einem der kleinen, einsam gelegenen Klöster. Die Steine scheinen Weihrauch und Gebete auszuschwitzen. Platanenschatten. Eiskaltes Quellwasser aus einem Brunnen. Weite Blicke über die Olivenhaine der Mesara-Ebene. Stille. Schwelend im Mittag. Ganz fern das Meer. Natürlich gibt es solche Momente, in denen sich das Gefühl des Mediterranen zu etwas unglaublich Sinnlichem verdichtet, auch anderswo. Aber Kreta ist anders. »Kreta ist eine Wiege, ein Instrument, ein vibrierendes Reagenzglas, in welchem ein vulkanisches Experiment durchgeführt wurde. Kreta vermag den Geist zum Schweigen zu bringen, den Aufruhr der Gedanken zu stillen.« (Henry Miller) Und immer dies Gefühl des Herkömmlichen im eigentlichen Sinn, das des Ursprungs – zumindest des Ursprungs unserer Familie.

Jamie hat schon gestern bei einem Juwelier zu handeln begonnen. Es geht um Armreifen, deren Preis wohl zu drücken ist. Wir kaufen gleich drei – einen für Jamie und je einen für die Mädchen. Wir verhandeln noch einmal. Nachdem der Juwelier beim Preis so weit nachgegeben hat, daß es wie sein letztes Wort klingt, werfe ich ein Argument in die Waagschale, das ihm eigentlich die Tränen in die Augen treiben müßte.

»I have to support a wife and two daughters, you know.«

Er sieht mich verständnisvoll an, nickt wissend und sagt: »I understand you, my friend. But you also must understand me. My family is even bigger.«

Gut gegeben. Wir kapitulieren und zahlen bar. Efcharisto und kalimera.

Ich rufe zu Hause an, um Marlene zu erinnern, daß sie uns morgen am Flughafen abholen soll.

Sie habe jetzt ihre Abitur-Noten. Ob ich die wissen wolle.

Aber da ist der Kredit auf der Telefonkarte verbraucht und die Leitung gekappt. Ungutes Gefühl, weil ich sie nicht mit dem zu Wort kommen ließ, was ihr wichtig ist. Jamie sagt, Marlene leide darunter, daß ich sie nicht für voll nähme, nicht wie die Erwachsene behandele, als die sie sich fühlt. Das Problem, mein Problem?, ist, daß sie sich häufig nicht so verhält, wie sie sich selbst empfindet. Aber ich sollte wohl weniger auf diese Kindheitsreste ansprechen, sondern auf das, was sie erwachsen sein läßt.

Denglish: You really got brown (Jamie) – soll heißen: got tanned.

## Freitag, 18. Juni

Marlene und Emily holen uns am Flughafen ab. »Mann, Papa, bist du braun geworden!« Und wie's denn so war?

Schön war's. Sehr schön. Und während ich mich hinters Steuer setze, uns durch die verwaschene Abenddämmerung eines kühlen, regnerischen Sommertags nach Hause chauffiere und zuhöre, wie Jamie unseren Töchtern von der Reise erzählt, und wie Emily und Marlene uns erzählen, wie sie die Woche ohne uns verbracht haben, wie erwachsene Menschen nämlich, um die man sich als Eltern keine Sorgen zu machen hat, verknüpfen sich die Stimmen und Worte zu einem dichten Netz. Und einen Knoten dieses Netzes bildet die Erinnerung daran, als Marlene mich zum ersten Mal danach gefragt hat, wie Jamie und ich uns kennengelernt haben.

Marlene war damals vier Jahre alt. Wir fuhren mit dem Auto über den Zufahrtsweg zu unserem Haus in Mollberg, ein Weg, der in meiner Kindheit nur eine von Treckern und Kiestransportern niedergefahrene, mit Schlaglöchern übersäte Piste gewesen und dann irgendwann so flüchtig asphaltiert worden war, daß die Wurzeln der ihn säumenden Bäume den Belag längst wieder sprengten und verwarfen. Im Lauf der Jahre haben sich Eichenkronen über der Fahrbahn geschlossen und einen Hohlweg entstehen lassen – einen »Tunnel aus Bäumen«, wie Marlene damals plötzlich sagte. Sie saß auf dem Rücksitz, den Kopf in den Nacken gelegt, und schaute durchs Heckfenster in die huschenden Ornamente aus Laub und Licht. Was sie dort wirklich sah, was sie dabei empfand, in der Geborgenheit des Autos vom gleichmäßigen Singen des Motors gewiegt, durch diesen Kanal zu gleiten, das war, indem sie ihre Wahrnehmung als »Tunnel aus Bäumen« zur Welt brachte, in den Worten wie verloren. Oder bewahrt? Als die Kinder zu sprechen begannen, habe ich in einer Mischung aus Entzücken und Neugier in ihre ersten Worte hineingelauscht wie in Funksignale von fernen Sternen, in denen Reste meiner eigenen Kindheit verschlüsselt waren. Als die Kinder dann sprachen, fließend und mühelos zweisprachig, Englisch von ihrer Mutter, Deutsch von ihrem Vater, dreisprachig ja fast schon im kuriosen Denglish ihres Familienlingos, hörte ich ihnen gern zu, wenn sie sich in Spielen und Phantasien unbeobachtet, unbelauscht glaubten und mit unerhörter Schwerelosigkeit Beziehungen zwischen den Sprachkörpern fanden, die ich als Übersetzer nie herzustellen fähig wäre; wenn sie Verwandtschaften zwischen Sprache und Wirklichkeit sahen, die mir längst unzugänglich geworden sind oder höchstens noch in Momenten halbschlafähnlicher Selbstvergessenheit vorbeihuschen. Wenn ich mir manchmal die Dinge ansah, die im Kinderzimmer herumlagen, schien in der Unordnung eine rätselhafte Regelhaftigkeit verborgen, und dann hatte ich das Gefühl, mich auch selbst zu beobachten. Und erst die Träume der Kinder! Hätten sie Nachricht von Glück und Schrecken geben können, die als Schatten über ihre schlafenden Gesichter geisterten, hätten sie die Bilder und Wirbel, die Bewegungen und Wesen, mit denen sie Nacht für Nacht Umgang hatten, in irgendeiner wunderbaren Weise aufzeichnen und mir vor Augen führen können – wieviel mehr wüßte ich von der Welt, wieviel dichter kämen meine dressierten Vorstellungen wieder an jene Schwellenlandschaft zwischen Möglichkeit und Wirklichkeit zurück, der wir entwachsen sind. Erwachsen ist eine Form des Erwachens, ein Augenreiben, das den Blick klärt und zugleich blind macht, ein Gähnen, das mit unseren Träumen auch Zusammenhänge verschluckt, die den Kindern vertraut sind wie das Meer den Fischen. Was das Meer ist, darf man aber die Fische nicht fragen, und so habe ich damals auch nicht gefragt, warum Marlene nach der Bemerkung »Tunnel aus Bäumen« plötzlich wissen wollte: »Und wie habt ihr euch getroffen?« Erst hatte ich gar nicht verstanden, wen sie mit »ihr« meinte, aber als sie dann sagte: »Du und Mama natürlich«, glaubte ich für einen Moment, der ein im Aufleuchten schon wieder verlöschendes Glühen war, den Zusammenhang zwischen beiden Fragen zu verstehen oder zu ahnen, denn zu verstehen gab es am Ende nichts. Den Hohlweg schloß ich jedenfalls mit einer vagen Assoziation, oder war es eine Erinnerung?, an den Geburtsvorgang kurz, verstärkt durch den Umstand, daß dieser Weg im ganz unmittelbaren Sinn der Heimweg war. Und hatte die sich anschließende Frage des Kindes, wie Mutter und Vater sich getroffen hätten, nicht noch weiter ins Dunkel eigener Herkunft zurück gewollt? Ein intuitiver Versuch, den Zufall seines Daseins zu entschlüsseln, etwas in Erfahrung zu bringen, was nicht erfahren worden war und auch nicht erinnert werden konnte, sondern nur zu erzählen wäre? »Auf einer Insel«, hatte ich geantwortet, »auf einer Insel im Süden, auf einer Insel in einem blauen Meer.« Eine Antwort, mit der sich Marlene auch zufrieden gab, obwohl die Antwort ja nur einen einzigen Punkt in der Kette von Zufällen berührte, die dazu geführt hatten, daß sich die Schwingungen meines Lebens mit denen eines anderen schnitten. Statt den Ort zu nennen, hätte ich erzählen können vom Abend, als ich im Hafencafé saß, über meinem Sonnenbrand auf Stirn und Nase den einschlafenden Wind spürte, der Gerüche von Afrika herüberwehte, den Fischern zusah, die ihre Boote zum Auslaufen klarmachten, das Gewirr der Leinen und Taue vor der in dunstiger Zweideutigkeit versinkenden Sonne; hätte erzählen können, wie Jamie ein paar Tische von mir entfernt saß, ein Glas Tee auf dem Tisch und ein Buch auf den Knien, da einfach saß wie ich selbst, wartend auf keinen und viele, wie wir uns ansahen und vielleicht auch aneinander vorbei. Die Beklemmung, die Erregung. Fast ein Wiedererkennen. Hätte erzählen können, wie wir am lärmenden Tisch einer Taverne aßen und uns bei Wein und Fisch näherkamen, lachten, tanzten, zwei Fremde, die sich gut kannten, weil beide einsam waren; hätte sogar versuchen können, von Momenten und Augenblicken zu erzählen, die es schon vorher gegeben haben mußte, die dazu beigetragen hatten, daß wir aufeinander zugetrieben worden waren, bewegt von der gleichen Kraft, aber so lange voneinander getrennt, ahnungslos über die Existenz des anderen, bis der Zufall uns zur selben Zeit am selben Ort zusammenfallen ließ am Strand jener sehr südlichen Insel, die uns nun, after all those years, noch einmal eine freundliche Woche gewährt hatte.

## Samstag, 19. Juni

Fußball-Europameisterschaft in Portugal. Wenn Zeit ist, glotz ich TV. Holland gegen Deutschland, sagt Marlene, habe sie auch gesehen, mit Freunden. Das sei ja sogar echt spannend gewesen. Aber warum die meisten Fußballspieler so »spackig« aussehen müßten, verstehe sie nicht. Der eine zumindest, der Holländer, der das Tor geschossen habe, der sehe sehr ansehnlich aus. Ja, was denn, etwa Ruud van Nistelrooy als Schwiegersohnprototyp?

Marlene reist Dienstag nach Middlebury ab, ich eine Woche später. Sie fragt mich, wie streng in Vermont die Alterskontrollen in Bars und Restaurants gehandhabt werden.

»Streng. Legal drinking age ist 21.«

»Es geht nicht um Alkohol. Es geht darum, daß ich nicht draußen bleiben will, wenn die anderen mal feiern oder so.«

»Verstehe ...«

»Ich könnte meinen Perso fälschen.«

»Wie bitte?!«

»Das Geburtsdatum auf dem Personalausweis. Das kann man ganz leicht fälschen. Hat 'ne Freundin von mir auch schon mal gemacht.«

»Aber das ist ..., das ist ja schon irgendwie ...«

»Schadet doch auch niemandem, oder?«

»Ich glaube, soooo streng sind die in Vermont gar nicht. Jedenfalls nicht so streng, daß man dafür kriminell ..., also du weißt schon.«

»Dann eben nicht«, sagt sie und packt weiter ihren Koffer.

Perso fälschen! Den angeblich fälschungssicheren Personalausweis! Ungeheuerlich. Respekt, Marlene, Respekt!

Neues aus den Klassenzimmern oder Im tiefen Indien I:

Schüler: »Das nennt man Bevölkerungsexplosion.«

Geographielehrer: »Lassen Sie doch diese Formulierung. Da sehe ich immer Blut spritzen.«

## Sonntag, 20. Juni

Unterm dichten Knöterichlaub an der Garagenwand hat sich eine Amsel ihr Nest gebaut. Seit einigen Tagen brütet sie. Ich sehe mißtrauisch Woodstock an, und die Katze starrt mich an, als könne sie kein Wässerchen trüben. Wenn das mal gutgeht!

Ihr Abitur hat Marlene mit einem Notendurchschnitt von 2,1 bestanden. Er hätte deutlich besser sein können, sagt sie, hätte sie in der letzten Klausur in Geschichte nicht diesen dummen Fehler gemacht.

Welchen Fehler?

Statt ausführlich darzulegen, was die Lehrerin erwartet hatte, habe sie nur knapp hingeschrieben, was ihre eigene, subjektive Meinung gewesen sei. Und daraus habe sie nun etwas gelernt.

Was denn?

Daß es manchmal besser sein könne, fremde Erwartungen zu erfüllen, statt auf der eigenen Meinung zu bestehen. Auch wenn das »total stumpf« sei. Auch wenn das noch so sehr »ätze«.

Non scola sed vita etc. pp.

An ihrem Fahrrad sei was kaputt. Ob ich da mal schnell helfen könne. Natürlich kann ich. Allerdings ist lediglich die Kette abgesprungen. Übermorgen fliegt sie in die USA, no problem, man ist ja erwachsen. Aber wie erwachsen muß man werden, um ganz allein eine Fahrradkette zurück aufs Zahnrad legen zu können?

## Montag, 21. Juni

»Kennst du die *Dreigroschenoper?*« fragt Emily, aus der Schule zurück, während Marlene und ich das Mittagessen richten. »Haben wir im Musikunterricht. Und deshalb hab ich jetzt ’nen Ohrwurm. Und der Haifisch, der hat Zähne«, summt sie vor sich hin.

»Und die trägt er im Gesicht«, falle ich ein, und da auch Marlene den Song kennt, jedenfalls in Bruchstücken, schaffen wir tatsächlich die erste Strophe, holprig und schief in dissonanter Dreistimmigkeit.

Marlenes letzter Tag vor der Abreise in die große, weite Welt. Wir holen Jamie abends aus dem Laden ab und gehen zum Italiener. Nach dem Essen zieht Emily ein kleines Päckchen aus der Tasche – einen »Schicksalswürfel« als Abschiedsgeschenk für Marlene. Auf jeder der sechs Flächen steht ein Begriff, der sich zukünftig erfüllen soll. Zum Glück sind es ausnahmslos freundliche Dinge, Erfolg, Liebe, Kinder sogar.

Sowohl mit dem Großereignis Abitur als auch mit ihrem Aufbruch nach Amerika haben sich die familiären Spotlights in den vergangenen Wochen doch sehr auf Marlene konzentriert, und Emily stand etwas unbeachtet hinter der Bühne herum. Es rührt mich deshalb um so mehr, daß ausgerechnet sie an ein Abschiedsgeschenk für ihre Schwester gedacht hat.

»Der Gedanke, daß Erfüllung, d.h. das Gefühl der Richtigkeit, durch Kämpfe und Gewinnen erreichbar sei, ist eine Erweiterung dessen, was Freud ›Geschwisterrivalität‹ nannte. Er meinte, wir alle hätten Eifersucht und Haß auf unsere Brüder und Schwestern zu bewältigen, die unseren exklusiven Zugang zu unseren Müttern bedrohten. Aber Freud hatte keine ungeschädigten Menschen in seinem Bekanntenkreis. Hätte er Gelegenheit gehabt, die Yequana kennenzulernen, so hätte er festgestellt, daß der Gedanke des Konkurrierens und Gewinnens als Selbstzweck ihnen gänzlich unbekannt ist. Er kann daher nicht als integraler Bestandteil der menschlichen Persönlichkeit angesehen werden. Wenn einem Baby alles an Erfahrung auf den Armen seiner Mutter zuteil geworden ist, was es braucht, und es sich von ihr aus eigenem freien Willen löst, so wird es dadurch befähigt, ohne Schwierigkeit die Ankunft eines neuen Babies an dem Ort, den es freiwillig verlassen hat, zu ertragen. Es besteht kein Grund zur Rivalität, wenn nichts beansprucht wurde, was es noch braucht.« (Liedloff)

## Dienstag, 22. Juni

Abschiedstränen bei Marlene und Jamie, die beide dicht am Wasser gebaut haben. Abschiede sind Jamie verhaßt; der von ihrer Tochter trifft sie mitten ins Herz.

Ich fahre Marlene zum Flughafen, und wir beide können es uns zum Glück leicht machen, weil wir uns schon in einer Woche in Middlebury wiedersehen werden. Als ich wieder nach Hause komme, hat Jamie immer noch gerötete, feuchte Augen.

Ich empfinde diese Reaktion als melodramatische Übertreibung, aber als ich später allein im Garten bin und mich um die Rosen kümmere, die von einem schweren Sommergewitter übel gedrückt und gerüttelt wurden, erfaßt mich plötzlich ein aus der Magengrube steigender, dumpfer Schmerz, der Phantomschmerz, den etwas Abwesendes verursacht. Die gebrochenen Triebe, die abgeregneten Blüten, deren Gelb zu undefinierbarer Farblosigkeit geschrumpft ist. Was noch einen Strauß ergeben könnte, lege ich zusammen, trage es durch den Flur in die Küche, vorbei an Marlenes Zimmer, dessen Tür offen steht. Alles ist, wie es immer war. Ein aufgeschlagenes Buch neben dem ungemachten Bett; die Schreibtischlampe brennt; herumliegende Schuhe und Klamotten. Und doch ist nichts mehr so wie es war.

Jamie stellt die Rosen in eine silberne Vase.

## Mittwoch, 23. Juni

Neues aus den Klassenzimmern oder Im tiefen Indien II:

Geographielehrer: »Die Toilette ist am Ende des Ganges.«

Morgens um zwei MEZ wache ich auf. Jetzt müßte Marlene eigentlich angekommen sein. Müßte anrufen. Müßte sagen, ich bin angekommen. Ich bin gut und gesund angekommen. Blödsinn. Dann würde sie uns ja aus dem Schlaf reißen. Und bloß um zu sagen, daß sie angekommen ist.

Gegen dreizehn Uhr ruft sie an. »Hallo Papa, ich wollte nur sagen …«

»Hallo Marlene, bist du gut angekommen?«

»Ja klar. Was denn sonst? Wollte jetzt auch eigentlich nur sagen, daß ich gut angekommen bin.«

»Ja, wunderbar.«

Emily kommt aus der Schule.

»Marlene hat angerufen«, sage ich.

»Und? Ist sie gut angekommen?«

»Klar. Was denn sonst?«

Gegen sieben kommt Jamie aus dem Laden.

»Marlene hat angerufen«, sage ich.

»Oh! Und? Ist sie gut angekommen?«

»Ich glaub wohl. Jedenfalls hat sie gesagt, daß sie gut angekommen ist.«

»Dann ist sie auch gut angekommen.«

»Ja, wahrscheinlich.«

## Donnerstag, 24. Juni

Neues aus den Klassenzimmern oder Phänomenologie der Geschlechterdifferenz:

Lehrer: »Wenn Männer sich am Telefon verabreden wollen, dauert das zwei Minuten. Wenn Frauen sich verabreden wollen, besprechen sie erst noch ausführlich, was sie sich morgen erzählen wollen.«

An der Universität gibt es heute einen Tag der offenen Tür. Gymnasiasten sollen sich da informieren und orientieren können, was demnächst auf sie zukommt, falls sie studieren. Informiert und orientiert wirkt Emily freilich nicht. Sie habe sich nach dem Studiengang Internationales Recht erkundigt, der seit einigen Semestern als Kooperation mit der niederländischen Universität Groningen angeboten wird. Vor lauter Begeisterung übers endlich Internationale habe die informierende Professorin in einer Art Akademiker-Denglish nur von Bachelors und Masters geschwallt; wie das zu verstehen sei und wie es sich von herkömmlichen Studiengängen unterscheide, sei aber nicht aus ihr herauszuholen gewesen. Immerhin habe sie, wiederum international benebelt, Groningen »voll holländisch« ausgesprochen: Chroningen.

## Freitag, 25. Juni

Heute nacht haben unsere Nachbarn ihr zweites Kind bekommen, ein Mädchen namens Nellie oder Nelly. Der Vater verkündet stolz, wenn auch blaß und übernächtigt, einschlägige Details von Größe und Gewicht, wird dabei aber vom Geplärr seiner ersten Tochter unterbrochen, die den Konkurrenzkampf unverzüglich eröffnet.

Beim Abendessen unter Freunden ist man sich einig, daß niemand von uns eine derart späte Elternschaft goutieren würde. Wenn Nellie oder Nelly und ihre Schwester so alt sein werden wie unsere Töchter es jetzt sind, wird ihr Vater mit Mitte siebzig im besten Opa-Alter angekommen sein. Nur Mechthild B., ihrerseits gleichfalls schon reiflich middle-aged, bekommt feuchte Augen und bekennt Eifersucht gegenüber der jungen Mutter. Was sind das für Aufwallungen? Letzte Lockerungen der Hormone?

## Samstag, 26. Juni

Denglish: I hung up laundry but couldn't find Wäscheklammern. (Emily)

E-Mail von Marlene:

»hallo papa und emily und mama!

gestern war der anstrengendste tag, und angeblich auch fuer die ganze zeit. ich stand den ganzen tag im arrival center und habe die ganze zeit den gleichen text erzaehlt. hi, i'm bilingual ... if you need help ... read this closely ... do you want to participate in any activities .... pascale und ich sind jetzt ›beruehmt‹: alle sagen immer: oh, das sind die bilinguals.

auf einem faculty meeting hat jochen ein paar sachen vorgeschlagen: eine nach-dem-film-diskutierrunde, die ich natuerlich gerne organisieren moechte. und eine politische diskussionsrunde. und dann hat er gefragt, ob das jemand machen moechte. er sagte, er denkt da auch an dich und hat eine anspielung aufs vermonter journal gemacht. haettest du lust dazu? (er hat nur deinen namen genannt, plant dich aber nicht dafuer ein oder so) haettest du lust? ich frage, weil ich da lust zu haette, vielleicht koennten wir was zusammen machen.

viele studenten fragen mich, wo ich studiere und wie ich hier an den job rangekommen bin. dann muss ich immer sagen, dass du mein vater bist. ein paar studenten aus früheren jahren haben schon gefragt: modick?? bist du verwandt mit klaus? mir waers lieber, sie wuerden es irgendwann im laufe des sommers rauskriegen.

gleich sind die placement tests, alle sind aufgeregt.

marlene«

## Sonntag, 27. Juni

Gestern kam per Post Uwe Wittstocks Buch *Der Familienplanet.* Im Vorwort heißt es: »Hartnäckige Gerüchte besagen, Eltern setzten Kinder in die Welt. Das stimmt natürlich nicht. Vielmehr sind es die Kinder, die ihre Eltern in eine neue, seltsame Welt versetzen. Auf den Familienplaneten.« Und in seinem Gruß schreibt mir Wittstock: »Sie kennen das alles, Ihnen kann ich da nichts vormachen.«

Kenne ich das wirklich alles?

»Lieber Uwe Wittstock,

besten Dank für Ihren *Familienplaneten.* Ich reise übermorgen in die USA ab und freue mich, auf diese Weise angenehme Fluglektüre zu haben. Ob ich das, wie Sie schreiben, alles kenne, ist aber vielleicht doch zweifelhaft, weil ich annehme, daß sich ein Drei-Söhne-Planet wie der Ihre von einem Zwei-Töchter-Planeten deutlich unterscheidet. Um so gespannter bin ich auf die Lektüre.

Ihr Buch kommt noch aus einem anderen Grund wie gerufen. Ich schreibe derzeit an einem Vatertagebuch, ein Journal dieses Jahres, in dem täglich die einschlägigen Erfahrungen vermerkt und bedacht werden. Dabei gehe ich natürlich auch auf Erfahrungen anderer ein und werde Ihren Planeten entsprechend neugierig besichtigen.

Bei uns gibt es übrigens schon erste Absetzbewegungen vom Planeten, da meine ältere Tochter soeben Abitur gemacht hat und nun zu fremden Gestirnen aufbricht.

Wie ich von Eilerts weiß, reisen Sie im Sommer wieder auf die Ile de Ré. Ich wünsche viel Spaß und, soweit das mit Ihren drei von der Drangstelle möglich ist, gute Erholung.«

## Montag, 28. Juni

Zum Tee bei meiner Mutter, Abschiedsvisite vor meiner Abreise nach Middlebury. Sie erkundigt sich nach den Mädchen, und da die Nachrichten gut sind, zitiert sie ihre Schwiegermutter: »Da muß man die Hände falten.« Es folgen ausführliche, einschlägige Erfolgsmeldungen über das Wohlgeratensein der Kinder in ihrer weitverzweigten Familie. Angesichts des eigenen Sippenglücks und schaudernd eingedenk des bedenklichen Zustands der Welt und des allumfassenden Unglücks der anderen muß man einfach nur die Hände falten. Das ist alles »aus tiefstem Herzen« empfunden und liebevoll gemeint und hat doch etwas verdächtig Pharisäerhaftes. Dem Herrgott danken, daß die eigene Brut nicht so verkommen und mißraten ist wie die der anderen.

Frage mich, ob ich frei von solchen Anwandlungen bin. Ich bin es nicht. Wenn mir familiäre Katastrophen anderer Leute zu

Ohren kommen, erfüllt mich manchmal Behagen über die eigene, stabile bis glückliche Situation. Dumpfe Schadenfreude ist das nicht, sondern gleicht dem Gefühl, am warmen Ofen zu sitzen, während draußen der Sturm heult. Übrigens hängt damit zusammen, daß man gegenüber den eigenen Kindern toleranter ist als gegenüber den Kindern der anderen. Wie ja auch, noch allgemeiner, jeder Erfolg immer der Mißerfolg anderer ist.

Dienstag, 29. Juni
(Middlebury College/Vermont)

»Bei Marlene hast du geweint. Wenn ich abreise, lächelst du«, sage ich zu Jamie, als sie mich am Flughafen absetzt; meine es nicht wirklich ernst, und sie nimmt es auch nicht ernst und lächelt versonnen. Vielleicht will ich nur die Antwort hören, die sie gibt: Der Abschied von Marlene war diesmal einer mit der Schwermut des Unwiederbringlichen; der Abschied von mir einer von vielen, dem die Rückkehr ins gemeinsame Leben folgen wird.

Marlene aber ist »aus dem Haus«. Fort.

»Alles wird anders sein,
wenn Du auch krank vor Heimweh bist,
und Dein Herz verdorrt,
immer, wenn einer fortgeht, ist
er für immer fort.«

Die Zeilen stammen von Alexander Lernet-Holenia. Carl Zuckmayer zitiert sie in seiner Autobiographie *Als wär's ein Stück von mir*, wenn er über seinen Gang ins Exil schreibt. Er verbrachte es auf der Backwood Farm in Vermont, keine zwei Autostunden vom Middlebury College entfernt, zu dem ich auf dem Weg bin.

Auf dem Pariser Flughafen ins Notizbuch gekritzelt:

Hart klingt Vater.
Geht's nicht zarter?
Wie klingt Papa?
Darauf 'n Grappa.
Oder auch Papi?
Darauf zwei Grappi.
Wie wär's mit Daddy?
So hieß ein Teddy
Marlenes. Nett
klingt Dad.

## Mittwoch, 30. Juni (Middlebury)

Wieder mal im Dienst meiner Vatersprache im Mutterland meiner Töchter.

Mit Marlene Frühstück in der Mensa. Da ich aber von allen begrüßt, von vielen umarmt, von manchen geherzt werde und entsprechend zurückgrüße, wird unsere familiäre Zweisamkeit sogleich zu einem Knoten im dichten Netz der breitgefächerten Gruppendynamik, in dem wir die nächsten sieben Wochen verbringen werden: An der German School 130 Studenten und 29 Personen Faculty and Staff; dazu acht andere Sprachschulen mit teilweise erheblich höherer Kapazität; insgesamt 1.500 Leute auf dem Campus. Schon auf den ersten Blick wird klar, daß Marlene hier, im doppelten Sinn, bestens angekommen ist. Im Büro bewegt sie sich so selbstverständlich, als hätte sie ihr Leben lang nichts anderes getan, als an einem amerikanischen College Bilingual Assistant zu sein. Sie ist ja nicht nur bilingual, sondern sozusagen auch binational.

»Bei Marlene«, sage ich während des Mittagessens, »ist irgendwie alles bi.«

Worauf der schwule Roman Graf zu grinsen beginnt. »Ach wirklich?«

Abends, beim Empfang nach Jochen Richters obligater, wie stets gutgelaunter und gute Laune versprühender Eröffnungsrede, nehme ich Marlene beiseite. »Wenn es dir unangenehm sein sollte, mich hier Papa zu nennen, dann kannst du mich natürlich auch Klaus nennen.«

»Unangenehm? Wie meinst du das?«

»Peinlich oder so.«

»Nö. Das ist doch nicht peinlich.«

Sollte es *mir* etwa peinlich sein?

Mein Bruder hatte irgendwann zu seiner Studentenzeit damit begonnen, meine Eltern mit ihren Vornamen anzureden, was mir immer unangemessen und kalt klang. Es war eins der Mittel, mit denen mein Bruder Distanz von den Eltern suchte und herstellte. Kurz vor seinem Tod hat mein Vater, der sonst für solche intimen Bekenntnisse nie zu haben war, mir mit sterbensmüder Stimme gesagt, daß ihn diese Form der Anrede verletzt habe: »Als wäre ich nicht sein Vater ...«

## Donnerstag, 1. Juli (Middlebury)

Aus Uwe Wittstocks *Familienplanet*, der sich in der Tat als geeignete, weil leichtgewichtige Fluglektüre erweist: Wer über Familienleben schreibt, »kann dummerweise nicht immer bei seiner Familie sein und braucht ein klein wenig Ruhe. Altes Problem: Die einen schreiben so am Leben entlang und hätten es gern leise, die anderen leben und machen Krach. Thomas Mann hat dazu eine Menge ...«

Beim Mittagessen sitzen Marlene und ich nebeneinander. Ein Student meint grinsend, wir müßten ja ein sehr gutes Verhältnis haben.

Wieso?

Er habe sich bei jeder Gelegenheit so weit wie möglich von seinen Eltern weggesetzt.

Marlene und ich säßen auch nur gelegentlich beieinander, sage ich schnell, als müsse ich nachweisen, daß es auch zwischen uns Konflikte gibt.

Im Büro ergibt sich aus einem sprachlichen Mißverständnis (»Wo hat Speier eigentlich sein kleines Ding?«) zwischen ein paar Kollegen ein kurzer Schlagabtausch kalauernder Zoten, bis mir bewußt wird, daß Marlene hinter uns am Computer das *Tageblatt* redigiert und natürlich mithört. Als ich mich zu ihr umdrehe, grinst sie übers ganze Gesicht. Und ich bin sehr erleichtert.

## Freitag, 2. Juli (Middlebury)

Traditioneller Empfang für Fakultäten und Mitarbeiter aller Schulen beim Dean of Faculty Michael Katz. In all den Jahren, während derer ich hier unterrichtet habe und inzwischen schon fast zum Urgestein der Language Schools zähle, haben Katz und ich immer nur höfliche Floskeln miteinander gewechselt oder in aller Kürze sachliche Details besprochen. Diesmal hält er mich, sichtlich erfreut, am Arm fest: meine Tochter gehöre also nun zum Staff. Das sei ja wonderful and just great. Wir geraten ins Plaudern, time flies and kids become people, während sich hinter mir die Eintreffenden stauen.

Als Marlene später auf dem Empfang erscheint, frage ich sie, ob Katz auch mit ihr gesprochen habe.

»Nö. Wer iss'n das überhaupt?«

Ich zeige ihn ihr.

»Ach so, ja, mit dem hab ich mich schon vor einer Woche im Arrival Center unterhalten. Netter Typ.«

Tanzparty der Studenten. Im letzten Jahr hatte ich dazu notiert: »Der Altersunterschied wächst, logisch, Jahr für Jahr. ›Die Studenten‹ bleiben als Gattung ewig jung, während unsereiner das alternde Individuum vorstellt. Vor zehn Jahren hätte man vielleicht mal hier und da einen harmlos-platonischen Flirt riskiert. Heute guckt man höchstens noch entsagungsvoll, mit wem man seinerzeit einen Flirt riskiert hätte. Könnten jetzt ja auch schon meine Töchter sein ...«

Das war 2003. In diesem Jahr *ist* es meine Tochter.

Jochen und ich erscheinen früh auf der Bild- bzw. Tanzfläche, als die Party noch gar nicht Fahrt aufgenommen hat. Die Studenten sehen es ganz gern, wenn unsereiner sich mal kurz blicken läßt; sie sehen es aber auch gern, wenn man sich zügig wieder verzieht. Und das tun wir dann auch.

### Samstag, 3. Juli (Middlebury)

»Wir müssen Marlene abmahnen«, sagt Karl Obrath, unser Co-Direktor, mit bedenkentragender Leichenbittermiene.

Ich werde blaß. Das Schlimmste, was hier passieren kann, ist offenbar bereits passiert: Marlene hat irgendwelchen Mist gemacht. Das Schlimmste, weil die Vermischung von Freundschafts- und Familienverhältnissen mit dem Job als Vetternwirtschaft meist auf berechtigtes Mißtrauen stößt. Wenn Marlene hier Scheiß baut, fällt das auf mich zurück und letztlich auf Jochen, der Marlene eingestellt hat.

Während meiner ersten beiden Sommer in Middlebury fungierte der Sohn des damaligen Direktors als Bilingual Assistant, ein überaus peinlicher Mensch, der seine soziale Inkompetenz, das Fehlen jeglichen Einfühlungsvermögens und aller Sensibilität, mit angeberischem Groß- und raubaukenhaftem Lautsprechertum kompensierte und hinter vorgehaltener Hand von allen – außer von seinem Vater – als komplette Fehlbesetzung gesehen wurde, als Karikatur der Funktion, die er zu erfüllen gehabt hätte.

Zwar bin ich nicht der Direktor, zwar kam die Initiative, Marlene zu berufen, von Jochen, aber immerhin bin ich hier altgedienter Professor. Und Gast. Und ich bin der Vater. Karl weiß das alles sehr genau, und wenn er von Abmahnung spricht, muß es eine Katastrophe gegeben haben.

»Also gut, Karl, spuck's schon aus.«

Er grinst. »Sie arbeitet zuviel.« Er lacht. »Sie macht einen tollen Job.« Karls Humor.

Tennis mit Marlene. Bevor sie mit anderen Partnern spielt, will sie sich an die Hartplatzverhältnisse gewöhnen und mit dem ihr Vertrautesten ein paar Bälle schlagen. Da gibt es weder Druck noch Wettbewerb noch Blamage, und Fehler spielen keine Rolle. Adornos Formulierung, Intimität sei das unwachsame Vertrauen des gemeinsamen Lebens, gilt auch für Eltern und Kinder. Daß sie mir dies Vertrauen schenkt, ist meine Freude.

Im übrigen habe ich ihr Vertrauen nötiger als sie meins, weil sie inzwischen besser Tennis spielt als ich, jedenfalls technisch. Gewinnen könnte ich gegen sie nur noch mit blanker Kraftmeierei. Und die ist auch nicht mehr ganz, was sie einmal war.

## Sonntag, 4. Juli (Middlebury)

In der *New York Times Book Review* ein Hinweis auf ein Buch mit dem Titel *Why We Do It: Rethinking Sex and the Selfish Gene*. Niles Eldredge, der eigentlich Paläontologe ist, sucht unter soziobiologischen und evolutionspsychologischen Aspekten nach den Quellen sexuellen Begehrens und kommt zu dem Ergebnis, daß unser einschlägiges Stürmen und Drängen nicht nur von nackter Genmultiplikation befeuert wird, sondern eine Strategie ist, die Gattung vor dem Aussterben zu bewahren. Der Sinn des Lebens wäre demnach nicht nur das Leben selbst, der Sinn der Liebe nicht nur die Lust, sondern die Stabilisierung der Spezies. Begattung als Gattungsgarantie. Irgendwie ja auch nicht sonderlich romantisch. Und mich, der seit zehn Jahren nur noch mit garantiert sterilen Platzpatronen schießt, betrifft das alles eh nicht mehr.

Auf der verzweifelten Suche nach einem Fernsehgerät, das in diesem fußball- und europaignoranten Land das Endspiel der Fußball-Europameisterschaft zwischen Portugal und Griechenland überträgt, werde ich mit zwei Fakultätskollegen schließlich fündig. In einem abseits des Campus gelegenen Häuschen drängen sich in einem maximal 14 Quadratmeter kleinen Zimmer fast 30 gleichgesinnte Versprengte aus verschiedenen Ländern und Nationen zusammen. Griechenland gewinnt glücklich, und das bin ich dann auch und denke an das Foto, das ich mit Tesafilm an die Wand überm Schreibtisch geklebt habe: Jamie und ich vorm Hafenpanorama von Agia Galini.

»Hör mal«, sagt Jochen, »heute abend findet das erste Konzert des German For Singers Programms statt. Das muß beim Abendessen noch einmal angekündigt werden, aber ich kann nicht zum Essen kommen.«

»Geht klar«, sage ich, weil ich wie üblich annehme, daß ich die Ansage übernehmen soll. Weit gefehlt.

»Sag Marlene«, sagt Jochen, »daß sie es ansagt.«

## Montag, 5. Juli (Middlebury)

Nach den Vorgeplänkeln der letzten Woche beginnen die Seminare heute erst richtig. Den Kurs über Adornos *Minima Moralia* eröffnen wir mit dem Eintrag *Tisch und Bett*, aus dem auch die schöne Formulierung vom unwachsamen Vertrauen des gemeinsamen Lebens stammt. »Das Intime zwischen Menschen«, heißt es da weiter, »ist Nachsicht, Duldung, Zuflucht für Eigenheiten.« Gemünzt ist das auf Liebesverhältnisse und Ehen, gilt aber doch auch für die Beziehung von Kindern zu ihren Eltern. Umgekehrt allerdings nicht, weil es zum Erwachsenwerden der Kinder gehört, zu ihrem Den-Eltern-Entwachsen, daß sie mit ihren Eigenheiten nicht mehr bei den Eltern Zuflucht suchen und bestimmte Eigenschaften der Eltern nicht mehr dulden, ihnen nicht mehr mit Nachsicht begegnen, sondern gerade den Eltern gegenüber dünnhäutig kritisch werden.

Die Welt ist bekanntlich klein und kraft Kommunikations- und Informationstechnologie zum *global village* geschrumpft. Dem, der sich seines familiären Netzwerkes bewußt ist und gelegentlich in ihm lebt, kann sie zum Familientisch werden. Heather, eine in New York lebende Cousine Jamies, ist seit einem Jahr mit einem Mann aus Middlebury liiert. Und so kommt es, daß Marlene und ich heute mit einer Verwandten zu Abend essen, in einem Restaurant am Ufer des Otter Creek in Middlebury, Vermont. Zufall, gewiß, doch je verzweigter eine Familie, desto geringer der Zufallscharakter solcher Begegnungen.

Tina, die Koordinatorin unserer Schule, kennt als Einwohnerin Middleburys wiederum Heathers Freund und spricht mich beim Mittagessen auf diese Verbindung an. Bedenkt man, daß seit Christi Geburt erst 80 Generationen gelebt und die Welt bewohnt haben, mag einem dämmern, wie sehr wir alle in diesem *global village* miteinander verwandt sind.

## Dienstag, 6. Juli (Middlebury)

Mit zwei Fakultätskollegen teile ich mir in einem der dormitories eine abgeschlossene Suite; jeder hat darin sein eigenes Zimmer, gemeinsam nutzen wir Bad, Toilette, Küche und Lounge. Der rigorosen Anti-Raucher-Politik des Colleges zum Trotz ist der Selbstmord auf Raten in den Privatzimmern gestattet.

Marlene kommt vorbei, weil wir gemeinsam Wäsche waschen wollen, um die überdimensionierten Waschmaschinen und Trockner besser auszunutzen. Als ich ihr die Tür zur Lounge öffne, streckt sie die Nase in die Luft und schnüffelt skeptisch. »Sag mal, rauchst du hier etwa?«

»In den Zimmern ist es erlaubt.«

»Es stinkt aber bis zum Fahrstuhl. Das kannst du doch nicht machen.«

»In den Zimmern ist es aber ...«

»Trotzdem.« Sie sieht sich in meinem Zimmer um, lächelt, als sie das Foto ihrer Eltern überm Schreibtisch sieht, runzelt dann aber die Stirn und zeigt auf eine Rotweinflasche im Bücherregal. »Da hast du ja mächtig gebunkert.«

Eine einzige Flasche Rotwein. Mächtig gebunkert. Als ob ich permanent der Alkoholiker wäre, der ich nur manchmal bin. Nachsicht und Duldung? Ach, Adorno ...

Die Whiskeyflasche hat Marlene übersehen.

Zur politischen Diskussionsrunde zum deutsch-amerikanischen Verhältnis erscheinen fast 40 Leute, Studenten und Fakultät. Das Thema reizt. Es geht um die Haltung zum Irak-Krieg und den angeblichen Anti-Amerikanismus in Deutschland, der sich aber doch wohl in Kritik gegen die herrschende Politik dieser US-Regierung erschöpft, die ja durchaus keine Politik des Volkes ist. Und was die Dominanz Amerikas in Sachen Kultur und Lebensstil betrifft, mit der in Europa und anderswo nationale Identitäten und Differenzen zugekleistert werden, tut man gut daran, sich zu erinnern, daß Amerika ursprünglich eine Erfindung Europas war, ein Konglomerat englischer, deutscher, spanischer, auch französischer Traditionen. Im übrigen goutiert Europa durchaus, was Amerika in die Welt streut, von Hollywood über die Literatur bis hin zu Mode, Coca-Cola und McDonald's. Boykottiert wird da wenig bis nichts.

Marlene sitzt mir gegenüber, während ich das sehr lebhafte, emotional geführte Gespräch moderiere, und als ich einen allzu redseligen, in redundanten Wortgirlanden sich gefallenden und verlierenden Studenten auffordere, endlich zur Sache zu kommen, ruft sie dazwischen, den Mann doch ausreden zu lassen. Nun wird sie, denke ich, mich vermutlich für ein autoritäres Arschloch halten, wenn auch in ihren eigenen Worten.

## Mittwoch, 7. Juli (Middlebury)

Wie ihr die Diskussion gestern abend denn gefallen habe, erkundige ich mich beim Frühstück.

Gut, sehr gut. Marlene nickt. Und wie ich diesen Studenten, der an verbalem Durchfall leide, freundlich gezügelt hätte, das sei schon sehr geschickt gewesen.

Da hab ich ja noch mal Glück gehabt.

»Mit dem Glück ist es nicht anders als mit der Wahrheit. Man hat es nicht, sondern ist darin. Ja, Glück ist nichts anderes als das Umfangensein, Nachbild der Geborgenheit in der Mutter. Darum kann kein Glücklicher je wissen, daß er es ist. Um das Glück zu sehen, müßte er aus ihm heraustreten: er wäre wie ein Geborener. Wer sagt, er sei glücklich, lügt, indem er es beschwört, und sündigt so an dem Glück. Treue hält ihm bloß, der spricht: ich war glücklich. Das einzige Verhältnis des Bewußtseins zum Glück ist der Dank: das macht dessen unvergleichliche Würde aus.« (Adorno: *Minima Moralia*)

Mal wieder typisch: Die freundliche Stille der subtilen Präzision kippt plötzlich um in einen Kommandoton des Verdikts. Das wunschlose Glück wird zur Sprachlosigkeit verdonnert. Adorno ist eine Art gesamtgesellschaftlicher Spielverderber, ein Schwarzseher und Miesmacher: Teddy, der notorische ›party pooper‹. Worte fürs Glück zu finden, frei von Pathos und Kitsch – ist nicht auch das Sache der Literatur?

Adorno sieht immer und überall nur das Mißlingen und Scheitern, weil er keine Kompromisse kennt. Zwischen Glück und Unglück gibt es aber auch noch so etwas wie Zufriedenheit, zwischen Liebe und Haß vermitteln Toleranz und Respekt. Gegenüber der Zufriedenheit zeigt Adorno finsterste Intoleranz. Weil er alles will, bleibt ihm am Ende nichts, das Negative als Mausefalle, in das die Menschheit mit dem Speck des verdinglichten Scheins gelockt wird. Spricht er etwa in *Tisch und Bett* vom Zwangscharakter der Ehe, der bei Scheidungen offenbar wird, leugnet er nicht nur, daß es auch anständige, menschenwürdige Scheidungen gibt, sondern unterschlägt systematisch, daß es sogar Ehen gibt, die stabil bleiben, eben weil sie Respekt und Kompromiß kennen und den Zustand der Zufriedenheit leben, statt einem totalen Glücksversprechen nachzujagen; eine Jagd, die im Unglück enden muß, weil wunschloses Glück in diesem Leben nie zu realisieren ist.

Zur Mündigkeit zu erziehen, wie Adorno forderte, ist als Ziel hehr genug; wer meint, zum totalen Glück erziehen zu müssen, produziert zwangsläufig Krüppel. Der Weisheit letzten Schluß macht hier wiederum ein Goethe-Wort: »Wer immer strebend sich bemüht, den können wir erlösen.« Strebende Bemühung ist permanente Annäherung ans Glück.

## Donnerstag, 8. Juli (Middlebury)

Eine Repräsentantin des DAAD aus New York hält einen Vortrag über das deutsche Hochschulsystem, insbesondere dessen amerikanisierten Umbau zu Bachelor- und Master-Studiengängen auf dem Hintergrund eines einheitlichen, europäischen Systems. Da nicht einmal die Referentin weiß, wie sich die Sache entwickeln wird, ergibt sich anschließend eine lebhafte bis hitzige Diskussion.

Ein paar Reihen hinter mir sitzt Marlene im Auditorium, sehr ernst, sehr aufmerksam, vielleicht etwas verwirrt; verwirrt wie wir alle, die mit den hektischen, inkompetenten Versuchen unserer Bildungspolitik konfrontiert sind, aus Massen-Unis Eliteanstalten zu machen. Entschieden scheint Marlene zu sein, was sie studieren will: Amerikanistik und Geschichte. Aber wo? Angesichts des deutschen Bankrotts möchte man ihr zu Amerika raten. Aber wer soll das bezahlen? Ich jedenfalls nicht. In Middlebury beispielsweise kostet ein Studienjahr über 40.000 Dollar, ein Master-Studium mithin ein Vermögen.

Am Gelde hängt, zum Gelde drängt nicht nur alles, sondern am Gelde scheitert am Ende auch vieles. So hat die blauäugige Bundesregierung 50 Millionen Euro für den Ausbau sogenannter Elite-Unis bewilligt; daß das eine peinlich geringe Summe ist, wird schlagartig klar, bedenkt man, daß allein schon die neue Bibliothek dieses Colleges 60 Millionen Dollar gekostet hat, also praktisch die gleiche Summe, mit der das komplette Hochschulsystem in Deutschland auf Weltniveau gehievt werden soll. Der ahnungslose, kompetenzfreie Provinzialismus unserer Politik. Wenn er nicht ahnungslos sein sollte, wäre er verlogen.

Wenn ich Marlenes Gesicht zwischen denen der Studenten entdecke, empfinde ich es als ungewöhnliches Privileg, meine Tochter in einer Situation erleben zu dürfen, die üblicherweise von Eltern nicht mehr erlebt wird, sondern die ersten Schritte in die elternfreien Zonen des Lebens bedeutet. Ich kann also beobachten, was sich sonst elterlicher Beobachtung entzieht und hoffe sehr, daß Marlene mein Beobachten nicht als Kontrolle empfindet, nicht als beaufsichtigten Abschied von den Eltern.

Neulich zog ich auf der Maschine im Büro eine Kopie von *Zuckmayers Schatten*, meinem Journal des letzten Sommers hier in Middlebury, weil ich daraus demnächst vor den Schülern lesen werde.

Marlene warf einen Blick in den Text und sagte entschieden: »Mein Name darf auf keinen Fall erwähnt werden.«

»Wird er auch nicht; du warst im letzten Jahr ja nicht dabei«, sagte ich schnell und wie ertappt, weil mir das Vatertagebuch einfiel, an dem ich hier und jetzt schreibe. Denn das ist unter anderem auch das Protokoll eines Abschieds von den Eltern, aber aus deren, aus meiner Sicht.

### Freitag, 9. Juli (Middlebury)

Bei Jochen versammeln sich Faculty und Staff zur Glücklichen Stunde, bei der mit Gin & Tonics das Wochenende angesaugt wird. Sogar Marlene genehmigt sich einen, verschwindet aber früh, weil es immer noch irgend etwas zu organisieren gibt, vermutlich die abendliche Filmvorführung; heute gibt's *Herr Lehmann*.

Und heute gibt's auch wieder Komplimente, die, kaum daß sie weg ist, Marlene gelten, die aber auch ich als anerkennendes Schulterklopfen empfinde und vaterstolz verbuche, weil sie mir zugetragen werden. Hilfsbereit sei sie, zuverlässig, fleißig, zuvorkommend, ja geradezu hingebungsvoll diesem Job gegenüber, dabei immer gutgelaunt und strahlend freundlich. Und ob meine jüngere Tochter ebenso wohlgeraten sei?

Natürlich ist sie das, und ich bedauere, daß Emily nicht hier sein kann, um unter Beweis zu stellen, daß Pflichtgefühl und Freundlichkeit nicht nur die irgendwie klassischen Eigenschaften einer Erstgeborenen sind (die sie gleichwohl sind). Wenn Marlenes Gewissenhaftigkeit manchmal Züge von Pedanterie aufweist, steckt in Emilys Leichtfüßigkeit etwas Schlampiges; darin gleicht sie mir. Und in diesen unterschiedlichen Charakterprägungen gleichen meine Töchter sehr entfernt auch meinem Bruder und mir. Er, der Große, Vernünftige, Umsorgte, neigte zur Planübererfüllung, was die Erwartungen unserer Eltern betraf, während ich als Kleiner, besorgniserregend Infantiler, Vernachnachlässigter, luschiger, aber auch lässiger durch unsere Kindheit stolperte. Ein anderes Muster, das zwischen Erst- und Zweitgeborenen verbreitet sein dürfte, haben wir Emily und Marlene erspart. Mein Bruder avancierte nämlich zum Hüter seines Bruders, eine Verantwortung, die er als mein Familienkonkurrent natürlich unmöglich erfüllen konnte, was dann, neben anderen Gründen, zu schweren Konflikten zwischen uns führte, die bis weit in unsere Erwachsenenzeit reichten und an denen wir uns heute noch, längst brüderlich versöhnt, abarbeiten.

Ich hoffe, daß Emily in zwei Jahren, wenn sie Abitur gemacht haben wird, Marlene in diesem Job beerben kann. Denn von der Schulbank zum Staff dieses Colleges »berufen« zu werden, ist eine Startchance von ungewöhnlichem Kaliber. Wenn Emily sie nicht bekäme, hätte ich ein schlechtes Gewissen.

Abends ist Marlene nicht im Kino. Ich mache mir Sorgen. Ist sie womöglich krank? Ich weiß, daß es Marlene furchtbar auf die Nerven geht, wenn ich mir solche Sorgen mache, und verbiete sie mir.

## Samstag, 10. Juli (Middlebury)

In halbstündigen Abständen gehe ich gleich dreimal in die Mensa, bis ich Marlene schließlich beim Brunch finde. »Geht's dir auch gut?«

»Ja klar, wieso nicht?«

»Du warst nicht im Kino.«

»Ach nö, der Film ist ja super, aber ich hab ihn schon zweimal gesehen.«

Was hast du denn gemacht, möchte ich fragen und frage es nicht. Es geht mich nichts an. Nein ...

Weil Karls Büro direkt neben dem Büro der Bilinguals liegt und die Verbindungstür stets geöffnet ist, wird er Ohrenzeuge so manchen denkwürdigen Dialogs.

Ein Student, erzählt er, habe verblüfft zu Marlene gesagt, er habe gar nicht gewußt, daß sie meine Tochter sei, worauf Marlene geantwortet habe: Das sei auch gut so.

Ja? Ja ...

Nachdem ich es versäumt habe, mich mit Kollegen zu irgendeiner Samstagabendaktivität zu verabreden, komme ich mir übel verlassen vor, als es nach dem Essen in den dorms still wird und der Campus sich leert. Ich gehe ins Städtchen, trinke bei *Two Brothers*, dem Hangout der Townies, einen Jack Daniels on the rocks, glotze mit nach wie vor stabiler Verständnislosigkeit fürs Regelwerk Baseball im über der Bar hängenden TV, ziehe weiter zu *Mr. Up's*, wo ansonsten immer ein paar der üblichen Verdächtigen rumhängen, nur heute nicht, trinke ein Pint Summer Wheat, glotze weiter Baseball, verstehe immer noch nicht, wie das funktioniert, sehe die Red Sox gewinnen, schlendere wieder hügelan zum College, schaue im *The Grille* vorbei (eingedenglisht: *Die Grille*), wo im Erdgeschoß ein bunter und sehr lauter

Musikabend der Russischen Schule tobt, hole mir ein Pint bittersüßes Long Trail, gehe nach oben in die Galerie, um den Billardspielern zuzusehen – und sehe Marlene, die mit zwei Studenten an einem Billardtisch steht; sie kehrt mir den Rücken zu, und da ich nicht will, daß sie womöglich denkt, ich hätte nach ihr gesucht (habe ich wirklich nicht, Ehrenwort!), mache ich ein paar Schritte zur Seite, aber da dreht sie sich zu mir um, lacht, winkt und kommt herüber.

»Die beiden«, sagt sie und deutet auf die Studenten, »haben gesagt, du hättest sie nicht gegrüßt.«

»Nicht ... ich ... also hör mal, ich meine ...«

»War doch nur 'n Witz.«

»Ach so.«

»Ja, jetzt spiel ich weiter. Und du? Trinkst noch 'n Bier?«

»Ja ja ... Viel Spaß. Und bis denn dann.«

Einen der beiden Studenten kenne ich schon, weil er neulich beim Essen an meinem Tisch saß. Ein hübscher, intelligenter Junge aus dem Undergraduate-Programm, studiert in Yale. Und obwohl ich mir Namen schlecht merken kann, kenne ich schon seinen Namen: Jamie. *Den* Namen kann ich mir nämlich sehr wohl merken.

Ich drehe eine unschlüssige Runde, treffe Annie und Colin, zwei Studenten aus dem Adorno-Kurs, und komme mit ihnen ins Plaudern. Was wohl Adorno zu diesem Kessel Buntes der Russen gesagt hätte? Könnte er hören, was da von unten an Karaoke-Kasatschock-Geknödel durch die Galerie schollert, würde er sich im Grabe umdrehen. Manchmal schiele ich zu den Billardtischen. Die drei müssen inzwischen bei der fünfundzwanzigsten Partie angekommen sein.

Colin fragt, ob man das, was Adorno uns sagen wolle, unbedingt so kompliziert bis verdreht ausdrücken müsse. Oder ob man das auch einfacher sagen könne?

»Ja«, sage ich, »ich glaube schon, ich glaube, das kann man.«

Die sechsundzwanzigste Partie.
Jamie. Schöner Name.

### Sonntag, 11. Juli (Middlebury)

Tennisdoppel mit Jochen, Hans, Marlene und mir. Erst spiele ich einen Satz mit Marlene, den wir trotz guten Spiels knapp verlieren. Anschließend spiele ich mit Jochen gegen Hans und Marlene, und da spiele ich unterirdisch schlecht, treffe kaum einen Ball oder wenn, dann ohne Timing und Länge. Nach allerlei Selbstbeschimpfungen und grüblerischen Erklärungsversuchen à la Umstellung von Sand auf Hartplatz komme ich schließlich meinem erbärmlichen Niveau auf die Schliche: Ich versuche, Marlene die Bälle so zuzuspielen, daß sie sie zurückspielen kann, als sei ich für sie verantwortlich, als müsse ich sie bei Laune halten, als spiele sie wie eine Anfängerin oder wie ein Kind, und dabei geraten meine Schläge so außer Kontrolle, daß ich Fehler auf Fehler produziere. Als ich mir endlich verbiete, statt für meinen Partner und mich, *für* statt gegen Marlene zu spielen, geht es besser. Aber da ist es schon zu spät und der Satz verloren.

Aus meiner Siesta reißt mich entferntes Geschrei. War das nicht auch Marlenes Stimme? Wer schreit da überhaupt? Am Sonntagnachmittag, irgendwo auf einer der Campuswiesen? Ach ja, das Volleyballspiel gegen die Französische Schule. Dann war's wohl wirklich Marlenes Stimme, gemischt unter die anderen und doch klar auszumachen. Oder nur geträumt. Noch ein Viertelstündchen Siesta ...

*Das Wunder von Bern* habe ich schon gesehen, aber ich gehe heute abend doch noch mal hin; schöner Film, der den Studenten mehr übers Nachkriegsdeutschland erzählt als alle Landeskundelehrbücher zusammen. Am Eingang plaudere ich noch ein bißchen mit einer mir besonders sympathischen Studentin aus dem Adorno-Kurs, und dann gehen wir gemeinsam in den Kinosaal und setzen uns nebeneinander. Als ich Marlene sehe, die ein paar Reihen vor uns sitzt, rücke ich demonstrativ von der Studentin ab. Und ärgere mich darüber.

Ich beobachte sie. Aber Marlene beobachtet auch mich. Spüre während des Films ihre Augen sozusagen im Nacken. Bloß nicht dichter ran an die nette Studentin.

Das Wochenende hat mich melancholisch gestimmt. Heut abend bin ich traurig. Und weiß nicht warum.

## Montag, 12. Juli (Middlebury)

Zum Frühstück erscheint Marlene in der Mensa in lindgrüner Bluse über olivgrünem Rock – was ihr gut steht. Normalerweise nehme ich wenig Notiz von ihrer Garderobe, und auch heute wäre sie der Erwähnung nicht wert, trüge ich nicht ein lindgrünes Polohemd über olivgrüner Hose. Das scheint mir an familiärer Klamottenkonformität krass übertrieben, so daß ich, zurück in meinem Zimmer, die Hose wechsle. Was aber, wenn sie genauso reagiert und wir später im Büro in uniformem Lindgrün über Khaki auftreten?

Es stellt sich dann heraus, daß dies Problem nur meins war. Wieder mal. Allerdings ergibt sich sogleich ein weiteres Problem, das Oscar Wilde in folgender Frage gefaßt hat: »Wieso müssen Eltern immer zum falschen Zeitpunkt auftauchen? Wahrscheinlich irgendein besonderer Fehltritt der Natur.« Denn als ich ins Büro komme, soll dort die montägliche Lagebesprechung stattfinden, bei der die Direktoren mit den Bilinguals und unserer Koordinatorin den Wochenplan aufstellen. Üblicherweise sind meine Meinungen willkommen; jedenfalls werde ich da nicht als störend empfunden – heute freilich schon.

»Du mußt wirklich nicht überall und jedes Mal dabei sein«, sagt Marlene freundlich und bestimmt.

Ich verstehe. Das ist ihr Meeting. Ihr Claim. Ihre Kompetenz.

»Okay, okay, ich geh ja schon. Dann könnt ihr auch mal in Ruhe über mich lästern.«

»Das«, sagt Karl grinsend, »machen wir doch schon genug, wenn du dabei bist.«

Wahrnehmung von Gegenwart ist immer ein Geflecht aus Jetzt und Damals.

## Dienstag, 13. Juli (Middlebury)

Ein Student, der vor zwei Jahren hier seinen Master gemacht hat und bei mir im Übersetzer-Workshop saß, kommt zu Besuch. Als er sich beim Mittagessen nach meiner Familie erkundigt, tritt Marlene an unseren Tisch, um das *Tageblatt* zu verteilen.

»Da haben Sie einen Teil der Antwort in voller Schönheit und Lebensgröße. Meine älteste Tochter.« Indem ich das sage, fällt mir plötzlich ein, daß der Student schwul ist und möglicherweise nie eigene Kinder haben wird. Das tut mir leid, und zugleich weiß ich, daß diese Reaktion völlig unsinnig ist.

»Selig sind die Auserwählten,
Die sich liebten und vermählten;
Denn sie tragen hübsche Früchte.
Und so wuchert die Geschichte
Sichtbarlich von Ort zu Ort.
Doch die braven Junggesellen,
Jungfern ohne Ehestellen,

Welche ohne Leibeserben
So als Blattgewächse sterben,
Pflanzen sich durch Knollen fort.«
*(Wilhelm Busch)*

Abends Diskussionsrunde in der Lounge von Pearsons Hall, unserem »Hauptquartier«. Wir reden im Anschluß an den Vortrag von letzter Woche noch einmal über die unterschiedlichen Hochschulsysteme in den USA und Deutschland.

Marlene sitzt neben mir und wirkt so blaß, schmal und zerbrechlich, daß ich sie am liebsten in den Arm nehmen und auf meinen Schoß setzten würde – wie damals, als sie klein war und es liebte, wenn ich sie »mein Kuscheltier« nannte. Lange her. Und doch erst gestern. Dann liefert sie einen Diskussionsbeitrag und ist plötzlich erwachsen, groß und selbstbewußt. Es muß wohl an dem Sessel gelegen haben, daß sie mir wie ein Kind erschien; an diesem gewaltigen, durchgesessenen Sessel, in dessen Tiefen man spurlos verschwinden kann.

## Mittwoch, 14. Juli (Middlebury)

E-Mail von Emily:

»hallo ihr 2! wie geht es euch denn so? mir total gut. mama ist jetzt auf fahrradtour und hat gestern angerufen, sie stehe gerade vor der semperoper. gestern war ich im kino: shrek 2. total super, vor allem wegen puss in boots, ein süßer kater, wie tigger. falls der bei euch läuft: ihr müsst den gucken, allein schon wegen der katze. genial!!!!! morgen fahre ich mit luise nach mollberg, obwohl das wetter nicht so gut ist. wir haben beschlossen, dass wir uns da dann immer freunde einladen und endlich mal unseren theatertext lernen.«

Und dann nennt sie noch ihre Zeugnisnoten, durch die Bank

Einsen und Zweien; nur in Sport eine Drei, und das, obwohl sie gut Tennis spielt – aber das gilt in Lehrerkreisen, wo man vermutlich inzwischen zum Golf übergelaufen ist, wohl nicht als Sport.

Zu meiner Zeit war's nicht anders. Obwohl ich in meiner Klasse zu den besten Handball-, Fußball- und Basketballspielern gehörte, setzte es immer nur Dreien; das lag an meiner ausgeprägten Abneigung gegen's Geräteturnen, das ich als vorsätzliche Körperverletzung empfand und konsequent boykottierte, nachdem mir die Reckstange eine für einen Siebzehnjährigen grundüble Hodenquetschung beigebracht hatte.

Da der für heute geplante Vortrag des deutschen Generalkonsuls aus Boston kurzfristig auf nächste Woche verschoben wird, nutzen wir die Gunst der Stunde und gehen ins Dorf, wo beim jährlichen Festival on the Green heute abend *The Waybacks* auftreten, eine Band aus San Francisco, die mit abenteuerlicher Präzision Bluegrass und Western-Swing spielt.

Um die Bühne sitzen die Townies und ein paar Touristen, vom Baby bis zu Oma und Opa. Marlene hat eine Reihe vor mir Platz genommen. Manchmal, wenn sie den Kopf zur Seite dreht, sehe ich ihr Profil. Der Mond schwebt rund und blaß über der weißen Holzkirche, die Luft ist mild, und die Musik kommt aus dem Boden dieses Landes. Quintessenz friedlichen Zusammenlebens. Da kann man schon auf die Idee kommen, in die beste aller Welten verschlagen worden zu sein. »Alles war gut, richtig und liebenswert. Hier müßte man geboren sein. Es ist eine Heimat. Hier sollte man bleiben – für immer.« (Carl Zuckmayer: *Vermonter Roman*) Das dörfliche Amerika, in dem sich der Emigrant Zuckmayer aufgehoben fand. Die ungezwungene Zugehörigkeit, das Gefühl, unter Verwandten zu sein. »Unter Leuten, die einmal selbst oder deren Vorfahren als Auswanderer angekommen sind und die daher eine große Familie bilden.« Schade, daß Heather nicht mehr da ist.

Nach dem Konzert bei *Mr. Up's* wöchentlicher Stammtisch der German School. Marlene will sich nicht anschließen; sie sei müde, gehe lieber früh zu Bett.

## Donnerstag, 15. Juli (Middlebury)

»Bei *Up's* gab's gestern keine Ausweiskontrolle.«

»Wirklich nicht?« Marlene sieht vom Büro-Computer auf. »Dann komm ich nächstes Mal auch mit.«

Heute abend lese ich aus *Zuckmayers Schatten*, meinem Journal des vergangenen Sommers.

»Du mußt aber vorher unbedingt sagen, daß das nur ein Nebenwerk ist«, empfiehlt Marlene. »Sonst denken die doch alle, daß du nur so leichtes Zeug schreibst.«

»Leichtes Zeug?«

»Na ja, Tagebücher und so ...«

Kalt erwischt.

Nicht zuletzt wegen des hohen Wiedererkennungswerts für die Studenten gerät die Lesung zum Erfolg. Kann mich kaum erinnern, je herzlicheren Beifall bekommen zu haben. Sie kennen mich – und fühlen sich von mir erkannt. Fast schon familiär. Marlene sehe ich nicht im Publikum. Ist sie überhaupt gekommen? Schämt sie sich womöglich fürs literarische Leichtgewicht ihres Vaters?

Als ich nach dem Nachlesungsbierchen bei *Mr. Up's* aufs Zimmer komme, höre ich meine Voicemail ab. Marlene hat doch bestimmt etwas zur Lesung zu sagen.

»You have no messages. To exit your voicemail press nine.«

## Freitag, 16. Juli (Middlebury)

Ein Schriftsteller, der an einem Journal über seine Rolle als Vater laboriert, kann sich wohl keinen besseren Lektor wünschen als einen, der gerade dabei ist, Vater zu werden:

»Lieber Klaus,

vielleicht bin ich zur Zeit hormonell verwirrt und tauge nicht als objektiver Lektor für das Vatertagebuch. Jedenfalls habe ich gestern auf einen Hieb alles gelesen, was Du bisher geschickt hast – und bin begeistert, gerührt, bewegt. Dieses Buch ist nicht nur eine Apotheose der Vaterschaft, es ist eine Hymne auf die Familie, eine Verteidigung ihrer Werte gegenüber den Gebildeten unter ihren Verächtern. Du gehst ja nirgends verharmlosend, naiv-affirmativ, ideologisch mit dem Thema um, sondern eher reflektiert sentimentalisch, was die Glaubwürdigkeit und Authentizität erhöht. Also, Du hörst: Mich trifft das Buch mitten ins frisch getraute Herz (siehe Anhang).« Im Anhang ein Hochzeitsfoto! »Das macht es um so schwieriger, nüchtern zu positionieren und in den nächsten Wochen unseren Vorschautext zu verfassen, aber der Schwung der Begeisterung wird's erleichtern. Eine erste kritische Anmerkung sickert mir doch noch durch: Manches Zitat würde ich knapper fassen. Und (teils bis in den Wortlaut) redundante Formulierungen und Gedanken wirst Du sicher eh noch ausmerzen. Ich freue mich auf den Rest. Ich hoffe, Dir und Deiner neuen Gehilfin in Middlebury geht es so gut wie mir.

Herzlich grüßt pater in spe

Matthias«

Ein paar Redundanzen werde ich allerdings stehen lassen. Als Leitmotive. Das Buch wäre wohl Emily und Marlene zu widmen, aber ich werde die Widmung nicht aussprechen. Wenn sie bei der Lektüre nicht merken, daß es auch für sie gedacht ist, hab ich was falsch gemacht.

»Der zentrale Satz der *Minima Moralia* lautet: ›Es gibt kein richtiges Leben im falschen.‹ Erläutern Sie bitte, wie dieser Satz zu verstehen ist, und ob Sie ihm zustimmen oder nicht.« Das ist das Thema der Klausur, die heute im Adorno-Kurs geschrieben wird.

Marlene zieht Kopien der Aufgabenstellung, pro Student eine. »Hey«, sagt sie, »cool, der Satz ist doch von Robert Gernhardt, nicht?«

»Aber anders geschrieben. Bei Gernhardt heißt er: ›Es gibt kein richtiges Leben im valschen.‹«

»Das ist ja viel witziger als Adorno. Mußt du deinen Studenten mal erklären.«

»Hab ich schon gemacht. Gleich in der ersten Stunde.«

»Dann ist's ja gut.«

Bin stolz auf unsere Assistentin. Die denkt mit.

Übrigens hat sich auf Initiative eines aus Indien stammenden Studenten, der nach einigen Tagen aus dem Adorno-Kurs ausschied mit der schnöden Begründung, das sei doch alles »nichts Neues«, vor einer Woche eine freiwillige Arbeitsgemeinschaft »AP« gegründet – »Anonyme Philosophen«. Da lesen und diskutieren sie die Philosophen ihrer Wahl; Marlene und Pascale, die zweite Bilingual, machen auch mit. Los ging's gleich beinhart mit Nietzsche. Wieso ist Nietzsche denn was »Neues«? Kapier ich nicht. Da mal beim Inder nachhaken …

Nachdem ich mit ein paar Kollegen zum Abendessen in Vergennes war, um dem Mensageschmack einen wohlverdienten, wochenendlichen Kontrapunkt zu setzen, schaue ich gegen Mitternacht noch mal auf der Tanzparty der Studenten vorbei. Irgendein Disco-Lichtzauber sorgt dafür, daß alles Weiße wie von innen heraus strahlt, auch Marlenes Augen und ihre Zähne, als sie lächelnd auf mich zukommt. Hinreißend sieht sie aus. Ob ich auch tanzen wolle.

»Ach, ich weiß nicht, das ist nicht mehr meine Musik.«

»Aber da tanzen doch auch welche aus der Faculty.«

»Die sind aber auch jünger als ich.«

»Och, Papa! Aber wir können ja mal eine CD mit Musik zusammenstellen, die dich zum Tanzen bringt.«

»Super Idee.«

Ob solche Parties in den USA anders abgehen als in Deutschland?

Marlene überlegt einen Moment. Tanzparty sei Tanzparty, hier wie da. Aber bei diesen Engschwof-Runden, da werde hierzulande viel schärfer rangegangen. Und zwar ganz unvermittelt. Unangenehm sei das. Und es sei so ähnlich wie der Umgang der amerikanischen Jugend mit Alkohol. Da man sie normalerweise in überkorrekter, legalistischer Strenge vom Stoff fernhält, lernen sie nicht, mit Alkohol umzugehen und trinken zu schnell und zuviel, sobald sie welchen bekommen. Dieser hastige Sturz von Nüchternheit in unkontrollierten Suff, der wiederhole sich auf anderer Ebene auch beim Tanzen bei der Annäherung der Geschlechter.

Mal wieder was dazugelernt. Wird prompt notiert.

Und als ob Marlenes Worten noch der real existierende Beweis nachgeliefert werden müßte, werde ich von einem der College-Bediensteten, die für den Alkoholausschank zuständig sind, gebeten, mich eines aus dem Ruder laufenden Studenten anzunehmen. Er ist betrunken und versucht den Studentinnen reihenweise an die Wäsche zu gehen. Aufforderungen, den Saal zu verlassen, ignoriert er. Daß er ausgerechnet auf mich hören sollte, kommt mir unwahrscheinlich vor; als Respektsperson habe ich mich jedenfalls noch nie empfunden. Als ich ihn vorsichtig anspreche, folgt er mir jedoch sogleich, schwer schwankend, aber folgsam auf den Fuß. Ich begleite ihn durch den nächtlichen Park des Campus' bis zum Eingang seines ›Dorms‹ und rede ihm gut zu, unverzüglich ins Bett zu gehen.

»Versprechen Sie mir das?«

Er nickt schwer, lallt: »Vor Ihnen habe ich Respekt.«
»Wieso ausgerechnet vor mir?«
»Weil sie Bücher schreiben.«
»Na dann, gute Nacht.«
Eine gesellschaftliche Funktion von Literatur, hat Hans Magnus Enzensberger behauptet, sei heute nicht mehr feststellbar. Enzensberger hat sich geirrt.

## Samstag, 17. Juli (Middlebury)

Beim Brunch konferieren Jochen, Karl und ich über den betrunkenen Studenten, der auch schon bei anderer Gelegenheit als schwierig aufgefallen ist und sich zum Sorgenfall dieses Sommers entwickeln könnte. Später erzählt Marlene mir dann unter vier Augen: Als sie nach dem Ende der Tanzparty gegen 1:30 Uhr noch etwas ins Büro bringen mußte, sei dieser Student plötzlich aus den dunklen Büschen gesprungen und habe sich, sie wortlos anstarrend, vor ihr aufgebaut; sonst sei zwar nichts passiert, aber sie habe einen Riesenschreck bekommen.
Enzensberger hat sich doch nicht geirrt.

Jochen zeigt sich beeindruckt von Marlenes Gewissenhaftigkeit und Arbeitsmoral.
Ich wünsche mir, daß sie öfter mal fünf grade sein ließe, die Füße nicht unter, sondern auf den Bürotisch legte und die Dinge überhaupt einfacher nähme. Aber das ist vielleicht der Fluch der Erstgeborenen. Bei meinem Bruder war das ähnlich. Klassischer Fall von Geschwisterkonkurrenz in der Familie. Erstgeborene als die Zuverlässigen, Zweitgeborene als Hallodris und Leichtfüße.
»Bei uns war's genau umgekehrt«, sagt Jochen. »Ich mußte mich darum kümmern, daß mein älterer Bruder keinen Scheiß baut.«

Da kommt die ganze schöne Theorie aber gleich mächtig ins Schlingern. Mein Gott, Sulloway …

E-Mail von Emily:

»hallo ihr 2!

ich habe mir gedacht, dass ich euch ja noch mal schnell schreiben könnte, bevor ich ins bett gehe. heute mal ganz früh, weil ich morgen mit luise einen erste-hilfe-kurs für den führerschein mache.

mir gehts gut, ich genieße meinen letzten abend allein :-) ich fand es überhaupt nicht schlimm, sturmfrei zu haben, war ganz entspannend und man fühlt sich so unabhängig. aber natürlich freue ich mich auch, dass mama wiederkommt.

wir haben ja einen urlaub auf korfu gebucht und waren jetzt mal auf der homepage, und da im gästebuch beschweren sich leute über das schlechte essen und angeschimmelte bettwäsche. na ja, ich versuche trotzdem ganz ohne vorurteile an den urlaub ranzugehen …

papa: du warst gestern mit deinem zuckmayer artikel in der zeitung. merkwürdig: du im wahren leben und in der zeitung in vermont, aber durch die zeitung ja quasi hier …

sonst ist alles wie immer, außer woody, die verhält sich noch auffälliger als sonst. maunzt am laufenden band und kriegt wahre kuschelattacken. luise hat mich gefragt, ob woody krank sei. habe sie aber aufgekärt, dass das mental bedingt ist.

so, dann gehe ich jetzt mal ins bett, viele liebe grüße und küßchen, auch grüße von oma,

emily«

Die Katze vermißt, mental bedingt, ihre Leute. Wie gut, daß zumindest Emily da ist, die Sturmfreiheit genießt und auch gleich einschlägiges Mitgefühl aufklärerisch zerstreuen kann.

Das mit Zuckmayer und der Zeitung ist übrigens so: Der

NWZ habe ich einen Abschnitt aus dem Vermonter Journal *Zuckmayers Schatten* zum Vorabdruck überlassen, und daß ich somit kraft des geschriebenen Worts nicht nur hier, sondern auch zuhause bei Emily bin, ist schön. Vielleicht hat sich Enzensberger doch geirrt. Jedenfalls ein bißchen.

## Sonntag, 18. Juli (Middlebury)

Wenn Marlene Zeit hat, habe ich Termine oder es regnet, und wenn bei mir ein paar Stunden frei sind, ist Marlene beschäftigt oder es regnet, so daß es uns nicht gelingen will, miteinander Tennis zu spielen. Heute nachmittag ergibt sich plötzlich eine Situation, in der wir beide keine anderweitigen Verpflichtungen haben, und es regnet nicht, aber da sie später noch beim Volleyballspiel gegen die Spanische Schule antreten will, wird es wieder nichts mit Tennis.

Also beschließen wir, auf einen Cappuccino runter ins Dorf zu gehen, aber als wir ankommen, macht die *Otter Creek Bakery* vor unseren Nasen den Laden für heute dicht. Also pilgern wir wieder hügelaufwärts zum Campus und setzen uns in *The Grille.* Unser Gespräch hat etwas einverständig-kollegiales, dreht sich um Studenten, Fakultätsmitglieder, den Veranstaltungsplan für die nächste Woche. Ich überlege, ob ich sie darauf ansprechen soll, was Jamie mir an einem Abend in Agia Galini erzählte: daß Marlene das Gefühl habe, von mir nicht für voll, nicht ernstgenommen zu werden. Aber es kommt mir viel sinnvoller vor, das Problem nicht zu bereden, sondern dadurch zu lösen, daß ich diesen kollegialen Smalltalk mit ihr führe: Wir sprechen miteinander auf gleicher Augenhöhe. Sie redet davon, vielleicht in Mainz Amerikanistik zu studieren. Dort gibt es ein Austauschprogramm mit Middlebury. Der Zauberberg hat sie schon in seinen Bann geschlagen.

Während der Campus noch windstill im Sonnenschein liegt, ziehen am Spätnachmittag bei immer drückenderer Schwüle wüste Gewitter über den grünblau irisierenden Bergketten der Adirondacks auf, gewaltig aufquellende Wolkenmassive in allen denkbaren Grauschattierungen, vor denen tiefschwarze Fetzen und Schleier treiben, die plötzlich, vom ersten Blitz gespalten, wie ein heftig bewegter, roter Vorhang vom Himmel wehen. Der Donnerschlag muß gewaltig gewesen sein, aber weil das Gewitter noch etwa zehn Meilen entfernt ist, rollt er als dumpfes Grollen an, behäbig fast wie in akustischer Zeitlupe. Die Front selbst scheint nicht näherzukommen, sondern sich über den Bergen auszutoben.

Das geht den ganzen Abend so, bis gegen Mitternacht auch hier der Wind auflebt, die Nacht pechschwarz wird und die Temperatur in wenigen Minuten um zehn Grad fällt. Als ich vorm Zubettgehen das Licht im Zimmer ausschalte und am offenen Fenster die Jalousie herunterlassen will, beginnt sie im böigen Wind zu schlagen, und dann stürzt ohne das leiseste, tröpfelnde Vorgeplänkel eine orgelnde Regenflut nieder, als wäre da oben ein Wehr geöffnet worden, hinter dem sich alle Wassermassen dieser Welt gestaut hätten. Zwei Blitze schießen so kurz nacheinander durchs Getöse, daß der erste Donnerschlag vom zweiten verschluckt wird; eine Kanonade. Nach ein paar Minuten dünnt sich der brachiale Sturzbach zu vertrautem Regen aus, beginnt eine gleichmäßige Trommelei auf dem Stahlblechdach der Mensa, und auch Blitz und Donner sind weiter im Südosten.

Von zwei eiskalten Flaschen Pilsner Urquell gesäugt und schläfrig entspannt dann im Bett zu liegen und ins Unwetter hinauszulauschen, vom Regenrhythmus gewiegt: Behaglichkeit pur. Gewitter habe ich schon als Kind geliebt. Inmitten der elementaren Gewalt mich geborgen zu wissen, war Inbegriff allen Zuhauseseins und ist mir heute Inbild der Kindheit: vorm Wüten der Welt behütet.

Das ist die Phantasie von der sprichwörtlich glücklichen Kindheit, die in solcher Reinheit nur im rückwärts gerichteten Wunsch möglich ist, und die niemand je hatte. Das Wüten trifft früher oder später jeden. Was es uns antut, ist ein anderes Kapitel, das damit beginnen müßte, wie das Gewitter den überrascht, dem Haus und Bett unerreichbar sind.

## Montag, 19. Juli (Middlebury)

Kein Sprachunterricht, keine German Studies, kein Graduate-Seminar über Adorno kommt gegen das wohlige Suhlen im Klischeeschlammbad an, das der Deutsche Volksliederabend anrichtet, von den amerikanischen Studenten mit jener unschuldigen Begeisterung gewünscht und vollzogen, die ihnen auch Hofbräuhaus, Heidelberg und Neuschwanstein zu Inkarnationen deutschen Gemüts und deutscher Gemütlichkeit werden lassen – wie umgekehrt es in Deutschland amerikasehnsüchtige Seelen gibt, die in Cowboyhüten und Texas-Boots Country & Western knödeln.

Da sitzen wir also in Pearsons Lounge und grummeln und stolpern durch *Auf du junger Wandersmann*, *Im Frühtau zu Berge*, *Wir lieben die Stürme, Kein schöner Land* und immer wieder gern gehörte Refrains mit urgermanischen Jubel- oder Jodellauten wie ›ho-e-tjo-tiri‹ bzw. ›tridi-hejo-di-hejo‹. Die Peinlichkeit, die mich bei derlei fragwürdiger Traditionspflege sonst mit eiskaltem Händchen anfaßt, wird besänftigt durch den Spaß, den die Studenten offensichtlich daran haben, und irgendwie kann man so etwas gewissermaßen auch ironisch singen. Fast wundert es mich, daß ich diese Lieder alle kenne; sie steigen untot aus dem Keller meiner Kindheit und aktiven, bündischen Fahrenszeit beim ND, einer katholischen Pfadfinderabart. Aber dann kamen die Beatles, und gegen *Baby you can drive my car* kam *Hoch auf dem gelben Wagen* einfach nicht mehr an; dann blies auch schon der frische Wind von 1968, den wir mehr liebten als die Stürme und brausenden Wogen der verordneten, teutschen Folklore.

Während mir also dies Liedgut aus den Untiefen deutschtümelnder Seele vertraut ist, kennt Marlene davon nur sehr wenig. Die Generation ihrer Eltern und Lehrer haben es verbannt und nicht tradiert aus guten Gründen, von denen der beste ist, daß hier kernig bis sentimental auch allerlei faschistoide Vorstellungen herumgeistern; zugleich haben wir uns und folgende Generationen damit aber auch von Traditionen abgeschnitten, von echter Folklore bis zum guten Geist von 1848. Das schwarze bzw. braune Loch deutscher Geschichte hat das alles verschlungen.

Nach Ende der Vorstellung bleiben ein paar Studenten sitzen und spielen Gitarre, *The Weight* und *Wish you were here*, wortlos, weil vom Spracheid zur Instrumentalversion verdammt. Eigentlich würde ich gern bleiben, komme mir aber anbiederisch vor und gehe. Auf dem Weg nach draußen treffe ich Marlene, die zu den Studenten zurückstrebt, zu ihrer Generation und deren Folklore, die aber denkwürdigerweise erst recht meine ist. Als *The Weight* erschien, war ich jünger als Marlene heute.

Oder ist es gar nicht *The Weight*, was Marlene anzieht, sondern der Junge, der es locker vor sich hinklampft? Dieser Jamie?

## Dienstag, 20. Juli (Middlebury)

Im Adorno-Kurs gibt's heute ein Referat zu *Hänschen klein*, ein Text über die Catch-22-Situation der Intellektuellen und Künstler. »Daß die Intellektuellen zugleich Nutznießer der schlechten Gesellschaft und doch diejenigen sind, von deren gesellschaftlich unnützer Arbeit es weithin davon abhängt, ob eine von Nützlichkeit emanzipierte Gesellschaft gelingt – das ist kein ein für allemal akzeptabler und dann irrelevanter Widerspruch. Er zehrt unablässig an der sachlichen Qualität. Wie der Intellektuelle es macht, macht er es falsch. Er erfährt drastisch, als Lebensfrage die schmähliche Alternative, vor welche insgeheim der späte Kapitalismus all seine Angehörigen stellt: auch ein Erwachsener zu werden oder ein Kind zu bleiben.« (Adorno: *Minima Moralia*)

Als Schriftsteller kann man es sich zwar nicht leisten, ein Kind zu bleiben, weil man auch zum Kaufmann seiner selbst werden muß, um nicht unterzugehen. Aber wir kehren immerhin »zum Geist unserer ersten Jahre zurück, wenn wir Luftschlösser bauen und die Hauptperson in unseren eigenen Romanzen verkörpern.« (Robert Louis Stevenson: *Kinderspiele*) Und so gelingt es manchmal, zwischen der Alternative, erwachsen und zynisch zu werden oder Kind zu bleiben, schreibend zu lavieren.

## Mittwoch, 21. Juli (Middlebury)

Fakultätssitzung mit Michael Katz, dem Dean of Faculty. In der Vorstellungsrunde stellt sich heraus, daß drei unserer Kollegen hier als Bilinguals gearbeitet haben, bevor oder während sie studierten, um schließlich als Professoren nach Middlebury zurückzukehren. Ich bin der letzte in der Runde, stelle mich vor und sage, daß ich diesmal meine Tochter als Bilingual mitgebracht hätte, um beizeiten meine legitime Nachfolge als Professor sicherzustellen.

Das ergibt einen nachhaltigen Lacher, und Katz ist so freundlich anzufügen: »I understand that your daughter is doing a wonderful job here.«

Familien sind isolierte Zellen, die Geborgenheit bieten und/oder Neurosen produzieren; es sind aber auch Netzwerke, die sich weiter und tiefer ins Allgemeine fortknüpfen als jede Einzelexistenz. Familien sind nicht nur Bestandteil von Gesellschaft, sondern stellen Gesellschaft überhaupt erst her. Daß aller Staat ursprünglich aus Sippen und Clans gemacht wurde, hat man in unseren Demokratien vergessen und verdrängt; die Feindschaft gegen die Familie, die aller Lippenbekenntnisse zum Trotz in der deutschen Gesellschaft und von deutschen Regierungen praktiziert wird, ist nicht nur verfassungswidrig, sondern bekämpft blind die eigene Bedingtheit, sägt am Ast, auf dem wir sitzen.

### Donnerstag, 22. Juli (Middlebury)

Wöchentliche Radiosendung der German School. Der Student Zvi, unser rasender Reporter, interviewt Karl, Hans, den Coach unserer Schulmannschaft, und mich zum Thema Fußball in Deutschland und den USA. Marlene sitzt hinterm Studioglas am Mischpult als Disponentin, Programmdirektorin, Tontechnikerin, Moderatorin und DJ in Personalunion. Sie hat alles im Griff. Und die Studiofenster sind im gleichen Grünblau gestrichen wie ihre Bluse.

In der Mensa werde ich gefragt, warum ich nicht die amerikanische Staatsbürgerschaft beantrage? Als Ehemann einer Amerikanerin und Vater zweier Töchter mit doppelter Staatsbürgerschaft werde mir die gewiß gewährt. Und die Deutsche könne man gemäß der neuen Regelungen behalten.

Ja, warum eigentlich nicht?

Weil es mir egal ist.

»Am liebsten«, sage ich, »hätte ich überhaupt keine Staatsbürgerschaft. Niemand sollte eine haben.«

»Sie sind ja ein Anarchist, Herr Modick«, sagt eine Studentin.

»Vielleicht habe ich auch nur zu oft *Imagine* gehört. ›Imagine there's no country, it isn't hard to do, nothing to kill or die for, and no religion too …‹«

»No English spoken here«, zitiert die Studentin den Wahlspruch der Summer Schools.

»Gustav Heinemann, ein deutscher Präsident, hat's mal auf deutsch formuliert. Auf die patriotisch-inquisitorische Frage ›Lieben Sie Deutschland?‹ hat er geantwortet: ›Ich liebe meine Frau.‹ Imagine ...«

## Freitag, 23. Juli (Middlebury)

Denglish: Kritik am derzeitigen Präsidenten der USA wird von dessen Fans als »Bush bashing« verabscheut. Für den Begriff hätte ich eine Übersetzung parat: Auf den Bush klopfen.

Freitägliche Happy Hour bei Jochen. Gin & Tonics nach dem Rezept Gin: muß/Eis: darf/Tonic: kann. Als wir gegen 21:30 Uhr wieder auf dem Campus eintrudeln, laufen die ersten Studenten ein, die heute eine Cocktail Party veranstalten, alle picobello in Schale geworfen, die jungen Gentlemen mit Krawatte, die Ladies in kleidsamen Kleidchen. Marlene, plaudert Pascale aus, habe nachmittags im Dorf nach einem Kleid Ausschau gehalten. Hat sie etwa keins?

Will später am Abend mal auf der Party vorbeischauen, verziehe mich erst mal auf mein Zimmer, dusche, rasiere mich, lege mich aufs Bett, überlege, was ich anziehen soll (eine Krawatte habe ich nicht im Gepäck), höre die Stimmen und die Musik, die von Pearsons Hall freundlich anflattern, denke an Jamie und vermisse sie sehr, überlege, sie anzurufen, aber in Deutschland ist es jetzt vier Uhr morgens, lese ein paar Seiten, döse, schlafe ein, und als ich wieder aufwache, ist drinnen und draußen alles still und schweigend und die Party vorbei.

## Samstag, 24. Juli (Middlebury)

Manchester/Vermont, knapp zwei Stunden südlich von Middlebury, ist Outlet-Town, ein Einkaufszentrum im Kleinstadtformat. Karl und ich überlegen, einen Ausflug vom Elfenbeinturm ins Shoppingparadies zu machen; da wir aber partout nichts brauchen und also auch irgendwie nicht recht wissen, warum wir überhaupt hin wollen, fragen wir Marlene und Pascale, ob sie Lust haben, mitzufahren. Einkaufen? Outlets bis zum Abwinken? Shop til you drop?

Erst reagieren sie zutraulich, interessiert, aber nach einigem Nachdenken geben sie uns einen Korb. Unser Angebot ist ersichtlich allzu gut gemeint. Wer wollte es zwei jungen Damen auch verübeln, daß sie sich angenehmere Wochenendbeschäftigungen vorstellen können, als zwei älteren Herren, die überzeugte und erklärte Einkaufsmuffel sind, ausgerechnet ein Shopping-Double-Date zu gewähren?

So fahren Karl und ich dann nach Burlington, wo wir unsere vertraute Runde drehen werden. Um uns zu beweisen, daß auch wir noch in der Lage sind, lustvoll zu konsumieren, latschen wir hastig durch die University Mall und erstehen bei *Kohl's*, dem billigsten Laden weit und breit, je ein Paar Khakihosen. *Dockers* (made in Kenia). Kosten in Deutschland mindestens das Doppelte. Da muß man doch einfach kaufen! Wir finden sogar passende Größen. Mit dem Erwerb von zwei Schweißbändern fürs Tennisspielen, hoffentlich mal wieder mit Marlene, treibe ich unseren Konsumrausch schließlich zum Exzeß. Erschöpft, aber glücklich und auch patriotisch selbstzufrieden, weil wir die Binnennachfrage der US-Wirtschaft nachhaltig angekurbelt haben, bummeln wir dann durch Burlingtons fast europäisch anmutende Fußgängerzone, trinken Kaffee im Straßencafé *Uncommon Grounds* und essen schließlich in einem Irish Pub zu Abend. Fish'n Chips. Alles sehr angenehm, freundschaftlich, einverständig. Außer dem Freund Jochen, der übers Wochenende nach Hause mußte, fehlt uns nichts. Im Schatten junger Mädchenblüte wär's natürlich auch ein schöner Tag geworden. Aber anders.

Spät am Abend raffe ich mich zu einem einsamen Gang durch *The Grille* auf. Kein Schwein da. Wo stecken die bloß alle? Wer wollte aber singen, wenn wir schon Grillen fingen? Zwei Glas Rotwein im einsamen Zimmer. Das Foto von Jamie und mir an der weißen Wand.

## Sonntag, 25. Juli (Middlebury)

Während meiner Siesta klopft es an der Tür: Glen, ein Geschichtslehrer, der in den vergangenen Jahren regelmäßig in meinen Seminaren saß und im letzten Jahr seinen M.A. in Deutsch bekam. Er sei in der Nähe gewesen, die Schwerkraft dieses akademischen Zauberbergs habe ihn sogleich wieder eingefangen; ohne einen kurzen Zwischenstopp habe er einfach nicht weiterfahren können und gehofft, mich anzutreffen. Wir plaudern ein Viertelstündchen, mehr Zeit hat er nicht, und als er sich wieder auf den Weg macht, verstehe ich plötzlich, warum manche Schüler gegenüber ihren gewesenen Lehrern, manche Studenten gegenüber ihren ehemaligen Professoren sich als so anhänglich erweisen: Wir, d. h. die Lehrenden, werden zu Vaterfiguren; nicht umsonst spricht man vom Doktorvater. In Middlebury bekommt dies Verhältnis noch eine besondere Note, weil viele der Studenten bereits erwachsen sind, im Berufsleben stehen und so eigentlich mit ihrer Kindheit und Jugend abgeschlossen haben. Die Rückkehr ans College gestattet ihnen einen Urlaub von der Schartigkeit des Lebens; hier können sie noch einmal die Jugendlichen spielen, die sie nicht mehr sind (und tun das hingebungsvoll). Und in der Fakultät haben sie Mamas und Papas, die stets präsent und für sie da sind, sie aber nicht herablassend behandeln, sondern mit Respekt, und gezielt auf ihre Interessen eingehen, weil diese Interessen sich, jedenfalls partiell, mit denen der Fakultät schneiden. Die hier übliche Anredeform verstärkt dies Verhältnis noch: Man siezt sich gegenseitig, aber während die Studenten uns mit Nachnamen und Herr beziehungsweise Frau anreden, nennen wir sie beim Vornamen, egal, wie groß der Altersunterschied ist, selbst die Studenten, die älter als ihre Professoren sind.

Indem ich dank Glens Blitzbesuch diesen Zusammenhang verstehe, klärt sich mir auch die Identifikation, die ich auf dem Gymnasium gegenüber einem Deutschlehrer aufbrachte, auf der Universität gegenüber meinem Doktorvater. Ich erhoffte und bekam von ihnen zu einem gewissen Grad, was mein Vater mir nicht bot: Verständnis für meine Wünsche, Teilnahme an meinen Neigungen.

Wer jetzt, da die Kurse in ihrer heißen Phase sind, Referate und Seminararbeiten geschrieben werden, weil das Semesterende in Sicht kommt, nicht weiß, was er am Sonntagabend anfangen soll, kommt zum Spieleabend in Pearsons Lounge. Es sind dann auch nur wenige Studenten, zwei Fakultätsmitglieder und die beiden Bilinguals, die sich zu einer Runde *Tabu* einfinden, einem lustigen, auch sprachdidaktisch nützlichen Wortumschreibungsspiel. Als didaktisch nichtsnutzig erweisen sich freilich eine Fakultätskollegin und ein Graduate, denen es nicht ums Spiel, sondern ums Gewinnen geht, und die mit ihrer Sprachkompetenz die Runde lautstark dominieren.

Wenn sie Marlene kennen würden, wie ich sie kenne, würden sie sich vielleicht zurücknehmen, weil auf Marlenes gerunzelter Stirn der Widerwille vor solch wichtigtuerischer Ellbogenarbeit geschrieben steht wie ein angeekeltes Ausrufezeichen. So etwas haßt sie. Und auch dafür liebe ich sie.

## Montag, 26. Juli (Middlebury)

Ein Artikel in der *New York Times* über das Buch *On Being Born and Other Difficulties* von F. Gonzáles-Crussi. Ein transparentes, mikroskopisch kleines, eiförmiges, sich ständig teilendes Etwas, das exakt koordinierten Veränderungen unterworfen ist, die aus einer amorphen Masse erst etwas Beerenähnliches entstehen lassen, dann eine Art Hohlkugel, eine dreischichtige Scheibe, um sich sukzessive zu einem Wurm zu entwickeln, einer Kaulquappe, einem Fisch, einem Säugetier ... einem leibhaftigen, menschlichen Wesen – das sei »ein Phänomen jenseits aller Beschreibbarkeit« (»far beyond words«). Ob die Verwandlung eines Embryos in ein rationales Wesen »das Rätsel aller Rätsel und für alle Zeiten das zentrale Problem der Biologie« ist, scheint mir allerdings allzu geheimnistuerisch, ein frommer Wunsch in unseligen Zeiten des Klonens. Daß wir, wir alle, überhaupt geboren sind, ist das eigentliche Wunder – es sei denn, nicht geboren zu werden wäre ein noch größeres. Wir werden's zum Glück nie erfahren.

Das Buch befaßt sich auch mit den Mythisierungen, die den Geburtsvorgang verkitscht haben zur »schönsten Erfahrung im Leben einer Frau«. Im Leben meiner Frau, übrigens auch in meinem Leben, gab es eindeutig schönere Erfahrungen. Gonzáles-Crussi schreibt zutreffend und krass: »birth is a battle.« So ähnlich hab ich's auch in Erinnerung. Zwei Schlachten, die ich aus vergleichsweise komfortabler Distanz beobachtet habe, sozusagen weit vom Schuß und mich dennoch anschließend fühlte, als hätte ich sie selbst geschlagen. Das Englische hat übrigens mit dem Wort »labour« noch eine Sprachahnung davon, daß die Geburt kein Kinderspiel ist.

Offenbar wird auch allerlei Kurioses ausgebreitet, zum Beispiel der Mitgefühlsbauch (»empathy belly«), ein dreißig Pfund schwerer Sack, den werdende Väter sich vorschnallen können, um ihrer Schwangerschaftssolidarität empfindsamen Ausdruck geben zu können. Welcher schwerst Betroffenheitsbesoffene sich so was wohl ausgedacht hat?

Als Jochen und ich für ein Feierabendmatch auf den Tennisplätzen ankommen, spielt Marlene dort bereits mit einem Studenten. Ob man sich nicht vielleicht zu einem Doppel vereint?

»Och nö«, winkt sie ab, »ihr habt mehr davon, wenn ihr Einzel spielt.«

Statt zu sagen, was ich sagen möchte, daß ich nämlich gern mit ihr Doppel spielen würde, sage ich bloß »okay«.

### Dienstag, 27. Juli (Middlebury)

Werde nachts von Traumbildern gequält, die so entsetzlich sind, daß es mir selbst in einem intimen Journal unmöglich wäre, sie auszuformulieren, weil sie in der sprachlichen Formung unerträgliche Permanenz annähmen.

Patriotismus, das Thema des heutigen Diskussionsabends, hat Marlene vorgeschlagen, nachdem es ihr unangenehm aufgestoßen war, daß die Russische Schule beim Volleyball mit einer behämmerten und besichelten roten Fahne auflief, wozu ein bärtiger Posaunist *Die Internationale* blies. Da hätte unsereiner auch noch allerlei Symbole unguter Vergangenheit aus der Leichenkammer des 20. Jahrhunderts zu zerren ...

Die Diskussion, zu der viele Studenten erscheinen, verläuft freundlich und sachlich, aber man spürt, daß es unter der Oberfläche brodelt. Manche Meinung bleibt ungesagt, bestenfalls zaghaft, unter vorauseilenden Entschuldigungen fürs nicht hundertzehnprozentig Patriotisch-Konforme, angedeutet. Der unschuldige Patriotismus der USA, der sich aus ungebrochen demokratischer Tradition speist, ist heute auf den Hund gekommen, weil er einseitig politisch funktionalisiert wird: Patrioten sind für den Irak-Krieg; wer dagegen ist, wird als Patriot exkommuniziert und zum Paria gestempelt. Das sagt aber niemand laut. Im kleinen Kreis, nach der Diskussion, wird es in gedämpftem Ton angesprochen. Was für ein Klima! Meinungsfreiheit?

## Mittwoch, 28. Juli (Middlebury)

Wenn in 14 Tagen der Middlebury-Sommer endet, fliegt Marlene nicht nach Deutschland zurück, sondern geht für ein Museumspraktikum nach Washington, DC. Auf dem Weg dorthin will sie eine Woche Station bei »Oma States« machen, ihrer amerikanischen Großmutter. Sie braucht eine Mitfahrgelegenheit von Vermont nach New Jersey; eine meiner Studentinnen wohnt in Manhattan und könnte Marlene den »Lift« geben.

»Hast du sie darauf angesprochen?« erinnere ich Marlene heute im Büro.

»Ich werde nicht zu Oma States fahren.«

»Wieso nicht?«

Sie lächelt und errötet, wie ich sie noch nie erröten sah. Sonnenaufgang auf ihrem Gesicht. »Ich mache eine Woche Urlaub. In New York State, Catskills und so. Mit Jamie.«

Ich hab's gewußt! Na ja, geahnt. Seit ich Marlene und Jamie zusammen im *Grille* Billard spielen sah, hab ich's irgendwie ahnungsvoll gewußt. Vaterinstinkt. Väterliches Adlerauge. Und ich habe damals gedacht: Die beiden würden gut zusammenpassen. Ich freue mich für sie, aber weil ich Angst habe, etwas zu sagen, was sie verletzen könnte, bleibe ich cool und sage nur schlapp: »Ach ja?«

»Ist das alles, was du dazu zu sagen hast?«

»Ja, äh, das heißt nein, beziehungsweise ...«

»Ja?«

»Das kann ich gut verstehen. Ich meine, ich in deinem Alter wäre auch lieber mit einer, also einem, äh, also Freund in Urlaub gefahren, als meine Oma zu besuchen.«

Und da grinst sie, und ich glaube, daß sie mit dieser Antwort fürs erste zufrieden ist. Natürlich platze ich vor Neugier, nun aber zügig mehr, wenn nicht alles über »ihren« Jamie zu erfahren. Aber alles zu seiner Zeit. Man wird schon sehen. Setze erst mal eine E-Mail mit der heißesten Nachricht des Tages an »meine« Jamie ab.

Nachmittags sind wir zum Tennis verabredet. Neugierig bin ich immer noch und erst recht, aber Tennis ist Tennis. Better play it cool. Wir spielen beide sehr entspannt.

Dean Katz kommt vorbei, ruft mir zu: »Tennis with your daughter? Doing some bonding, I guess.« Und lauter, zu Marlene: »Beat him!«

Klavierkonzert eines Studenten. Bach, Beethoven, Brahms. Das ist nicht meine Welt und wird es auch nicht mehr. Anschließend Stammtisch bei *Mr. Up's*. Als wir ankommen, läuft Dylans *Blonde on Blonde*. Das ist meine Welt und wird es immer bleiben. Dann werden sogar die Beatles gespielt, *I am the Walrus* und *All You Need is Love*. Der Geist meiner Jugend, frisch wie am ersten Tag. Manchmal schiele ich zum Eingang, ob Marlene kommt, allein oder mit Jamie. Aber sie kommt nicht. »Love is all you need, love is all you need, love is all you need, it's easy!«

## Donnerstag, 29. Juli (Middlebury)

Ich kenne den jungen Mann von Angesicht zu Angesicht, aber Marlenes Mutter weiß jenseits des Atlantiks längst mehr über ihn. Meine Nachricht kam hoffnungslos zu spät. Darauf bin ich eifersüchtig, aber umgekehrt ist es genauso: »You know more than I – you're there and get to see the guy first hand! You lucky duck! I was the second to last to be told.« Aber ich war der Letzte! »Imagine what she's writing to all of her friends – all that we don't get to know.« Alles müssen wir aber auch wirklich nicht wissen. In der Abiturzeitung hätten viele positive Dinge über Marlene gestanden, aber auch eine Bemerkung über »the missing prince charming«. Jetzt ist er erschienen. »Do take our daughter and her first ›real‹ boyfriend out to dinner. She told me he studies literature and philosophy, so right up your alley, but isn't it that the daughters have eyes to images of their fathers?«

Karl fragt, woran ich arbeite. Ich erzähle unterm Siegel der Verschwiegenheit vom Vatertagebuch. Das sei ja interessant. Ob man da mal reinschauen dürfe. Ich gebe ihm ein paar Auszüge.

Beim Mittagessen sagt er, das habe ihn zu Tränen gerührt. Karl ist sonst nicht sonderlich sentimental. Ich wundere mich. Gleich zu Tränen? Es habe ihm noch einmal die große Leerstelle seines Lebens vor Augen geführt, den Schmerz, keine Kinder zu haben, auf die er und seine Frau aus medizinischen Gründen verzichten mussten. Das rührt nun wiederum mich fast zu Tränen. Aber wir beide sind Zyniker genug, um unsere gegenseitige Gerührtheit zügig in ironischen Smalltalk münden zu lassen.

## Freitag, 30. Juli (Middlebury)

Heute ist Emily nach Korfu abgereist. Für Kreta gab's nicht die günstigen Last-Minute-Angebote. Da kann man ja auch später immer noch hin. Nach Korfu würde ich auch gern mal. Insel der Phäaken …

WKK: Emilys Urlaubsreise Euro 500,–

Die Bristol Falls sind eine enge, langgezogene, baumbestandene Schlucht, wo der New Haven River zahlreiche größere und kleinere Wasserfälle bildet. An manchen Stellen ist die Strömung so mächtig, daß man von ihr weggerissen würde, aber an anderen Stellen gibt es ruhigere Passagen, in denen man wie in einem Whirlpool sitzen kann, und in einigen felsgeschützten Becken kann man schwimmen. Die Strömung ist auch dort noch so stark, daß man, gegen sie anschwimmend, kaum von der Stelle kommt. Obwohl immer ein paar Einheimische da sind, findet man Plätze, an denen man allein ist.

Nachmittags, bei schwüler Witterung, fahren Jochen und ich zu den Falls. Seit er mich vor elf Jahren zum ersten Mal zu diesem Ort mitnahm, hat unsere Freundschaft auch etwas mit diesem Ort zu tun, an dem wir nach dem Baden, die Füße im Wasser, auf den Felsen sitzen, uns nicht nur unterhalten, sondern wirklich miteinander reden und zwischendurch einverständig schweigen, dem freundlichen Getöse des Wassers lauschen und zusehen, wie aus schäumendem Gewirbel ruhige Spiegel werden, die fast bewegungslos dahinzugleiten scheinen, um sich beim nächsten Fall wieder in wüst tobende, Gischt sprühende Wirbel zu verwandeln. Und das alles fließt vorbei und entsteht zugleich immer wieder und neu und gleicht sich nie, nicht für den Bruchteil eines Lidschlags.

Eins unserer Gespräche hier endete einmal mit dem an und für sich ja unsäglich dumpfen Satz: »So ist das Leben«, aber selten ist mir dieser Satz treffender vorgekommen als damals, weil er eine Brücke war zwischen unserem Gespräch und dem Fluß, und weil das Leben wie dieser Fluß ist. Damals war der Fluß so, und heute ist er so. Und wenn wir eines Tages nicht mehr hierher kommen werden, wird der Fluß immer noch so sein. Oder vielleicht auch nicht. Vielleicht braucht er Wesen wie uns, die ihn als Leben verstehen oder, wie heute, spüren und sagen können, daß der Ort »zauberhaft« ist und damit auch dem kitschverhunzten Wort eine Art Würde zurückgeben.

Auf dem Rückweg Kaffeepause in der Bäckerei von Bristol. In der sanften Nachmittagssonne plauschen wir über das Seminarangebot und über die Fakultätskollegen. Jochen lobt erneut Marlene. Als Bilingual ein Volltreffer. »Du hast Glück mit deinen Töchtern«, sagt er, und es klingt fast so, als wolle er sagen, daß er dies Glück mit seinen Kindern, ein Sohn, eine Tochter, nicht habe.

Ob er weiß oder ahnt, daß Marlene hier auch ein Glück gefunden hat? Für das, was in der Schule gruppendynamisch abläuft, haben Jochen und Karl ein traumwandlerisch scharfes Sensorium, aber Marlenes Romanze ist ihnen bislang offenbar entgangen. Oder sagen sie nichts darüber, weil sie denken, daß ich es nicht weiß? In Jamies Mail stand noch: »She does not want it to get around campus for fear of dreaded staff-student intermingling, probably fears that Jochen might not take her the next year (she knows the stories from past staff) and may be a bit nervous about ›uncles‹ Karl and Jochen kidding her for something she feels really serious about.« Ich hüte also meine Zunge.

Jochen fragt, ob ich nächstes Jahr wiederkommen wolle. Natürlich, sage ich und hoffe, daß er auch Marlene fragen wird.

Abends Tanzparty der Studenten. Als ich auftauche, sind Marlene und Jamie nicht in Sicht. Ich unterhalte mich lange mit Annie, eine menschlich angenehme, intellektuell anregende und hinreißend unprätentiöse Frau, tanze auch mit ihr.

Dann erscheint Marlene. »Du flirtest ja ziemlich heftig mit der«, sagt sie streng.

»Ach was, sie ist einfach nur nett. Du mußt dir keine Sorgen machen. Zwischen Mama und mich paßt kein Blatt Papier.«

»Ich mach mir auch keine Sorgen. Die ist sowieso so ein Professorengroupie.«

Ist das die Eifersucht einer Tochter auf Menschen, die ihrem

Vater nah sind oder näherkommen? Und bin ich eigentlich eifersüchtig auf Jamie?

Während der Party sind Fotos gemacht worden, die jetzt auf eine Leinwand projiziert werden. Ein Foto von Marlene und Jamie, strahlend und sichtlich verliebt.

»Ihr seid wirklich ein schönes Paar«, sage ich.

»Na siehste«, sagt Marlene, als hätte ich je etwas anderes behauptet.

Mit Annie unterhalte ich mich noch bis morgens um zwei.

### Samstag, 31. Juli (Middlebury)

Karl leiht uns seinen Wagen, und Marlene und ich fahren nach Burlington. Tochter und Vater unter sich. Gut, daß wir diesen Ausflug nicht früher gemacht haben. Jetzt ist der richtige Moment.

»Also los, Marlene, erzähl mir mal was über Jamie«, platze ich nach zehn Minuten Anstands-Smalltalk heraus und rechne damit, daß sie mauert. Weit gefehlt. Sie spricht über ihn und über ihre Gefühle für ihn, und sie nimmt mir das Versprechen ab, das alles für mich zu behalten. Versprochen – gehalten. Mein Journal weist an diesem Punkt also eine hochbedeutsame Leerstelle aus. Sagen darf ich aber wohl, daß alles, was Marlene mir erzählt, mich erfreut und daß ich glücklich bin, sie glücklich zu wissen.

In Burlington trennen wir uns zum Shoppen in der Downtown-Mall. Sie geht ihren Interessen nach, ich meinen. Nach anderthalb Stunden treffen wir uns wieder, fahren runter zum Lake Champlain, essen zu Mittag auf der Terrasse des *Icehouse* mit Blick auf den Anleger, von dem die Fähren nach New York State abgehen. Ein heftiger Schauer prasselt aufs Blechdach der Terrasse. Eine Gruppe Biker rollt mit ihren Harley-Davidsons auf den Anleger. Der *Vermonter*-Zug schiebt langsam vorbei, läßt sein

Horn tröten. Die Inseln im Lake Champlain verschwinden hinterm Regenvorhang. Marlene und ich reden über dies und das und jenes. Wie es ist, ist alles richtig und gut.

Auf der Rückfahrt schlage ich vor, was Jamie mir empfohlen hat und lade Marlene und ihren Prinzen zum Essen ein, Anfang übernächster Woche, wenn die Summer Session hier auf der Zielgeraden ist. Würde mich nicht wundern, wenn Marlene dem auswiche, aber sie nimmt den Vorschlag gleich an. Nur mit dem Spracheid, der Jamie verpflichtet, bis Ende des Programms ausschließlich Deutsch zu reden, sei das so eine Sache. Mit seinen noch recht rudimentären Sprachkenntnissen würde er sich mir dann womöglich hoffnungslos unterlegen fühlen. Und außerdem studiere er Literatur, interessiere sich für Benjamin und Adorno, und da hätten wir doch ein Superthema ...

»Ich setze den Spracheid für den Abend außer Kraft«, sage ich.

»Kannst du das denn? Muß Jochen das nicht genehmigen?«

»Ich kann das«, sage ich, »weil ich dein Vater bin.«

Abends Grillparty der Fakultät. Wie's denn so gewesen sei. Vater und Tochter mal unter vier Augen?

»Schön«, sage ich, »sehr schön. Ich habe das mal gebraucht. Und ich glaube, es hat auch ihr gefallen.«

Adorno will die Aufklärung aufklären, die Vernunft zur Vernunft bringen: Erwachsenenbildung.

## Sonntag, 1. August (Middlebury)

Beim Brunch in der Mensa sitzen Marlene und Jamie zu zweit an einem etwas abseits stehenden Tisch. Kann sein, daß sie unter sich bleiben wollen, aber ich setze mich dazu, denn der junge Mann dürfte inzwischen wohl wissen, daß ich weiß, wie er zu meiner Tochter steht, und wie es um meine Tochter bestellt ist. Und da ist es an der Zeit, ihm einmal fest, freundlich und zustimmend in die Augen zu blicken, ihm sozusagen meinen Segen zu geben, statt immer nur mit wissendem Zwinkern aneinander vorbeizulaufen. Die beiden freuen sich offensichtlich über meinen Sprung über den Vaterschatten, und wir kommen auch gleich zwanglos ins Gespräch, jedenfalls soweit einer, der im zweiten Jahr des Undergraduate-Programms Deutsch lernt, zwanglos auf Deutsch plaudern kann.

Immerhin versteht man sich; erst einmal klären wir die Du-oder-Sie-Frage: Marlene meint, wir sollten uns duzen, aber das geht wegen der Anrede-Politik zwischen Studenten und Professoren nicht, jedenfalls nicht in der Öffentlichkeit. Das Problem löst sich von selbst, sobald wir miteinander Englisch reden werden – say you to me. Locker wird das Gespräch, als die beiden mir erzählen, daß sie heute abend zu einem Konzert nach Saratoga fahren wollen. The Dead. Also, The Grateful Dead ohne den toten Jerry Garcia, der aber gewiß im Geiste mitspielen wird. Darauf, und nur darauf, bin ich eifersüchtig, gerate sogar in Versuchung, mich dem freudigen Ereignis anzuschließen, kann aber an mich halten und beschränke mich darauf, allerlei Veteranen-Anekdoten eines Grateful Dead Konzerts in Berkeley preiszugeben, bei dem Jamie und ich 1981 waren und mittels einiger ›magic mushrooms‹ im siebten Rock'n-Roll-Himmel schwebten. Verdammt lang her. 23 Jahre. Und heute abend fahren diese beiden Hübschen also zu den Dead. Ohne Jerry.

Ich blicke Jamie in die Augen, und er blickt mir in die Augen, offen und freundlich, und ich denke: Der Mann ist in Ordnung. Glückwunsch, Marlene!

»Viel Spaß«, sage ich. »Ich beneide euch.«

Bei schwüler Hitze nachmittags mit Jochen und Karl zu den Bristol Falls. Ich setze mich, den Rücken an einen Felsen gestützt, mitten in den Fluß, lasse die Strömung gegen meinen Körper branden. Wassermassage. Anstrengend, sich gegen die Gewalt des Wassers zu behaupten, überhaupt gegen den Strom zu stehen; anstrengend, jemand zu werden, anstrengend, jemand zu sein. Individuation ist Widerstand gegen den besinnungslosen Strom. Wir wissen nicht, ob unser Werden unsere einzige Chance ist, zu erkennen, was ist und daß etwas ist. Wir tun so. Wir müssen so tun.

Morgen ist heute schon gestern.
Gestern noch Kinder, heut Leute.
Vögel schlüpfen aus Nestern.
Gestern war morgen von heute.

Gestern von heute ist morgen.
Der Fluß rinnt dir durch die Hände.
Hast du sonst keine Sorgen?
Der Fluß strömt dahin.
Ende.

## Montag, 2. August (Middlebury)

»Wie war's Konzert?« frage ich Marlene morgens im Büro.

Sie lächelt, ihre Augen leuchten. »Phantastisch.«

»Was haben sie denn gespielt?«

»Ich kenn die Stücke ja nicht so genau, aber es war toll. Ich erzähl dir demnächst ausführlich davon.«

Nehme mir vor, ihr eine CD mit Grateful Dead Musik zu brennen und sie ihr dann nach Washington zu schicken.

Beim Mittagessen spreche ich Jamie an. »Wie fanden Sie das Konzert?«

»Phantastisch. Ich erzähl dir, äh, Ihnen bald mehr davon.«

Für unser geplantes Dinner zu dritt dürfte ein erstes, ergiebiges Thema schon mal feststehen.

Marlene hat eine kleine Reiseapotheke mitgebracht, allerlei homöopathische Globuli, die Allzwecksalbe *Traumeel* und eine Dose viel und gern verlangter Notfallbonbons auf Bachblütenbasis. Mit diesem Arsenal ist sie hier schnell zur Notärztin, Sanitäterin und Apothekerin in Personalunion avanciert, die von der Blase am Fuß (*Traumeel*) bis zum Schock über die Klausurnote (Notfallbonbon) das Gröbste kuriert. Zu Risiken und Nebenwirkungen ...

Abermalige (die vierte) Sprechstunde mit einem Studenten, dessen Sprachkompetenz im Deutschen bestenfalls dem dritten Jahr bei den Undergraduates entspricht, dessen Drang nach Höherem ihn aber irgendwie ins Adorno-Seminar verschlagen hat. Statt sich mit dem Schlichten und Konkreten zu bescheiden, das ich von ihm und den anderen Studenten verlange, zieht's den Unseligen unbeirrbar ins Geisterreich der Abstraktionen, indem er sich eine Seminararbeit ausgerechnet über Adornos Kritik an Kirkegaard in den Kopf gesetzt hat; nun faselt er weitgehend sinn- und zusammenhangslos von Kant, Nietzsche, Hegel und bringt vollendet rätselhafte Unsätze zu Papier. Sein Griff nach den Sternen ist ein Griff ins Leere. Jochen hat mir erzählt, daß er in seinem Stilistik-Seminar Aufsätze liefert, die zwischen halbverdauter Philosophie, seelenvollem Spiritismus und grammatischem Irrsinn hin und her taumeln. Wie er da vor mir sitzt, wirre Sprachbrocken auswirft und immer mal wieder »schwer, schwer« stöhnt, tut er mir entsetzlich leid, und ich biete alles auf, was ich mir einem Fremden gegenüber an väterlicher Attitüde abringen kann. Der Junge braucht Trost und Rat; helfen kann ich ihm jedoch nur sehr bedingt – schreiben muß er seine Arbeit schließlich ohne mich.

Man kann das Kamel zur Quelle tragen, aber trinken muß es selber. Dies Kamel wird verdursten.

Spät noch ein Bier und zwei Calvados bei Jochen. Nachdem wir diverse Collegeprobleme durchgehechelt haben, kommt er, als ich gegen Mitternacht aufbrechen will, auf seine erwachsenen Kinder zu sprechen, was er sonst kaum tut. Sein Sohn ist leicht verhaltensgestört, aber bevor wir das schwierige Thema angehen können, klingelt das Telefon.

»Meine Frau«, sagt Jochen, »das wird ein langes Gespräch.«

Ist er froh, daß wir nicht über seinen Sohn gesprochen haben? Bin ich froh darüber?

»Ich muß sowieso gehen«, sage ich.

Wie er neulich in Bristol zu mir sagte, ich hätte ja Glück mit meinen Töchtern ...

Betrübt zurück ins ›Dorm‹, betrübt zu Bett.

## Dienstag, 3. August (Middlebury)

Theateraufführung der Deutschen Schule, Dürrenmatts *Die Physiker*. Das Stück hat allerlei rhetorischen Staub angesetzt, der ätzende Humor von Anno Zwieback kommt mir heute eher golden vor, doch die Inszenierung ist halbwegs gelungen, zieht man die unfreiwillige Komik des Laienhaften ab; vielleicht aber auch eben deshalb gelungen, weil das unfreiwillig Komische die Unzulänglichkeiten von Stück und Aufführung glättet. Marlene spielt auch mit. Als Krankenschwesterleiche liegt sie gleich zu Beginn leblosblaß, stumm und dekorativ auf den Brettern, die die Irrenanstalt bedeuten, und wird alsbald auf einer Trage entsorgt. Besser kann man die Rolle nicht ausfüllen. Ich bin begeistert.

In der Theaterpause fällt mir auf, daß Jamie heute eine Brille trägt.

»Sonst trägt er Kontaktlinsen«, sagt Marlene. »Ohne die sieht er nicht viel.«

»Hat er dich denn schon mal gesehen?«

Sie lacht. »Ich glaube schon.«

Als wir auf unsere Plätze zurückgehen, frage ich Jamie, ob ihm das Stück gefalle, lege ihm dabei kurz eine Hand auf die Schulter und weiß nicht, was die Geste bedeuten soll. Zuneigung? Oder plumpe Anbiederei?

E-Mail von zuhause: Emily habe aus Korfu angerufen; ihre Freunde hätten über den vergammelten Zustand des Hotels geklagt, aber Emily habe gesagt, daß man zu dem Preis auch nicht mehr verlangen dürfe. Immerhin. Unsereiner schlief seinerzeit im Schlafsack am Strand.

### Mittwoch, 4. August (Middlebury)

Der Ex-Student Glen, der mich vor einiger Zeit besuchte, erscheint noch einmal zum Grillabend. Ich stehe mit ihm und Jochen zusammen, als Marlene auftaucht und freundlich lächelnd an uns vorbeigeht.

Glen sieht ihr nach und pfeift anerkennend durch die Zähne. »Sieht aus, als würde ich in diesem Sommer allerhand verpassen«, sagt er.

»Kein Wunder bei dem Vater«, sagt Jochen.

»Wieso?« fragt Glen.

»Herr Modick«, sagt Jochen.

Glen wird knallrot, sieht mich an und stammelt: »Entschuldigung, das habe ich nicht gewußt.«

»Danke für's Kompliment«, sage ich.

Vor einigen Tagen bekam ich mit, wie sich in der Mensa ein paar Studenten über einen abwesenden Kommilitonen unterhielten, der leicht spöttisch, aber nicht unfreundlich, eher neidisch, ›Pretty Boy‹ genannt wurde. Könnte Marlenes Jamie sein, dachte ich, und tatsächlich fiel dann auch sein Name. Stimmt ja auch. Hübsch ist er obendrein.

Stammtisch bei *Mr. Up's*. Marlene tuschelt und kichert allerlei mit Pascale und einer jungen Lehrerin aus dem Undergraduate Programm, die keine Gelegenheit ausläßt, Marlene dabei absichtlich, sprich: mühsam unabsichtlich, zu berühren. Die Lehrerin gehört zur Fraktion der Frauen, die Frauen zugetan sind und, wie ihre männlichen Pendants auch, in Middlebury besonders kess auftreten, weil die sogenannte Diversity-Politik des Colleges alles fördert, was Minorität ist, sich dafür hält oder gerne wäre (»Gehören Sie eigentlich schon einer Minorität an? Oder sind Sie noch ein Individuum?«). Ob Marlene das weiß? Ob Jamie, der, aus dem weiblichen Flüsterverein ausgeschlossen, etwas verloren und ratlos auf der anderen Seite des Tisches sitzt, es weiß? Es geht mich eigentlich nichts an. Ich beobachte ja nur. Neutral. Mit der notorischen, vampiristischen Neugier des Schriftstellers. Mit der eifersüchtigen Neugier des Vaters. Nein, es geht mich durchaus nichts an. Und es interessiert mich naturgemäß brennend.

## Donnerstag, 5. August (Middlebury)

Höre mir mit ein paar Studenten in Pearsons Lounge die Radiosendung der Schule an, Thema: Liebe und Freundschaft am Middlebury College. Wer sich das wohl ausgedacht hat? Studiogäste sind zwei mir gut bekannte Alumnen, Ex-Studenten also, die wohl in der Hoffnung eingeladen worden sind, daß sie unverblümter sprechen als diejenigen, die sich in diesem Sommer mehr oder minder trickreich an den Tabus und komplizierten Korrektheitsregeln vorbeimogeln müssen, um ihre Bedürfnisse und Sehnsüchte zu stillen. Aber auch die beiden Alumnen halten sich bedeckt, obwohl (oder weil?) einer der beiden als ziemlich erfolgreicher Womanizer galt. Sogenannte pikante Details oder saftige Skandal-Anekdoten bleiben verschämt im Zwielicht. Harrassment, jedes Verhalten also, daß auch nur entfernt als Belästigung oder Diskriminierung, insbesondere sexueller Natur, ausgelegt werden könnte, hängt als Drohbegriff und -gebärde über dem stockenden Gespräch.

Marlene bemüht sich nach Kräften, die schleppende Sache flott zu machen. Wie das eigentlich sei, fragt sie, wenn am Ende des Sommers der Spracheid falle. Wenn Leute, die sonst mit intellektuellen Höhen- und verbalen Überflügen brillieren, sieben Wochen lang auf den Babytalk des Sprachanfängers reduziert waren und dann plötzlich entdecken, daß man womöglich nicht in eine bestimmte Person verliebt war, sondern nur in deren überlegene Sprachkompetenz. Wenn sich also herausstellt, daß man einander gar nicht gewachsen ist.

Das ist für sie ganz offensichtlich keine abstrakte Frage. Als wer wird sich ihr ›Pretty Boy‹ entpuppen, wenn er in einer Woche Englisch sprechen wird? Über Philosophie und Komparatistik.

## Freitag, 6. August (Middlebury)

Herr Richter hat erzählt, daß Sie an einem Roman über Middlebury schreiben«, empfängt mich ein Student beim Frühstück.

»Noch nicht«, sage ich, »aber später vielleicht mal.«

»Kommen wir auch darin vor?«

»Schon möglich.«

»Dann ist es ja für uns gefährlich, mit Ihnen an einem Tisch zu sitzen.«

»Ja, ich bin der Vampir, der vom Leben der anderen lebt.«

»Wie meinen Sie das?«

»Aus meinem eigenen Leben und dem Leben anderer Menschen mache ich Worte und Sätze.«

»Kommen Ihre Töchter und Ihre Frau auch in Ihren Büchern vor?«

»Ja, aber nicht so, wie sie in Wirklichkeit sind.«

»Und wie finden die das?«

»Ich weiß nicht. Ich glaube, sie haben sich daran gewöhnt. Ich hoffe, sie nehmen es mir nicht übel.«

»Und sind Sie in Ihren Büchern immer ehrlich?«

»Natürlich nicht.«

»Das ist ja gut für uns.«

In einer Suite auf dem ›Dorm‹-Flur feiern spät in der Nacht noch einige Studenten. Als ich vom Essen mit Kollegen nach Hause komme, laden mich die Studenten auf einen Absacker ein. Fotos von Eltern, Kindern, Geliebten machen die Runde.

Ob ich auch Fotos dabeihabe? Leider nein, höchstens das in meinem Führerschein, aufgenommen, als ich zarte 18 war und mein peinlich toupierter Haarschnitt sich am pubertären Chic der Small Faces orientierte. Das Dokument meiner hübschen Jahre wird unter großem Hallo und mit einer Mischung aus Amüsement und Ungläubigkeit herumgereicht; vielleicht ist auch sanftes Entsetzen dabei, was die Jahre in unsere Gesichter schreiben.

Colin sieht das Foto nachdenklich an. »Wie Marlene«, sagt er. Was für ein Kompliment!

Auf dem Rückweg in meine Suite sehe ich im Vorbeigehen an einer halb offenstehenden Tür zwei Verliebte im gierigen Ansaugstadium. Bin froh, daß Marlene in einem anderen ›Dorm‹ untergebracht ist.

## Samstag, 7. August (Middlebury)

Nachdem Jochen, Karl und ich den Tag in alter und erfreulich frischer Freundschaft in Burlington verbracht haben, sitzen wir abends noch auf ein, zwei Calvados bei Jochen zusammen. Irgendwie kommt das Gespräch aufs Altern und Altsein. Ob die eigenen Kinder dann zu einem stehen? Oder ob man ihnen nur noch im Weg steht? Old and in the way? Sie werden mit uns umgehen, hoffe ich, wie wir mit ihnen umgegangen sind.

Seinen Sohn, sagt Jochen, habe seine Frau einmal gebeten, während eines Urlaubs den Hund zu versorgen, worauf der Sohn gesagt habe: »Why don't you kill the dog?« Und das stimme ihn sehr bedenklich, wenn er an sein Alter denke. Sein Sohn habe das natürlich gar nicht so brutal gemeint, und dennoch ... Zum Glück hat er auch noch eine zarter besaitete Tochter.

»Keiner der abstrakten Begriffe kommt der erfüllten Utopie näher als eine Adorno-Party ab 22 Uhr in Suite H.« So steht's in bestem Teddy-W.-A.-Deutsch am Notizbrett meiner Tür, und also mache ich mich gegen Mitternacht auf den Weg vom »valschen Leben« ins richtige, wo Gin & Tonics, Bier und Rotwein in erheblicher Quantität fließt. Einige Seminarmitglieder spielen tatsächlich ein Adorno-Trivia-Quiz: Wie hieß seine Frau? In welchem Text geht es um Bordelle? Wo hat er als Kind seine Ferien verbracht? Aber nach einer Weile wendet man sich den relevanteren Trivias zu, dem Campus-Klatsch und Tratsch, wer in wen erst verliebt ist und wer bereits mit wem schläft. Erfreulicherweise erfahre ich auf diese Weise, daß die frauenfreundliche Minoritätenfrau inzwischen bei einer anderen angedockt hat.

»Und Marlene ...«, sagt eine wein- und plauderselige Studentin, unterbricht sich dann aber selbst, als sie realisiert, daß der Herr Vater mithört.

»Ich weiß schon«, sage ich.

»Dann ist es ja gut«, sagt sie erleichtert.

»Ja. Das ist sogar sehr gut.«

Und die erfüllte Utopie der Adorno-Party kommt auch sehr gut.

## Sonntag, 8. August (Middlebury)

»Ich hab dich beim Mogeln erwischt«, sagt Jochen, als er mit den üblichen fünf Minuten Direktoren-Verspätung auf dem Tennisplatz erscheint. »Beim Doppel hast du gar nicht gegen Marlene verloren.«

Ich habe ihm die Middlebury-Passagen des Manuskripts gegeben und weiß natürlich gleich, was er meint. Aber das war keine Mogelei, sondern ist mir beim Aufschreiben unbewußt unterlaufen, weil wohl das Verhaltensmuster, um das es ging, so klarer herauskam. Solche Mogeleien gibt es öfter, besonders bei den Dialogen, die fast nie als O-Ton wiederzugeben sind, sondern eine gewisse Zuspitzung und Pointierung brauchen, um echt zu wirken. Sprachlicher Eins-zu-Eins-Verismus ist bestenfalls richtig, aber nie wahr, weil »Wahrheit« auch im Unausgesprochenen mitschwingt, in der Atmosphäre eines Gesprächs, in der körperlichen Präsenz von Stimme und Ohr. Um dies Vage, Undefinierbare, Flüchtige, sich ständig ins Wort fallende, Zweideutige des gelebten Lebens festzuhalten, das feine Gefädel, das uns mit anderen verbindet, ist auch im autobiographischen Schreiben, selbst im Tagebuch, ein gewisser Grad von Fiktionalisierung notwendig.

Jochen gewinnt glatt in zwei Sätzen. Ungemogelt. Ich bin nicht bei der Sache. Und die Adorno-Party steckt mir auch noch in den Knochen.

Abends Chorkonzert mit einigen Instrumentaleinlagen im Center for the Arts. In der Pause gehe ich vor die Tür, um zu rauchen. Marlene kommt aus dem Gebäude gerannt.

»Wohin so eilig?«

»Wir haben vergessen, den Empfang zu organisieren«, ruft sie im Vorbeilaufen. »Ich muß ins Büro und mach das jetzt.«

»Moment mal. Ich kann dich doch hinfahren, mit Jochens Auto …«, aber da ist sie schon in der Nacht verschwunden.

Dreißig Sekunden später erscheint Jochen. »Wo ist Marlene?«

»Läuft zum Büro. Wegen des Empfangs.«

»Ich wollte sie hinfahren«, sagt er.

»Zu spät.«

»Geez«, sagt er, »du hast wirklich ’ne fixe Tochter.«

Noch mal eine halbe Minute – und Jamie kommt vor die Tür. »Haben Sie Marlene gesehen?«

»Ist zum Büro, um …«

»Marlene ist immer so schnell«, sagt er kopfschüttelnd. »Ich wollte mitgehen.«

»Ich weiß«, sage ich. »Sie hat es immer eilig.«

»Groß Schritte«, sagt Jamie in seinem Zweiten-Jahr-Deutsch.

»Lange Schritte«, sage ich. »Hat sie von mir.«

Sie hat es eilig, ins Leben zu kommen, erwachsen zu werden. Hoffentlich stolpert sie nicht. Aber das sage ich natürlich nicht, sondern grinse Jamie freundlich an, als er sich achselzuckend umdreht und irgendwie fassungslos zurück in den Konzertsaal trottet.

## Montag, 9. August (Middlebury)

Auf der Terrasse des Restaurants *Tully and Marie’s* sitzt man direkt am Otter Creek und kann aufs Wasser blicken, das vor der Brücke unruhige Strömungen und Strudel bildet und gleich hinter der Brücke als Wasserfall talwärts rauscht und schäumt. Wenn man die üblichen Verdächtigen des Colleges treffen will, geht man zu *Mr. Up’s*; will man ihnen und dem Spracheid entgehen, geht man hundert Meter weiter zu *Tully and Marie's*. Weil aber immer ein paar der üblichen Verdächtigen den üblichen Verdächtigen und dem Spracheid entgehen wollen, sitzen auch bei *Tully and Marie's* immer ein paar der üblichen Verdächtigen herum und lächeln sich zweisprachig und verständnisinnig zu. Heute abend ist es Roman Graf mit Freunden; als ich mit Marlene und Jamie auf der Terrasse erscheine, ist sein Lächeln breit und besagt: Sieh an, sieh an, stolzer Vater, schöne Tochter, potentieller Schwiegersohn. Roman weiß offenbar Bescheid. Vermutlich weiß der gesamte Campus Bescheid. Nur ich Depp denke immer noch, daß ich eine Art süßes Geheimnis hüte.

Nachdem wir Platz genommen haben, erkläre ich kraft meiner väterlichen Autorität für die Dauer dieses Dinners den Spracheid für aufgehoben. Die Hierarchien, die zwischen uns bestehen, werden so zumindest sprachlich zusammengestaucht.

Wir bestellen zum Essen eine Flasche Wein. Die Kellnerin verlangt von Jamie einen Altersnachweis, von wegen ›legal drinking age‹. Marlene zuckt zusammen, weil auch sie sich nun wird ausweisen müssen. Die Kellnerin studiert Jamies Führerschein und behauptet dann ebenso überraschend wie apodiktisch, an ihn dürfe kein Alkohol ausgeschenkt werden.

Wieso das? Jahrgang 1980 ergebe doch wohl ein Alter von deutlich über 21 Jahren!

Jetzt zuckt die Kellnerin zusammen. Kopfrechnen schwach! Sie entschuldigt sich mit hochrotem Kopf. Und wenn das so sei, gehe sie davon aus, daß Marlene natürlich auch schon über 21 sei und also …

Ganz recht, ganz recht. Und dann stoßen wir an und lachen, und ich bin der Kellnerin dankbar, daß sie nicht rechnen kann.

Zwei Dinge, habe ich mir vorgenommen, mußt du heute abend unbedingt vermeiden: Erstens Besserwisserei, zweitens Musterungsfragen. Wenn ich mich recht erinnere (ich schreibe dies einen Tag später auf), gelingt es mir leidlich. Wir haben auch das Glück des Dead-Konzerts, von dem Marlene und Jamie detailliert und begeistert erzählen. Wir müssen nicht nach Themen stochern. Unser Gespräch fließt freundlich und zügig dahin wie unter uns der Otter Creek.

Ich sehe Marlene an, sehe Jamie an, freundlich, höflich, intelligent, hübsch, sehe beide nebeneinander sitzen und sich anlächeln. Zwei, die sich gefunden haben. Zwei, die füreinander gemacht sind. Ich freue mich über ihr Glück und wünsche ihm Dauer. Daß sie ab Freitag einen Urlaub zu zweit machen werden, hat Marlene schon erzählt. Jamie präzisiert das Reiseziel. Ein Freund habe da »a little cabin in the Catskills«, und diese kleine Hütte ...

Ich nicke vor mich hin. Klingt gut. Klingt wirklich gut. Da möchte man doch glatt noch mal 20 sein.

Später marschieren wir gemeinsam hügelaufwärts zum Campus zurück, Marlene voran in ihrem notorischen Eilschritt.

»Du bist zu schnell«, sagt Jamie.

»Hab ich von meinem Vater geerbt«, sagt sie.

## Dienstag, 10. August (Middlebury)

Auf dem Rückweg vom Mittagessen schlendert im Abstand von etwa zwanzig Metern Jamie vor mir her. Bis Pearsons Hall könnte ich ihn leicht einholen, noch ein paar Schritte mit ihm gemeinsam machen und plaudern, aber ich schließe nicht zu ihm auf, sondern halte die Distanz. Leute, die ihre eigenen Kinder als »beste Freunde« verstehen und behandeln, weil sie Angst vorm Älterwerden haben und hoffen, daß ihnen als »Freunde« erspart bleibe, was sie als Trennung, die Kinder aber als Befreiung empfinden – solche Leute sind peinlich; peinlicher nur noch solche, die sich ihren potentiellen Schwiegerkindern als Freunde anbiedern, als ungebetene Dritte im Bunde sich aufdrängen: kumpelhaft maskierte Eifersucht, Kontrollettis im Auf-du-und-du-Tarnanzug. Jamie geht sein eigenes Tempo. Wozu soll ich ihn einholen? Und ganz kurz der Gedanke: Einen Sohn zu haben, wäre vielleicht auch ganz schön gewesen.

Jochen und ich besprechen einige Details fürs nächste Jahr. Ob Marlene auch wieder eingeladen sei, erkundige ich mich.
»Schon längst.«

## Mittwoch, 11. August (Middlebury)

Abschiedsbankett in der Mensa. Freundliche Reden, allerlei launige Einlagen à la:

Herr: es ist Zeit. Der Sommer war sehr groß.
Leg deinen Schatten auf die Schlußklausuren
und in der Mensa laß den Spracheid los.

Befiehl den leeren Seiten voll zu sein;
gib letzten Referaten noch zwei Tage,
dränge sie zur Vollendung hin und jage
die Konjunktive in die Köpfe rein.

Wer jetzt kein A hat, kriegt auch keines mehr.
Wer jetzt auf C steht, wird dort lange bleiben,
wird wachen, lesen, Hausarbeiten schreiben
und wird in Bibliotheken hin und her
unruhig wandern oder sitzen bleiben.

Die Fakultät tritt in Schürzen und Papiermützen als Küchenpersonal auf, eine Geste mit Symbolcharakter, denn in diesem Land ist Erziehung eine Mischung aus Business und Service. Wir sind die Dienstleistenden, die Studenten die Kundschaft.

Marlene sitzt am ersten Tisch vorm Podium, neben ihr Jamie. In dieser gelassenen Selbstverständlichkeit habe ich die beiden noch nie nebeneinander gesehen. Offenbar hat das Versteckspiel ein Ende – und ich war vermutlich eh der Letzte, der »es« mitbekommen hat.

Ehrungen der Kursbesten. In meinem Seminar *Die Wiedervereinigung im Spiegel der deutschen Gegenwartsliteratur* bekommt Jennifer den Preis, im Adorno-Seminar geht er an Annie. Als sie nach vorn kommt, um sich von mir die Urkunde überreichen und ein züchtig-entsagungsvolles Küßchen auf die Wange hauchen zu lassen, schiele ich zu Marlene, die mich in töchterlicher Eifersucht einmal vor Annie gewarnt hat (»Professorengroupie«). Aber Marlene lächelt einverstanden und klatscht auch Annie den wohlverdienten Beifall.

Während der anschließenden Tanzparty frage ich Marlene, ob sie traurig sei, daß die Session zu Ende gehe und die, mit denen wir den Sommer verbracht haben, sich nun in alle Winde zerstreuen?

»Wenn's am schönsten ist«, sagt sie, als hätte sie diesen Spruch soeben exklusiv für mich erfunden, »soll man aufhören.«

Für dich, denke ich, wird's jetzt aber wohl noch schöner. Einsame Hütte in den Catskills. Und überhaupt.

Long Trail Ale vom Faß. Bittersüß. Marlene und Jamie verschwinden im Trubel der Tanzfläche. Ich tanze mit der preisgekrönten Annie. Könnte auch meine Tochter sein.

Bin glücklich und traurig zugleich. Zwielicht des Abschieds.

### Donnerstag, 12. August (Middlebury)

E-Mail von zuhause: Emily, wohlbehalten aus Korfu zurück, habe sich nach 14 Tagen griechischer Halbpension erst einmal Mamas Homecooking gewünscht. Mir hängt das Mensaessen auch zum Hals heraus.

Während ich bei geöffneter Zimmertür an diesem Text schreibe, hockt in der Küchenlounge unserer Suite die Fakultät zusammen, die fürs zweite Jahr der Undergraduates verantwortlich ist. Die Grades, die Abschlußzensuren, werden ausgehandelt – Zeugniskonferenz also. Moment mal. Zweites Jahr? Ist das nicht Jamies Stufe?

Ich spitze die Ohren, schlendere langsam, ganz langsam, aus meinem Zimmer zum Kühlschrank, hole demonstrativ beiläufig eine Cola heraus.

Ob man als, na ja, gewissermaßen verantwortungsbewußter, also sozusagen, äh, ja, Schwiegervater in spe mal fragen dürfe, wie denn dieser, wie heiße er gleich noch mal, dieser Jamie sich so mache?

Tin, Hans und Roger blicken von ihren Papieren auf, grinsen breit. Eigentlich sei das ja alles streng geheim, sagt Tin streng und lächelt dabei locker, aber in diesem Fall ...

Sie blättern, breiter grinsend, in ihren Unterlagen. Jamie also. Tja, tja, tja. Der sei zu Anfang des Sommers etwas luschig gewesen, habe sich dann allerdings enorm gesteigert. Glattes A. Wirke aber im Unterricht, Grinsen von Ohrläppchen zu Ohrläppchen jetzt, manchmal etwas erschöpft. Oder übermüdet.

»A bleibt A«, sage ich.

Weiter im Text.

Letztes Abendmahl in der Mensa. Die Reihen haben sich gelichtet, viele Studenten sind schon abgereist. Jochen erscheint kurz vor Ende der Essensausgabe.

»Das Büro ist eingepackt«, sagt er. »Da spielt jetzt noch einer Gitarre. Den letzten Walzer. Und zwar sehr gut.«

»Den kenn ich«, sage ich. »Der soll noch ganz andere Qualitäten haben.«

Jochen lacht. »Davon hab ich auch gehört.« Der Segen des Direktors!

»Wer so gut Gitarre spielt«, sage ich, »kann kein schlechter Mensch sein.«

Koffer gepackt. Letzte Happy Hour der Fakultät, danach noch kurz runter zu *Mr. Up's*, wo die Studenten das Sommerende abfeiern. Nun können sie Englisch mit uns reden und sind plötzlich alle wieder so erwachsen, wie sie es schon vor sieben Wochen waren.

Kurz vor Mitternacht zu Bett, aber aus lauter Abschiedssentiment bis drei Uhr morgens schlaflos.

### Freitag, 13. August (Nachtflug Boston – Paris)

Mit Marlene gefrühstückt; wir haben uns abseits gesetzt, an einen Tisch für zwei. Ich hatte keinen Appetit. Nur Kaffee. Wir wußten beide nicht so recht, was wir sagen sollten. Ich habe ihr eine Plastiktüte mit Sachen gegeben, die ich nicht mitschleppen will, die sie aber vielleicht brauchen kann. *Aspirin*, falls mal der Schädel brummt. *Contramutan*, falls man mal unpäßlich ist.

In die Tüte habe ich auch ein Blue Book gelegt, eins dieser blauen Klausur-Hefte mit dem Aufdruck *Use Your Imagination*. Auf die erste Seite habe ich ein paar Zeilen an Marlene geschrieben, auf Englisch. Auf die zweite Seite habe ich ein paar Zeilen für Jamie geschrieben, auf Deutsch. Auf die dritte ein paar Zeilen an beide, auf Denglish. Auf die vierte Seite habe ich unbenutzte Briefmarken gelegt. Schreib mal! Auf die fünfte Seite Pflaster. Bleibt verbunden! Auf die sechste Seite das Foto von Jamie und mir. Hafeneinfahrt Agia Galini. Kein Kommentar.

Marlene hat sich das Heft nicht angesehen, jedenfalls nicht, als ich noch dabei war. Vielleicht hat sie geahnt, daß es sentimentales Zeug enthält. Dann haben wir uns umarmt. Zu meiner Erleichterung hat sie nicht geweint. Ich bin rauf aufs Zimmer, hab mein Gepäck geholt. Zurück in die Mensa. Jochen, Karl, andere Kollegen und ein paar Studenten. Marlene mit verheultem Gesicht. Jetzt hat sie also doch geweint. Wegen mir? Auf Wiedersehen. Und paß auf dich auf, Marlene. Du bist es wert.

An Bord des Flugzeugs wird *Girl with a Pearl Earring* gezeigt, ein Film, in dem es über die Sublimierung unerfüllbaren Begehrens zu Kunst geht. In meiner Übermüdung berührt er mich seltsam, diffus und tief.

## Samstag, 14. August

Am Flughafen steht Jamie vor der Glastür der Gepäckausgabe und winkt mir zu. Die »Probe aufs Gefühl, ob es übers Gefühl hinausgeht durch Dauer« (Adorno), haben wir nach sieben Wochen Distanz ein weiteres Mal bestanden. Jedenfalls dürfte es der Beständigkeit unserer Ehe zugutegekommen sein, daß wir, freiwillig oder unfreiwillig, immer wieder mit vorübergehenden Trennungen gelebt haben.

Wir freuen uns übers Wiedersehen und Wiederhaben, und kaum, daß wir im Auto sitzen, überfällt sie mich mit Fragen nach Marlene und ihrem Glück. Es macht mir Spaß, als privilegierter Augenzeuge antworten zu können, in meinen Erzählungen das Einverständnis spüren zu lassen, das ich empfinde, und langsam glaube ich zu verstehen, daß wir als Eltern verliebt in die Verliebtheit unserer Tochter sind, vielleicht mehr als in uns selbst.

Wiedersehen mit Emily, feste Umarmung und Wangenkuß. Auch sie ist – Überraschung! – sieben Wochen älter geworden. Bei ihr sieht man's irgendwie. Oder es kommt mir so vor. Zeigt Fotos von Korfu. Im Hotel haben sie sich ein Apartement mit zwei

Zimmern geteilt, drei Mädchen und ein Junge – der muß sich ja wie im achten Himmel gefühlt haben.

Die mitgebrachte CD mit den Fotos des Middlebury-Sommers wird durchgemustert. Aufnahmen, aus denen die randständige Existenz meiner Wenigkeit hervorgeht, stoßen auf wenig Interesse. Gesucht wird nach »ihm«.

»Don't call Jamie ›pretty boy‹«, sagt Jamie.

»Wieso? Hübsch ist er doch.«

»Marlene wouldn't like that.«

»Wie soll ich ihn denn nennen?«

»By his name.«

»Aber dann gibt's Verwechslungen mit dir.«

»Bullshit. Say his name.«

»Ja, gut.«

»What's his name?«

»Okay, Jamie, okay.«

Abends Gartenparty bei Freunden in der Nachbarschaft. Der Jet-Lag läßt mich taumeln zwischen abgrundtiefer Müdigkeit und durchsichtiger, kristalliner Wachheit. Bin zu Hause, sitze noch im Flugzeug, bin immer noch in Middlebury, bin zu Hause, sitze in diesem Garten. Unmöglich, die letzten Wochen einfach abzuschalten wie das Licht im Schlafzimmer.

## Sonntag, 15. August

Nicht in der Küche, sondern im Eßzimmer eingenommen, mit Hintergrundmusik und manchmal gar einer Kerze, haben wir dem Sonntagsfrühstück immer einen milde zeremoniellen Anstrich zu geben versucht, weil es eine der wenigen Mahlzeiten ist, zu denen wir zu viert versammelt sind. Heute frühstücken wir aber in der Küche, und es wird nur für drei Personen gedeckt.

Marlene wird woanders frühstücken, zu zweit, jenseits des Atlantiks, von wo ihre Mutter vor 24 Jahren gekommen ist. Eigentlich hat Marlene geplant, nach dem Praktikum in Washington und einigen Verwandtschaftsbesuchen wieder nach Hause zu kommen. Aber wer weiß?

»Zu Weihnachten«, sage ich, »wird sie ja wohl mal wieder vorbeischauen« und komme mir dabei fast so sentimental vor, wie der Satz klingt.

»Oder wir fahren hin«, sagt Emily. »Wir haben nur ein Mal Weihnachten in den USA gefeiert. Können wir doch noch mal machen.«

»Klingt gut«, sage ich, »klingt wirklich gut. Warum eigentlich nicht?«

Das neue Baby der Nachbarn habe ich bislang nicht schreien gehört; dafür quäkt die ältere Schwester um so durchdringender, protestiert gegen die Konkurrenz. Sie begrüßen mich vom Balkon aus, als ich zum Rauchen in den Garten gehe. Mit dem Baby sind sie jetzt zu viert.

## Montag, 16. August

Jamie ordnet den Nachlaß einer verstorbenen Cousine ihres Vaters, die im Krieg nach Europa kam, als Sängerin am Entertainment-Programm für die US-Truppen teilnahm, in Europa hängenblieb und schließlich einen Deutschen heiratete. Unter den Fotos und Papieren, die ich mir gelegentlich noch genauer ansehen will, weil da vermutlich allerlei literarischer Rohstoff schlummert, findet sich auch ein Brief mit dem allemal zitierfähigen Satz: »Im Leben hat alles zwei Seiten; mit zwei Töchtern manchmal drei.«

Emily hat mit dem Theorieunterricht für den Führerschein begonnen, versteht aber bislang so gut wie null: Achslasten, Abgaswerte, Anhängersicherheitsvorschriften. Was das eigentlich alles solle?

Ich weiß es doch auch nicht.

## Dienstag, 17. August

Eine Freundin Emilys war ein Jahr als Austauschschülerin in Honduras. Dolle Sache im Grunde. Ich meine: Honduras! Sie ist wieder im Lande, sitzt bei uns in der Küche und erzählt von anderen Ländern und höchst unerfreulichen Sitten. Obwohl sie von ihren Gasteltern als kostenlose Haushaltshilfe hemmungslos ausgebeutet wurde, redet sie von diesen Leuten als »meine Mutter«, »mein Bruder« etc. – was mich befremdet. Fast schmerzt es mich.

Warum?

Vielleicht deshalb: Als ich vier oder fünf Jahre alt war, bekam meine Mutter einen Nervenzusammenbruch und mußte zur Behandlung in ein Sanatorium. Mein Bruder wurde von unserer Großmutter versorgt, ich wurde zu Tante Toni, einer entfernt wohnenden Schwester meiner Mutter deportiert, bei der ich vor Heimweh fast gestorben wäre. Das Schlimmste war, daß man mich anhielt, die Tante nicht als Tante anzusprechen, sondern als »Mama Toni«; und daß meine Mutter selbst noch zu Zeiten, in denen ich längst erwachsen war, von mir erwartete, dieser Tante gegenüber Dankbarkeit zu empfinden, statt meinen Schmerz zu verstehen.

## Mittwoch, 18. August

Jamie telefoniert mit ihrer Mutter, ob Marlene, die sich mit »ihrem« Jamie auf der Durchreise nach Washington in New Jersey angesagt hat, bereits eingetroffen sei.

Nein, sie hätten angerufen und mitgeteilt, sie kämen erst morgen. Wollten noch einen weiteren Tag in den Catskills verbringen. »Doch was in aller Welt«, rätselt meine Schwiegermutter in der ihr eigenen Mischung aus Ahnungslosigkeit und Provokationslust, »wollen zwei so junge Menschen eigentlich in einer derart gottverlassenen Gegend anfangen? In einer einsamen Hütte?«

»Ach«, sagt Jamie und zwinkert mir zu, »die werden bestimmt viel wandern. Junge Leute langweilen sich doch nicht.«

Und als das absurde Gespräch beendet ist, sagt sie zu mir: »Die beiden werden vielleicht die Hütte gar nicht verlassen.«

»Das wär ja schön.«

Abends zum Italiener, der trotz seines bescheuerten Namens *Mamma Mia* beliebt und bei mildem Spätsommerwetter also voll besetzt ist. Wir finden auf der Terrasse noch einen Zweiertisch, der uns in unserer neuen, kleinfamiliären Dreisamkeit allemal genügt.

Emily fragt sich, ob mit zunehmendem Alter Spießigkeit unvermeidbar sei. Eigentlich fragt sie uns.

Ob wir etwa spießig seien.

Es gebe schlimmere Verhältnisse, sagt sie.

Na, immerhin. Tröstlich. Obwohl nichts spießiger ist als die Angst, einen spießigen Eindruck zu machen, regt sich in mir Erklärungsbedarf. Wenn man sich für Kinder entscheide, wie unsereiner es getan hat, seien gewisse Reglementierungen des Lebensstils unvermeidbar. Vorbei sei jedenfalls das verantwortungslose, bohemistische In-den-Tag-und-ins-Blaue-hinein. Sicherheit müsse her, auch Rituale. Zum Beispiel Weihnachten. Zum

Beispiel geregelte Mahlzeiten. Zum Beispiel Geburtstage. Zum Beispiel Schule. Zum Beispiel …

Emily nickt besänftigend und verständnisvoll. Das sei ihr auch allemal lieber, als mit einem ausgedienten Zirkuswagen als Flohmarkthändler »asimäßig« durchs Land zu ziehen.

Na also.

Schön wär's allerdings auch, sagt sie, reich zu sein. So viel Geld zu haben, daß man nicht immer ans Geld denken müsse.

Reichtum schütze aber nicht vor Spießigkeit.

Trotzdem. Wäre das Leben nicht leichter?

Vielleicht. Und, wisse man's denn? Eines Tages könnte mir ja auch noch ein Bestseller gelingen. Dabei denke ich, daß es Zeit wird, die Mädchen mit diesem Journal zu konfrontieren. »Im übrigen spiele ich manchmal Lotto.«

Idyllen sind freundliche Inseln im stürmischen Ozean des Lebens.

Ist das ein spießiger Satz?

## Donnerstag, 19. August

Erster Schultag des neuen Schuljahrs. Emily, in der 12. Klasse angekommen, hat jetzt im Kurssystem freie Wahl, mit welchen Fächern sie das Abitur angehen wird. Als Leistungskurse hat sie sich für Englisch und Deutsch entschieden, eine seltene, weil arbeitsintensive Kombination, die sie aus irgendwelchen Termingründen nicht an ihrem Gymnasium belegen kann. Den Deutschkurs muß sie am Alten Gymnasium absolvieren, worüber ich mich freue, weil es meine ehemalige Schule ist und sich ein Kreis schließt – oder gleich mehrere Kreise, sind doch die Mitglieder der Familie Modick seit 150 Jahren durch diese Schule gegangen. Auch mein Großvater machte dort Abitur; als Direktor des Reformgymnasiums wurde er 1933 wegen seiner laut und nachdrücklich geäußerten demokratischen Gesinnung von den Nazis abgesetzt, zum Studienrat degradiert und an die Cäcilienschule versetzt, das Gymnasium Emilys und Marlenes – noch ein geschlossener Kreis.

Meine Phantasie von sich schließenden Kreisen erweist sich allerdings als Kurzschluß. Aus Platzmangel quartiert das Alte Gymnasium die Leistungskurse in ein fremdes Schulgebäude in einem anderen Stadtteil aus. Traditionspflege? Pustekuchen!

Emily findet das empörend. Und ich erst! Schlimmer als dieses Banausentum ist nur noch, daß der Deutschkurs alle 14 Tage auch samstags unterrichtet wird. Samstagvormittags! Wo bleibt da denn das Wochenende?

Mit den Freunden Anne und Detlef R. ins Kino, Jim Jarmuschs *Coffee and Cigarettes*. Paar nette Szenen, aber viel zu breit ausgewalzt. Anschließend ins Bistro. Die Tochter der R.s, studiert ab dem Herbstsemester an der Columbia University in New York; der Sohn macht derzeit ein Praktikum an der deutschen Botschaft in Washington, wo nächste Woche auch Marlene ihr Museumspraktikum beginnen wird; können sich ja mal auf 'nen Kaffee treffen.

Amerika, du hast es besser.

## Freitag, 20. August

Den Klarinettenunterricht, den sie halb- bis viertelherzig über sich ergehen ließ, hat Emily nun geschmissen. Seitdem sie nicht mehr in der Big Band der Schule spielte, war es sowieso nur noch Unterricht um des Unterrichts willen, teuer obendrein. Das Instrument will sie aber behalten; kann ja sein, daß sich doch noch mal Situationen ergeben, in denen sie darauf zurückgreift. *Jenseits der Stille* und so … Es war übrigens dieser Film, der Emily dazu animierte, Klarinette zu lernen.

So ähnlich war's bei mir auch: Solange ich Gitarrenunterricht bekam, war die Sache quälend; erst als ich musikalisch Gleichgesinnte traf, machte es Spaß.

Gegen elf Uhr abends, wir sind eben ins Bett gegangen, klingelt das Telefon. »Laß klingeln«, murmelt Jamie, »ich bin heute so müde.«

»Es könnte Marlene sein«, sage ich, aber da klingelt es schon nicht mehr. »War wohl 'ne falsche Nummer.«

Dann klingelt es aber doch gleich wieder, und Jamie schnappt sich den Apparat. Natürlich ist es Marlene, und nun beginnt ein entzücktes Mutter-Tochter-Geturtel, bei dem ich mir überflüssig, wenn nicht störend vorkomme, aber zugleich versuche, Marlenes Dialogpart zu ergänzen. Sie ist jetzt mit ihrem Jamie bei Oma States in New Jersey eingelaufen; heute abend werden sie im *Short Hills Club* essen. »Poolside or garden?« fragt Jamie. Die Antwort weiß ganz allein der Wind. Ob Jamie denn Gnade vor Oma States' kritisch-konservativen Augen finde? Die Antwort weiß ich: Yes, Ma'am. Der Junge wird eitel Wohlgefallen erregen – allein schon Yale. Und in welchem Zimmer beziehungsweise welchen Zimmern, Plural der Unverheirateten, sie schliefen? Die Antwort bekommt nur meine Frau.

So tuschelt's und kichert's ein geraumes Weilchen dahin, und ich warte halbschlafend darauf, daß irgendwann das Telefon auch an mein nichtiges Ohr gelange, um Grüße zu wechseln, aber da ertönen nur letzte Worte à la »take care of yourself and have a good time«.

»Wollte sie denn gar nicht mit mir sprechen?«

»Well, yes, of course, but you know ...«

»Hat sie wenigstens Grüße an mich ausgerichtet?«

»She said: Hello to everybody.«

To everybody. Nicht zu fassen. Nach allem, was ich für sie getan habe! Ohne mich kein Middlebury, ohne mich mithin auch keine erste große Liebe, ohne mich ... War ich meinen Eltern dankbar für irgend etwas? Darf man Dankbarkeit überhaupt erwarten von seinen Kindern? Ist doch selbstverständlich, was wir für sie tun. Und wenn sie glücklich sind, sind wir es auch. Oder so ähnlich.

»Hat sie etwas über das Blue Book gesagt, das ich ihr zum Abschied geschenkt habe?«

»Well, actually, no, she didn't.«

»Sie hat's wahrscheinlich gar nicht gelesen. Oder sie hat's gelesen und gedacht, der Alte spinnt ja.«

»Oh, come on, don't be sad. You'll hear from her.«

Ich will jetzt aber traurig sein, verdammt noch mal. Mir doch auch scheißegal, was sie denkt und tut.

Zwischen uns der Atlantik.

## Samstag, 21. August (bei Ritterhude)

Mit Freunden, insgesamt 14 Personen, zweitägige Radtour durch die Wesermarsch Richtung Worpswede, Übernachtung in einem Landhotel in der Nähe von Ritterhude. Trübes Wetter, immer wieder Regenschauer, trübe Stimmung bei mir.

Märle P., Psychotherapeutin, erkundigt sich, woran ich arbeite. Ich rücke mit dem Vatertagebuch heraus. Mit der Geheimnistuerei ist es jetzt sowieso vorbei und langsam an der Zeit, es auch den Mädchen zu präsentieren, damit sie es absegnen, wenn's sein muß zensieren und, was das Beste wäre, kommentieren.

Die Idee findet Märle offenbar überzeugend. Aber ob das auch irgendwie »repräsentativ« sei? Nicht nur Plaudereien einer verblüffend intakten Familie? Um uns her sehe man doch fast nur noch Zerfall und Zerrüttung, Trennungen, Scheidungen, darunter leidende Kinder, den ganzen Mist halt.

Repräsentativ? Meine subjektive Wahrheit? Ich weiß es nicht.

Und wie weit, fragt Märle, man denn bei so einem nicht fiktiven Text überhaupt an »die Wahrheit« herankäme. Das sei doch sicher schwierig, heikel und so weiter. Heikler gar als in Romanen.

Wohl wahr! Oder, ums als letzte Lesefrucht des Middlebury-Sommers noch mal adornistisch zu sagen: »Die Insistenz auf der Wahrheit über einen selber ergibt immer wieder, schon in den ersten bewußten Erfahrungen der Kindheit, daß die Regungen, auf die man reflektiert, nicht ganz ›echt‹ sind. Stets enthalten sie etwas von Nachahmung, Spiel, Andersseinwollen.« Und diese ästhetische Verzerrung erhält sich bei uns, die wir schreiben, ein Leben lang, selbst in Texten, die entschieden nicht fiktiv sein wollen. Jochen, der in Middlebury auf den Tennisplatz kam und sagte: »Ich hab dich beim Mogeln erwischt.« Nachahmung und Spiel, sehr wohl. Andersseinwollen? Wie anders will ich sein? Ich weiß es nicht. Aber es ist einer der Gründe, aus denen ich schreibe.

### Sonntag, 22. August

Mit taubem Arsch von der Radtour zurück. Emily steht mit der jungen Mutter von oben, der sie auch als Babysitterin dient, und den beiden Kindern vor der Haustür. Das Baby liegt rosig und drall im Kinderwagen. Allerlei entzücktes Gescherze. Die Anderthalbjährige probt schwankend den aufrechten Gang und hat stammelnd zu sprechen begonnen. Besonders interessiert ist sie an Woody, was aber nicht auf Gegenliebe stößt, so daß wir die Katze zwangsvorführen müssen.

»Wünschst du dir da nicht Enkelkinder?« fragt Emily.

»Muß nicht gleich sein. Laß dir ruhig noch etwas Zeit.«

»Ja, okay.«

Wegen der Erbschaftsangelegenheit, mit der Jamie befaßt ist, blättere ich im BGB. Was da alles so drinsteht! Zum Beispiel:

§ 1626 (Elterliche Sorge)

Der Vater und die Mutter haben das Recht und die Pflicht, für das minderjährige Kind zu sorgen (elterliche Sorge). Die elterliche Sorge umfaßt die Sorge für die Person des Kindes (Personensorge) und das Vermögen des Kindes (Vermögenssorge).

Bei der Pflege und Erziehung berücksichtigen die Eltern die wachsende Fähigkeit und das wachsende Bedürfnis des Kindes zu selbständigem verantwortungsbewußtem Handeln. Sie besprechen mit dem Kind, soweit es nach dessen Entwicklungsstand angezeigt ist, Fragen der elterlichen Sorge und streben Einvernehmen an.

§ 1627 (Einvernehmliche Ausübung der elterlichen Sorge)

Die Eltern haben die elterliche Sorge in eigener Verantwortung und in gegenseitigem Einvernehmen zum Wohle des Kindes auszuüben. Bei Meinungsverschiedenheiten müssen sie versuchen, sich zu einigen.

## Montag, 23. August

Der Deutschkurs, erzählt Emily, werde wohl »ganz okay« sein, trotz ätzender Samstagsschicht und trotz der Enttäuschung darüber, daß er nicht in den Räumen stattfinde, in denen noch der Schulschweiß der vergangenen Generationen unserer Familie herumhinge. Aufklärung sei angesagt, Kant, den sie ja schon kenne, und dann Schillers *Don Carlos*. Cool sei übrigens, daß jetzt in Kontexten und Epochen unterrichtet werde statt dem ansonsten eher zufälligen Herumgestocher, gestern Brecht, heute Kant, morgen Frisch.

Mein Gott, Emily, was bist du mal wieder vernünftig!

Bei einem Zigarillo vor der Haustür Nachbarschaftsplausch mit dem alten, jungen Vater von oben, der neben die Schaukel inzwischen auch eine Sandkiste gesetzt hat.

»Da wird Rosa bestimmt gern drin buddeln«, sage ich.

»Sie mag gar keinen Sand.«

»Das gibt's doch nicht.«

»Ich hab sie neulich mal kurz reingesetzt, und da hat sie gleich geplärrt.«

Vermute stark, daß die Eltern keinen Sand mögen, besonders auf ihren frisch geölten Parkettfußböden.

»Das hab ich alles hinter mir«, sage ich absichtsvoll selbstzufrieden. »Und da kommt auch nix mehr nach. Ich hab mich vor zehn Jahren sterilisieren lassen. Klare Ansage.«

Das interessiert den Nachbarn nun aber detailliert. Ob's wehgetan hätte. Dabei und hinterher? Ambulant oder stationär? Und ob das irgendwie hormonelle Auswirkungen habe. Oder psychologische, von wegen Kastrationsängste und dergleichen? Oder libidinöse Beeinträchtigungen gar?

Da kann ich ihn aber beruhigen. »Und wenn deine Frau dann trotzdem schwanger wird, weißt du auch gleich, daß du nicht der Vater bist.«

## Dienstag, 24. August

Regnerisch, kühl. Mehr Frühherbst als Spätsommer. Jamie ist mit Freundinnen zum Abendessen, Emily in der Fahrschule; ich trolle mich auf ein paar Bierchen in eine Kneipe, in der aber außer mir und dem Wirt nur drei noch trübere Tassen herumhängen. Früh wieder zu Hause, hellt sich mein Abend freundlich auf, weil eine ausführliche E-Mail von Marlene angekommen ist, und zwar nicht »an alle«, sondern ausdrücklich an mich.

Die Zeit mit mir in Middlebury sei schön gewesen und hätte

nicht besser laufen können, so daß der Abschied von mir dann um so »dramatischer« ausgefallen sei, weil es ja nicht nur der Abschied von mir, sondern zugleich der Beginn ihrer »Zeit allein« gewesen sei. So ganz allein ist sie natürlich nicht, sondern entschieden zu zweit, und es folgt auch gleich der Satz, es bedeute ihr sehr viel, daß ich ihren Jamie kennengelernt hätte. Sie glaube, er und ich hätten Gemeinsamkeiten, und man sage ja auch wohl, daß Töchter stets den Vater suchen. »Vielleicht ist was dran?« Ja, vielleicht. Natürlich seien wir auch wiederum sehr verschieden. Und dann bedankt sie sich für mein Abschiedsgeschenk, jenes Blue Book mit dem Aufdruck *USE YOUR IMAGINATION*, in das ich so allerlei geschrieben und geklebt hatte. Da habe sie »gleich noch mal losgeheult«, aber Jamie habe sie es doch lieber nicht gezeigt: »Es ist ein persönliches Geschenk von dir für mich« – was ja stimmt, aber eigentlich hatte ich es für die beiden gedacht und gemacht. Vielleicht werde sie es ihm »irgendwann mal« zeigen, und außerdem solle er bloß nicht auf die Idee kommen, daß sie ihm übermorgen einen Heiratsantrag machen wolle. Erzählt habe sie ihm allerdings, »daß Mama meint: I'm following her footsteps.« Denn als Jamie und ich uns 1980 trafen, lebte sie in Chicago; und an die University of Chicago geht zum kommenden Semester Marlenes Jamie und, ich seh's kommen, Marlene ihm nach.

Nicht auszuschließen, daß sich Geschichte hier wiederholt, wenn auch geographisch in umgekehrter Richtung. Schon alles sehr merk- und denkwürdig. Bedenklich gar? Marlene ist 19, und ihr Leben jenseits des Elternhauses hat eben erst begonnen. Ihre Mutter war damals 27 und hatte einige Lebens- und Liebeserfahrungen gesammelt. In Mutters Spur? »Das Humane«, so Adorno, »haftet an der Nachahmung: ein Mensch wird zum Menschen überhaupt erst, indem er andere Menschen imitiert.« Aber muß man zwecks Menschwerdung gleich nach Chicago ziehen?

Wie die Wirrnisse des Lebens manchmal klare Muster bilden, die in ihrer Klarheit verwirrend sein können. Merkwürdig. Denkwürdig. Bedenklich?

### Mittwoch, 25. August

Heute nacht habe sie ein langes Telefongespräch mit Marlene geführt, erzählt Jamie beim Frühstück. Es gebe da jenseits des Atlantiks tatsächlich Pläne, zumindest Wünsche oder Absichten, gemeinsam gen Chicago zu ziehen, wo der junge Mann sich bereits nach einer Wohnung umschaue, die für zwei Personen ausreiche. Studieren, so Marlene, könne sie ja auch dort.

Und ich sag noch: Ich seh's kommen ...

Nun ist Marlene volljährig, 19 ist 19, und kann tun und lassen, was sie will. Würde man mich fragen, würde ich allerdings sagen: Warte, warte noch ein Weilchen. Als ich während des Studiums in Hamburg mit meiner damaligen Freundin Hilde in eine Wohngemeinschaft zog, war ich 23 und sie 21; wir waren seit über drei Jahren ein Paar und kannten uns seit sieben Jahren. Wir wußten also einigermaßen, auf was wir uns einließen. Daß wir schließlich doch getrennte Wege gingen, bis auf den heutigen Tag aber gute Freunde blieben, ist eine andere Geschichte.

Abgesehen vom eher romantischen Teil des Arrangements scheint Marlene einigermaßen blauäugig zu sein, was uns und damit ihr als Studentin finanziell möglich sein wird. Da müsse ich, sagt Jamie, mal einen klaren, aber freundlichen Brief an unsere Tochter absetzen.

Ich mal wieder. Der Mann fürs Grobe. Vaterpflicht.

Liebe Marlene,

Mama hat mir von Eurem Telefongespräch berichtet, in dem es um Deine weiteren Pläne und Wünsche geht. Sie meint, daß es hilfreich sein könnte, wenn ich Dir ein paar Zeilen übers Studium und zum leidigen Thema Geld schreibe, damit Du weißt, womit Du rechnen kannst. Ich hoffe, daß Du Verständnis dafür hast, wenn ich die folgenden Bemerkungen sehr sachlich halte.

Im Hinblick auf ein Studium mußt Du Dich grundsätzlich für Amerika *oder* Deutschland entscheiden, weil die Studiengänge leider immer noch nicht kompatibel sind. Ein Kompromiß wäre eine deutsche Uni wie beispielsweise Mainz mit der Möglichkeit des Austausches nach Middlebury. Es ist jedenfalls bislang fast unmöglich, einen Teil des Studiums hier, den anderen dort zu absolvieren. Die Entscheidung mußt Du also *vor* der Aufnahme eines Studiums treffen, weil sich daraus auch finanzielle Konsequenzen ergeben.

Und damit sind wir beim Thema Geld. Wie Du weißt, können Mama und ich für die Kosten von Deinem und Emilys Studium nur begrenzt aufkommen. Wenn Du in Deutschland studierst, bekommst Du BAföG, und was Dir darüber hinaus zum Leben fehlt, würden wir aufbringen. Wenn Du in den USA studierst, fiele das BAföG weg; es gibt, soviel ich weiß, unter bestimmten Bedingungen auch Auslands-BAföG – darüber müßtest Du Dich mal informieren (Internet). Wegen der horrenden Studiengebühren an amerikanischen Colleges und Universities wärst Du jedoch weitgehend auf financial aid und Stipendien angewiesen. Wenn Du Dich nach entsprechenden Möglichkeiten erkundigst, könnte es unter Umständen nützlich sein, nicht auf Deinem US-Pass zu fahren, sondern als deutsche Staatsbürgerin, weil es für Ausländer häufig entsprechende Quoten an den Hochschulen gibt.

Wenn Du noch nicht studierst, werden Mama und ich Dich finanziell unterstützen, solange Du etwas tust, was als Vorbereitung eines Studiums anzusehen ist oder als berufsqualifizierend (also z.B. das Praktikum, das Du jetzt machst).

So, ich hoffe, damit sind die Verhältnisse geklärt. Wir können auch jederzeit deshalb telefonieren – natürlich auch über alles andere ☺

Alles Liebe und Gute

Dein Papa

### Donnerstag, 26. August

Oldenburger Stadtfest, total verregnet: Blade-Runner-Wetter, sagt Emily. Wir essen fröstelnd und klamm unter der Markise des *Venezia*.

Gesprächsthema ist *das* Thema: Marlene, USA, Studium. Und wer soll das bezahlen? Emily hört es sich eine Weile an, nachsichtig lächelnd, stirnrunzelnd. »Das ewige Gerede übers Geld geht mir total auf den Geist«, sagt sie plötzlich.

»Ich weiß, daß du gerne reich wärst«, sage ich.

Sie lächelt noch ein bißchen nachsichtiger.

»Du hast ja recht«, sage ich und verstehe, daß sie nicht unbedingt nur das Geld meint.

Mir wäre es auch total auf den Geist gegangen, wenn nach dem Auszug meines Bruders aus dem Elternhaus, den er und ich als Befreiung empfanden, immer nur von ihm die Rede gewesen wäre. Man selber ist ja schließlich auch noch da. Und wer.

### Freitag, 27. August

Noch 'ne E-Mail von Marlene, aus der hervorgeht, daß meine notgedrungenen Ausführungen sie nicht sonderlich amüsiert haben – was auch nicht zu erwarten war.

Inzwischen ist es uns gelungen, ein Exemplar der Abi-Zeitung zu beschaffen. Emily hatte Marlene ihr Exemplar nach Middlebury geschickt, aber sie hat es mir dort nicht gezeigt. Mit 126 Seiten schon eher ein Buch statt einer Zeitung, ist das beachtlich professionell und einfallsreich gemacht. Es gibt Porträts und Rankings der Lehrer und Schüler des kompletten Jahrgangs, dazu eine Stilblütensammlung vom Feinsten (die mir für die Rubrik *Neues aus den Klassenzimmern* gute Dienste leisten wird). Aus dem Porträt Marlenes, aufgebaut auf der Tatsache, daß Marlene bei einem Faschingsfest in der Waldorfschule als Welle (!) kostümiert auftrat, geschrieben von drei ihrer Freundinnen, spricht Zuneigung und Respekt. Ich würd's gern komplett zitieren, aber da mein Lektor meint, dies Journal sei zu zitatfreudig, belasse ich's beim mir aus dem Herzen sprechenden Schlußsatz: »Wenn die Welle nun gen Westen zieht, so soll sie nicht vergessen, daß das Meer alle Kontinente verbindet.«

Erwähnung findet übrigens auch ihre Neigung zu »philosophischen Gesprächen nicht nur nach speziellen Keksen«. Speziel-le Kekse? Ach so, richtig, sie raucht ja nicht …

## Samstag, 28. August

Ob sie bei ihren ersten Worten sogleich Deutsch und Englisch habe sprechen können, erkundigt Emily sich. Ich weiß es nicht mehr, und dies Vergessen ist mir peinlich. Selbst ihre ersten Worte, ob Deutsch, ob Englisch, ob Denglish, kann ich nicht erinnern. Vielleicht war ich nicht dabei, als sie sie aussprach.

Bei Marlene war ich dabei. Wir waren in Kalifornien und besuchten meinen Schwager, der damals auf einer Apfelplantage lebte, über die manchmal Flugzeuge von oder nach San Francisco hinwegzogen. Marlene muß etwa fünfzehn Monate alt gewesen sein, und ich sehe sie noch vor mir, wie sie, den Kopf in den Nacken gelegt, in den Himmel schaut und plötzlich klar akzentuiert ihr erstes Wort spricht: Airplane. Ausgerechnet Airplane!

Ihr zweites Wort war dann übrigens apple. Sie begann also in ihrer Muttersprache. Vor den Worten kamen Laute – ich habe darüber schon einmal nachgedacht und erlaube mir diese Wiederholung:

»Über die geistige Physiognomie eines Menschen sagen vermutlich die ersten Worte, die seinem Mund entkommen, viel mehr aus als die ominösen letzten. Leider ist man im entsprechend zarten Alter noch nicht fähig, sich seine Eröffnungsweisheit zu notieren. Das wäre Sache der Eltern, die aber zumeist gerade mit anderen Dingen beschäftigt sind – Windeln waschen oder wechseln, sich schlaflos im Geschrei des Zahnenden wälzen und so weiter und so fort. Die ersten Worte gehen fast immer verloren und werden unverdientermaßen nicht ›berühmt‹.

Da! Da! Da! Erste wortähnliche Gebilde, mit denen meine älteste Tochter aus den wogigen Regionen unartikulierter Laute zur Sprache kam. O! O! O! lautete später die Version ihrer jüngeren Schwester. Da, da, da – das heißt: Da ist etwas, das ich erkenne; vielleicht ist es sogar ein Wiedererkennen von dunkel Geahntem, das plötzlich im Licht der Welt wirklich wird, Form findet und Gestalt annimmt. O, o, o, das ist das Staunen, daß es etwas gibt und daß es ist, wie es ist, ein noch begriffslos stammelndes Staunen, für das man eigentlich einen grammatischen Begriff wie den des expressionistischen Demonstrativpartikels einführen müßte.

Jeder spricht irgendwann seine ersten Worte – niemand weiß, daß er sie spricht, niemand erinnerte sich an sie, gäbe es nicht die Menschen, die diese Worte hören und registrieren und sie uns dann später, wenn wir so selbstverständlich sprechen können, als hätten wir's nie gelernt, erzählend zurückgeben. Wir sind also mehr als wir selbst. Unsere Identität kristallisiert sich nicht nur aus unseren eigenen Erinnerungen und Erfahrungen, sondern auch aus Zuflüssen, deren Quelle jene Erinnerungen und Erfahrungen sind, die uns berichtet, erzählt, vorgelesen – also überliefert werden. Unsere Existenz gleicht von Anfang an keinem eng begrenzten Kanal, sondern einem Stromdelta mit Seitenarmen und Altwassern.

Wenn wir mit den Booten unserer Erinnerung, unseres Wissens, unseres Bewußtseins, später versuchen, den Strom zu erforschen und die Geographie des Deltas zu ermessen, geraten wir früher oder später an jene Verzweigungen, die wir nur wiedererkennen, weil andere sie für uns erkannt und kartiert haben. Und dennoch sind sie Teile von uns; sie gehören uns an, weil niemand nur sich selbst angehört. Je genauer man auf sich zurückblickt, desto vielgestaltiger wird man: Figuren huschen vorbei, die alle Fragmente ein und derselben Person sind. Wir entspringen dem Mischungsverhältnis unserer Eltern, genetisch, biologisch, soziologisch und kulturell; wir leben unser Leben in Mischungsverhältnissen, und wenn wir Leben fortpflanzen, schaffen wir neue Mischungsverhältnisse, in denen auch wir präsent bleiben.

Eugène Ionesco notierte in seinem *Journal en miettes*, die Jahre der Kindheit seien vorbei, sobald man wisse, daß man sterben werde; von diesem Augenblick an gebe es keine Gegenwart mehr, sondern nur noch Vergangenheit, die dem Abgrund der Zukunft entgegenstürze, dem Tod. Die Auszehrung reiner Gegenwart durch Vorstellungen von Anfang, Ende und dazwischen gespannter Zeit setzt jedoch mit Bewußtseinsentwicklung und Erinnerungsvermögen viel früher ein und hängt unmittelbar damit zusammen, daß Sprache in die Geistesgegenwart des Kindes einwandert und diese zu strukturieren beginnt. Da, da, da und o, o, o, das sind die Zungenstöße, mit denen erstmals Dinge und Bedeutungen auseinandergetrieben werden. Indem Sprache dem Kind Welt erklärt und deutet, verzehrt sie zugleich das reine In-der-Welt-Sein.

Mit dem kindlichen Wissen von Sterblichkeit läßt sich jedenfalls das Kindheitsende nicht bezeichnen; eher vielleicht mit einsetzender Zeugungs- bzw. Gebärfähigkeit, dem Zeitpunkt also, von dem an Leben weitergegeben werden kann. Oder endet die Kindheit erst in der Erfahrung eigener Elternschaft, in der Dimensionen der eigenen Vergangenheit spiegelbildlich erfahrbar werden, Dimensionen, die uns bislang nur in Erzählungen anderer erreichten?

Vielleicht endet Kindheit nie, weil ihre Prägungen uns bis zum Tod begleiten; sie verdünnt sich nur und wird fadenscheinig wie die Strümpfe, die ich, bereits mehrfach gestopft, von meinem Bruder übernahm und aufzutragen hatte, bis sie eines Tages so durchlöchert waren, daß meine Mutter, um sie zu retten, mehr Garn in sie hätte wirken müssen, als an ihnen noch war. So wirkt auch das Erzählgarn unserer Erinnerungen beständig daran, daß unsere Kindheit erhalten bleibt, sich jedoch stetig verändert, weil wir ihr den Stoff unserer Gegenwart zusetzen.« (*Vierundzwanzig Türen*)

### Sonntag, 29. August

Auf der Suche nach einem CD-Rohling gibt Emily mir den Tip, auf Marlenes Schreibtisch nachzusehen. Bingo. Die Dinge sind hier noch an ihrem Platz. Da das Zimmer inzwischen ein paar Mal als Gästezimmer genutzt wurde, liegt unsortiertes Bettzeug auf dem Bett und eine zweite Matratze steht hochkant daneben. Mitten im Zimmer liegt ein alter, brauner Lederkoffer. Wo kommt der her? Nein, Marlene ist nicht mal eben nur kurz weggegangen, sie ist auch nicht verreist. Sie ist fort und wird dies Zimmer nie wieder bewohnen, höchstens als Gast. Als ich mich zurück zur Tür wende, weht mich die Leere an wie ein Schwall eiskalter Luft.

Das Fußende des Betts hat sich die Katze als neues Lieblingsplätzchen erkoren.

Langes Telefongespräch mit meinem Bruder. Ich erzähle von Marlene, daß es ihr gut geht und daß die Situation ohne sie gewöhnungsbedürftig sei. Das Reden besänftigt die Melancholie, kühlt, betäubt. Später, Emily und Jamie sitzen vorm Fernseher, rufe ich meine alte Freundin Hilde an, erzähle ihr von Marlene, daß es ihr gut geht und so weiter. Dann sitze ich mit Rotwein in der stillen Küche.

Das gleichmäßige, brutale Ticken der Uhr.

## Montag, 30. August

Neues aus den Klassenzimmern oder Triumph des Klappentextes:

Lehrer: »Welche Titel haben Sie in meinem Unterricht bislang gelesen?«

Schüler: »Öh, tja ... Zum Beispiel *Iphigenie auf Tauris.*«

Lehrer: »Mehr als den Titel?«

Schüler: »Auch das, was hinten drauf steht.«

Als sie klein waren, hatten beide Mädchen Symptome von Neurodermitis; Marlene nur ganz flüchtig, Emily relativ stark mit Hautrötungen in Armbeugen und Kniekehlen und im Gesicht. Nach einer homöopathischen Behandlung und vorsichtigem Umgang mit bestimmten Lebensmitteln bildeten sich die Symptome zurück und verschwanden fast völlig.

Seit einem halben Jahr zeigen sich bei Emily jedoch wieder Gesichtsrötungen unter den Augen, im Schläfenbereich, auf der Stirn, manchmal schwach, manchmal stärker. Nach einer ärztlichen Untersuchung kommt sie heute nach Hause und erzählt, sie werde nun versuchsweise mit Cortisonsalbe behandelt. Das schockiert mich. Soviel ich weiß, kuriert Cortison keine Ursachen, sondern dämpft lediglich Symptome. Soll sie etwa ihr Leben mit so einem hammerharten Medikament verbringen?

Die Ärztin habe gesagt, Neurodermitis sei genbedingt, entwickele sich aus bestimmten Erbanlagen. Weder Jamie noch ich kennen irgendwelche Krankheitsfälle aus den Vorgeschichten unserer Familien, die eine entsprechende Disposition erklären würden. Gefühl des Ausgeliefertseins ans Unerklärliche. Bedrückend und schmerzlich.

### Dienstag, 31. August

Im *Spiegel* ein Interview mit dem niederländischen Psychologen Douwe Draaisma über dessen Buch *Warum das Leben schneller vergeht, wenn man älter wird*, in dem es um Erinnerung, die Beschleunigung der Zeit im Alter und Strategien gegen das Vergessen geht. Je älter Menschen werden, desto stärker erinnern sie sich an ihre Jugend; man kennt das aus dem Umgang mit alten Menschen und hat dafür die Floskel vom stabilen Langzeitgedächtnis gegenüber dem schwindenden Kurzzeitgedächtnis parat.

Draaisma spricht nun davon, daß es etwa in den Lebensjahren 40 bis 50 ein »Tal der Erinnerung« gebe. Normalerweise erinnere man sich schlecht an lang zurückliegende Ereignisse. »Aber im Alter von 50 Jahren setzt der sogenannte Reminiszenz-Effekt ein und wird dann immer stärker: Sehr viele Erinnerungen beziehen sich auf die Lebensphase zwischen 15 und 25 Jahren. (...) Ich selbst dachte immer, mit 40 oder 50 kämen die Jahre der Ernte. Man hat eine gewisse Position inne, man hat seinem Leben eine Richtung gegeben und macht wichtige Sachen. Doch wenn man mit 70 zurückschaut, liegen genau diese Jahre im Tal der Erinnerung. Das hat damit zu tun, daß vor allem das erste Mal am intensivsten im Gedächtnis haften bleibt. Und das Leben mit 15 oder 20 Jahren ist eben viel reicher an ersten Malen als dasjenige mit 40 oder 50: In der Jugend erlebt man den ersten Urlaub ohne Eltern, den ersten Sex, die erste Arbeitsstelle, die erste Nacht in der eigenen Bude.

Und je mehr Erinnerungen man an eine Lebensphase hat, desto stärker scheint sich die Zeit auf der Skala des Lebens auszudehnen. Es sind Erkennungspunkte oder Meilensteine entstanden, deren Orte in der Zeit bekannt sind. Sie lösen Erinnerungen aus und locken auch die Grübeleien des Alters an.«

Klingt alles sehr plausibel, stimmt vermutlich sogar; verblüffend ist nur, daß derlei als neuartige Erkenntnisse verkauft werden – steht bei Leopardi nicht längst das Gleiche?

Und was »die Jahre der Ernte« angeht: Das gilt nicht für unsereinen, der Jahr für Jahr aufs neue das karge Feld des literarischen Marktes beackern und säen muß, um ernten zu können. Und das ist auch gut so. Vielleicht entgeht man so dem Tal der Erinnerung.

## Mittwoch, 1. September

Emily hat auch Religion als Kurs belegt; das finde sie interessant, und der evangelische Pfarrer, der den Kurs unterrichte, lege keinen missionarischen Eifer an den Tag. Übrigens sei sie als konfessionsloses, ungetauftes »Heidenkind« über manche Dinge und Zusammenhänge besser informiert als viele der Mitschüler aus evangelischen oder katholischen Familien, in denen vermutlich noch konfessionelle Süppchen gekocht und mit alleinseligmachenden Ansprüchen gewürzt würden. Bei uns zuhaus werden religiöse und kirchliche Fragen mit einer Mischung aus Respekt, Kritik und zynischer Toleranz behandelt, Religion als Ideologie und die Schriften als Literatur. Das bildet offenbar besser als fromme Denkungsart und konfessionelle Eindimensionalität.

Ob Goethe ein Kirchenkritiker gewesen sei, will sie wissen. Das Gedicht *Prometheus*, das im Deutsch-Leistungskurs behandelt werde, sei doch eindeutig anti-religiös.

*Prometheus*? Tja, das müsse ich natürlich erst noch einmal nachschlagen. Alles kann man ja nicht auswendig wissen ...

Und was Goethe und seine Zeitgenossen unter Genie verstanden hätten?

Da gehe es wohl, stochere ich dozierend im Nebel, um die Konstruktion des Subjekts, des autonomen, sich selbst verantwortlichen, aus eigener Freiheit schaffenden Individuums. Ob das verständlich sei.

Na ja, so halbwegs, sagt sie. Ob ich da auch einschlägige Literatur hätte.

Hab ich. Haben wir! Und da ich auch die Hamburger Goethe-Ausgabe habe, deren Kommentarteil umfangreicher als die Texte selbst ist, hat Emily reichlich Masse für ihre Interpretation des *Prometheus*. »Was wohl die Schüler machen, die nicht so einen gutsortierten Bücherschrank zu Hause haben?«

»Die müssen eben in Bibliotheken gehen«, sage ich.

»Da hab ich's ja besser«, sagt sie.

»Kann man wohl sagen. Jedenfalls, wenn's um Goethe geht.«

## Donnerstag, 2. September

»Das können wir glatt vergessen!« Emily knallt mir den *Spiegel* auf den Schreibtisch.

Vergessen? Hat sie etwa auch vom Tal der Erinnerungen gelesen? »Was denn vergessen?«

»Studium in den USA. Hier.«

Sie schlägt einen Artikel mit der Überschrift *Früher Kampf ums Dasein* auf. »Erbarmungsloser denn je sieben die Unis aus. Gute Noten sind die Pflicht – die Kür besteht schon für Jugendliche in der sorgsamen Pflege der eigenen Biographie. Weil die Unis außerschulische Leistungen zu einem wichtigen Zulassungskriterium gemacht haben, ist unter Jugendlichen der USA ein harter Wettbewerb entbrannt: Amerika sucht den Superstar. Wer mit 17 keinen beeindruckenden Lebenslauf vorweisen kann, hat schon verloren. Gefragt sind Multitalente mit Stehvermögen, sozialem Engagement und künstlerischem Gespür.«

»Ja und? Hast du doch alles.«

»Ha! Das bißchen Klarinette? Das Sozialpraktikum im Kindergarten? Hier! Da ist einer Schwimmcrack, Klavierspieler und Fotograf. Und nebenbei hat er eine Methode zur schnelleren Erkennung von Wirkstoffen gegen Krebs entwickelt und dafür so 'ne Art Junior-Nobelpreis gewonnen. Harvard wartet. Eine andere hat mit 17 Wissenschaftswettbewerbe im Dutzend gewonnen, schreibt Gedichte, ist Chefredakteurin einer Literatur-Zeitschrift, arbeitet alte Musikinstrumente auf. Stanford wartet. Der nächste hat mit 18 ein Computermodell entwickelt, mit dem man eine Tropenkrankheit besser bekämpfen kann, ein preisgekröntes Drama geschrieben und verfaßt jetzt schon seine Memoiren. Yale wartet.«

»Wer mit 18 seine Memoiren verfaßt, hat keine Zukunft mehr«, versuche ich zu trösten.

»Und trotzdem«, sagt Emily bitter. Vermutlich denkt sie jetzt an die Law School in Harvard. Und daß sie am Ende womöglich in Hannover strandet.

## Freitag, 3. September

Weil er von dort den Garten besser überblicken kann, sitzt Woodstock in der satten Septembersonne auf dem Terrassentisch und empfindet es offenbar als angenehm, von Emily und mir beobachtet zu werden.

»Katzen haben merkwürdige Pupillen«, sagt Emily. »Nur so'n grüner Schlitz.«

»Sind ja auch merkwürdige Tiere. Geheimnisvoll. Unerklärlich. Die denken auch, daß nicht wir sie halten, sondern sie halten sich uns. Als ihre Füttersklaven.«

»Och, Papa, Katzen können doch gar nicht denken.«

»Natürlich nicht, aber irgendwie haben sie es so hingekriegt, daß wir ihnen untertan sind.«

»Und das haben wir dann von ihnen gelernt.«

»Was?«

»Na ja, Töchter machen sich doch ihre Väter untertan.«

»Das kann man wohl sagen.«

»Ja, und deshalb kannst du mir jetzt mal 'nen Gefallen tun und Mama sagen, daß sie rauskommt. Ich muß sie was fragen.«

»Du bist ja faul wie, wie ...«

»Wie 'ne Katze.«

## Samstag, 4. September

Jamie sitzt im Liegestuhl und telefoniert mit Marlene. Knapp einstündige, transatlantische Lagebesprechung. Anschließend werde ich stichwortartig gebrieft. Daß wir Weihnachten und Neujahr drüben bei Oma States verbringen wollen, finde sie supertoll. Washington sei interessant, aber auch stressig. Sie merke nun, daß solche großen Städte nicht unbedingt ihr Ding seien. Hektik. Anonymität. So ein mittleres Oldenburg-Format sei ihr gemäßer. Sie vermisse auch Freundinnen, mit denen sie mal in Ruhe über alles klönen könne.

»Das klang«, sagt Jamie, »ein bißchen nach Heimweh, obwohl sie das Wort nicht benutzt hat.«

Heimweh, das weiß ich aus meiner Kindheit nur allzu gut, kann entsetzlich schmerzen, und deshalb tut sie mir leid. Aber daß sie überhaupt Heimweh hat, erfüllt mich auch mit einer gewissen Genugtuung, weil es beweist, daß sie hier Wurzeln hat und die Anziehungskraft ihres Zuhauses noch spürt. Das wird im

Lauf der Zeit schwächer werden, und dann wird zuhause dort sein, wo die Liebe ist. Oder wo die Rechnungen ankommen.

»Und wie sieht's mit ihrem Jamie aus?«

»Der ist jetzt bei seinen Eltern und fährt dann nach Chicago, um für sich und Marlene 'ne Wohnung zu suchen.«

## Sonntag, 5. September

Schreikinder sind Gedeihkinder. Wenn diese Ammenweisheit zutrifft, nimmt die Nachbarstochter eine überaus gedeihliche Entwicklung. Ihr Greinen, Kreischen, Zetern und Heulen dringt mühelos durch Zimmerdecken und Wände und setzt üblicherweise morgens um halb sieben ein, an Wochenenden gern auch früher. Das Baby hört man kaum; es bekommt vermutlich seinen Willen, ohne Plärrsignale aussenden zu müssen (die regelbestätigende Ausnahme ertönt just im Moment, da ich dies notiere: schüchternes Krähen). Der Vater, der auch noch an den Nachwirkungen eines Herzinfarkts laboriert, der ihn traf, als ihm eröffnet worden war, daß dem ersten Wunschkind seiner jugendfrischen Frau gleich noch ein zweites folgen würde, sieht entsprechend blaß und mitgenommen aus. Derart dezibelhaltig hat er sich den Jungbrunnen seiner zweiten Ehe wohl nicht vorgestellt.

Jamie und ich haben allerlei Erklärungen fürs chronische Lamento und hätten auch entsprechende Ratschläge auf Lager, wie dem abzuhelfen wäre, beißen uns jedoch auf die Zunge. Wir haben ein freundliches Verhältnis zu diesen Nachbarn – und dabei soll es auch bleiben. Besserwisserei derjenigen, die aus der sicheren Deckung des »Wir haben's hinter uns« Tips und Tricks feilbieten, wäre auch uns seinerzeit schwer auf den Zeiger gegangen. So bleibt guter Rat teuer. Und wir müssen den Wecker nicht mehr stellen.

Abends sitzen wir beim Gläschen Wein auf der Terrasse. Jamie geht nach oben, um die Nachbarn dazu zu bitten, kommt aber mit der wenig überraschenden Nachricht zurück, die seien fix und fertig und gingen früh zu Bett.

Ausgehend von der Frage, ob »die da oben« ihren Kindern wohl Gute-Nacht-Geschichten vorlesen, schwelgt unser Gespräch bald in freundlicher Vergangenheit. Vorgelesen wurde Marlene und Emily jeden Abend. Sie lagen dann im Mollberger Kinderzimmer in ihren Betten, über sich die niedrige, schräge Holzdecke, die dem Zimmer etwas Zeltartiges gab, und meistens stellte sich auch noch Kater Tigger ein und hörte zu, hingegossen auf eins der Betten. Ich war eher fürs Humoristische, Drollige, gern auch Alberne zuständig, allerdings auch fürs Ur- und Kerndeutsche à la Grimms Märchen, während Jamie seriösere Vorlesungen englischer Originale hielt, die in seriellen Darbietungen der kompletten *Jane Eyre* und *Wuthering Heights* Romane gipfelten. Als schundigeren Kontrapunkt las ich *Die Feuerzangenbowle* als Fortsetzungsroman, der auch immer wieder gern genommen wurde. Wir stellten diese Lesestunden erst ein, als Marlene in die 6. Klasse kam, weil wir es an der Zeit fanden, daß sie endlich für sich selber lese, was Emily mit unstillbarem, bücherfressendem Lektürehunger bereits tat.

Indem wir uns davon erzählen, taucht das Gestern vor Emily, Jamie und mir in warmen Bildern aus der lauen Septembernacht auf, während drei Kerzenflammen ruhig und klar in der Luft stehen. Ich zünde noch eine Vierte an.

## Montag, 6. September

Weil der Verlag bereits am Vorschautext dieses Journals bastelt und dessen Existenz also bald öffentlich wird, ist es wohl höchste Zeit, meinen Töchtern zu gestehen, daß mein Wohlgefallen an ihnen seit dem 1. Januar nicht völlig grundlos ist. Außerdem hat

Jamie den Vorschlag gemacht, die Mädchen sollten den Text bei Bedarf nicht nur zensieren dürfen, sondern auch kommentieren, was dem Ganzen ja eine interessante Außenperspektive gäbe. Dann müßten sie damit langsam anfangen. Ich zeige Emily also den Entwurf des Vorschautextes, liefere noch ein paar Erklärungen dazu. Von Bedenken oder gar Empörung, mit denen ich rechne, kann keine Rede sein. Sie nimmt mein Gestammel gelassen zur Kenntnis. Bevor sie das Manuskript nicht gelesen habe, sagt sie, könne sie sich sowieso nichts darunter vorstellen. Daß sie als Kommentatorin zu literarischer Unsterblichkeit kommen könnte, scheint sie nicht sonderlich zu motivieren, vermutlich, weil's mit Arbeit verbunden wäre.

Nun muß ich's noch Marlene beichten. Schicke ihr erst mal eine E-Mail mit dem Vorschautext.

## Dienstag, 7. September

Nehme an einer Podiumsdiskussion bei Radio Bremen zum Thema Rechtschreibreform teil. Emily gibt mir mit auf den Weg, bloß nicht für die Rückkehr zur alten Rechtschreibung zu plädieren. Man habe sie erst sechs Jahre lang mit der Alten gequält, dann fünf Jahre lang mit der Neuen – und das solle jetzt alles für die Katz gewesen sein?

Es stellt sich heraus, daß Emilys Pragmatismus von den Deutschlehrern und Schülern, die an der Diskussion teilnehmen, geteilt wird. Über Sinn und Unsinn der Reform macht sich niemand mehr Gedanken. Es geht nur noch um die Verhinderung von Kollateralschäden: All die Arbeit umsonst! Und was das alles gekostet hat! Mit solcher Argumentation läßt sich jeder beliebige Schwachsinn dekretieren und anschließend rechtfertigen.

Auf die Frage nach meiner Haltung antworte ich differenziert bis schizophren: »Als Vater bin ich für die Beibehaltung der neuen, als Schriftsteller aber für die Rückkehr zur alten Rechtschreibung, in der ich im übrigen schreibe und weiter schreiben werde.«

Und warum ich so konservativ-verbohrt für die Alte sei, fragt eine Deutschlehrerin. Schriftsteller hätten doch auch Verantwortung.

»Eben drum«, sage ich. »Welchen Sinn haben Rechtschreibregeln denn überhaupt?«

Die Deutschlehrerin, die vor Beginn der Diskussion beim Moderator ausdrücklich darauf bestanden hat, mit Frau Doktor angesprochen zu werden, sieht mich verständnislos an. Über die Frage hat sie noch nie nachgedacht. »Sie verhindern Anarchie und Beliebigkeit«, sagt sie schließlich.

»Ich glaube eher, daß sie die semantische Logik von Sprache in Schrift unterstützen sollen. Und das tut die alte Rechtschreibung viel differenzierter als die neue.«

Während der letzten Zwischenmusik fragt der Moderator, was wir denn für eine geeignete Schlußfrage hielten.

»Jeder von uns muß ein schwieriges Wort buchstabieren«, schlage ich vor.

»Um Gottes Willen, nein!« stöhnt Frau Dr. Deutschlehrerin und wird ganz blaß.

## Mittwoch, 8. September

Neues aus den Klassenzimmern oder Angewandte Geographie:

Erdkundelehrer: »Ich habe eine Landkarte mit Kreuzen und kleinen Totenköpfen, die die Aufenthaltsorte der Schüler markieren, damit ich sie abends nicht in der Stadt treffe.«

Postkarte von Marlene, Motiv: The Beatles um 1964 vor amerikanischer Flagge. Den alten Eltern mal was Gutes tun ... Heimweh, schreibt sie wörtlich, habe sie überhaupt nicht. Allerdings vermisse sie Mama, Papa, Emily, sogar Woody und, weil die Ernährungsgepflogenheiten bei ihren Gastgebern offenbar zwischen Fast Food und Salat schwanken, Mamas Homecooking! Wenn das kein Heimweh ist, weiß ich nicht, was es sein soll.

Kochrezepte für »was Vernünftiges« fordert sie dann auch noch mal nachdrücklich per E-Mail an. Jamie ist entzückt. Ihre Kunst zeitigt durchschlagenden Erfolg und wird eine Tradition begründen. Das wünschte ich mir auch mal von meiner.

Telefongespräch mit Matthias Bischoff. Was ich davon hielte, fürs kommende Buch statt des üblichen Autorenporträts ein Familienfoto zu verwenden?

Viel! Geschrieben habe ich's zwar allein, gemacht haben wir's aber gemeinsam. *Selbst mit Familie* eben.

## Donnerstag, 9. September

»Am Donerstag den 28. Mein Papa ist von wörmont nach Zanfranziska geflogen dan ist er mit dem bus von zanfranziska nach Sanarosa gefaren da haben wir in apgehold. Er hat auf Uns gewartet.

Am Freitag den 29. Morgen heiratet mein Onkel heute ist Rihösel. Rihösel ist am tag bifor Man hairatet.

Am Samstag den 30. Heute Heiratet mein Onkel Ich und meine Schwester Haben das kleid getragen. Die Braut ist mit irm fater zur Büne gelaufen da hat der Breutigamm Gewartet nach der Hochzeit war eine Parti.

Am Montag den 32. Heute müsen wir losfaren Nach Vormont. Um 10 Uhr abens fert das fluchzeig los. Wir haben den ganzen Tag mit Unseren Kosenks Gespilt. eIne freundin hat uns zum Bushaltesele gebracht.

Am Donerstag den 36. Wo Wir Waren ist sofas wie ein Park. Es ist eine Sprachschule da kann man Deutsch Oder Franktzösisch Oder Italienisch Oder Schinesisch lern.

Am Freitag den 37. Wir sind mit dem auto zu einem see gefaren der heist lek Schamplen ein ganz groser see.«

Das sind Einträge vom 28. bis 37. Juli 1994 in Marlenes Tagebuch einer USA-Reise; sie war damals also neun Jahre alt und ging in die dritte Klasse der Waldorfschule, was die unkonventionelle, verblüffend »neu« anmutende Orthographie erklärt. Am 36. und 37. Juli ist die Rede übrigens vom Middlebury College (»sofas wie ein Park«), jenem Zauberberg am Ufer des Lake Champlain, der Marlene in diesem Sommer erneut und gründlich in seinen Bann geschlagen hat.

Das Tagebuch hat Jamie beim Aufräumen im Mollberger Haus gefunden. Eine echte Trouvaille. Beim Durchblättern wurden mir die Augen feucht.

## Freitag, 10. September

Seit gestern haben wir einen Logisgast in der Wohnung, Tänzerin einer Musicaltruppe, die am Staatstheater *Hello Dolly* als Gastinszenierung probt. Das Theater hatte eine Annonce in der Zeitung aufgegeben, daß vorübergehend Zimmer gesucht würden. Und bei uns, die wir nur einen Steinwurf vom Theater entfernt wohnen, stand Marlenes Zimmer verwaist. Als die Frau hier erschien, war sie von dem Zimmer gleich angetan. Das sei ja »süß«. Und sogar ein Poster von Kurt Cobain überm Bett! Nachdem ich ihr alles gezeigt hatte und sie schließlich die Zimmertür hinter sich schloß, um auszupacken, wehte mich ein diffuses Unbehagen an, als hätte ich unerlaubt etwas verkauft, was Marlene gehört.

Heute morgen drückt sich Woodstock an der geschlossenen Zimmertür entlang, kratzt und maunzt, glaubt wohl, Marlene sei zurück aus der großen, weiten Welt. Merkwürdig, daß die Katze den fremden Geruch nicht wahrnimmt, den etwas zu süßlichen Parfümduft, der in Flur und Badezimmer hängt.

## Samstag, 11. September

Nach 14 strahlenden Spätsommertagen hat gestern wieder landesübliches Schauerwetter eingesetzt. Es trifft sich, daß Jamie und ich beim längst fälligen, immer wieder aufgeschobenen Aufräumen des Kellers auf einen Karton mit Kindheitsrelikten der Mädchen stoßen; darunter ein Gedicht, das Emily als Acht- oder Neunjährige geschrieben hat.

Der Regen

Ich höre den Regen,
plitsch-plitsch-platsch,
ich höre den Wind um das Haus fegen,
plitsch-plitsch-platsch.

Ich höre den Hagel,
tik-tik-tak,
er schlägt auf das Dach wie ein Nagel,
tik-tik-tak.

Ich höre, wie der Regen rinnt,
rinn-rinn-rinn,
ich höre, daß der Wind nicht mehr zunimmt,
rinn-rinn-rinn.

Ich höre, wie der Regen vergeht,
plitsch-tik-rinn,
ich höre, wie der Wind sich zerlegt,
plitsch-tik-rinn.

Ich erinnere mich, wie ich Emily damals bei der Orthographie half; schade eigentlich, weil sich in der anarchischen Waldorf-Rechtschreibung allerlei onomatopoetische Preziosen versteckt haben müssen, die jetzt unwiederbringlich dahin sind. Ich erinnere mich aber auch, daß sie das Gedicht ansonsten ohne meine Hilfe schrieb. Am besten gefällt mir die fast schon dekonstruktivistische Wendung vom Wind, der sich zerlegt – darauf muß man ja erst mal kommen.

Ich lausche zurück, höre, wie die Zeit sich zerlegt, tik-tik-tak, Uhren, die nie stille stehen, tik-tik-tak. Im Septemberlicht und -wind verrinnt das Jahr, in kürzer werdenden Tagen, in der niedrigeren Sonnenbahn, rinn-rinn-rinn, und im Garten legen die Spinnen ihre Netze aus, in denen Regentropfen hängen, Spiegel der Erinnerung, spinn-spinn-spinn.

## Sonntag, 12. September

Daß man nur mit dem Herzen gut sieht und zeitlebens für das verantwortlich ist, was man sich vertraut gemacht hat, ist eine ebenso schlichte wie freundlich-denkwürdige Botschaft von Saint-Exupérys *Der kleine Prinz*. Wegen seiner betroffenheitstriefenden Gutmenschrhetorik, sentimentalen, moralinsauren Verschwitztheit und der daraus zwangsläufig resultierenden Humor- und Witzlosigkeit hat mir der Text dennoch stets mißfallen, und als Stück, aufgeführt von der Schauspiel/Theater AG der Cäcilienschule, gefällt mir der Text immer noch nicht. Den an der Inszenierung beteiligten Schülern kann man die Auswahl des

Stücks nicht ankreiden; dafür ist ein sehr, sehr gutmeinender Deutschlehrer verantwortlich. Aber die Aufführung ist gelungen, wie eine Schultheateraufführung nur gelingen kann. In Akt 1 und 3 spielt Emily die Titelrolle, textsicher und gelassen, in Akt 2 und 4 ihre Freundin Luise.

In der Pause spricht mich eine Lehrerin an: Das mache Emily doch großartig, besonders, weil sie so prononciert spreche. Im Unterricht sei ihren Wortkaskaden manchmal kaum zu folgen, aber jetzt verstehe man jede Silbe.

Langanhaltender, heftiger Applaus, Verbeugungen der Akteure im Ensemble, Applaus, zu Paaren, Luise & Emily als Prinzendoppelrolle, Applaus, und einzeln, Applaus. Auch der verantwortliche Lehrer bekommt seinen Beifall. Man sieht den Akteuren die Erleichterung an. Vorher war Emily nur nervös. Erst nach dem Erfolg hat sie Kopfschmerzen und leicht erhöhte Temperatur. Klarer Fall von nachträglichem Lampenfieber.

In den sechziger Jahren, zu meiner aktiven Zeit als Laiendarsteller der Schulbühne, spielte man absurdes Theater, Ionesco (ich als Feuerwehrhauptmann) und Mrozek (ich als Arzt); die Auswahl der Stücke traf gleichfalls ein Lehrer, aber, soweit ich mich entsinne, hatten die Stücke Witz.

## Montag, 13. September

Eine Umfrage von Infratest: »Glauben Sie, daß durch ein einkommensabhängiges ‚Elterngeld' mehr Frauen Kinder bekommen werden?« 10 Prozent der Befragten antworten mit Ja, 86 Prozent mit Nein. Ich bin nicht gefragt worden, hätte aber auch mit Nein geantwortet. Kinder bekommt man im übrigen nicht durch Elterngeld, sondern durch Sex.

Gegen die laufenden WKK-Posten ist das Kindergeld zu rechnen: Pro Kind und Monat schwindelerregende 154 Euro.

Aber was will man eigentlich? Kinder sind sowieso unbezahlbar.

Im *Spiegel* Altes und Neues zur »demographischen Zeitbombe«. Im Jahre 2050, wenn meine Töchter im Rentenalter sein werden (vorausgesetzt, es wird bis dahin nicht auf Mitte 70 heraufgesetzt), beträgt der Prozentsatz alter Menschen ab 65 Jahre im Verhältnis zur Bevölkerung in Deutschland 50,5 Prozent. Dann bin ich schon Humus und meine Enkel stellen mir Astern aufs Grab, wenn sie sich vor lauter Abgaben für die lebenden Alten derlei Ahnenkult überhaupt noch leisten können.

## Dienstag, 14. September

Zu den Fundstücken aus dem Keller gehört auch ein *Tagebuch von Emily* aus dem Mai 1995:

»20. 5. Heute Waren Wir Bei Oma Wir Haben Ein Ser Lustiges Spil gespilt. – 19. 5. Heute War ich in Der Neuen Schule es War Ser Schön. – 21. 5. Heute Waren Wir Zuhause Es War ser schön. – 22. 5. Heute Gehen Wir zum Tampolin Springen es ist ser Schön. – 23. 5. Heute War ich beim Flöten Es war schön. – 24. 5. Heute War ich BeiM Woltoschiren es war Schön.«

Wie schön die Lehrerin in »Der Neuen Schule« Emilys Waldorf-Buchstabiererei fand, werden wir nie erfahren. Immerhin: Heute ist sie orthographisch sattelfest.

Diese bedeutenden Juvenalia Emilys enthalten übrigens eine noch bedeutendere Titelei, nämlich: »Tagebuch von Emily. Herausgegeben von: Marlene Modick. Verlag Alles. Über Die Gestalterin: Marlene Modick wurde 1985 in Hamburg Geboren Studirte Handarbeit und Arbeitet jetzt als Buch gestalterin Bei Alles. Lebt in Wiefelstede/Mollberg und gewann 1995 den Tagebuch gestaltungs Preis.« Derart ausgezeichnet kann sie vielleicht ja auch dies Vatertagebuch gestalten? Mal mit dem Verlag reden.

## Mittwoch, 15. September

Neues aus den Klassenzimmern oder Achtung Süßwasser:

Erdkundelehrer: »Was gucken Sie denn da?«

Schülerin: »Wo die *Titanic* untergegangen ist.«

Erdkundelehrer: »Ach ja, wie gefährlich Süßwasser doch sein kann. Da bricht ein Stück von Grönland ab und beißt sich in der *Titanic* fest.«

Aus Emilys geöffneter Zimmertür dringt Gekicher, das sich zu Gelächter steigert. In der Hoffnung, ein bißchen am Honig ihrer guten Laune saugen zu können, trete ich ein. Sie sitzt mit hochrotem Kopf, tränenden Augen und immer noch von krampfartigen Lachanfällen erschüttert am Schreibtisch.

»Was gibt's denn da zu lachen?«

»Mich!« Kicher, gacker, prust. »Ich mein, ich hier.« Prust, kicher. »So was von stumpf. Da, da!« Sie tippt mit dem Zeigefinger auf eine Stelle im Manuskript dieses Journals, das ich gestern ausgedruckt habe, um es erst von ihr absegnen zu lassen und dann an die Zensurinstanz Marlene zu schicken.

Grund von Emilys Heiterkeitsausbruch in Sachen eigener Stumpfheit ist übrigens der Eintrag vom 2. Mai, in dem sie sich an Marlowe in *Shakespeare in Love* erinnert. Überbordende Komik kann ich zwar nicht herauslesen, bin aber über ihre Reaktion ungemein erleichtert, zumal sie auch sonst kaum Einwände gegen den Text hat. Höchstens, daß vielleicht der ein oder andere Lehrer etwas zu krass dargestellt sei. »Ich mein«, meint sie, »die lesen das ja vielleicht auch.«

Eher unwahrscheinlich.

## Donnerstag, 16. September

Der Klappentext der *Werther*-Ausgabe, die erst Marlene und jetzt Emily im Unterricht benutzen, verspricht, daß der Text »Modernität für jede neue Generation« biete. Abgesehen von der grundsätzlichen Unbrauchbarkeit des Nullbegriffs Modernität – sollte damit Aktualität gemeint sein, womöglich Identifikationsangebote an heutige, junge Leser, liegt ein aus klassikpflegerischem Wunschdenken geborener Irrtum vor. Marlene hat Werther für einen überspannten Spinner gehalten, Emily sieht ihn als prätentiösen Wirrkopf. Ob das überhaupt noch etwas mit Aufklärung zu tun habe. Das schwärmerische Delirium dieses eitlen Naiven sei doch Vernebelung, Verunklarung, Vernichtung der Sachlichkeit, mithin das Gegenteil von Aufklärung.

Man müsse, schlage ich vor, die Sache wohl als Protest gegen gesellschaftliche Konventionen und Werte verstehen, aber in Emilys Stirnrunzeln steht geschrieben, daß ihr dieser Amoklauf der Gefühlsduselei keinen Respekt abnötigt. Daß Werther zur Kultfigur des 18. Jahrhunderts werden konnte, eine Art Kurt Cobain des Sturm und Drang, findet sie unverständlich bis lachhaft.

Pustekuchen also mit der Modernität für jede neue Generation! Die Sache ist nur noch in historisierender Lektüre zu retten. Unmittelbarkeit, Entdeckung eigener Zeitgenossenschaft, wie noch beispielsweise bei Hermann Hesse, stellt sich da nicht mehr her.

## Freitag, 17. September

Marlene meldet aus Washington, das Praktikum beginne sie zu langweilen; eingearbeitet, wie sie inzwischen sei, habe sie auch mehr Freizeit. Ob wir ihr amerikanische Lektüretips geben können. Sachen, die nun keine Schulpflicht mehr seien, sondern Lektüren fürs Leben. Ich schlage Sedaris vor, Boyle, Richard Ford und Updike.

Schicke das Manuskript an sie. Da habe sie dann ja das gesuchte »gute Buch«. Sie E-mailt zurück, sie freue sich auf die Lektüre.

Neues aus den Klassenzimmern oder Mathe für Ausgeschlafene:

Mathematiklehrer: »Was ist das für eine Kurve?«

Schüler (gähnend): »Äh, tja ...«

Mathematiklehrer: »Eine Aktivitätskurve.«

Schüler: »So früh am Morgen liegt die aber im negativen Bereich.«

## Samstag, 18. September

Die Sonne steht fett hinter den Kronen der Eichen, legt Goldränder ums fahler werdende Grün. Von der ungemähten Wiese heben sich Dunstschleier. Das Birkenlaub ist schon gelb gesprenkelt. Es wird noch einmal ein fast sommerlicher Tag werden, einer der letzten. Ein warmer Südwind schiebt die Morgenkühle fort.

Da sich kein anderer Termin finden ließ, bin ich früh nach Mollberg gefahren, wo ich mich mit einem Architekten treffe, um endlich den jahrelangen Papierkrieg wegen der Bebauungsplanänderungen vom Tisch zu bekommen. Wenn das erledigt sein wird, stellt sich ernsthaft die Frage: Verkaufen oder nicht? Als Kompromiß, der die Kosten senken würde, wäre es vielleicht möglich, sich das Haus mit Freunden oder Bekannten als Sommer- und Urlaubssitz zu teilen. Jamie ist dieser Lösung besonders zugetan. Das Haus bliebe dann erhalten, und wenn unsere Töchter eines Tages eigene Familien hätten, stünde es ihnen zur Verfügung. »Für unsere Enkel«, sagt Jamie, »wär das doch sehr schön.«

Im Haus riecht es stockig. Ich öffne die Fenster. Verlassen das alles. Klamm. Leer. Unwohnlich. Das Gehäuse der Kindheit von Emily und Marlene. Die Uhr ist stehengeblieben bei 8:27 Uhr. Morgens? Abends? Der Spiegel im unteren Bad ist von den Rändern her beschlagen. Die Bilder an den Wänden nichtssagend. Der Architekt verspätet sich. Ich hinterlasse einen Zettel an der Tür und mache einen Spaziergang durch die Landschaft der Kindheit meiner Kinder, wo auch solche Gedichte entstanden:

Trocken gefallen, verdunstet, versandet,
dort bei den Trauerweiden der Teich;
ein Spielzeugschiff ist hier einmal gestrandet,
das Blaue des Himmels durchsichtig bleich.
Der Sommer färbt sich schon braun an den Rändern,
brandige Blätter, stockfleckig taub;
Wind wälzt sich träge aus südlichen Ländern,
Bindungen brechen, aus Birken fällt Laub,
legt sich zu Worten, zu Sätzen, zum Sterben,
krümmt sich und flüstert, vergilbtes Papier;
nichts mehr zu sagen, nichts zu vererben,
nichts bleibt dir morgen vom Jetzt vom Hier.
Jetzt tritt das Harz aus der rissigen Rinde.
Hier ist die Fußspur von einem Kinde.

»Schönes Haus«, sagt der Architekt. »Sind Sie noch oft hier?«
»So gut wie nie.«
»Schade eigentlich«, sagt der Architekt.

## Sonntag, 19. September

Blick zum Wecker. Erst 7:00 Uhr. Wahrscheinlich hat eins der Kinder von oben krakeelt. Jamie liegt auf der Seite, dreht mir ihr schlafendes Gesicht zu. In meinem Halbschlaf wirkt dies Gesicht unglaublich jung. Ich schließe wieder die Augen. Jamies Gesicht? Wieso ist über Nacht das Grau aus ihren Haaren verschwunden? Noch einmal sehe ich hin. Emily. Wieso liegt Emily neben mir? Früher, wenn eins der Mädchen krank war oder von bösen Träumen gequält wurde, haben wir sie bei uns schlafen lassen, und Jamie oder ich sind dann ins Kinderzimmer umgezogen. Aber krank oder vom Alb gedrückt sieht Emily nicht aus, sondern schnorchelt selig und entspannt vor sich hin. Vexierte Spuren von Jamies Physiognomie auf ihren Zügen. Mich selbst kann ich dort kaum erkennen. Auf ihrem Gesicht liegen noch Spuren des Kindergesichts wie ein dünner Schleier, wie etwas, das, je länger ich hinsehe, immer flüchtiger wird.

Mir fällt die geschichtsphilosophische Bemerkung Walter Benjamins ein, das, was zu verschwinden drohe, werde Bild. Wieso das jetzt? Vielleicht, weil es sich auch auf einen psychologischen Aspekt des Porträtierens beziehen läßt? Denn das Antlitz ist nicht nur das Wandlungsfähigste, sondern auch das Vergänglichste am Menschen; es zu beschreiben oder zu zeichnen, kommt einem Versuch gleich, »die Hinfälligkeit des lebendigen Gesichts aufzuhalten, etwas zu tun gegen die Tatsache, daß dieses so sehr und immerzu im Verschwinden begriffen ist: daß das Kindergesicht in dem des Halbwüchsigen erlischt, dieses in dem des Erwachsenen, und daß in dessen Zerknitterung sich bereits das letzte, das alte Antlitz bildet.« (Peter von Matt: *... fertig ist das Angesicht. Zur Literaturgeschichte des menschlichen Gesichts.*)

Mit dem Bettentausch hat es übrigens folgende Bewandtnis: Mitten in der Nacht sei Emily in ihrem Zimmer durch raschelnde Geräusche um den Schlaf gebracht worden. Ein Tier vermutlich. Eine von der Katze ins Haus geschleppte Maus? Nicht zum Aushalten sei das gewesen.

Gerettet in Mamas Bett und Papa das Gesicht zugewandt.

## Montag, 20. September

»Die Liebe zu den Kindern ist immer eine unglückliche, im Grunde die einzige, die diese Bezeichnung mit Recht verdient. Haben wir doch nur den Mut, uns zu erinnern. Auch in unserer Liebe den Eltern gegenüber, so groß sie war, – war in ihr nicht auch ein wenig Mitleid, vielleicht sogar etwas Widerwillen, war nicht am Ende in dieser Liebe etwas vorhanden, das dem Grauen verwandt ist?« (Arthur Schnitzler: *Buch der Sprüche und Bedenken*)

Schnitzlers Schärfe befremdet mich im ersten Moment. Aber es stimmt schon, weil es nämlich das Mitleid mit dem Nicht-mehr-jung-sein ist, der Widerwille vorm Verfall, das Grauen vor dem Tod. Sterben die Großeltern, verschärft sich das noch. Dann sind die Eltern die nächsten.

Allsonntägliche transatlantische Telefonkonferenz zwischen Marlene und Jamie. Es geht erneut um Kochrezepte. Sie würde gern, hat sie in einer E-Mail geschrieben, so kochen lernen wie ihre Mutter. Angewandte Lebenskunst. Marlenes Jamie wird sich freuen. Liebe geht durch den Magen.

Anschließend lädt Jamie sich im Internet den Stadtplan von Chicago herunter. »Da«, sie zeigt auf eine Straße im Uni-Viertel, »werden die beiden bald wohnen. Und hier«, sie zeigt auf eine andere Straße, »hab ich damals gewohnt. In diesem Frank-Lloyd-Wright-Haus.« Nur einen Steinwurf entfernt. Ein Katzensprung. Marlene zieht nach Chicago, um bei ihrem Jamie zu sein. Und meine Jamie kam aus Chicago, zwei Straßen weiter, um mit mir zu leben.

Nur gut, daß mein Journal kein Roman ist. Als Fiktion wären diese gegenläufigen und zugleich fast unheimlich parallelen Lebensbahnen völlig unglaubwürdig, eine sentimentale Überkonstruktion.

## Dienstag, 21. September

Als Essensgast zu Mittag Emilys Freundin Luise. Das Gespräch kommt, amüsiert über die eigene Vergangenheit, die man mit 17 ja immerhin schon hat, auf Berufswünsche, die man als Kind hatte. Luise erzählt, sie habe Pferdetrainerin werden wollen. Und Tierärztin, wie fast jedes Mädchen irgendwann einmal. Obwohl auch Emily eine Weile heftig pferdenärrisch war, inklusive Voltigieren und sehnsüchtigen Weihnachtswünschen nach Pflege- oder Adoptivpferden, legt sie Wert auf die Feststellung, daß diese Phase schnell vorübergegangen sei und auch keine berufsspezifischen Spuren hinterlassen habe. Statt dessen hat sie als Fünfjährige, tief beeindruckt von unserer Putzfrau, einmal fest entschlossen verkündet, dieser liebenswürdigen Frau nacheifern zu wollen. Putzfrau, das wär's doch! Das werde sie, wenn's mal soweit sei, mit Sicherheit studieren.

Vielleicht liegt es an der für übermorgen angesetzten Deutschklausur über Sturm und Drang und Aufklärung, daß Emily weiterhin mit erheblichem Furor gegen den *Werther* wettert. »Voll behindert, der Typ, allein schon, wie sich einer überhaupt so peinlich geschmacklos anziehen kann. Daß der auch noch Fans gehabt haben soll: einfach gagga.«

## Mittwoch, 22. September

Auf der Suche nach alten Wanderschuhen, die sie für unseren geplanten Kurzurlaub auf Ibiza mitnehmen will, hat Jamie ein weiteres Mal die Mollberger Abstellkammer durchforstet und entrümpelt. Die Schuhe hat sie nicht gefunden, kommt aber mit zwei Kartons zurück. Fotos, Briefe, Kinderzeichnungen.

Im stockigen Geruch, den die Kartons ausdünsten, dümpeln

Erinnerungen an die Abstellkammer in der Mansarde. Im Sommer setzten da die Dinge Staub an, die man nur im Winter brauchte: Schlittschuhe also, Eishockeyschläger, gefütterte Anoraks und Stiefel, Schneeschaufeln. Im Winter träumten Sonnenschirm, Liegestühle, Schwimmflossen und Taucherbrillen im kalten Zwielicht, das durch die Ritzen zwischen den Dachpfannen fällt, vom Sommer. Den meisten Platz nahmen solche Dinge ein, die überhaupt nicht mehr benutzt wurden, von denen wir aber aus unerfindlichen Gründen meinten, sie eines Tages doch noch einmal gebrauchen zu können – und sei es nur, um sich an die schöne Zeit zu erinnern, als man sie tatsächlich noch gebrauchte. Das Schaukelpferd. Der Holzherd.

»Aus dem Alter sind sie raus«, seufzte Jamie, als sie damals Puppenhaus, Puppen und die Puppengarderobe in Kartons verpackte und im Abstellraum aufstapelte.

»Dann können wir den Krempel ja verschenken«, sagte ich. »Hier steht er doch nur im Weg. «

»Und was ist mit deinen Schallplatten?« Sie zeigte auf die beiden Umzugskartons, in die ich das Vinyl zu Gunsten der wachsenden CD-Sammlung ausgelagert hatte.

»Die werden bestimmt noch mal ganz, ganz wertvoll; unersetzbare Sammlerstücke, zum Beispiel die Stones-Platte mit Reißverschluß auf dem Umschlag. Oder Ronnie Lanes erste. Oder *Spooky Two* …«

»Über die Puppensachen«, sagte sie sanft und lächelte, »werden sich unsere Enkelkinder mal freuen.«

Ich stand während dieses Dialogs im Badezimmer, von dem die Tür zur Abstellkammer abzweigt, und als Jamie von Enkelkindern sprach, sah ich mich schweigend im Spiegel an und schüttelte den Kopf. Die Linien in meinem Gesicht. Ein paar graue Haare an den Schläfen. Die Schrift, mit der das Leben uns zeichnet.

Ich weiß es noch genau. Der Geruch dieser Kartons. Aroma vergehender Zeit.

## Donnerstag, 23. September

In den Tiefen dieser Kartons gibt es auch Fotos von Jamie und mir aus Zeiten, bevor wir uns kannten. Sie auf Campingtour mit ihrem damaligen Freund. Zwei Fotos der Frau, mit der ich noch in eine, allerdings bereits rettungslos ausgefranste, Beziehung verstrickt war, als wir uns auf Kreta kennenlernten.

»Wie sieht die denn aus?« sagt Emily verblüfft oder spöttisch.

»Wieso? Die sieht doch gut aus.«

»Überhaupt nicht. Mama sieht viel besser aus.«

Mama hört's gern.

»Und die ist ja blond. Ich denk, auf dich sind immer die Dunkelhaarigen abgefahren.«

»Ausnahmen bestätigen die Regel.«

Und dann noch ein Schwarzweißfoto, aufgenommen in einem Hamburger Restaurant. Links Jamie, seit einigen Wochen erst mit mir liiert, ich in der Mitte, rechts Hilde, meine damals schon seit drei Jahren »Verflossene«, heute noch gute Freundin. Gemacht hat das Foto Hildes damaliger Freund, und es sieht aus, als hätten wir absichtlich das Coverfoto von Leonard Cohens *Death of a Ladies' Man* nachposiert.

»Hahn im Korb«, sagt Emily. »Mann, Papa ...«

Auf dem Foto sieht es so aus, als gehörten Hilde und ich noch zusammen, während Jamie sich nur irgendwie ins Bild gemogelt hat. Triumph verwehter Vertrautheit.

## Freitag, 24. September

»Lieber Papa,

ich bin durch, habe dein Manuskript in zwei Tagen gelesen.

Ganz allgemein mißfällt mir die Tagebuch-Idee. Es soll authentisch sein, ist aber von Anfang an für die Öffentlichkeit bestimmt. Das ist doch unlogisch, oder?«

Es wäre unlogisch, wenn authentisch mit absoluter Privatheit identisch wäre, was hier aber eben deshalb nicht der Fall ist, weil ich meine Privatsache so durchfiltere, daß sie darstellbar wird, ohne das auszustellen und damit zu vernichten, was uns im letzten Kern ausmacht.

»Die Medien überschwemmen uns momentan mit Realitätsscheiße; muß da auch noch die Literatur mitmachen? Ich finde, daß ein solches Buch nicht notwendig ist.«

Kalt erwischt? Weiß nicht so recht. Tagebücher und Journale sind doch eine altehrwürdige, zugleich sehr lebendige literarische Tradition. Und dies Journal ist kein Big-Brother-Skript.

»Und trotzdem: Es gefällt mir sehr gut. Ich bevorzuge zwar Fiktion, aber es ist, wie es ist, und an deiner Idee kann ich nichts ändern. Also, ich bin ›einverstanden‹. Es ist interessant und witzig. Es rührt mich auch, weil ich ja direkt betroffen bin. Und ich lese natürlich die Liebe. Ich fühle mich auch nicht in meiner Privatsphäre angegriffen; das ist wirklich nicht mein Leben, sondern deins. Besonders gut gefallen mir deine eigenen Kindheitserinnerungen. Und zum ersten Mal bist du in deiner Literatur wirklich ehrlich. Sonst nimmst du in deinen Romanen immer ironischen Abstand. Hier gibst du eigene Schwächen zu. Dann kann ich es auch ertragen, wenn ich mal ›bloßgestellt‹ werde. – Ich habe aber auch Kritik: Viel zu viele Zitate. Das nervt! Manchmal scheint es mir allzusehr wie eine Collage.«

Ja, das soll es auch sein. Meine private Lage ist eingebunden, collagiert in Gesellschaft, auch in andere Diskurse über Vaterschaft und Familie. Nerven soll es allerdings nicht.

»Im Vorschautext heißt es: Ein Buch für alle Väter. Du betonst aber ständig, daß unsere Familiensituation wahrscheinlich nicht repräsentativ ist. Wenn es ein Familienbuch oder Vaterbuch sein soll, solltest du dich vielleicht manchmal mehr darauf konzentrieren und nicht mit Adorno beeindrucken. Das ist ja nix für den 08/15-Vater!«

Beeindrucken mit Adorno? Geht das überhaupt? In Form des Seminars in Middlebury hat der Zufall mir diese Lektüre zugespielt, und wo es Bezugspunkte gab, sei's zustimmend, sei's im Widerspruch, gehören sie in diesen Text. Auch als Lesender bin ich Vater. Das läßt sich nun mal nicht ändern.

»Ich möchte aber nichts kommentieren. Es soll *dein* Tagebuch bleiben. Würde ich es kommentieren, dann würde es zu einem kleinen Teil zu meinem Projekt, und das möchte ich nicht. Ich bin von der Sache positiv überrascht, es gefällt mir, aber ich möchte als ›Urheberin‹ nichts damit zu tun haben. Verstehst du das? Und es ist ja ein Vatertagebuch, kein Töchtertagebuch. – Aber wie geht's jetzt weiter? Ich kann ja schlecht so tun, als ob nichts wäre. Da ist jetzt immer dieser Hintergedanke, am Telefon, bei E-Mails. Aber ich erzähl euch ja sowieso nicht alles – also wird's wohl so weitergehen wie bisher. Irgendwie ist es auch schön, daß manches jetzt durch die Literatur ›unsterblich‹ ist. Die uns wichtigen Dinge müssen wir uns sowieso selber merken, aber für alles andere können wir später im Vatertagebuch nachschlagen. Wie war das gleich noch mal bei Tullie and Marie's?

Ich hoffe, du freust dich über meine Meinungen.

Marlene«

Oh ja, und wie ich mich freue. Und ich bin sehr erleichtert über diesen Brief, den ich mit einiger nägelkauender Besorgnis erwartet habe.

Unsterblich aber, glaube ich, macht uns nicht die Literatur, sondern, wenn überhaupt etwas auf dieser Welt, die Liebe. Und die, Marlene sagt es, »müssen wir uns sowieso selber merken«.

Jamie stellt ein Kochbuch für Marlene zusammen, ihre Lieblingsgerichte. Ich habe die Ehre, mit meinem selbst kreierten, immer wieder gern genommenen Schnippelbohneneintopf in dies Leib-und-Magen-Standardwerk aufgenommen zu werden. Vorn ins Ringbuch klebt Jamie ein Foto, aufgenommen kurz vor Weihnachten 1987: Marlene ist da anderthalb Jahre alt, steht am Küchentresen unserer Hamburger Wohnung und rollt mit einem Nudelholz Teig aus. Sie sieht älter als anderthalb aus, aber Jamie meint, sie sei eben immer ein großes Kind gewesen.

Zum Abendessen zu Gast bei Thea D.; das Gespräch kommt auf Familienpolitik, die ich als verfassungswidrig bezeichne. Thea, grüne Bundestagsabgeordnete, widerspricht: Man arbeite doch fleißig daran! Den einschlägigen Urteilen des Verfassungsgerichts entspricht diese Politik dennoch nicht. Sie ist und bleibt kinder- und familienfeindlicher Murks.

Wenn wir demnächst mit Freunden und Bekannten nach Ibiza fahren, werden wir dort mit insgesamt acht verheirateten Paaren sein – und alle haben Kinder. Merkwürdig. Fürs demographische Desaster der Überalterung, mit dem unsere Kinder sich herumschlagen werden, ist man in unseren Kreisen also offensichtlich nicht verantwortlich. Wo ist das Problem? Wo sind die Kindermuffel?

Bei ihr in der Frauengruppe zum Beispiel, sagt Brigitte B., die sich seit zwanzig Jahren regelmäßig treffe, sei sie die einzige Mutter. Möglich, daß Kinderkriegen und -haben dem Selbstentfaltungsdrang der bewegten Frauen zum Opfer fielen. Kinderfeindlichkeit wäre dann auch ein Produkt der sogenannten Emanzipation.

Indem Leute mit Kindern sich eher untereinander anfreunden als mit kinderlosen, und kinderlose Leute ihrerseits dazu neigen, unter sich zu bleiben, weil ähnliche Erfahrungsmuster verbinden, Identifikation ermöglichen und Nähe schaffen, entsteht in der

Gesellschaft eine unsichtbare, aber folgenschwere Spaltung. Kinderfeindlichkeit kennt manchmal nicht einmal mehr das eigene Feindbild.

## Sonntag, 26. September

»Über den Humor meiner Freundinnen«, erzählt Emily, »kann ich manchmal nicht lachen. Und sie nicht über meinen. Und weißt du, was sie gesagt haben? Mein Sinn für Komik müsse wohl an dir liegen.«

»Wieso das denn?«

»Na ja, du hast dir doch früher mit uns immer diese Loriot-Sachen angeguckt. Oder Heinz Erhardt und so. Und wir haben uns schlapp gelacht.«

»Ja und?«

»So was kennen meine Freundinnen gar nicht mehr. Oder sie finden's nicht komisch.«

Da hätte ich dann ja in Sachen Komik eine Traditionsrettungstat erster Güte vollbracht. Ich erinnere mich beispielsweise, wie wir an einem Sonntagnachmittag vor vielleicht zehn Jahren auf dem Sofa saßen und uns Heinz Erhardts schrill-schrullige Filmklamotte *Drillinge an Bord* reinzogen. Der Streifen ist durchaus komisch, besser gesagt ulkig, aber dann auch wiederum nicht gar so komisch, wie wir ihn damals fanden. Vielmehr steckten wir uns mit unserem Gelächter gegenseitig an und fanden noch den übelsten Klamauk zum Brüllen. Das leitmotivische »und *der*gleichen« (Betonung auf der ersten Silbe), mit dem Erhardt einen der Drillinge charakterisiert, hat es bei uns jedenfalls zum geflügelten Wort gebracht und ergibt bei gezieltem Einsatz immer noch einen Lacher, den außer Marlene, Emily und mir niemand kapiert. Muß auch gar nicht. Reicht ja, wenn wir ihn kapieren.

Angesichts der hysterisch-überkorrekten Alterskontrollen in den USA arbeitet Marlene erneut an Möglichkeiten, sich auf ihrem Personalausweis zwei Jahre älter zu machen. Emily ist ins konspirative Treiben eingeweiht und verrichtet offenbar gewisse Hilfsdienste. Die Sache geht allerdings nicht unentdeckt an mir vorüber, weshalb ich Marlene per E-Mail einen väterlichen Rat zukommen lasse. »Was deine Persoprobleme angeht: Zu sagen habe ich dir nichts mehr, aber ich habe noch eine Meinung dazu. Wenn du's machst, mach es so gut, daß es niemand merkt.«

Gekontert wird mein mitverschwörerisch gemeinter Aufruf zur Perfektion mit einer Mail an Emily, die den Vermerk trägt, Marlene wisse durchaus, »daß die« (gemeint sind die Eltern) »das auch lesen« und des Inhalts ist, »der olle Spießer« (gemeint bin ich) solle sich nicht so anstellen: In seiner angeblich unspießigen Jugend, mit der er sonst herumprahle, sei er schließlich bekifft beim Kreiswehrersatzamt angetreten, um den Kriegsdienst zu verweigern. Und nun so was!

## Montag, 27. September

Neues aus den Klassenzimmern oder Sport ist Mord:

Schüler X: »Aua, meine Eier!«

Schüler Y: »Welche Eier?«

Schüler X: »Sorry, ich wollte nur bluffen.«

Heute endet Marlenes Museumspraktikum in Washington; übermorgen zieht sie nach Chicago, wo ihr Jamie sie bereits erwartet. Sie hat sich um ein Praktikum im deutschen Konsulat beworben, sagt aber, daß sie lieber einen bezahlten Job machen würde, als weiterhin als Honoris-Causa-Hilfskraft in irgendwelchen Institutionen Bücher und Videos zu katalogisieren oder Adressenlisten zu aktualisieren.

Einen wunderbaren Job, der für sie in Frage gekommen wäre, hat sie leider knapp verpaßt. Jamies (meine Jamie) Chicagoer Freundin Laurie ist mit Lisa Fittko befreundet, die seit ihrer Flucht aus Europa in den USA lebt. Lisa Fittko gehörte zu einer jener Flüchtlingsgruppen, die 1940 vor den Nazis von Frankreich über die Pyrenäen nach Spanien flohen. In dieser Gruppe befand sich auch Walter Benjamin, der sich dann, weil die Grenze vorübergehend geschlossen war, das Leben nahm. Lisa Fittko hat über die Ereignisse mehrfach berichtet. Die Dame ist nun Mitte Neunzig und sucht eine zweisprachige Sekretärin, die ihr an einigen Tagen in der Woche beim Ordnen ihrer Papiere und Korrespondenzen hilft. Aber als Marlene von dem Angebot erfuhr, war es zu spät und der Job schon vergeben.

Am Telefon äußert sie sich, verständlicherweise, sehr enttäuscht. »Aber ich werde Frau Fittko trotzdem mal besuchen. Einfach so. Die kann doch bestimmt unheimlich viel erzählen.«

»Mach das«, sage ich. »Und grüß sie von mir.«

»Wieso? Kennst du sie persönlich?«

»Nein, aber ich habe Sachen von ihr gelesen.«

»Ja«, sagt Marlene, »dann grüße ich sie von dir.«

## Dienstag, 28. September

Emily, wegen ihrer Neurodermitis unfreiwillig ernährungsbewußt, holt eine Packung Sesam-Krokant-Vollkornkekse (ohne Milch und Ei!) aus der Speisekammer, mustert sie melancholisch und sagt: »Das Traurige ist – die sehen genauso aus wie sie schmecken.«

Ich brenne ein paar CDs für Marlene, um sie ihr als musikalischen Gruß nach Chicago zu schicken.

»Aber wieso denn ausgerechnet Grateful Dead?« fragt Jamie, die im Wintergarten hinter mir sitzt und liest.

»Weil sie so begeistert von dem Konzert war.«

»Die Dead-CDs hat ihr Jamie doch garantiert schon alle.«

Manchmal kann meine Frau aber auch wirklich eine Spielverderberin sein. Vielleicht freut Marlene sich trotzdem. Und erst recht.

## Mittwoch, 29. September

Neues aus den Klassenzimmern oder Letzte Warnung:

Lehrer zu plauderseliger Schülerin: »Wenn Sie nicht sofort ruhig sind, küsse ich Sie.«

Rosa, das Gedeihkind von oben, hat eine Stoffkatze. Die heißt nach unserer Katze Woody. Sie hat auch eine Puppe. Die heißt Emily. »Das ist ja schon voll der Fankult«, findet Puppenvorbild Emily. Hoffentlich hat Rosa keinen Teddybär, der Klaus heißt.

Auf Märle P.s Geburtstagsparty erscheint auch die junge Mutter des Gedeihkinds, sitzt still, schmal und kalkweiß am Tisch. Der alte Jungvater ist zuhause geblieben, muß morgen sein krankes Herz einer Katheterkontrolle unterziehen lassen. Als die Mutter sich verabschiedet hat, kommt es wieder zu Diskussionen, ob überhaupt und wie unverantwortlich es ist, eine Familiensituation zu schaffen, der die Eltern physisch nicht gewachsen sind. Bekanntlich weiß niemand, wo die Liebe hinfällt. Und wenn die Hormone raunen, schweigt der Verstand. Aber wenn die Liebe im falschen Moment fällt, kann sie auch erschlagen. Und das Diktat der Hormone kann wie ein Todesurteil sein. Selbst Mechthild B., die vor einiger Zeit noch tränenden Auges Eifersucht gegenüber dem frischen Mutterglück eingestanden hat, gibt sich heute reservierter. Schließlich lebt man nur einmal.

## Donnerstag, 30. September

Arbeite im Auftrag einer Schweizer Stiftung an einem Text über deren Künstlerhaus auf Elba; blättere, auf der Suche nach Anregung und verwertbaren Zitaten, in James Hamilton-Patersons wunderbarem Buch *Seestücke* und finde folgendes Strandgut: Inseln faszinieren uns, »weil ihre Ausschließlichkeit uns an die Familie erinnert, wie wir sie einst durch Kinderaugen sahen: in sich abgeschlossen und autark. Die Traurigkeit auf dem Grund einer Familie liegt darin, daß alle stillschweigend so tun, als sei sie unvergänglich. Wenn wir Jahrzehnte später mit den Augen eines nahezu Fremden ein Familienerbstück wie eine alte Tischdecke anschauen, wird an ihren verblichenen Farben und Mottenlöchern eindringlich offenbar, daß sie immer schon sowohl Altar- wie Leichentuch gewesen ist.«

Schön gesagt. Und traurig. Aber auch wahr? Immerhin erinnert so eine alte Tischdecke ja auch daran, daß sie mal eine neue Tischdecke war. Ihr rein materieller Zerfall sagt nichts über die Vergänglichkeit eines Familienverbunds aus. Manche Erbstücke bezeugen sogar das Gegenteil. Als immer noch benutzter Gebrauchsgegenstand oder auch nur als Aide-Mémoire stiften sie ein Bewußtsein davon, daß Familien sich fortsetzen, Traditionen entstehen und erhalten werden. Oft sind es gar nicht die kostbaren Teile wie Tafelsilber, Gemälde oder Uromas Brillanten, sondern unscheinbare Stücke wie die versilberte Zuckerdose, die meine Großmutter schon aus ihrem Elternhaus mitbrachte, später an meine Eltern weitergab, und heute steht sie unspektakulär und unverwüstlich täglich auf unserem Tisch. Der schlichte Holzsessel, der vorm Familien-PC im Wintergarten steht, leicht, bequem, zeitlos schön, ist gleichfalls durch mehrere Generationen gegangen. Vor ein paar Jahren habe ich ihn lediglich leimen und die Korbsitzfläche neu aufflechten lassen. Sieht man die eigene Familie als Knoten im umfassenden Geflecht, erweist sich Trauer über die Flüchtigkeit des Daseins und den Zerfall von Zusammenhängen als Eitelkeit und Larmoyanz, als Wichtigtuerei des Individuums. Wir pflanzen uns fort, gebären weiter, leben und sterben, wie die vor uns und die nach uns. Tischdecken vermodern, das Leben nicht.

### Freitag, 1. Oktober

Für ihr Fahrrad hat Emily sich eine Winnie-the-Pooh-Klingel gekauft, eins jener Kindheits-Wrackteile, die wir im Boot unseres Erwachsenseins verbauen. Ich lese heute noch gern Donald-Duck-Geschichten.

Im Verzicht auf Nachwuchs und der damit korrespondierenden Kinderfeindlichkeit drückt sich nicht etwa eine kritisch-bewußte Prosperitätsverweigerung aus, sondern eine Form gesellschaftlicher Impotenz. Die Rentnergesinnung, in der es sich große Teile unseres sogenannten Gemeinwesens gemütlich macht, entwickelt keine Zukunftsphantasien mehr, sondern verteidigt und verwaltet nur noch den schlechten und immer schlechter werdenden Status Quo. Die schwindende Beute der fetten Jahre teilen Parteien, Lobbys, Gewerkschaften unter sich auf. Sämtliche Generationenverträge sind kalt lächelnd gebrochen. Urteile des Verfassungsgerichts zur gerechteren Stellung von Familien und Kindern werden ignoriert, soeben wieder geschehen mit Beiträgen zur Pflegeversicherung; statt Familien zu entlasten, werden Kinderlose einfach höher belastet. Vielleicht sollte man mal darüber nachdenken, Kinder unter Artenschutz zu stellen.

Marlene meldet, ihr Jamie verfüge in der Tat über mindesten 40 Grateful Dead CDs. Hätt ich auf meine Jamie gehört, hätt ich mir derartige Redundanzen erspart. Marlene schreibt, es sei ihr sowieso lieber, ich würde ihr CDs mit *meiner* Lieblingsmusik brennen, und das sei ja wohl nicht die der Dead's. Na schön. Dann kriegt sie erst mal eine Auswahl aus dem Beatles-Gesamtwerk.

## Samstag, 2. Oktober

E-Mail von Marlene zum VaTaBu-Umschlagentwurf: »Bin begeistert! Hatte ein kitschiges Familienbild erwartet! Und hatte schon Kritik parat!« Ja, wieso denn eigentlich diese vorauseilende Kritik? Bin ich etwa ein Kitschier? »Aber so ist es wirklich gut. Super.« Na super. »Jetzt liegt sogar noch eine Stunde mehr zwischen uns. Sieben Stunden. Aber das ist ja nun so viel auch wieder nicht.«

Ach nein, auf eine Stunde mehr oder weniger, ferner oder näher, kommt's wirklich nicht mehr an.

Dem gebeutelten Nachbarn von oben haben die Ärzte empfohlen, sich einen Bypass legen zu lassen, falls er in diesem Jahr noch Weihnachten erleben wolle. (Während ich dies notiere, beginnt irgendwo über mir das Baby zu weinen.) So leid der Mann mir tut, so rätselhaft bleibt mir, wieso er sich zu diesem Doppelpack verspäteter Vaterschaft hinreißen ließ. (Inzwischen ist, wie ein bedingter Reflex, die inzwischen zum Kleinkind gereifte, erste Tochter mit ihrem variantenreichen Geheule ins wahrlich herzerweichende Ich-Ich-Ich-Wettgeschrei eingefallen.)

»Der Arme«, sagt Emily, nachdem sie mitbekommen hat, wie der Nachbar, mit einem Eimer Laub unterwegs zum Komposthaufen, mir durchs offenstehende Fenster meines Arbeitszimmers vorhin sein Herzeleid klagte.

»Nur an den Kindern wird's nicht liegen«, sage ich. »Aber ohne die Kinder würd's ihm bestimmt nicht ganz so schlecht gehen.«

»Was hättest du denn gemacht?« fragt Emily. »In seiner Situation? Junge Frau und so?«

»Jedenfalls wär ich nicht mehr Vater geworden. Ich könnte es gar nicht mehr.«

»Wieso das denn nicht?« Emily sieht mich mißtrauisch an. Ihr Blick besagt: Ist der Alte etwa impotent? Jedenfalls fürchte ich, daß ihr Blick das besagen könnte.

Das kann ich natürlich nicht auf mir sitzen lassen. »Ich habe mich sterilisieren lassen«, sage ich rasch und so beiläufig, als würde ich sagen: Ich war beim Friseur.

»Was??!!« Entgeisterter Blick. »Sterilisieren!«

»Schon vor zehn Jahren.« Lässiges Nicken.

»Warum *das* denn?!«

»Mama und ich sind zu dem Ergebnis gekommen, daß zwei Kinder genug sind. Und da war das dann eine einfache und klare Lösung. Die ganze Verhüterei nervt doch nur.«

»Davon weiß ich ja gar nichts!«

»Jetzt weißt du's ja.«

»Aber warum habt ihr das denn nie erzählt?«

»Wieso sollten wir? Dich und Marlene hat's doch nicht betroffen. Euch gab's ja schon.«

Sie lacht. »Aber ihr habt uns damals doch auch erzählt, daß ihr mal so 'ne Partnertherapie oder so was gemacht habt.«

»Ja, weil euch das betroffen hat. Du weißt bestimmt noch, daß Mama und ich mal 'ne Weile reichlich Streß miteinander hatten.«

»Und wie.« Nicken.

»Eben drum. Wir haben es euch erzählt, weil wir wußten, daß ihr diesen Streß mitbekommt. Die Stimmung im Haus war damals nicht gut.«

»Kann man wohl sagen.«

»Und anschließend war die Stimmung wieder gut.«

»Stimmt.« Lächeln.

»Na also.«

»Aber sterilisieren«, Kopfschütteln, »oh, Mann! Und ich hab gar nichts davon gewußt ...«

## Sonntag, 3. Oktober

Was dem Münchner sein Oktoberfest, ist dem Oldenburger sein Kramermarkt. Als die Mädchen klein waren, sind wir mit ihnen zusammen auf den Rummel gegangen, bis ein vorher festgesetztes Jux-Budget erschöpft war. Das Budget stieg von Jahr zu Jahr und war dennoch jedes Jahr schneller verjuxt als im Vorjahr. Bei meiner, mit zunehmendem Alter immer ausgeprägteren Höhenangst und Neigung zu Schwindelgefühlen sah ich unbehaglich staunend zu, wie die Mädchen, manchmal auch Jamie, sich in die abenteuerlichsten Foltergeräte stürzten und glückselig strahlend wieder festen Boden erreichten – was ich als Kind und Pubertierender natürlich auch gemacht habe. Zum familiären Kramermarkt-Ritual gehörte damals ein bescheidenes Geldgeschenk meiner Eltern und Großmutter, der Kramermarktsgroschen, der dann in Achter- und Geisterbahn, Kettenkarussell und Autoskooter angelegt wurde.

Gestern hat Emily mit ihren Freundinnen einen Marktbummel gemacht, ausgestattet mit einem inflationsbereinigten Kramermarktsgroschen von 40 Euro, die Hälfte von mir, die Hälfte von ihrer Oma.

Und? Wie's gewesen sei.

»Total prollig. Abartig. Asig. Voll für die Doofen.« Das sei nicht ihre Welt. Ausgegeben habe sie lediglich fünf Euro, einmal irgendein Ride, dazu eine Portion gebackene Champignons.

Beim Ausflug ins Prollig-Populäre habe sie sich zudem einen zerstochenen Fahrradreifen eingehandelt, was mich nicht sonderlich wundert. Bei solchen sogenannten Volksfesten lassen destruktive, alkoholbenebelte Charaktere ja besonders gern und hemmungslos die Sau raus. Emilys Volksverachtung kann ich jedenfalls vollinhaltlich nachvollziehen. Als ich mir den Reifen ansehe, stellt sich allerdings heraus, daß er nicht zerstochen, sondern mit einigen spitzen Dornen gespickt ist. Sollte Emily womöglich durch ein Rosenbeet geradelt sein? Die eingesparten 35 Euro kann sie als Schmerzensgeld verbuchen. Oder damit ihr Fahrrad reparieren lassen.

Sonntägliche Telefonorgie mit Marlene, inzwischen wohnhaft in Chicago, Illinois. Nachdem Jamie und Emily ausführlich mit ihr geplauscht haben, wird das heißgelaufene Telefon an mich durchgereicht. Ich weiß nicht recht, was ich fragen oder sagen soll, und auch Marlene klingt etwas unverbindlich, gebremst. Vielleicht ist zwischen ihr und ihrer Mutter und Schwester auch schon alles gesagt, was irgend relevant und mitteilenswert ist. So floskeln wir nur freundlich dahin.

»Sie war so, wie soll ich sagen? So zurückhaltend irgendwie«, sage ich, nachdem das Gespräch schließlich beendet ist.

»Ja klar«, sagt Jamie.

»Wieso klar?«

»Das konnte man doch geradezu hören, daß sie nicht allein war. Ihr Jamie war wohl im selben Raum.«

Ach so ist das. Schwiegersohn hört mit. Na dann.

## Montag, 4. Oktober

Das Feuilleton der *Frankfurter Allgemeinen Sonntagszeitung* von gestern kommt mit einem »Literatur Spezial« zur Buchmesse daher – Thema: Familie. Im Editorial von Volker Weidermann finden sich ein paar denkwürdige Sätze: Gebeten habe man Autoren um Familiengeschichten, »um Erzählungen aus der Welt ihrer Herkunft. Aus ihrer gegenwärtigen Familienwelt. Es ist auffällig, wie wenige der Geschichten eigene, selbstgegründete Familien mit eigenen Kindern beschreiben.« Nämlich, bei genauerem Hinsehen, keine! »Familie ist Vergangenheit, Familie sind Großeltern, Eltern, manchmal die Schwester, mal der Cousin. Ein bekannter deutscher Schriftsteller, den wir um einen Beitrag für diese Ausgabe baten, sagte mit den Worten ab, er könne gerade nichts schreiben. Seine Frau bekomme ein Kind. Auf unsere zweite Bitte hin, da sei er ja also genau unser Mann und sein Live-Bericht als kommender Vater sei das preisenswerte Einzelstück unserer Ausgabe, reagierte er kühl: ›Da bin ich vollkommen uninspiriert. Jedenfalls im Literarischen.‹ Also bleibt es bei den meisten Texten dabei. Familie ist der Sehnsuchts- und Schreckensort in der Vergangenheit. (…) Warum? Warum fehlt überall das eigene Kind? (…) ›Ich dachte, es kommt nichts mehr‹, hatte Hanno, der letzte Buddenbrook, gesagt, als er im Familienbuch unter seinem Namen einen dicken Strich gezogen hatte. Viele haben diesen Strich gezogen.«

Ich nicht. Dies Journal ist das Gegenteil des Schlußstrichs. Aber mich fragt ja mal wieder keiner. Weidermanns Frage, warum bei Literaturmenschen »überall das eigene Kind« fehle, ist entweder die Frage eines komplett Ahnungslosen – allein schon bei Autorinnen und Autoren, mit denen ich persönlich bekannt oder befreundet bin, gibt's eigene Kinder satt: Dagmar Leupold, Hanns-Josef Ortheil, Liane Dirks, Burkhard Spinnen, F. C. Delius –, oder es ist eine rhetorische Frage, die sich einfach passend zimmert, was nicht paßt. Wenn man die falschen Leute fragt, muß man sich über entsprechende Antworten nicht wundern. Gott, ja, so sind sie halt, die Redakteure. Ob der Herr Weidermann wohl eigene Kinder hat? Im November treffe ich ihn auf einer gemeinsamen Veranstaltung. Da dann aber mal nachhaken.

Den Film *Das Mädchen mit dem Perlenohrring* habe ich bereits einmal gesehen, vor sieben Wochen, auf dem Rückflug von Middlebury, und war sehr beeindruckt. Auf dem winzigen Monitor mit seinen Farbverzerrungen war nur zu ahnen, daß es sich um eine optische Orgie handeln muß. Also gehe ich nun mit Jamie und Emily ins Kino, um mir die Sache »richtig« anzusehen und meiner Faszination auf den Grund zu kommen.

Daß ich mir ausgerechnet *den* Film angesehen habe, sagt Emily hinterher, und gleich zweimal, und daß er mir auch noch gefallen habe – das wundere sie aber sehr: Das sei doch »total der Frauenfilm« und also gar nicht so recht mein Genre.

»Er hat mir aus drei Gründen gefallen«, sage ich. »Erstens der Bilder wegen. Deswegen geht man doch schließlich ins Kino. Zweitens, weil mich die Erzählhaltung interessiert hat, der Versuch, das Geheimnis eines Kunstwerks zu verstehen, indem man die Geschichte erzählt, die dahinter steht oder dahinter gestanden haben könnte. Und drittens ist es ein Film über ein Problem oder jedenfalls eine Frage, mit der auch ich als Schriftsteller konfrontiert bin: Wie sublimiert sich erotisches, sexuelles Begehren zu Kunstwerken? Verstehst du, was ich meine?«

»Total«, sagt Emily lächelnd.

Was wiederum mich wundert.

## Dienstag, 5. Oktober

Heute wäre mein Vater 85 geworden. Kann mich kaum entsinnen, wie er seine Geburtstage beging. Unfeierlich, ausweichend, sachlich, unsentimental, selbstironisch. Als ich ihn seinerzeit fragte, ob er zu seinem 60. Geburtstag irgendeinen besonderen Wunsch hätte, schrieb er mir: Eine Aster. Ich hatte das erst falsch gelesen, nämlich als »ein Alster«, was seinem Sinn für Humor auch viel eher entsprochen hätte, als sich eine Herbstblume zu wünschen. Da werde ich ihm heute also eine Aster aufs Grab legen und ein Alster auf sein Wohl trinken. Oder lieber ein Bier. Alster mochte er überhaupt nicht.

Die Lokalzeitung berichtet über eine Aufführung der Theatergruppe der Waldorfschule. »Ach du Scheiße«, sagt Emily schaudernd.

»Wieso Scheiße?«

»Das ist mein Jahrgang. Wenn ich damals nicht die Schule gewechselt hätte, würd ich da jetzt mitmachen.«

»Ja und? Du spielst an deiner Schule doch auch Theater.«

»Ja, aber die müssen *Der gute Mensch von Sezuan* spielen. Das ätzt doch total.«

Im Fernsehen ein Interview mit Edgar Reitz zur dritten Staffel seines Mammutprojekts und Lebenswerks *Heimat*. Familie, sagt er, sei ein sozialer Zusammenhang, der auf der ganzen Welt, in allen Kulturen, prägend sei und also überall auf Resonanz stoße. Neurosenküche hin, Familienzerfall her: Zur Familie als Zentrum des Humanen gebe es keine Alternative.

Ganz recht.

## Mittwoch, 6. Oktober

Allerlei öffentliche Auf- und Abregung über den zukünftigen Beitritt der Türkei zur EU, beispielsweise ein TV-Interview mit einer, laut eingeblendeter Unterzeile, »türkischen Frauenrechtlerin«, die ebenso flammende wie rhetorisch vorgestanzte Appelle vorträgt, den türkischen Frauen nun endlich die ihnen bislang vorenthaltenen Rechte einzuräumen. Grell bis zur Geschmacklosigkeit geschminkt, als sei sie in einen Tuschkasten gefallen, die Haare zu einem abenteuerlichen Friseurkunstwerk onduliert und den wogenden Oberkörper in ein tief dekolletiertes Bustier mit Spaghettiträgern gezwängt, wirkt die frauenbewegte Dame, als sei sie auf dem Weg in eine Casting-Show für Softpornos. Emilys Kommentar: »Die meint es aber wirklich ernst mit den Frauenrechten.«

Neues aus den Klassenzimmern oder Fragen der Zeit:
Schüler: »Wann kriegen wir die Klausuren zurück?«
Lehrerin: »Nach den Herbstferien.«
Schüler: »Dieses oder nächstes Jahr?«

## Donnerstag, 7. Oktober

»Wenn von einer frühen Vergangenheit nichts existiert nach dem Ableben der Personen, dem Untergang der Dinge, so werden allein, zerbrechlicher, aber lebendiger, immateriell und doch haltbar, beständig und treu Geruch und Geschmack noch lange wie herumirrende Seelen ihr Leben weiterführen, sich erinnern, warten, hoffen, auf den Trümmern alles übrigen und in einem beinahe unwirklich winzigen Tröpfchen das unermeßliche Gebäude der Erinnerung unfehlbar in sich tragen.«

Marcel Proust, natürlich. Speicher der unwillkürlichen Erinnerung sind bei ihm neben Geschmack und Geruch auch noch eine Art Gedächtnis der Gliedmaßen (vergleichbar der »Muskelseele« Gottfried Benns). Auf das Proust-Zitat stoße ich in Douwe Draaismas aufschlußreichem Buch *Warum das Leben schneller vergeht, wenn man älter wird. Von den Rätseln unserer Erinnerung*. Draaisma bezweifelt zwar, daß nur Gerüche intensivere und ältere Erinnerungen hervorrufen als andere sinnliche Reize, doch fällt in seiner Darstellung die Musik als Erinnerungsträger und -hilfe völlig aus (abgesehen von den Sonderfällen musikalischer Genies mit absolutem Gehör). Und auch bei Proust, dessen Werk ja nicht nur auf die Erinnerung selbst aus ist, sondern unablässig das Zustandekommen der Erinnerung, den Prozeß des Erinnerns unter bestimmten Bedingungen und Reizen umkreist, spielt die Musik kaum eine Rolle.

Warum das so ist, weiß ich nicht. Ich weiß nur, daß meine Erinnerungen durch Musik mindestens so stark, wenn nicht stärker, angeregt werden als durch Gerüche, obwohl meine Kindheit fast gar keine musikalische Prägung erfahren hat. In meinem ziemlich unmusikalischen Elternhaus wurde zwar viel Radio gehört – gelauscht aber wurde den Worten, von Musik bestenfalls gerahmt. Vielleicht war es gerade die Abwesenheit von Musik, die mich aufhorchen ließ, wenn in dieser Leere doch einmal etwas erklang oder in sie hineindrang, das Klagen der Drehorgeln etwa, die in den fünfziger Jahren noch durch unsere Straßen schoben. Manchmal sang und summte meine Mutter, wenn sie nähte oder stopfte, Volkslieder vor sich hin, und ton-, takt- und textunsicherer, familiärer Chorgesang wurde im Advent und zu Weihnachten angestimmt, eine zwanghafte, verordnete Traditionspflege: »Das gehört nun mal dazu« wie Lametta und Spekulatius. In der Volksschule bekam ich Blockflötenunterricht, der wohl auch irgendwie dazugehörte, und als ich aufs Gymnasium kam, Gitarrenunterricht, dem etwas Unseriöses, allzu Populäres anhaftete und mir anfangs zur Qual wurde.

Daß die Gitarre dann doch noch meine erste Freundin wurde, daß Musik fortan die Zäsuren meines Lebens begleitete und zur Armatur meiner Erinnerung wurde, hängt mit dem zusammen, was in den sechziger Jahren auf dem Höhepunkt meiner Pubertät wie ein Naturereignis ins Zimmer meiner Kindheit brach und meine Kindheit zugleich enden ließ. Meine erste Langspielplatte. *A Hard Day's Night*. Beatles. Ich hatte sie mir zu meinem dreizehnten Geburtstag gewünscht und bekam sie tatsächlich von meinen Eltern geschenkt. Das war nicht selbstverständlich, weil Eltern für diese Musik bestenfalls ein verständnislos-mitleidiges Kopfschütteln übrig hatten. Und dann erst die Haare dieser Typen! Vorn in die Stirn gekämmt, und hinten berührten sie fast den Hemdkragen. Im Muff der frühen sechziger Jahre galt ihr adrettes Aussehen als skandalös und ungepflegt. Und ungepflegt und zügellos, aufsässig und provokativ wirkte die Musik. Lehrer und Priester sahen den Untergang des Abendlands heraufdämmern. Die Russen waren als Bedrohung schlimm, die Kuba-Krise war eben erst überwunden, aber als Verführer der sauberen deutschen Jugend waren die Beatles eine Katastrophe, langhaarige Sowjets mit Elektrogitarren sozusagen. Als dann aber ein paar Jahre später noch viel langhaarigere Gestalten mit noch viel ungehobelterer Musik Erfolg hatten, schlossen sogar manche Eltern, Lehrer und Priester ihren Frieden mit den Beatles. Den Segen dazu hatte ihnen der seriöse Leonard Bernstein gegeben, als er behauptete, die Musik der Beatles könne sich mit der Schuberts messen. In den Augen bzw. Ohren meiner Generation konnte Schubert sich allerdings nicht mit den Beatles messen. Mein Englischlehrer ließ sich dazu herab, eine kostbare Schulstunde der Übersetzung der Texte des *Sergeant Pepper*-Albums zu opfern, und der sich für progressiv haltende Kaplan unserer Kirchengemeinde, der uns sonst Jesus als eine Art Kumpel für alles anzudienen versuchte, stellte eine seiner Predigten unter das Motto des Beatles-Songs *Got to get you into my life*, womit er natürlich Jesus meinte. Wir feixten und grinsten und hatten längst gewonnen, weil der Englischlehrer nicht ahnte, daß sich in *Lucy in the Sky with Diamonds* die Anfangsbuchstaben von LSD verbargen; und auf den Weg zum alleinseligmachenden Duz-Freund Jesus brachte uns der Kaplan mit seinem Beatles-Zitat schon gar nicht mehr, weil wir, beflügelt von dieser Musik, an uns selbst zu glauben begannen und fest davon überzeugt waren, alles anders und besser zu machen als unsere Eltern. Von dieser Musik war mein Lebensgefühl so durchtränkt wie in meinen Schulheften das Löschpapier mit Tinte.

Und begonnen hatte alles mit *A Hard Day's Night*. Mein Plattenspieler war ein tragbares Koffergerät mit aufmontierbarem Zehnplattenwechsler für Singles; den Deckel, in den der Lautsprecher eingebaut war, mußte man abnehmen, und an den hinteren Ausgängen gab es die Möglichkeit, durch Anschluß eines zweiten Lautsprechers den ebenso geheimnisvollen wie revolutionären Stereo-Effekt zu erzielen. Nach mehreren Fehlschlägen gelang es mir schließlich, den Lautsprecher eines ausgedienten Radios, das ich auf unserem Dachboden gefunden hatte, an diesen Ausgang anzuschließen. Ich legte die Platte auf den Teller, wie ein Juwelier ein Diadem auf Samt bettet. Der Tonarm ruckte und zuckte schwerfällig auf die Anfangsrille, leichtes Knistern, und dann, tatsächlich, unglaublich, der offene und alles öffnende Akkord: Das war nicht nur der Soundtrack des Beatles-Films, das war der Soundtrack der ganzen Welt. Und die Welt wartete auf mich.

Oder, paar Jahre später, das *White Album*! Ich lag längst im Bett, es war spät, kurz vor Mitternacht wohl, und am nächsten Morgen mußte ich wieder zur Schule. Ich wollte gerade das Radio abstellen, als der BFBS-Sprecher verkündete, morgen werde die neue Platte der Beatles auf den Markt kommen, weltweit, und man werde in etwa einer halben Stunde das gesamte Album ohne Pause abspielen. Diese halbe Stunde verbrachte ich in so nervöser Erwartung, wahrscheinlich sogar mit leichtem Fieber, wie sonst nur als Kind die letzten, endlosen Stunden am Weihnachtsabend vor der Bescherung. Und endlich kam die Musik, einsetzend mit dem Flugzeuglärm von *Back in the USSR*, den ich erst für eine Frequenzschwäche des Senders hielt, ein Rauschen aus weiter Ferne, das mich sofort in seinen Sog zog und mitnahm auf eine nächtliche Reise durchs Wunderland der Töne und Klänge, die mir galten, mich betrafen, in denen alles ausgesprochen war, was ich nie selbst hätte formulieren können. Ja, das war meine Musik, ein Teil von mir. Sie gehörte zu meinem Leben wie Essen und Trinken, wie Atmen und Schlaf. Diese Musik war meine erste Liebe.

Warum ich das alles erzähle? Was das mit meiner Rolle und Funktion als Vater zu tun hat? Marlene hat mich ja gebeten, ihr eine CD mit *meiner* Lieblingsmusik zu brennen. Und da diese Musik auch Jamies Lieblingsmusik ist, hat sie die Kindheit unserer Töchter mitgeprägt. Beispielsweise hatte Marlene als Baby eine unruhige Phase, in der sie viel weinte und nur schwer in den Schlaf zu bringen war. Durch Zufall machte Jamie die Entdeckung, daß Marlene augenblicklich beruhigt war, wenn Bruce Springsteens *Born to Run* lief – ich meine, ausgerechnet *Born to Run*! Und so fetzte also *Born to Run* als Wiegenlied der ungewöhnlichen Art durch unsere Hamburger Wohnung. Marlene schlief dabei unweigerlich ein, die Nachbarn unter uns wohl nicht. Den Nachbarn über uns mit ihren zwei Schrei- und Gedeihkindern habe ich den Tip bislang vorenthalten.

## Freitag, 8. Oktober

Mit dem Fieberthermometer im Mund sitzt Emily abends am Küchentisch. Ob sie sich krank fühle? Sie zuckt mit den Schultern. Solange sie das Fieberthermometer im Mund hat, kann sie nicht sprechen. Dann piepst das Thermometer. Emily hält die Skala gegens Licht. »37.1«, sagt sie.

»Erhöhte Temperatur«, sage ich, »hat man abends öfter.«

Sie sieht mich an, als *wolle* sie krank sein. Zwei ihrer Freundinnen, sagt sie, habe es auch erwischt.

»Ja«, sage ich, »das ist jetzt die Übergangszeit, in der man sich leicht erkältet. Entweder zieht man sich zu warm an. Oder nicht warm genug. Und schon hat man 'nen Schnupfen.«

Sie nickt, von der Erklärung sichtlich nicht überzeugt.

Eine Stunde später hat sie ein weiteres Mal gemessen. »Jetzt hab ich nur noch 35.8«, sagt sie schaudernd.

»Das ist ja schon Untertemperatur«, sage ich.

Sie nickt leidend, geht in ihr Zimmer, hängt sich ans Telefon, erscheint wieder im Wohnzimmer, legt sich auf die Couch, zieht sich eine Wolldecke bis zum Hals. Ihre Verabredung für heute abend habe sie abgesagt.

Sollte sie wirklich etwas ausbrüten? Ausgerechnet jetzt, da die Herbstferien begonnen haben? Ausgerechnet jetzt, da Jamie und ich übermorgen für eine Woche nach Ibiza fahren wollen? Könnte es womöglich *das* sein? Macht sie die Aussicht krank, eine Woche allein zu Haus zu sein? Wer bleibt schon gern allein?

»Wenn sie wirklich krank wird«, sage ich zu Jamie, als wir im Bett liegen, »fahre ich nicht mit«, und weiß, daß Jamie das gleiche denkt. Wenn Emily krank wird, wird sie bleiben wollen. Wir blieben wohl beide.

Denglish: Die armen Sauger.

## Samstag, 9. Oktober

Oder auch dies unvergeßliche Sonntagsfrühstück. Anfang der neunziger Jahre muß das gewesen sein.

»Hör mal«, hörte ich damals Jamies Stimme aus den Untiefen des Feuilletons aufsteigen, während ich im Sportteil die Bundesliga-Tabelle studierte, die Mädchen darüber verhandelten, wer die Ober- und wer die Unterseite des letzten Mohnbrötchens bekäme und Discohiphoptechnorap-Stumpfsinn aus dem Radio schollerte, »die Beatles wollen gemeinsam eine Platte aufnehmen.«

»Ja, ja, das steht alle Jahre wieder in der Zeitung«, sagte ich.

»Wer sind denn die Beatles?« erkundigte sich Marlene.

»Ach«, sagte ich, »das war so 'ne Rockgruppe, also Rock vielleicht weniger, haben halt tolle Musik gemacht.«

»Sie wollen sogar wieder zusammen auftreten«, informierte Jamie.

»Um Gottes Willen. Das war doch ein grauenhaftes Geholze damals. Und das Kreischen der Fans. Man hat ja gar nichts verstanden.«

»Du redest so, wie meine Eltern damals geredet haben.«

»Ach was, ich mein das rein musikalisch. Und Lennon wäre ja sowieso nicht mehr dabei.«

»Wer ist denn Lennen?« fragte Emily.

»John Lennon«, sagte Jamie, »war einer von den Beatles. Aber der ist schon tot.«

»So tot wie Frau Müller?«

»Genau so«, sagte ich und dachte an den Tag, als ich die Nachricht im Radio gehört hatte.

»War der denn auch so alt wie Frau Müller?« hakte Marlene nach.

»Das nicht, nein. Er ist nur ...«

»Die Söhne«, zitierte Jamie weiter die dpa-Meldung, »da sollen dann die beiden Söhne mitmachen. Julian und Sean.«

»Bloß das nicht.«

»Wieso nicht? Der Julian klingt doch fast wie sein Vater.«

»Fast, ja«, ätzte ich und klappte den Sportteil zu. »Ha, dieser Hänfling. Der Beckenbauer hat auch einen Sohn. Der spielt so Fußball, wie Julian Lennon singt. Dann dürfen wahrscheinlich

Ringos Kinder auch mitmachen. Und McCartneys Gören spielen Triangel. Und Linda, dieser Drahtbesen, rasselt mit dem Tambourin. Hat Harrison eigentlich auch Kinder?«

»Weiß ich doch nicht.«

»Ich denk, George war deine große Liebe!«

»Ach ja«, seufzte Jamie, »George ...«

»Papa«, erkundigte sich Emily, »wer ist denn George?«

»George«, sagte ich, »ist ein sehr guter Gitarrenspieler mit Segelohren.«

»Also«, sagte Jamie, »ich find das richtig gut, wenn die Kinder mitmachen. Ich glaub, Ringo geht auch mit seinen Kindern auf Tournee. Das entspricht eben der Situation, in der die Leute heute sind. Wir sind ja auch nicht jünger geworden.«

*In a couple of years they have built a home sweet home,* dachte ich, *with a couple of kids running in the yard ...*

»Find ich echt cool, daß die Kinder mitmachen dürfen«, sagte Marlene.

»Ja, geil«, sagte Emily.

Cool? Marlene war in der dritten Klasse. Geil? Emily in der ersten. »Wo habt ihr das denn her?«

»Och, das sagt man heute so«, sagte Emily.

»Mama«, sagte Marlene, »spiel doch mal 'ne Beatles-Platte.«

Jamie ging zum Plattenspieler, legte eine Platte auf und setzte sich wieder an den Frühstückstisch.

»Ich hör nichts«, sagte Emily.

»Du mußt den Schalter von AUX auf PHONO stellen«, erklärte ich, und schon ...

*Ask a girl* knister *what she wanted to* rausch *be*
*she said* knack *baby, can't you see* knaster
*I wanna be* spotz *famous, a star of the* knister *screen*
*but you can* schleif *do something in* knister *between ...*

»Was ist denn AUX?« forschte Marlene.

»AUX ist der Eingang für CDs.«

»Und warum sind die Beatles nicht auf Zehdehs?«

»Weil das unsere alten Schallplatten sind. Damals gab's noch gar keine CDs.«

... *beep beep, yeah* knack.

»Sind das die Kinder von den Beatles?« fragte Emily. »Die da biebie-jä singen?«

»Nein, das sind die Beatles«, sagte Jamie.

»Klingt aber wie Kinder«, sagte Marlene. »Können wir jetzt auch mal eine von unseren Kassetten auflegen? *Anne Kaffeekanne* oder ...«

»Nein«, sagte ich. »Jetzt wollen Mama und ich mal die Beatles hören.«

»Ich find die Beatles aber doof«, sagte Emily.

»Total bescheuert«, bestätigte Marlene apodiktisch.

»Das versteht ihr noch nicht«, sagte ich. »Wenn ihr erst mal so alt seid wie wir, werdet ihr die Beatles mögen.«

»Findet Oma die denn auch gut?«

»Nein, natürlich nicht.«

»Warum nicht?«

»Sie ist zu alt für solche Musik.«

»Aber du hast doch eben gesagt, daß man alt werden muß, um die Beatles zu mögen.«

»Ja, schon. Aber so alt auch wieder nicht.«

»Versteh ich nicht«, sagte Emily.

»Ich auch nicht«, sagte Marlene.

»Ruhe«, sagte ich, »jetzt kommt *Norwegian Wood.*«

So. Und jetzt brenn ich endlich eine CD für Marlene und schick sie ihr nach Chicago.

## Sonntag, 10. Oktober (Ibiza)

Auf Einladung von Freunden hin, die in der Nähe von Sant Josep auf Ibiza ein Haus haben, reisen wir auf die Balearen. Direktflüge waren ausgebucht, so daß wir in Palma zwischenlanden müssen. Vermutlich bin ich der einzige Deutsche, der noch nie auf Mallorca war, und während des zweistündigen Aufenthalts habe ich auch nicht den Eindruck, bislang viel versäumt zu haben. Auf dem wimmelnden Flughafen viele Familien mit Kindern in allen Stadien: Säuglinge in Tragetüchern und Taschen, Kleinkinder in Buggies, weinende Kinder, lachende Kinder, genervte Eltern, gelassene Eltern.

Als Marlene ein Jahr alt war und Jamie schwanger mit Emily, sind wir in die USA geflogen. Auf dem Londoner Flughafen Heathrow strandeten wir wegen eines Fluglotsenstreiks acht Stunden lang in einem hoffnungslos überfüllten, heißen Warteraum. Als wir endlich im Flieger nach New York saßen, fütterte Jamie Marlene mit Joghurt, legte sie sich dann auf die Schulter und klopfte ihr sanft auf den Rücken, aber das Verdauungsbäuerchen, das damit hervorgelockt werden sollte, geriet zu einem ausgewachsenen Bauern, den Marlene einem hinter uns sitzenden Mann auf den Anzug kotzte. Der war, wer wollte es ihm verdenken, nicht amüsiert, beschwerte sich angeekelt und lautstark bei der Stewardeß, schlug allerdings mein Angebot aus, die Kosten für die Reinigung seines Anzugs zu übernehmen. Auch das Angebot der Stewardeß, einen anderen Platz in sicherer Entfernung von Kindern einzunehmen, lehnte er ab. Vielleicht gefiel es ihm, unter Kindern leiden zu müssen. Im Rückblick klingt's mäßig lustig; damals war's peinlich und stressig. Bin froh, heute kinderlos reisen zu können.

Wegen einer Verspätung des Anschlußflugs nach Ibiza versuchen wir, unsere Gastgeber per Handy zu erreichen, verheddern uns dabei aber ein weiteres Mal in unserer Handyignoranz.

»Ich frag mal die beiden Mädchen da«, sagt Jamie.

»Was willst du die denn fragen?«

»Wie unser Handy funktioniert.«

»Woher sollen die das wissen?«

»Die sind doch in Emilys Alter. Die wissen das einfach.«

»Kommt nicht in Frage. Das kann ich schon selber.«

Tatsächlich tippe ich mir schließlich im Trial-and-Error-Verfahren die gewünschte Nummer irgendwie zusammen. Na bitte.

Und jetzt also Ibiza.

## Montag, 11. Oktober (Ibiza)

Von einer der Buchten aus unternehmen wir eine Wanderung ins Inselinnere, durch die dicht mit Pinien bewachsenen Bergketten zu einer einsam gelegenen Finca, die Freunden unserer Gastgeber gehört. Obwohl man in dieser grünen Abgeschiedenheit bald das Meer nicht mehr sieht, bleibt das Gefühl, auf einer Insel zu sein, ständig erhalten; umschlossen von Wasser erinnern Inseln an früheste menschliche Erfahrungen, rühren an Empfindungen des Unberührten. Der Charme, meinetwegen auch Zauber, von Inseln hat vordergründig mit der beruhigenden Wirkung des Winds und der Wellen zu tun, mit dem Aroma des Strandes, den Wirkungen des Lichts und der Seeluft. Den Inselzauber provozieren auch Phantasien von Weltflucht, von Sinnlichkeit und Romantik, versprechen Konzentration aufs Wesentliche, weil sie Überschaubarkeit in der Unüberschaubarkeit unseres Lebens anzubieten scheinen.

»Die Insel wiederholt eine Phantasie menschlicher Anfänge. Der Fötus – Burg des Ich und Verlies der Seele – ist in den ersten neun Lebensmonaten praktisch eine Insel, gänzlich umschlossen vom Fruchtwassergraben und nur über eine Nabelschnur mit dem Festland verbunden. Wenig später wird der Laufstall eine Insel, wahrscheinlich die wunderbarste überhaupt. Der Säugling beherrscht nicht nur jeden Quadratzentimeter darin, er beherrscht die Welt, die seine eigenen absoluten Grenzen souverän abstecken und so entstehen lassen: seine Küsten, seine Schwelle; und so, weitergedacht, seinen Ozean, seine Kontinente, seine Welt.« (James Hamilton-Paterson: *Seestücke*)

Erinnerungen an Erfahrungen im Laufstall habe ich nicht; mein Bruder hat mal behauptet, welche zu haben, und es seien keineswegs freundliche Erinnerungen à la souveräner Beherrschung einer kleinen Welt, sondern Gefühle des Weggesperrtseins aus der Erwachsenenwelt, des Ausschlusses und der Verlassenheit. Es gibt auch einen Cartoon, auf dem ein Kleinkind seinen Kopf durch die Gitterstäbe preßt und brüllt: Ich will meinen Anwalt sprechen!

Für Marlene und Emily hatten wir keinen Laufstall. Wir wären nie auf die Idee gekommen. Es gab jedoch ein Gitterbett, das erst Marlene, später Emily »bewohnte«. Allerdings hatten wir Stäbe herausgenommen, so daß die Kinder, wenn sie wollten, jederzeit herauskrabbeln konnten, was Marlene auch häufig tat. Emily aber fühlte sich in diesem Gitterbett ungewöhnlich wohl, saß da vergnügt und mit sich selbst zufrieden, umgeben von Kuscheltieren und Spielzeug, einen Schnuller im Mund, zwei weitere in je einer Hand und »beherrschte die Welt«.

## Dienstag, 12. Oktober (Ibiza)

Gestern, auf dem Rückweg von der Finca, hat mich dann wohl noch ein Inselzauber der unangenehmeren Art erwischt – abwechselnde Hitze- und Kälteschauer und mengenweise Rotz aus der Nase. Dachte erst an eine allergische Reaktion, aber heute erwache ich mit Fieber, Glieder- und Augenschmerzen: Grippe. Wenn unsereiner schon mal Urlaub macht …

Am Freitag war noch zu befürchten, daß Emily krank werden könnte. Ob sie mich angesteckt hat? Jamie ruft zu Hause an. Emily ist gesund und munter. Ich nicht. Ach, Ibiza.

## Mittwoch, 13. Oktober (Ibiza)

Erwischen sie einen im richtigen Moment, können Krankheiten erleichternd und klärend wirken. Diese Grippe erwischt mich aber im falschen Moment am völlig falschen Platze, deprimiert mich, färbt das Ambiente düster. Die ans Bauhaus erinnernde Klarheit, die das aus Glas und Beton konstruierte Haus ausstrahlt, verwandelt sich in die Kälte eines Hospitals, und der Swimming-pool, den ich vom Bett aus sehen kann, und der mich vorgestern noch an die Atmosphäre mancher Bilder David Hockneys erinnerte, wirkt jetzt steril und klinisch.

Gerate fiebernd in kindische Regression. Wenn Jamie ab und an vorbeischaut, mich mit Essen, Aspirin und frischen Papiertaschentüchern versorgt, wenn sie mich also umhegt und sozusagen bemuttert, kann ich aus meinem Zustand Honig saugen, fühle mich im Elend wohl. Wieder allein im Zimmer finde ich mich mit mir selbst in sehr schlechter Gesellschaft, der Gesellschaft eines Larmoyanten. Aus bizarren Phantasien unruhigen Halbschlafs taucht die Fratze meines Kindheitstraumas auf: alleingelassen zu sein, abgeschoben, ungewollt.

## Donnerstag, 14. Oktober (Ibiza)

Seit gestern mittag immerhin so weit genesen, daß ich zum Essen aufstehen und auch ohne Augenschmerzen lesen kann. Und so lese ich Sven Regeners *Neue Vahr Süd*. Als Kranker möchte man mit sich allein sein und sehnt sich zugleich ständig nach Fürsorge, weil man sich vor Einsamkeit fürchtet. Als Lesender ist man mit sich allein, aber nicht einsam. Die Grippe hat mich im falschen Moment erwischt, aber dies Buch ist für diesen falschen Moment die richtige Lektüre.

Erstaunlich, wie Regener es schafft, aus der scheinbaren Beiläufigkeit kolloquialer Quasselei nach und nach sehr lebendige, plastische Charaktere und eine immer dichter und konsequenter werdende Dramaturgie aufzubauen. Das erinnert manchmal fast schon an die aus Sprachmüll komponierten Wortopern von William Gaddis. Der kleinbürgerlich-proletarische Muff der Neuen Vahr, der K-Gruppen-Wahnsinn um 1980 und besonders die Beschreibung des Bundeswehrlebens sind und waren nie meine Welten, aber jetzt kenne ich sie dank dieses Romans. Frage mich, ob meine Töchter, die erklärte *Herr Lehmann*-Fans sind, damit etwas anfangen können. Muß denen doch fremder vorkommen als ein Reisebericht über Timbuktu aus dem 19. Jahrhundert.

Das Buch ist komisch und traurig zugleich. So ähnlich fühle ich mich auch. Vielen Dank, Herr Regener, für die wirksame Medizin.

»Die Poesie ist die Aussicht aus dem Krankenzimmer des Lebens.« (Jean Paul)

## Freitag, 15. Oktober (Ibiza)

Wieder auf den Beinen, wenn auch wackelig und immer noch stark verschnupft. Beteilige mich an einer Runde Doppelkopf, die wegen unterschiedlicher Regelauslegungen und allerlei Mißverständnissen nicht zur Entspannung beiträgt. Erinnere mich sehr schmerzlich an eine familiäre Doppelkopfrunde mit Jamie und den Mädchen, bei der ich Marlenes Unsicherheit während eines Spiels so brutal ausnutzte, daß sie zu weinen begann. Ich war völlig fassungslos und zwar über mich selbst. Welcher Teufel hatte mich da geritten? Habe ich mich dafür eigentlich je bei Marlene entschuldigt? Vor mir selbst ist das nie zu entschuldigen. Mir selbst gegenüber bin ich ewig nachtragend.

Jamie und ich leben seit 24 Jahren zusammen und sind seit 20 Jahren verheiratet, führen das, was man wohl eine glückliche und geglückte Ehe nennen darf. Im Lauf der Zeit hat es natürlich gelegentlich Verwerfungen, Konflikte, Mißverständnisse und Streit gegeben, und ein oder zwei Mal stand die Sache auch auf der Kippe zur Trennung. Wir haben uns aber immer wieder zusammengerauft, wobei auch die Kinder als Beziehungskitt gewirkt haben dürften, was uns aber vielleicht gar nicht immer bewußt war: Die bloße Vorstellung, sie einer geschiedenen Ehe auszusetzen, war (und ist) jedenfalls völlig unerträglich und verursacht fast physische Schmerzen. Ehen, hat Arthur Schnitzler bemerkt, sind irrationale Gleichungen: Die Gefühle ändern sich, die Verantwortungen und Verpflichtungen bleiben bestehen, ja, können sich steigern.

## Samstag, 16. Oktober (Ibiza)

Die Vorstellungen, die man sich von einer Insel macht, nehmen häufig »die infantile Eigenschaft absoluter Formbarkeit an, insofern sie für nahezu jeden Wunsch gleichzeitig stehen und als idealer Schauplatz für praktisch jede Phantasie herhalten kann. Denn Inseln sind auch sexuell aufgeladene Orte, weil sie das Flair haben, außerhalb des Gesetzes, exterritorial, außer Sicht- und Reichweite zu sein. (...) Die Insel ist somit der ideale territoriale Ausdruck des Ich.« (James Hamilton-Paterson: *Seestücke*)

Das wäre allerdings der Ausdruck eines monadischen Ichs, das außerhalb von sozialen Beziehungen steht, von Familie ganz zu schweigen. So ein Ich gibt es aber eben nur als Insel-Phantasie des Subjekts. Zwar tragen wir alle einen monadischen Kern in uns, der nicht kommunizierbar ist und den wir vielleicht selber kaum kennen, aber die Schichten, die um diesen Kern angelagert sind und das ausmachen, was man Persönlichkeit nennt, werden geprägt von unserem sozialen Umfeld und prägen sich in der Kommunikation mit anderen Menschen aus. Unser Ich ist insofern auch die Summe der Wahrnehmungen, die andere an uns machen. Als Vater kann ich mich beispielsweise nur verstehen, weil andere mich in dieser Funktion erfahren, wesentlich natürlich die eigenen Kinder, und deren Reaktion schafft an meinem Selbstbild mit.

Selbstbewußtsein ist ein Bewußtsein von den Bildern, die das Selbst in anderen auslöst. Niemand sieht so aus, wie er aussieht. Wir sehen so aus, wie wir gesehen werden, und sei es im Spiegel von uns selbst. Dies sogenannte Selbst ist auch nur ein Spiegel.

## Sonntag, 17. Oktober (Ibiza)

Rückflug. Bei der Zwischenlandung auf Mallorca drängeln und rempeln sich beim Aussteigen zwei kleine Jungs an mir vorbei. Ich drehe mich zu der Mutter um und mache eine giftige Bemerkung. Sie zuckt entschuldigend mit den Schultern: So sei das eben, wenn man mit Kindern reise.

Als ob ich das nicht wüßte. Als ob ich Riesenarschloch das nicht wüßte. Würde mich gern selbst ohrfeigen.

## Montag, 18. Oktober

Wieder zu Hause. Emily und Katze Woodstock haben tadellos die Stellung gehalten. Sogar die Küche ist blitzblank und aufgeräumt. Schnupfen, sagt Emily, habe sie auch keinen mehr. Ich aber immer noch.

Eine E-Mail von Marlene. »Gerade ist deine CD angekommen. Sie läuft im Hintergrund. Du hast eine super Auswahl getroffen. Jedes Lied erinnert mich an dich und ein Gespräch zwischen uns. Jedes Lied erzählt also eine kleine Geschichte. Das ist deine Musik, und sie ist so auch irgendwie zu meiner geworden. Jamie spielt oft *Me and Bobby McGee*, aber ich muß immer an dich denken dabei, weil wir das ja ein paar Mal zusammen gespielt haben. Wir hätten öfter spielen sollen, es hat immer Spaß gemacht.«

Ja, wir hätten öfter zusammen Gitarre spielen und singen sollen. Zu spät. Jetzt spielt und singt sie mit ihrem Jamie.

## Dienstag, 19. Oktober

Nach Lektüre meines Vermonter Journals *Zuckmayers Schatten* schreibt Hermann Kinder: »Einiges hat mir sehr zu denken gegeben, vor allem das Verhältnis von Fiktion und Autobiographie, die Du bei Zuckmayer gegeneinander hältst. Was Dich betrifft, kann ich nach *Zuckmayers Schatten* nur sagen: Ich weiß nicht, ob das generell so stimmt, daß es eine und welche Konkurrenz es bei Deinen Texten zwischen fiktionalen und offen-autobiographischen gibt, aber ich kann mir mit Furcht vorstellen, welch gänzlich anderes Wirklichkeitsergreifen Dein Vater-Buch hätte. Die Frage: Das zu schreiben oder nicht, finde ich nach *Zuckmayers Schatten* nicht leichter zu beantworten.«

Die Frage stellt sich nicht mehr. Woher aber und wieso »Furcht«? Weil die Selbstentblößung bis zur Peinlichkeit getrieben werden könnte? Weil der Verzicht auf Fiktion bestimmte Dinge unerzählt lassen muß, um Diskretion zu wahren? Weil dann also in der Prätention des Authentischen eine größere »Lüge« produziert wird als in den sinnstiftenden und illusionsfördernden Lügen der Fiktion?

## Mittwoch, 20. Oktober

Erste Erinnerungen sind häufig mit dem erwachenden Bewußtsein eigener Identität verknüpft. Für Nabokov war das erste Blitzlicht im Dunkel des Noch-Nicht-Bewußtseins die Entdeckung, daß er und seine Eltern jeweils ein Alter hatten: Diese Einsicht war für Nabokov mit dem inneren Wissen verbunden, »daß ich ich war und meine Eltern meine Eltern.« Bewußtsein entstünde demnach auch aus der Wahrnehmung interpersoneller Differenz.

In *Warum das Leben schneller vergeht, wenn man älter wird* zitiert Douwe Draaisma eine Passage aus Edith Whartons Autobiographie. Ihr Gedächtnis sei zugleich mit »der Geburt des bewußten und weiblichen Ichs« erwacht: »Das kleine Mädchen, das schließlich ich werden sollte, aber das damals weder Ich war noch jemand anderes im besonderen, sondern nur ein sanftes, namenloses Stück Menschheit – dieses kleine Mädchen, das meinen Namen trug, ging mit ihrem Vater spazieren.« Sie trägt eine Satinkappe mit Schleier. Während des Spaziergangs begegnet man einem Vetter des Vaters mit dessen Sohn. »Der kleine Junge, der ganz rund und rosig war, betrachtete sie mit gleichem Interesse; und plötzlich streckte er eine mollige Hand aus, hob den Schleier des kleinen Mädchens hoch und gab ihr einfach einen Kuß auf die Wange. Es war das erste Mal – und das kleine Mädchen fand es sehr angenehm.«

Lieblicher, so Draaisma, könne es nicht anfangen: »Ein Schleier, der sich hebt, wie eine Enthüllung, ein Gedächtnis, das wach*geküßt* wird.« Lieblich schon. Aber redet Edith Wharton hier wirklich nur vom Erwachen des Gedächtnisses? Ist es nicht vielmehr ein sexuelles Initiationserlebnis? Oder gibt es Bezüge zwischen der ersten Wahrnehmung des eigenen Ichs und dem Erwachen sexueller Empfänglichkeit?

### Donnerstag, 21. Oktober

Schreibe einen Katalogtext für Klaus Beilsteins Ausstellung von Porträtzeichnungen und erinnere mich daran, wie ich ihm vor einigen Jahren Modell gesessen habe: Das Atelier im Dachgeschoß des Hauses, Balkenwerk, weiße Wände, grauer Teppichboden. Die Wahrnehmung, von jemandem wahrgenommen zu werden, der mein Bild will. Geruch von Kreide, Öl und Terpentinersatz. Manchmal schimmerten bunte Schlieren der Eitelkeit. Arbeitstische, Layout-Schränke. Manchmal warf Peinlichkeit zähe Blasen. Ein Stuhl für mich. Bilder und Blicke. Prüfende Blicke. Ein Lichttisch und ein Optiskop. Papier raschelte. Der Stift strichelte. Das gezackte Profil einer Maske an der Wand. Was sieht der Porträtierende, was der Spiegel nicht sieht? Vielleicht ergibt sich mein Bild aus dem imaginären Schnittpunkt der Bilder, die je von mir gemacht wurden? Oder aus deren Summe? Finden diese Blicke etwas? Oder erfinden sie etwas? Erfinden sie etwa mich, wie ich mich dauernd erfinden muß?

Ein Porträt, das mich beim Schreiben zeigt und das Marlene von mir nach einem Foto gezeichnet hat, hängt über meinem Schreibtisch. Es zeigt mein Äußeres in einem Zustand, den ich nur als Inneres kenne. Als Siebenjährige, 1992 also, hat Marlene mit Buntstiften ein Bild gezeichnet, auf dem ich durch Abwesenheit glänze. Es zeigt Marlene selbst, Emily, Jamie und Kater Tigger unterm Kastanienbaum im Mollberger Garten. Ich war zu der Zeit als ›writer in residence‹ an der Keio-Universität in Tokio. Das Rührende an diesem Bild besteht darin, daß es mein Fehlen gemalt hat, wie aus dem Titel hervorgeht, den Marlene an den unteren Rand geschrieben hat. Das Bild heißt nämlich: *Papa ist in Tokio.*

Nach einem berühmten Wort ist das leibhaftige Gesicht die Landschaft der Seele. Das, was den Einzelnen unverwechselbar macht, wird in seinen Zügen sinnliches Ereignis. Aber die Einmaligkeit einer Individualität bildet auch den Punkt, an dem der Einzelne einsam bleibt, sich selbst nicht mehr mitteilen kann und auch durch andere nicht mehr mitteilbar ist: Weder Gesicht noch Seele – was immer das sei – sind aufgrund der Unvollkommenheit unserer Zeichensysteme angemessen darstellbar. Das ist die unüberwindliche Grenze, an die jeder Künstler stößt, der sich Gesichter – und sei es sein eigenes – zum Gegenstand wählt. Wenn aber diese Grenze zwischen Leben und Kunst, Seele und Abbild, im künstlerischen Prozeß nicht aufgehoben werden kann, bestünde die Funktion der Kunst darin, gewissermaßen den Grenzverlauf nachzuzeichnen. Denn nach Paul Valerys subtiler Bestimmung fordert die Kunst ja nicht die Nachahmung äußerer, »objektiver« Wirklichkeiten, sondern die servile Nachahmung dessen, was in den Dingen und Menschen undefinierbar ist, radikal individuell, und sich somit unmittelbar mimetischer Darstellung entzieht.

Das Gesicht ist vielleicht, mehr noch als Landschaft, *Zustand* der Seele, aber eben immer auch Seelenzustand des Porträtierenden, nicht nur des Porträtierten, ein Zustand des Künstlers also in Konjunktion mit seinem Gegenstand. Deshalb stellt sich der porträtierende Künstler, sobald er die physiologischen Einzelheiten, das kahle, steckbriefähnliche Abbild verläßt, ebenso selbst dar wie die porträtierte Person. Was im fremden Gesicht den Porträtierenden sichtbar macht, ist ein unentwirrbares Bündel aus

Projektionen, Haltungen, Normen und Vorstellungen, die sich im Gesicht des Fremden wiederfinden. Das Paradox des Porträts, daß es immer wieder unternommen wird, obwohl es im emphatischen Sinn unmöglich ist, löst sich so auf: Das körperlich Konkrete, die Physiognomie des abgebildeten Gesichts verbindet sich mit dem künstlerisch Allgemeinen des Darstellenden: Jedes Porträt ist auch ein Selbstporträt.

## Freitag, 22. Oktober

Weiter am Katalogtext. In Beilsteins Atelier gibt es zwei Vitrinen mit Zinnsoldaten in Reih und Glied. Früher, erzählte er mir, während er zeichnete, habe er die Figuren noch selber angemalt. Wann war das: früher? Als Kind? Ich habe leider nicht nachgefragt. Vielleicht besteht der stärkste Impuls künstlerischer Arbeit darin, eine bestimmte Kindheitserfahrung, die sonst bestenfalls als sentimentaler Erinnerungsnebel bestehen bleibt, im Erwachsenen krisensicher zu verankern: die Selbstvergessenheit im Spiel.

»Wenn man ganz beim Zeichnen ist, ist man ganz woanders«, sagte Beilstein damals ohne aufzublicken. Dies Anderswo ist aber nichts anderes als die fremde Landschaft des eigenen Ichs. Das Zeichnen ist die Exploration dieser Landschaft, die fertige Zeichnung ihre Geographie. Denn ein fertiges Blatt zeigt immer die Vergangenheit, die des Modells wie die des Künstlers. Daher auch das mir so vertraute Gefühl, am Ende eines Textes eigentlich noch einmal von vorne beginnen zu müssen, weil ich längst nicht mehr der bin, der ich war, als ich den Text zu schreiben begann. Das Werk wird nie ganz.

## Samstag, 23. Oktober

In *Das Sanduhrbuch* wirft Ernst Jünger die Frage auf, ob es dem Alternden ein tröstlicher Gedanke sein kann, daß die Zeit zwar verrinnt, aber nicht eigentlich aufhört. Was aus dem oberen Teil der Sanduhr durch die Taille läuft, häuft sich unten zu neuem Vorrat an. Jedes Umdrehen der Uhr macht Zeit mit einem Handgriff wieder verfügbar. Und dennoch verrinnt die Zeit immer schneller, weil die Sandkörner sich gegenseitig glatt scheuern und die Taille ausschleifen, bis schließlich der Sand fast ohne Reibungsverlust wassergleich ins untere Glas fließt. Je älter eine Sanduhr, desto schneller läuft sie, desto kürzer werden die Stunden, die sie zählt: »Auch dem Menschen fliegen ja in der Wiederholung die Jahre eiliger vorbei, bis endlich das Maß zerbricht. Auch er wird für die Eindrücke durchlässiger.«

Man könnte also metaphorisch von der Grobkörnigkeit der Kindheit sprechen und vom Feinschliff des Alters. Und der Griff zur Sanduhr, der für einen Augenblick die Zeit anhalten läßt, um sie wieder auf den Kopf zu stellen, hat Ähnlichkeiten mit dem Prozeß der Erinnerung, dem auch alles Schreiben anhängt. Literatur ist ein Protest gegen die Vergänglichkeit.

Neues aus den Klassenzimmern oder Das grammatische Catch 22:

Schüler: »Heißt es ›entweder oder‹ oder ›sowohl als auch‹?«
Lehrer: »Weder noch.«

## Sonntag, 24. Oktober

Bin heute nacht wieder in Middlebury, stehe im Fahrstuhl des ›Dorms‹ einer Studentin gegenüber, die Ähnlichkeit mit Emily hat. Vielleicht ist es sogar Emily? Aber so verliebt, wie sie mich anlächelt, so verliebt, wie ich sie ansehe, kann und darf es meine Tochter nicht sein. Die Fahrstuhltür öffnet sich zögernd auf meinem Flur. Ich will der Studentin den Vortritt lassen. Sie schüttelt aber den Kopf und sagt mit Tränen in den Augen, daß sie noch weiter müsse. Ich gehe allein durch den Flur in meine Suite, öffne die Zimmertür und finde mich plötzlich im Pariser Stadtviertel Le Marais wieder, wo ich vor elf Jahren als Stipendiat der *Cité Internationale des Arts* neun sehr einsame Monate verbracht habe. Ich schlendere durch die zwielichtigen, schmalen Gassen, die völlig menschenleer sind, vorbei an winzigen jüdischen Läden, versuche vergeblich, die Speisekarte eines Restaurants zu entziffern, bis ich merke, daß es hebräische Buchstaben sind. Der Place des Vosges ist so voller Menschen, als hätten sich alle Bewohner des Viertels hier versammelt; deshalb sind wohl die Straßen so verlassen. Auf einer Parkbank unter den Bäumen sitzen drei Frauen und winken mir zu. Erst im Näherkommen bemerke ich, daß es Jamie und meine Töchter sind, aber als ich mich zu ihnen setzen will, flattern sie als Tauben auf und davon, und die Parkbank steht nicht mehr auf dem Place des Vosges, sondern auf dem Village Green von Vergennes/Vermont, und auf ihr sitzt die Studentin aus dem Fahrstuhl, lächelt und fragt, ob ich mich nicht setzen wolle. »Aber nur einen Augenblick«, sage ich, setze mich zu ihr, und wir küssen uns. »Das geht leider nicht«, sage ich verwirrt und verliebt, »ich darf Sie nur im Geiste küssen, und ich dachte auch, daß Sie noch weiter müssen«. Und sie nickt lächelnd und weinend zugleich und verschwindet in der Menge. Unter den Arkaden am Rand des Platzes spielt eine Klezmerband traurige Musik, erregende Musik, daneben verkauft ein Künstler seine Bilder. Es sind aber keine Pariser Motive, sondern Bilder aus Manhattan, Mollberg und Middlebury. Auf einem dieser Bilder steht Marlene Arm in Arm mit ihrem Jamie. Ich frage die beiden, ob sie die Studentin gesehen hätten. »Professorengroupie«, sagt Marlene streng und abschätzig, »laß das sein, Papa.« Zu spät, denke ich, es ist schon passiert und wende mich wieder dem Künstler zu. Ein Bild zeigt ein vergittertes Tor in einer düster-klobigen Mauer. Es gefällt mir nicht, aber ich frage den Künstler dennoch nach dem Preis. »Das kann ich Ihnen nicht verkaufen«, sagt er achselzuckend, »das ist doch das wirkliche Leben.« Also kaufe ich ihm einen dieser Glückskekse ab, die es in chinesischen Restaurants manchmal nach dem Essen gibt, und breche ihn auseinander. Er enthält aber kein spruchweises Zettelchen, sondern ein grünes Buch mit dem Titel *Die Hochzeit der Bibliotheken*. Es ist eins der Bücher, die ich immer schreiben wollte und nie schrieb. Nun hat es jemand anderes geschrieben. Wie unter Zwang, wie unter einem Zauber gehe ich zurück in mein Hotel. Im engen, düsteren Fahrstuhl wartet die Studentin auf mich, sieht wieder aus wie Emily und ist es doch wieder nicht. »Da sind Sie ja endlich, Herr Professor Doktor«, sagt sie etwas spöttisch. »Haben Sie mein Buch bekommen?« Sie streicht sich mit einem Feuchtigkeitsstift über die Lippen, und wir küssen uns leidenschaftlich im Geiste, während der Fahrstuhl zu leiser Klezmermusik rüttelnd aufwärts schiebt, um nirgends anzukommen.

Daran gibt es nichts zu deuten.

## Montag, 25. Oktober

Im *Spiegel* ein Hinweis auf das Buch *Der Kuckucksfaktor*, herausgegeben von den Betreibern eines auf Vaterschaftstests spezialisierten Labors. Angeblich nennen in Deutschland zehn Prozent aller Kinder den falschen Mann Papa, und von den Männern, die Zweifel an ihrer Vaterschaft hegen und einen Test durchführen lassen, behält jeder vierte recht, gar nicht Erzeuger des vermeintlichen Nachwuchses zu sein. Daß es viele Seitensprungprodukte gibt, wäre der Rede nicht weiter wert; nachdenklich stimmt an diesen Zahlen aber, daß die Verschleierung der Vaterschaft durch die betreffende Frau offenbar auch häufig gelingen muß, was dann bedeutet, daß die Leiblichkeit eines Kindes herzlich wenig mit der Eltern-Kinder-Bindung zu tun hat. Was sich hinter diesen splitternackten Zahlen alles an Familiendramen, Erbstreitigkeiten, Scheidungen verbirgt, ist nicht zu ermessen und übersteigt meine Vorstellungskraft. Ich meine: Jedes zehnte Kind! Ich habe eine derartige Situation im Roman *September Song* ironisch durchgespielt. In entsprechender Realität wäre man vermutlich durchgedreht. Marlene hat relativ starke physiognomische Ähnlichkeit mit mir, während Emily eher zu Jamies Seite ausschlägt. Dennoch tragen beide auch unabweisbar Züge des anderen Elternteils, und das ist dann ja auch gut so. Und schön.

Neues aus den Klassenzimmern oder Denglish für Beginners I:
Englischlehrer: »Was heißt Kündigung auf Englisch?«
Schüler: »Feuerung.«

## Dienstag, 26. Oktober

Es gibt Phasen, in denen meine Träume morgens wie ausradiert sind, und dann gibt es Phasen, da kommt's knüppeldick. Vielleicht liegt's an der überstandenen Grippe (die jetzt Jamie flachgelegt hat). Nach dem Traum von Sonntag kehrt jedenfalls heute nacht der verschollene Kater Tigger zurück. Während ich lesend auf der Terrasse sitze, kommt er durchs hohe Gras des Gartens zögernd auf mich zu, bleibt in einiger Entfernung sitzen und beobachtet mich, mustert mich mit schiefgelegtem Kopf, als müsse er sich daran erinnern, wer ich bin. Ich strecke ihm eine Hand entgegen, mache lockende Bewegungen mit den Fingern. Er kommt näher, rollt sich auf dem Boden hin und her und läßt

sich schließlich, zufrieden schnurrend, Hals und Bauch kraulen. Dann setzt er sich wieder aufrecht – und hat Marlenes Gesicht.
Den Traum zu deuten wär mir überhaupt kein' Freud'.

Marlene scheint ihre gegenläufige Parallelexistenz zum Leben ihrer Mutter, die Buchhändlerin ist, lustig weiter zu treiben, hat sie in Chicago doch jetzt einen Job in einem Buchladen gefunden und schwärmt uns in einer umfangreichen E-Mail davon vor. Schön und gut, aber will (oder wollte?) sie zum Frühjahr nicht ein Studium aufnehmen? In Deutschland? Sie habe gelesen, schreibt sie, daß amerikanische Hochschulen die neuen deutschen Bachelor- und Master-Studiengänge nicht akzeptieren würden, was wohl irgendwie darauf hindeutet, daß sie ihre Zukunft in Amerika sieht.

Die entsprechenden Presseberichte habe ich natürlich auch gelesen: ein weiteres Indiz für die umwerfende Inkompetenz und provinzielle Unbedarftheit unserer Bildungsplanung und -politik.

## Mittwoch, 27. Oktober

»Das VaTaBu« schreibt Hermann Kinder, »fürchte ich nicht wegen mir (krasses Mißverständnis), sondern wegen Dir: Was kann man mit welcher Schärfe überhaupt für die Öffentlichkeit schreiben? Das ging mir bei *Zuckmayers Schatten* durch den Kopf. Rühmkorfs *Tabu II* habe ich weder schon gekauft noch gelesen, *Tabu I* sofort. Aber für *II* hemmt mich irgendwas. Schnüffelvorbehalt oder so? Da fiel es mir zum ersten Mal in aller Schärfe auf – vom Schreiben her: Was kann man sich unter dem Wissen, es wird öffentlich werden, erlauben an Äußerungen? Vom Lesen her: Wie weit wird die berechtigte Neugier nach Privatem und Vergleichbarem, nach Intimitäts-Gespräch, nach Subjekt-Austausch in entfremdeter Welt, angesprochen? Inwieweit bloße Schnüffelei? Ich finde das einen mutigen Akt, so etwas anzugehen. Mutig: moralisch bei jedem einzelnen Satz: Wen darfst Du wie erwähnen? Mutig: notwendig bei jedem Satz, der Privates zur öffentlichen Diskussion stellt. Ich könnte es wegen solcher Entscheidungen nicht. So eine leichte Neigung zur Hasardiererei, die Dir gottlob entgegenkommen mag, hast Du ja. Also, pack Dich beim Schopf, versichere Dich der Geduld Deiner Frauen – und schreib's mit Vehemenz.«

Was die Geduld angeht: Emily fragt, ob sie denn endlich mal die nächste Lieferung des Manuskripts haben könne. Und das klingt nicht nach Befürchtung oder Kontrollbedürfnis, sondern schlicht neugierig, was ja immer ein gutes Zeichen ist. Und was den Mut betrifft: Dies Journal verschweigt mindestens genausoviel, wie es preisgibt. Ich bin vielleicht ein literarischer Hasardeur und Leichtfuß, aber ich bin auch ein rücksichtsvoller Mensch – besonders im Hinblick auf mich selbst.

## Donnerstag, 28. Oktober

Am Samstag tritt hier ein Popsänger namens Max Herre auf. Der Herr war mir bislang völlig unbekannt, aber inzwischen bin ich einigermaßen im Bilde, weil Emily für die Schülerzeitung ein Interview mit ihm machen wird und darüber in vorfreudiger Erregung schwelgt. Nachdem ich ein Foto des Musikers gesehen habe, kann ich Emilys Begeisterung verstehen. Eine CD liegt auch irgendwo herum, die ich mir anhören werde. Hoffentlich fällt die Musik des Mannes nicht hinter sein Äußeres zurück.

Emily erkundigt sich bei mir, was man in einem Interview denn wohl fragen solle, damit's dem Befragten nicht als tausendfach gehörte Frage ätzend auf die Nerven gehe?

»Ich weiß nicht. Ich kenne den Typen ja gar nicht.«

»Aber du kriegst bei Lesungen doch auch immer solche Fragen gestellt.«

»Dann frag ihn bloß nicht, warum er Musik macht, was er mit seiner Musik sagen will und ob er das, was in seinen Songs vorkommt, alles selbst erlebt hat.«

»Das wär ja auch schön blöd.«

»Eben.«

»Ob ich ihn wohl fragen kann, welche Musik ihn beeinflußt hat? Oder vielleicht auch andere Sachen als Musik? Oder was für andere Musik ihm gefällt?«

»Du kannst ihn ja mal fragen, was er von Sven Regener hält. Das würde mich jedenfalls interessieren.«

»Mh, mh. Mal sehen ...«

Ein zustimmender, an den Rand geschriebener Kommentar der Deutschlehrerin zu Emilys gelungener Klausur über Sturm, Drang und Aufklärung lautet: »Guten Unterricht gehabt!« Mag schon sein. In diesem Fall verdankt sich Emilys Beschlagenheit jedoch nachweislich der Wohlsortiertheit der väterlichen Bibliothek, insbesondere der Hamburger Goethe-Ausgabe. So viel Eigenlob muß sein.

## Freitag, 29. Oktober

Marlenes Jamie liest in seinem Philosophiekurs Adornos *Ästhetische Theorie* in englischer Übersetzung, möchte jedoch das Original parallel lesen, und da ein deutsches Exemplar in Chicago nicht aufzutreiben ist, bittet mich Marlene, eins zu schicken. Gesagt, getan. Statt mir die Kosten zu erstatten, schreibe ich dazu, möge sich Marlene von Jamie zum Essen einladen lassen und ein Glas auf mein Wohl trinken. Im übrigen fände ich es schade, daß Jamie in Middlebury als Undergraduate-Student nicht an meinem Adorno-Seminar habe teilnehmen können: Da hätte man sich doch bestens kennengelernt.

Das, E-mailt Marlene aber zurück, wäre des Guten entschieden zuviel gewesen.

Warum? Weil ich dann vielleicht ihren Lover auf einer Ebene erfahren und kennengelernt hätte, zu der Marlene weniger Zugang hat als ich? Ich hätte etwas gewußt, was sie nicht oder nur ansatzweise weiß. Kurz gesagt: zuviel Vaterschaft in ihrer Liebesbeziehung.

Neues aus den Klassenzimmern oder Denglish für Beginners II:

Schülerin A: »Das neue Lied von Dido ist voll schön. Heißt ›White Flag‹.«

Schülerin B: »Wie? Das heißt Weißer Fleck?«

## Samstag, 30. Oktober

Als ich vom Tennis nach Hause komme, sitzt Jamie im Ohrensessel und telefoniert mit Marlene. Ob ich zu guter Letzt auch noch ein paar Worte mit ihr wechseln wolle.

Klar doch! Nach meiner Wie's-denn-so-geht-Frage und Marlenes Alles-prima-Antwort sagt sie, daß sie schon so ausführlich mit Jamie gesprochen habe, daß ihr nun eigentlich nichts mehr einfalle; Jamie könne mir ja alles erzählen. Und außerdem wolle sie jetzt frühstücken.

»Na gut, dann frühstückt mal schön. Bis bald. Küßchen.«

Es ist 18:15 Uhr, was für Chicago also 1:15 Uhr ergibt.

»Die frühstücken da aber spät«, sage ich.

»Na ja«, sagt Jamie, »als ich um halb fünf angerufen habe, wollten sie auch schon frühstücken.«

»Um halb fünf?«

»Ja ja ...«

»Und? Gibt's denn derart viel Neues?«

»Neues? Wieso?«

»Ich meine, ihr habt immerhin eindreiviertel Stunden miteinander telefoniert.«

»Nicht ganz.«

»Worum ging's denn?«

»Alles Mögliche.«

»Ich meine, irgend etwas Wichtiges?«

»Wichtig? Nein, wieso?«

Ja, wieso auch. So etwas kann man wohl nur als Vater fragen. Ich passe. Fernseher an. Bundesliga. Bayern München verliert in Mönchengladbach 0:2. Das Leben kann so schön sein.

Ohne Jamie, die in letzten Nachwehen ihrer Grippe liegt, bei Mechthild und Thomas B. zum Essen. Unter den Gästen sind auch unsere kindergesegneten Nachbarn. Da Emily wegen des Interviews mit Max Herre als Babysitterin ausfällt, macht eine Freundin der jungen Mutter den Job. Bei der Vorspeise klingelt das Handy: Die Kleine weine ununterbrochen. Die Mutter fährt nach Hause und kommt nach einer Stunde zurück. Nach einer weiteren Stunde machen sich beide Eltern auf den Heimweg, die Mutter blaß und stumm, der Vater mit zerfurchter Stirn und zerrauften Haaren.

Mir fällt eine Situation ein, die vor etwa fünfzehn Jahren passierte. Wir waren zu einem Abendessen eingeladen, und kaum saßen wir vor der Suppe, rief die Babysitterin an: Marlene, die damals vier Jahre alt gewesen sein muß, sei einfach nicht zu beruhigen. Ich fuhr nach Mollberg zurück. Marlene lag, in Tränen aufgelöst, auf unserem Bett. Als ich mich zu ihr setzte, beruhigte sie sich sofort.

»Genau das hab ich gewollt«, schluchzte sie.

»Was meinst du?«

»Nur dich.«

»Ich bin ja bei dir. Und jetzt ist alles gut.«

Sie nickte. »Wenn ich eingeschlafen bin, kannst du wieder wegfahren.« Und dann schlief sie augenblicklich ein.

### Sonntag, 31. Oktober

Als ich gegen ein Uhr morgens nach Hause komme, herrscht über uns immer noch Stereokakophonie, hie konstantes Weinen, da neurotisches Geheul, was sich in auf- und abschwellenden Wellen bis in die Morgenstunden fortsetzt.

»Die Babysitterin«, erklärt Emily beim Frühstück apodiktisch, »ist inkompetent. Bei mir sind die Kids still.«

Heute ist Halloween. So wie Jamie eine milde Amerikanisierung der Weihnachtsrituale in unsere Familie eingebracht hat, so begehen wir auch diesen Tag, indem Emily auf dem Markt einen Kürbis kauft, ihn aushöhlt und ein eher lächelndes als fratzenhaftes Gesicht herausschneidet. Dann wird ein Teelicht hineingestellt und der strahlende Kürbiskopf als freundlicher Hausgeist auf der Eingangstreppe plaziert. Und im Küchenfenster hängt eine Girlande mit schwarzen Katzen. Nicht mehr, nicht weniger. Soviel Grusel muß schon sein. So machen wir's seit zwanzig Jahren, als noch gar nicht abzusehen war, daß Halloween sich auch hierzulande einbürgert. Unsere Freunde hielten den Strahlemannkürbis früher für eine Art amerikanisches Erntedanksymbol.

Richtig begangen haben wir Halloween nur 1995, als ich ›writer in residence‹ am Dartmouth College war und wir ein halbes Jahr in New Hampshire lebten. Für die Halloween-Party der Schule verkleidete Marlene sich halloweengerecht als Geist, Emily als Cheerleader, und wir hatten einen Vorrat an Süßigkeiten im Haus, mit dem wir uns bei den Nachbarskindern freikauften, die in ihren Kostümen mit Trick-or-Treat-Rufen an die Tür kamen.

Die urdeutsche Spielverderbermentalität bricht sich dies Jahr besonders schmallippig und dämlich ihre Betroffenheitsbahn, indem eine evangelische Bischöfin vor dem »heidnischen Brauchtum und Geisterglauben« Halloweens meint, warnen zu müssen. Du sollst keinen anderen Kürbis neben mir haben! Die Frau ist doch nur beleidigt, weil Halloween auf den Reformationstag fällt. Als heidnisch wären dann auch gleich die Laternenumzüge zu geißeln, die zwar in katholischen Gegenden als Sankt-Martins-Umzüge notdürftig christlich nobilitiert sind, aber aus vorchristlichen Traditionen stammen.

Marlene E-mailt, auch sie habe einen Halloween-Kürbis geschnitzt. Und so leuchtet der also jetzt in die Nacht von Chicago hinaus und trifft sich vielleicht irgendwo im Dunkeln mit dem Lächeln seines heidnischen Kollegen vor unserer Haustür.

## Montag, 1. November

»Hast du mal ganz schnell 'ne Idee?« stöhnt Emily am Mittagstisch. »Du hast doch manchmal gute Ideen, nicht?«

»Wenn ich wüßte, worum's geht, vielleicht.«

»Für die Theater-AG müssen wir bis morgen ein Stück für sechs Personen schreiben.«

»Wie bitte? Ihr sollt an einem einzigen Nachmittag ein Theaterstück schreiben?«

»Na ja, nur so entwerfen. Und vielleicht eine Szene schreiben.«

»Trotzdem knapp.«

»Wir hatten eigentlich 'ne Woche Zeit, aber wir haben's irgendwie verschwitzt. Hast du nicht mal ganz schnell 'ne Idee?«

»Tja ...«

»Muß aber 'ne Moral haben. Und was mit Pep. Fällt dir da denn gar nichts ein?«

»Ich bin ja eigentlich kein Dramatiker und ...«

»Kann auch ruhig was von Robert Gernhardt sein, von wegen Pep. Oder von Kafka. Irgend 'ne Erzählung oder was. Das Dramatisieren wir dann noch schnell.«

Ich hole Robert Gernhardts Humoresken *Es gibt kein richtiges Leben im valschen* aus dem Regal. Emily blättert darin herum, liest hier ein paar Sätze, dort ein paar Zeilen, grinst. »Das ist ja cool hier. *Ein Ehepaar erzählt ›Ein Ehepaar erzählt einen Witz‹*. Kommen da sechs Personen drin vor?«

»Weiß ich nicht mehr. Müßtest du vielleicht mal selber lesen.«

»Okay. Und was ist nun mit deiner eigenen Idee?«

»Wie wär's hiermit?« Ich erzähle Emily von einer Idee, die mein Freund und Kollege Bernd Eilert mir vor einem Jahr als gemeinsames Projekt vorschlug, zu dem wir aber bislang nicht gekommen sind – da wir aber eines Tages vielleicht doch noch dazu kommen, werde ich mich hüten, die Idee an dieser Stelle auszuplaudern.

»Ganz witzig irgendwie«, sinniert Emily. »Dürfen wir das denn einfach so benutzen?«

»Ich denke schon. Bernd und ich können dann ja vielleicht wieder auf euch zurückgreifen.«

Emily verschwindet in ihrem Zimmer und setzt zu einer Telefonkonferenz mit ihren dramatischen Kolleginnen an. Nach einer halben Stunde erscheint sie wieder. »Das wird nix mit eurer Idee. Ich mein, wie soll man denn Tannenbäume spielen?« (Womit über die Idee wohl immer noch hinreichend Stillschweigen gewahrt wäre.)

»Auf der Bühne geht vieles, was sonst nicht geht«, mache ich einen Rettungsversuch.

»Ach nö, schon gut. Was haltet ihr hiervon? Es geht um eine WG, in der vier Personen wohnen, und zwei Neue sollen dazukommen, und die müssen sich da irgendwie vorstellen und zeigen, was sie so alles draufhaben und so.«

»Also so 'ne Art Castingshow?«

»Ja, nee, eher so was wie *Barcelona für ein Jahr*. Ihr wißt schon. Also, was könnten die da mal so machen?«

»Die WG könnte 'ne Behindertenquote haben«, schlage ich vor, »und die beiden Bewerber, die leider nicht behindert sind, spielen da jetzt alle möglichen Behinderungen vor. So wie dieser angeblich körperbehinderte angebliche Architekt in *Verrückt nach Mary*, der sich am Ende als nichtbehinderter Pizzabäcker entpuppt.«

Emily kichert. »Schwierig«, sagt sie. »Ist ja auch krass an der Grenze zur Diskriminierung. Geht nicht.«

»Oder einer der Bewerber ist gar kein Bewerber, sondern ein Agent, der für die Eltern eines in der WG wohnenden Mädchens ausspionieren soll, was die da so alles treiben.«

Emily sieht mich nachdenklich an, als wollte sie sagen: Auf so etwas kann man auch nur als spießiger Vater von Töchtern kommen.

»Okay, okay«, sage ich resignierend. »Dann schreibt doch ein Stück über sechs Schauspielschülerinnen, die als Aufnahmeprüfung an einer Schauspielschule an einem Nachmittag ein Stück schreiben müssen, in dem sich sechs Schauspielschülerinnen an einer Schauspielschule bewerben und dann ...«

»Schon gut, Papa«, sagt Emily.

»Ich muß mich jetzt wieder an meine Übersetzung machen«, sage ich, und als ich die Küche verlasse, übernimmt Jamie die dramaturgische Beratung, indem sie vorschlägt, die beiden Bewerber müßten zuerst einmal ihre Kochkünste unter Beweis stellen.

Charles Simmons also. *Eipulver*. Wo war ich gleich noch stehengeblieben? Ach ja. »I wash behind my ears too, she said.«

Apropos Englisch: Hätte nie gedacht, daß es für »hangnail« ein deutsches Wort gibt und übersetze es (im klaren Bewußtsein, daß es falsch, aber im Kontext akzeptabel ist) als »abgesplitterter Fingernagel«. Laut dem Enzyklopädischen Wörterbuch von Muret-Sanders heißt »hangnail« jedoch »Neidnagel«. Neidnagel? Never heard of ...

### Dienstag, 2. November

Eins der Leibgerichte von Emily, Marlene und mir sind Jamies hausgemachte Kartoffelpuffer. Jamie selbst macht sich wenig draus, so daß unser Kartoffelpufferritual für einen außenstehenden Beobachter überaus peinliche Rollenklischees »entlarven« müßte: Jamie steht beschürzt im aus der Pfanne wabernden Öldunst am Herd, rackert, macht und tut, während Gatte und Töchter am Küchentisch hocken und gierig auf Nachschub lauern. Geliefert werden aber jeweils nicht drei etwa gleich große Puffer, sondern ein einzelner, tellergroßer, der den gesamten Pfannenboden ausgefüllt hat. Diesen gerecht und akurat in drei gleich große Teile zu sezieren, gilt als väterliches Privileg, und als Schnittmuster nutze ich die geometrische Figur des Mercedes-Sterns oder, je nach Perspektive und Stimmung, des Peace-Zeichens, was im Endergebnis aufs gleiche hinausläuft.

Als ich heute reflexartig zum bewährten Dreierschnitt ansetzen will, sehen Emily und ich uns kurz in die Augen und wissen wortlos, daß es damit nun vorbei ist. Die simple Zweiteilung durch die Mitte ist witzlos und löst in mir eine Traurigkeit aus, die zur Nichtigkeit des Anlasses völlig unproportional ist und mich eben deshalb noch trister stimmt. Mit frischem Apfelmus vom Apfelbaum im Garten und Crème fraîche schmeckt es köstlich und einfach und einfach köstlich, wie immer, aber im Nachgeschmack zittert jenes Es-war-einmal-Aroma, dessen Bitterkeit dies ganze Jahr durchzieht wie kühler Herbstwind späte Sommertage.

Kartoffelpuffer gibt es bei uns aber nur sehr selten: Mit Leibgerichten muß man haushalten, sonst werden sie so schal wie wiederholte Witze, und Rituale verkommen zu Routine.

Übrigens sind die sogenannten Leibspeisen häufig nicht die Gerichte, die uns am besten geschmeckt, sondern diejenigen, an die wir uns zustimmend gewöhnt haben und die uns gemäß geworden sind. Mit Menschen mag uns das manchmal ähnlich gehen. Man verliebt sich in die Sensation, aber leben kann man nur mit der freundlichen Normalität, die sich im Dahinrollen der Jahre einstellt.

## Mittwoch, 3. November

Die Präsidentschaftswahl in den USA hat Bush klar gewonnen, diesmal sogar mit Mehrheit der insgesamt abgegebenen Stimmen (popular vote) – allerdings gegen (Wahlgeheimnis hin oder her) Jamies und Marlenes Stimmen und gegen's hoffnungsfrohe Daumendrücken von Emily und mir. In vier Jahren wird auch Emily mitwählen. Vielleicht hilft's dann ja.

Das Gesetz, das die Amtszeit amerikanischer Präsidenten auf maximal zwei mal vier Jahre beschränkt: »Kann man das«, fragt Emily, »auch abschaffen?«

Entsprechende Mehrheiten vorausgesetzt kann man das vermutlich. Bush als Präsident auf Lebenszeit. Und dann auch noch gleich dynastische Erbfolgeregelungen installieren. Familie Bush forever, bis zum Weltuntergang. Und Halloween soll gruselig sein?

Heute hat Emily ihre erste praktische Fahrstunde absolviert. Sie habe gar nicht gewußt, daß man zum Schalten »da unten auch noch auf irgend so'n Hebel treten muß«. Das sei ja »voll kompliziert«, zumal man gleichzeitig »mit der Gangschaltung rumrühren« müsse. Da sei das berüchtigte Abwürgen gewissermaßen vorprogrammiert und unvermeidbar. Warum kein automatisches Getriebe wie in den USA?

Ja, warum eigentlich nicht? Als ob ich das wüßte. Beim Autogetriebe zumindest hat's Amerika noch besser.

Neues aus den Klassenzimmern oder Gewalt des Namens:

Schülerin im Deutsch-Leistungskurs: »Was sollen wir gleich noch mal von Adolf Hitler lesen?«

Gemeint ist Arthur Schnitzler.

## Donnerstag, 4. November

Im Traum auf einem großen, aber nur schwach frequentierten, fast verlassen wirkenden Flughafen. Die junge Frau, mit der ich dort gemeinsam auf dem Rollband durch eine endlose, gläserne Halle gleite, ist mir vertraut und wird mir dennoch immer fremd bleiben. Bringt sie mich zu meinem Flug? Bringe ich sie zu ihrem? Aus unsichtbaren Lautsprechern quäkt leise Musik, ein altes Lied: »Thank you for the days, those endless days, those sacred days you gave me ...« Die Halle teilt sich in zwei parallele Glastunnel, die unsere Wege trennen. Wir werden beide abfliegen, aber in verschiedene Himmelsrichtungen. Wir umarmen uns zum Abschied. Sie geht durch den linken Tunnel, ich durch den rechten, und so laufen wir, getrennt durch die gläsernen Gewölbe, noch lange nebeneinander her, sehen uns an, winken uns zu, und ich weiß, daß wir uns so immer sehen, daß wir uns auf getrennten Wegen nie aus den Augen, nie aus dem Sinn verlieren werden. Je länger wir so nebeneinander herlaufen, desto mehr Menschen umdrängen uns, desto schwieriger wird es, sich zuzuwinken. In meinem Tunnel reisen fast nur ältere Erwachsene und Alte, in ihrem Tunnel vor allem Jugendliche und junge Erwachsene, und von fern hört man Kindergeschrei und Lachen. Schließlich verschwindet meine Begleiterin im Passantenstrom, und die parallelen Glastunnel werden sich im Unendlichen treffen.

Ich erwache morgens gegen zehn vor drei, gehe ins Arbeitszimmer, notiere Stichworte dieses Traums, wie man in Sammlerkästen Schmetterlinge an den Flügeln fixiert, setze mich an den Computer im Wintergarten, weil ich das unbestimmte Gefühl habe, daß Marlene eine E-Mail geschickt hat (in Chicago ist es jetzt acht Uhr abends), aber die Mailbox füllt sich nur mit allerlei Nachrichten unserer amerikanischen Freunde und Verwandten, die über Bushs Wahl entsetzt sind. Und mit virenverseuchtem Spam.

Denglish: Is he actually überhaupt coming?

## Freitag, 5. November

Wäre dies kein Journal, sondern ein Roman, müßte ich heute die Realität verschweigen oder beugen, um die Wahrscheinlichkeit der Erzählung nicht zu gefährden. Da es nun aber das Journal ist, das es ist, muß es wohl oder übel auch die Unwahrscheinlichkeiten und Zufälle ertragen, diese Knoten auf der Rückseite unserer Lebensteppiche, die ungerufen, unbeabsichtigt, unwillentlich entstehen und eben deshalb um so augenfälliger sind.

Denn als ich heute vormittag am PC E-Mails abrufe, ist eine von Marlene dabei, eingegangen heute nacht um 3:14 Uhr, also wenige Minuten, nachdem ich mich wieder ins Bett gelegt hatte. Marlene muß die Mail verfaßt haben, während ich, von Traumresten umnebelt, am PC saß und meinte, es könne eine Nachricht von ihr geben. Ob man derlei nun als blinden Zufall, als Telepathie, als Eingebung oder, mit einer Wendung Ernst Jüngers, als Sublimierung technischer Substanz ins Magische bezeichnen will, spielt keine Rolle. Es reicht, daß so etwas überhaupt vorkommt, um über das unentwirrbar feine Gefädel zu staunen, mit dem unser Leben mit dem Leben anderer verknüpft ist.

Die E-Mail enthält Fotos des Halloween-Kürbiskopfs, den Marlene und ihr Jamie geschnitzt haben. Er sieht viel gruseliger aus als die harmlose Grimasse, die unser Kürbiskopf zieht. Aber der Schein, den beide durch die Nacht werfen, ist von gleicher Freundlichkeit.

### Samstag, 6. November

Die Tänzerin, die einige Wochen in Marlenes Zimmer gewohnt hat, ruft an und fragt, ob sie sich für eine weitere Theaterproduktion in den kommenden zwei Monaten, bis Mitte Januar etwa, noch einmal bei uns einquartieren könne.

Im Prinzip sei sie willkommen, sage ich und denke daran, daß ich nicht weiß, wie Marlene die nächsten Monate plant. Wollte sie nicht eigentlich Anfang des Jahres nach Deutschland zurückkommen, um im Frühjahr ihr Studium zu beginnen? Ich müsse das aber erst noch mit meiner Frau besprechen, sage ich zu der Tänzerin, und wenn sie bis Montag nichts Gegenteiliges von uns höre, könne sie einziehen.

Wie immer weiß Jamie längst mehr als ich. Marlene habe sich entschieden, bis nächsten Sommer in Chicago zu bleiben, anschließend den Job in Middlebury zu machen und erst dann, ab dem Herbstsemester 2005, zu studieren. Und das, sagt Jamie, finde sie absolut richtig. »Don't you?«

Zwischen Abitur und Studienbeginn werden also anderthalb Jahre liegen, in denen Marlene sich Wind aus verschiedenen Richtungen um die Nase wehen lässt: den Wind des anderen Landes, den Wind des Berufslebens als Buchhändlerin, den Wind der Liebe und Zweisamkeit in einer Beziehung.

»So what?« sagt Jamie.

Ich hätte lediglich Bedenken, sage ich, daß Marlene ihre eigenen Wünsche den Interessen und dem Lebensentwurf des jungen Mannes opfern könnte, der mir ja, wie gesagt, durchaus sympathisch sei, aber …

»But what?«

Ich weiß es nicht. Es geht mich noch etwas an, aber ich habe nichts mehr damit zu tun. Mein vages Aber ist vielleicht nichts anderes als Verlustangst?

»Deine Tochter«, sagt meine Frau, »weiß, was sie tut. Sie ist selbstbewußt und verantwortungsvoll. Und sie weiß auch, was sie will.«

Die Tänzerin wird nichts Gegenteiliges von uns hören.

Das Verstehen, sagt Arthur Schnitzler irgendwo, raubt unserer Erinnerung die Seligkeit.

## Sonntag, 7. November

Emilys »großer« Geburtstag naht. Ende Dezember wird sie 18 – und also volljährig. Dann habe ich ihr *de iure* nichts mehr zu sagen, sondern nur noch Meinungen und väterliche Vorschläge abzusondern. Sie überlegt seit einiger Zeit, ob sie eine Party feiert bzw. nachfeiert (weil wir an ihrem Geburtstag in den USA sein werden). Gestern abend war sie auf der Party eines Mitschülers.

»So«, erzählt sie beim Frühstück, »geht's schon mal gar nicht.«

»Wieso? War die Party nicht gut?«

»Doch, war okay, aber in der Wohnung der Eltern. Und damit da nichts kaputtgeht oder versaut wird, war alles ausgeräumt, die Bilder an der Wand und sogar das Bücherregal verhängt. Steril. Und die Eltern sind manchmal herumgegeistert. Wenn ich mir vorstelle, daß ich bei meiner Party dauernd darauf achten muß, daß hier nichts zu Bruch geht oder das Parkett verkratzt und so ... Nee, lieber nicht.«

»Du kannst doch in Mollberg feiern. Da ist Platz genug, und kaputtgehen kann auch nicht viel. Und ihr seid unter euch.«

»Ja, och, öh ...«

»Deine Freunde finden das bestimmt toll da.«

»Ja, ja, mal sehen.«

Woher diese matte Lustlosigkeit? Daß unsereiner sich auf und über seine Geburtstage nicht mehr recht freut und dazu neigt, ihnen unfeierlich bis feige aus dem Weg zu gehen, liegt daran, daß man schon zu viele erlebt hat, jedenfalls deutlich mehr, als man noch erleben wird. Aber mit 18? Wenn das kein Grund zum Feiern ist, weiß ich's auch nicht.

Nach dem Frühstück sehen wir uns zu dritt *Shrek 2* auf DVD an, die englische Version mit Eddie Murphy als großmäuligem Esel und Antonio Banderas als Musketier-Kater. *Sehr* lustig. Schmalz und zuckriges Sentiment werden nur aufgeboten, um sie sogleich mit Ironie und Sarkasmus zu dekonstruieren. Das ist der Witz.

Klarer Herbsttag. Die tiefstehende Sonne filtert durch Gelb und Braun und verblichenes Grün. Am Apfelbaum, der in diesem Jahr so üppig trug, daß man fürchten mußte, er werde unter seiner Last zusammenbrechen, hängt noch eine Handvoll letzter Früchte. Der Walnußbaum und die große Kastanie sind schon fast kahl. An der Hauswand blühen noch ein paar rote Rosen, und auch die Hortensien haben letzte, fahle Blüten getrieben. Obwohl wir sie seit mindestens einem Monat nicht mehr benutzt haben, stehen die Gartenmöbel immer noch auf der Terrasse, fangen Laub und laufen grün an. Höchste Zeit, sie unter Dach und Fach zu bringen. Der Herbst neigt sich schon dem Ende zu, und erst jetzt gesteht man sich ein, daß der Sommer vorbei ist.

Kann man sich mit Tatsachen gegen Phrasen wappnen, wie es

der Zyniker McCandless in William Gaddis' *Die Erlöser* versucht? »... all diese herrlichen Farben, die die Blätter annehmen, wenn das Chlorophyll sich im Herbst zersetzt, wenn die an die Chlorophyll-Moleküle gebundenen Proteine zu Aminosäuren werden, die in Stengel und Wurzeln absinken. Genau das geschieht wohl auch mit Menschen, wenn sie alt werden, diese Proteine zersetzen sich schneller, als sie ersetzt werden können, und dann, ja also und dann natürlich, da Proteine das wesentliche Element in allen lebenden Zellen sind, beginnt das ganze System auseinanderzufa ...«

## Montag, 8. November (Bielefeld)

Im Zug nach Bielefeld lese ich Dagmar Leupolds *Nach den Kriegen*, ein Porträt ihres Vaters, eines mathematisch und literarisch begabten Profilneurotikers, gefiltert durch die Wahrnehmung und Recherche der Tochter. So bietet das Buch viel mehr als nur ein besonders interessantes, weil widersprüchliches Einzelschicksal; es gibt Charakteranalysen von zwei Generationen, Kriegsteilnehmern und Nachgeborenen: »Der Krieg geht mitten durch die Familie, ein Graben. Auf der einen Seite diejenigen, die ihn erlebt, und auf der anderen Seite diejenigen, die ihn nicht erlebt haben.« Die Deformationen und Traumata, die Krieg und Faschismus unserer Elterngeneration versetzten, und denen wir als Kinder dann ausgesetzt waren, stehen im Mittelpunkt.

Es gibt aber auch Beobachtungen und Reflexionen zum Tochter-Vater-Verhältnis, die diese zeitgeschichtlich disponierte Problemlage übersteigen. Ob sie verallgemeinerbar sind, weiß ich nicht; mir sind sie aufschlußreich, weil hier aus der Perspektive einer Tochter ein Vater in den Blick genommen wird, z.B. bei einer Begegnung im Badezimmer: »Ich wollte ihn nicht nackt sehen, sowenig wie ich sein Skelett oder seine Organe sehen wollte. Der

Grad der Entblößung schien mir der gleiche. Daß ich von ihm abstammte – eine Abzweigung, ein Ausschnitt war –, schien mir im Zustand der Nacktheit auf die wörtlichste Bedeutung reduziert, alles Potentielle war gelöscht zugunsten einer fest berechneten Summe. In den Anzügen, die er trug, war er im Auftrag unterwegs (...). Kleidung war etwas Öffentliches, war Lebensstoff, Kleidung erzählte vom Vater und wies nicht auf die Tochter zurück. Im nackten Körper dagegen war der Vater – auf dem Kind unheimliche Weise – ohne Vorwände zu Hause und ähnelte darin allen Menschen. Also auch der Tochter.« Aus dieser Beobachtung folgt später fast zwangsläufig einer der durchschlagendsten Sätze des Buchs: »Entsprungen will man sein, nicht erzeugt.«

In Bielefeld habe ich zuletzt vor zwei Jahren gelesen, vor einer Handvoll Halbinteressierter, und trete heute also mit sehr gedämpfter Erwartung an, aber die Veranstaltung ist ausverkauft und die Stadtbibliothek überfüllt. Beim Frage- und Antwort-Spiel nach der Lesung wird gefragt, ob ich meine Manuskripte von meiner Frau »oder sonst wem« lesen lasse, bevor sie ans Lektorat gehen.

Normalerweise nicht, sage ich, aber bei dem Buch, an dem ich derzeit schriebe, sei das anders. Als Zensoren in eigener Sache läsen sogar meine Töchter das Manuskript, weil meine Familie unmittelbar ins Bild gerückt werde.

Das sei ja spannend. Ob ich da nicht etwas mehr drüber erzählen könne.

Nein. Leider. Aber wenn man mich im nächsten Jahr wieder zu einer Lesung nach Bielefeld einlädt, erzähle ich gerne mehr.

## Dienstag, 9. November

Was die zensorische Energie der Mädchen betrifft: Beide hatten an der Oktober-Lieferung, die ich Marlene nach Chicago schickte, etwas auszusetzen, das ich auch gleich überarbeitete oder strich. Emily scheint der Fertigstellung des Projekts aber wohlwollend entgegenzusehen, fragt sie doch, ob sie allen ihren Freundinnen ein Exemplar schenken könne.

»Allen? Soviel Freiexemplare bekomme ich gar nicht.«

»Nur denen, die namentlich genannt werden«, sagt sie.

»Ja, natürlich, das sind dann ja sozusagen deren persönliche Belege.«

Namentlich genannt ist zum Beispiel Luise, die heute wieder mal zum Mittagessen bei uns zu Gast ist. Und selbst, wenn mich das jetzt noch ein Exemplar kostet: Emilys Freundin Kerry ist heute auch dabei.

Neues aus den Klassenzimmern oder Denglish für Beginners III:

Lehrerin: »Where is Frank?«

Schüler: »He is kränk.«

Jeder konkrete Lebensmoment ist im Grunde – wenn es denn einen Grund gibt – so merkwürdig, widersprüchlich und unklar, daß es gar nicht zu ertragen wäre, die Widersprüchlichkeit des Augenblicks im Augenblick deutlich zu empfinden. Zu ertragen sind nur die von Erinnerung geklärten Momente.

## Mittwoch, 10. November

Literaturgespräch im Kunstverein: »Unvergangene Vergangenheit. Krieg und Faschismus in der deutschen Gegenwartsliteratur«; eingeladen habe ich diesmal Dagmar Leupold und Marcel Beyer. Wir sprechen darüber, wie wir als Autoren, die Kinder, gebrannte Kinder bzw. Enkel der Kriegsgeneration sind, den Themenkomplex erzählerisch in den Griff bekommen können, indem wir mit unserer spezifischen Generationserfahrung etwas filtern, was unsere Erfahrung nicht war, und womit wir von Kindheit an dennoch konfrontiert wurden durch Verhaltensweisen unserer Eltern und deren Erzählungen.

Häufig war das aber »ein Erzählen, das darauf abzielt, den Zuhörer von der berichteten Erfahrung auszuschließen, statt ihn daran teilnehmen zu lassen. Ein Erzählen, hinter dem der Erzähler in Deckung geht, in dem er sich nicht ausdrückt, sondern verdrückt. (...) Das Erzählte erstickt das Nichterzählte – so geht der Alltag verloren. Möglicherweise sind Kinder für Eltern der beste Anlaß, der eigenen Biographie die Ordnung einer Geschichte zu unterlegen, auch weichzuzeichnen – alles auszulassen, mit dem man uneins ist, von dem man beschämt ist, wovor man sich fürchtet. Kinder sind der Glücksfall von Idealem – also geneigtem – Leser, der die Fiktion, daß das Leben seine Geschichten erzählt (statt daß die Geschichten sich das Leben untertan machen), noch stützt. Die Vergangenheit ist nahezu so ungewiß wie die Zukunft, und die Erinnerung ist Parteigänger des Erfolgs. Die Unwahrheit nur eine Frage der Dosierung.« (Dagmar Leupold: *Nach den Kriegen*)

Erzählen als Strategie des Verschweigens! Für meine Elterngeneration trifft das messerscharf zu. Die in sich selbst rotierenden Monologe meiner Mutter, in denen immer nur das längst Gesagte und Immergleiche wiederkehren, nur das aus der Erinnerung zu Wort kommt, was zu Wort kommen soll und darf, um die Fiktion des eigenen Entwurfs zu stützen.

Inwieweit trifft es auch uns? Mich? Ich verberge ja auch. Keine Kriegsverbrechen, keine Parteimitgliedschaft, keinen Antisemitismus. Aber mein Erzählen erschafft das Bild, das ich vermitteln will. Und es ist unvollständig, stilisiert und idealisiert. Dem entrinnt niemand, nicht einmal auf der Couch des Psychotherapeuten. Monaden haben keine Fenster.

## Donnerstag, 11. November

»Ich hab heut nacht von Oma geträumt«, sagt Emily.

»Ach ja? Was denn?«

»Keine Ahnung.«

Marcel Beyer, dem ich gestern abend beim Bier vom Vatertagebuch erzählte, sagt, dafür sei jetzt, da die Mädchen erwachsen sind, auch erst der richtige Moment. Hätte ich es vor zehn Jahren geschrieben, und die Mädchen wären mit der einen oder anderen Darstellung nicht einverstanden gewesen, hätte ich die Einwände vielleicht nicht ernst genommen und gesagt: Das versteht ihr noch nicht, wartet mal ab, in zehn Jahren seht ihr das auch so. »Jetzt«, sagt Beyer, »können sie sich jedenfalls wehren.«

Neues aus den Klassenzimmern oder Ein klärendes Wort:

Lehrerin: »Ich warte auf eine Entschuldigung. Kommt die noch?«

Schülerin: »Nö!«

## Freitag, 12. November

Im Fernsehen gibt es seit einiger Zeit die Reality-Show *Die Super Nanny*, in der schwierige und konfliktreiche bis krass kaputte Familienverhältnisse vorgeführt werden, auf die irgendwelche Erzieherinnen (Super Nannies!) Einfluß zu nehmen versuchen. Die vorgeführten Szenen wirken ungestellt; verhaltensgestörte Kinder dürften wohl auch von keiner Regie dazu zu bewegen sein, ihr Verhalten auf Zuruf zu reproduzieren, zu modifizieren oder abzustellen. Ich frage mich, was die nicht minder verhaltensgestörten Eltern dazu treibt, ihr Elend derart zu exhibitionieren. Honorar?

Auf der Suche nach einem Wintermantel durch allerlei Geschäfte. Ergebnislos, weil ich, wie üblich beim Klamottenkauf, von rätselhafter Entscheidungsschwäche heimgesucht werde. Wenn Emily oder Marlene dabei wären, denke ich nach der x-ten Anprobe, wär's einfacher. Sie würden zu etwas raten, was ihren Vater so kleidet, daß es ihnen angenehm ist. Zwar hat man, hoffentlich, auch in Kleiderfragen seinen eigenen Stil, aber man kleidet sich im Grunde für andere, macht mit seiner Garderobe Aussagen, setzt Signale, bekommt darauf Antworten à la »Das steht dir gut« oder »Das paßt überhaupt nicht zu dir«, und solches Feedback stabilisiert dann wiederum den eigenen Stil. Alles Eigene entsteht in solchen Wechselwirkungen, jeder Stil, auch der literarische, ist von der Wahrnehmung anderer bedingt.

Emily hat ihre theoretische Führerscheinprüfung bestanden. Null Fehler. Jetzt muß sie nur noch fahren lernen.

Denglish: That's quäling me.

## Samstag, 13. November

Vor ein paar Monaten traf ich meinen ehemaligen Deutschlehrer F. mit seiner Frau in einer Kneipe, hatte ein angenehmes Gespräch mit den beiden und lud sie bei Gelegenheit zu uns zum Essen ein. Die Gelegenheit ist heute. Dazu gebeten haben wir noch Birgit und Ralph G.; auch Ralph kennt F. noch aus den fernen Tagen unserer gemeinsamen Schulzeit. Damals war F. ein jungdynamischer, wegen seiner Sachlichkeit beliebter Referendar. Wir schwelgen aber nicht übermäßig in Erinnerungen, sondern reden mehr über Gegenwärtiges. Die F.s sind vor 14 Tagen erstmals Großeltern geworden, was er seinem Status als Pensionär für adäquat hält. Früher oder später kommt Großelternschaft vermutlich auch auf uns zu. Jamie freut sich darauf. Ich weiß nicht so recht ...

Frau F. erkundigt sich, ob unsere Töchter noch bei uns wohnen, was Jamie zu meiner Überraschung mit einem entschiedenen Ja beantwortet. Marlene sei ja noch nicht definitiv »gesettelt«, ihr Zimmer hier in fast jedem Detail noch ihr Zimmer, in das sie irgendwann zurückkehren werde, vorübergehend natürlich nur, und solange nicht feststehe, wohin ihre Lebensreise gehe, wohne sie eben auch noch hier. Das empfinde ich als tröstlich – und fürchterlich sentimental.

Kurz nach Mitternacht erscheint Emily, ein gutgelaunter, frischer Wind, die mit Freundinnen unterwegs war, und setzt sich zu uns. Scheint neugierig darauf zu sein, einen Lehrer ihres Vaters kennenzulernen. Von den F.s wird sie, logisch, gesiezt, was mich zuerst befremdet, weil ich es noch kaum realisiert habe, daß Emily inzwischen im Sie-Alter angekommen ist. Mit nunmehr fast 18 ist sie im Greisenalter ihrer Kindheit und in der Kindheit des Erwachsenseins.

Als die F.s aufbrechen und eine Gegeneinladung in Aussicht stellen, gilt diese Einladung auch ausdrücklich für Emily. Sie bedankt sich und lacht verlegen, abzulehnen verbietet ihr ihre Höflichkeit, mitkommen wird sie natürlich trotzdem nicht.

### Sonntag, 14. November

Telefongespräch mit Marlene. Sie fragt, ob ich schon wisse, welche Kurse ich im nächsten Sommer in Middlebury anbieten werde.

»Literarisches Übersetzen«, sage ich, »und vielleicht Walter Benjamin. Das haben sich Studenten aus dem Adorno-Kurs gewünscht.«

»Benjamin?« Sie stutzt. »Moment mal eben.« Sie scheint das Telefon abgelegt zu haben. Im Hintergrund Stimmen. Dann ist sie wieder am Apparat. »Benjamin«, sagt sie, »interessiert Jamie von allen deutschen Autoren zur Zeit am meisten.«

»Dann kann er ja in den Kurs kommen.«

»Ja, na ja, mal sehen.«

In diesem Moment habe ich ihr Lächeln vor Augen. Freundlich, offen, versetzt mit einem Hauch Skepsis. Aber die Skepsis gehört nur manchmal zu ihrem Lächeln. Vielleicht dichtet meine Erinnerung ihr etwas zu, macht sich ein Bild?

Erinnerung kann Menschen ja bis zur Unkenntlichkeit verfälschen. Erinnerung kann aber auch Eindrücke und damit Charaktere richtigstellen, indem wir im Geist »ein Wesen vor uns sehen mit einer Haltung, einer Gebärde, einem Blick, wie wir ihn tatsächlich bei diesem Wesen niemals wahrgenommen haben. Und doch leuchtet es uns, geradeso wie es nun vor uns in der Erinnerung steht, als durchaus wirklich ein. Ein solches Erinnerungsbild stellt nämlich gewissermaßen das arithmetische Mittel vor aus Hunderten Bildern jenes Wesens, die wir zum Teil tatsächlich im Laufe der Zeit gesehen haben, oder die wir für möglich hielten. Und so gibt uns die Erinnerung, gerade die Erinnerung eine höhere Wahrheit, wie sie uns in den wirklich erlebten Augenblicken nicht gegönnt sein konnte.« (Arthur Schnitzler: *Buch der Sprüche und Bedenken*)

## Montag, 15. November

Neues aus den Klassenzimmern oder Die Macht der Symbole:

Biologielehrer zu Schüler, der einen Stock in der Hand hält: »Ja ja ja. So ein Stock macht potent. Man hält ihn in der Hand und denkt: wow-ah!«

Als Kinder und Jugendliche verstecken wir unsere Sexualität vor den Erwachsenen; als Erwachsene verstecken wir sie vor Kindern und Jugendlichen.

Dazu in Günther Anders' *Lieben gestern* die Bemerkung, das Eigentümliche am Sexus bestehe darin, »daß gerade das, was uns gemein ist, ›was uns eint‹, als das Private, ja, als das Privatissimum gilt. Was wir unter Feigenblättern oder Kleidern verstecken, ist niemals unsere wirkliche differentia specifica, niemals unser Privatestes und Eigentümlichstes wie unser Gesicht, an dem man uns als uns selbst erkennt, sondern eben gerade dasjenige, was wir nicht selber sind. Das Individuum schämt sich seines nicht-individuellen Teiles und macht diesen zum unsichtbaren, dadurch privatesten Teil, den es ›die Scham‹ nennt.«

Daher rührt die Schamhaftigkeit mancher Aktmalerei und die Indiskretion mancher Porträts.

## Dienstag, 16. November

Im Traum sitzen Marlene und Emily auf meinem Bett im ›Dorm‹ von Middlebury. Die Jalousie ist halb heruntergelassen. Gelblicher Lampenschein vom Campus zwielichtet durchs Zimmer. Nachdem Marlene erklärt hat, heiraten zu wollen, sagt Emily trotzig entschlossen, daß auch sie dann heiraten werde. Ich solle meine Zustimmung geben, verweigere sie jedoch. Erstens sei Emily erst 17, zweitens habe sie gar keinen Mann zum Heiraten, worauf sie zu schluchzen beginnt.

Losgetreten worden ist das Traumbild vielleicht durch die erneute Lektüre von Günther Anders' *Lieben gestern*, das mir vorgestern beim Umstellen einiger Bücher in die Hände geriet. Anders erzählt da vom Widerstand des Vaters einer Achtzehnjährigen gegen deren Heiratswunsch. Der Vater, ein aufgeklärter Freigeist »orthodoxester Herkunft«, stemmt sich gegen die »zu frühe Verbürgerlichung« der Tochter und legt ihr statt dessen das Konkubinat nahe. »Es fehlt nur noch, daß er sein Kind in einen Einführungskurs ›Revolte gegen die Eltern-Generation‹ schickt.« Er benimmt sich, »als verschleudere seine Tochter sein Kapital: Als habe er, der seinerzeit im Schweiße seines Angesichts die Tabus seines Elternhauses gebrochen hatte, alle diese Arbeit ganz umsonst geleistet; als setze nun das Mädchen ihre Arbeit am Stickrahmen dort fort, wo ihre Großtanten sie vor fünfzig Jahren unabgeschlossen hatten liegen lassen.«

Derlei unfreiwillige Possen hätten auch APO-Veteranen reißen können. Im übrigen geht hinter solchem Verhalten wohl nichts als väterliche Verlustangst in die Deckung der Ideologiekritik.

## Mittwoch, 17. November

Jamies Geburtstag.

Für dich werd ich keine Geschichten machen,
weil dein Gesicht die Geschichten schon kennt,
in deine Falten und in dein Lachen,
in deine Augen geschrieben: The End.

Für dich werd ich keinen Roman verfassen,
weil dieser Roman nie ein Ende nähm;
nie könnte ich diesen Roman verlassen,
weil immer ein neues Kapitel käm.

Für dich hab ich nie ein Gedicht geschrieben,
weil Worte ein Wind sind, der trocken verweht,
weil sich nichts reimt auf die Liebe der Lieben,
weil alle Schönheit vor deiner vergeht.

Und dies Sonett? Du wirst es längst kennen,
mußt es nicht lesen, kannst es verbrennen.

(*Der Schatten den die Hand wirft*)

## Donnerstag, 18. November

In einen widerlichen Novemberregen mischen sich nasse Schneeflocken, und nach einer Weile fällt nur noch dieser erste, fette Schnee. Und vergeht augenblicklich.

Im Geburtstagsbrief an ihre Mutter, der pünktlich mit eintägiger Verspätung eintrifft, schreibt Marlene, es berühre sie seltsam, erstmals nur schriftlich gratulieren zu können und nicht mehr persönlich dabei zu sein. Was jetzt noch seltsam erscheint, wird bald zur Regel geworden sein. Hoffentlich bleibt es berührend.

In einer jener TV-Quiz-Sendungen, in denen man mit Glück und solider Halbbildung unsinnig viel Geld gewinnen oder sich öffentlich unsterblich blamieren kann, treten keine Einzelkandidaten auf, sondern auf diverse Weise verbundene Paare – Ehepaare, Berufskollegen, Freunde etc.

Ob ich dort nicht mal gemeinsam mit ihr das schnelle Geld abgreifen wolle, erkundigt sich Emily. Wir wären ein gutes Team, Vater & Tochter, cool, sie sattelfest im Reich von Kino, Pop und TV-Serien, ich zuständig fürs irgendwie Seriösere.

Nachdem ich leichtfertig ja, ja gesagt habe, schickt Emily zügig per Internet eine einschlägige Bewerbung los. Fehlt nur noch, daß wir da eingeladen werden, dank Emilys Trivia-Beschlagenheit virtuell immer reicher werden, bis ich schließlich an einer tückischen Frage zu Shakespeares Dramen oder Rosamunde Pilchers Romanen scheitere und die zum Greifen nahe Million vermassele.

## Freitag, 19. November

Neues aus den Klassenzimmern oder Knapp vorbei ist auch daneben:

Deutschlehrer: »Es gibt auch noch andere tolle Werke von Thomas Mann. Zum Beispiel *Faust.*«

A propos Thomas Mann: Emily hat für ihren Deutschkurs als Kurzreferat das Thema Friedrich Schiller zugewiesen bekommen.

»Friedrich Schiller auf anderthalb Seiten«, stöhnt sie. »Habt ihr nicht mal schnell 'ne Idee?«

Jamie empfiehlt die skandalöse und komplizierte Dreieraffäre. Schiller habe es doch irgendwie gleichzeitig mit zwei Schwestern gehabt, nicht wahr?

»Das geht aber nicht auf anderthalb Seiten!«

Ich empfehle einen Lebensabriß. Einfach und klar.

Und das macht Emily dann auch, beendet den Lebensabriß treffend mit dem Satz: »Friedrich Schiller stirbt am 9. Mai 1805«, ist jedoch unzufrieden. Das sei kein guter Schluß. Da fehle noch etwas Allgemeines. Oder umgekehrt noch was eher Persönliches.

Wir schlagen nach bei Thomas Mann und werden fündig mit einer Bemerkung, die Schillers kurzes Leben mit seiner enormen Produktivität kontrastiert. Paßt, wackelt und hat Luft. Aber Emily paßt es immer noch nicht so ganz. Das müsse jetzt irgendwie noch allgemeiner oder persönlicher oder pointierter oder was auch immer werden.

»Schwierig«, finde ich, »dann müßte man Thomas Mann jetzt noch toppen.«

»Ja, warum nicht?«

»Hast du 'nen Vorschlag?«

»Nö.«

»Dann laß es doch so, wie es ist.«

»Auch gut.«

## Samstag, 20. November

Gestern abend hat Emilys Geschichtslehrer zu einem Kurstreffen in seiner Wohnung eingeladen. Wie's denn gewesen sei?

»Der tut mir echt leid«, sagt sie.

»Wieso? Keine schöne Wohnung?«

»Es sind nur neun Schüler gekommen. Von über zwanzig. Und er gibt sich immer solche Mühe.«

In seinem Essay *Über die Liebe der Väter zu ihren Kindern* spricht Michel de Montaigne über das Liebes-Mißverhältnis zwischen Eltern und Kindern, das sich im (auch mir nicht völlig fremden) chronischen, unbehaglichen Gefühl von Eltern äußert, ihre Kinder seien ihnen gegenüber undankbar. »Nach dem Trieb der Selbsterhaltung und Schadenverhütung, der jedem Lebewesen eignet«, sei die Liebe des Erzeugers zu dem von ihm Erzeugten gewissermaßen naturgesetzlich, biologistisch. Da aber die Natur uns die Kinder »nur zwecks Förderung und Ausbreitung der aus ihrer Maschine in steter Folge ausgestoßnen Stücke ans Herz gelegt zu haben scheint, braucht man sich nicht zu wundern, daß in umgekehrter Richtung, von den Kindern zu den Eltern, die Liebe weniger groß ist.

Dem läßt sich die Erwägung des Aristoteles anfügen, daß einer, der jemandem eine Wohltat erweist, ihn mehr liebt als dieser ihn; und daß der, dem geschuldet wird, mehr liebt als der, welcher schuldet; und daß jeder Werkende sein Werk mehr liebt, als das Werk ihn lieben würde, wenn es empfindungsfähig wäre – denn wir hängen unser Herz daran, zu sein; und zu sein ist Bewegung und Tun. So lebt jeder auch in dem, was er werkt.«

Montaigne ist natürlich weit davon entfernt, dies Mißverhältnis zu beklagen, weil Elternliebe Gelassenheit, und das heißt: Lassenkönnen, verlangt: »Der Wert unserer leiblichen Kinder ist in weit höherem Maße der ihre als der unsere – wir haben nur einen äußerst geringen Anteil daran.«

Unsere Produktion jedoch, zum Beispiel die literarische, »diese Kinder unseres Geistes sind tiefer unser Eigen. Bei der Zeugung solcher Kinder sind wir Vater und Mutter zugleich.« Unser Werk »verkörpert uns somit viel lebendiger – es ist unser wahres Ebenbild.« Montaigne selbst sei sich keineswegs sicher, »ob ich es nicht vorzöge, statt in der Umarmung mit meiner Frau in der mit den Musen ein vollkommen wohlgestaltetes Kind gezeugt zu haben. Diesem (…) gebe ich jedenfalls das, was ich gebe, rückhaltlos und unwiderruflich, wie man es bei leiblichen Kindern tut; das wenige, was ich ihm an Gutem zukommen ließ, ist nun meiner Verfügung entzogen. Daher mag es vieles wissen, was ich nicht mehr weiß, und von mir Dinge bewahren, die ich nicht bewahrt habe und die ich notfalls von ihm wie von einem Fremden borgen müßte. Es ist reicher als ich, selbst wenn ich weiser sein sollte.«

## Sonntag, 21. November

Marlene ruft an, wir möchten sie zurückrufen. Jamie übernimmt und reicht nach gut einer Stunde den heißgeredeten Hörer an mich weiter.

Sie habe, erzählt Marlene, ja nun viel, wenn nicht ausschließlich mit Akademikern zu tun, im Buchladen, aber auch privat, und bei dieser Gesprächseröffnung rechne ich damit, daß sie gleich erklären wird, bei so viel akademischem Wind die Lust am Studium verloren zu haben. Voll daneben. Vielmehr bekomme sie nun immer mehr Lust, endlich selbst zu studieren und zwar Geschichte. Im Herbst nächsten Jahres soll's losgehen. Dann wird sie 20 sein, und das ist ein gutes Alter. Ich war auch 20, als ich zum Studium nach Hamburg ging.

Am nächsten Wochenende fährt sie mit ihrem Jamie zu dessen Familie nach North Carolina: Thanksgiving.

Dann müsse sie, sage ich, ja Truthahn essen.

Aber nein, die Familie sei auf Vegetarier eingestellt. Tofubraten in Truthahnform?

»Was die Jugend unglücklich macht, ist der heftige Wunsch, so zu sein wie die anderen, und was das mittlere Alter erträglich macht, ist die Aussöhnung mit sich selbst.« (W. Somerset Maugham: *Notizbuch eines Schriftstellers*) Oder so: Die Jugend versteht sich nicht von selbst, während das mittlere Alter versucht, sich selbst zu verstehen. Oder auch so: Mit 20 will man überall dabei sein, mit 50 ist man froh, wenn man es mit sich selbst aushalten kann.

### Montag, 22. November

Von den Schlafliedern, die Jamie damals unter der schrägen, zeltartigen Holzdecke des Kinderzimmers den Mädchen vorsang, war dies das schönste. Ich dachte immer, es gelte auch mir:

»Row, row, row your boat
gently down the stream,
merrily,
merrily,
merrily,
merrily,
life is but a dream,
life is but a dream ... «

Es gilt mir immer noch, und manchmal denke ich, es gilt mir immer mehr.

### Dienstag, 23. November

Trotz aller Verschiedenheit, die Jamie und mich angezogen, aneinander gebunden hat und immer noch zusammenhält, machen wir seit 24 Jahren gleiche Erfahrungen, ergänzen uns aus unterschiedlichen Erfahrungshorizonten und bestehen gemeinsame Gefahren, von denen vielleicht die größte darin besteht, die unausweichlichen Krisen einer Ehe so katastrophal ernst zu nehmen, daß man einander aufgibt.

Mit unseren Kindern haben wir, wie man so sagt, Glück gehabt, aber dies Glück ist auch das Ergebnis gemeinsamer Arbeit und weitgehenden Einverständnisses über deren Erziehung, über die Werte und Verhaltensweisen, die wir weiterzugeben für wichtig halten. Diese Gemeinsamkeiten führen unter anderem zu einer freundlichen Wortkargheit des Einverständnisses. »Über das, was am meisten ›der Rede wert‹ ist, braucht man nicht mehr zu reden; man kann sich spießgesellenhaft auf Andeutungen beschränken und des Anderen Winke richtig erschließen; oder richtiger: man erschließt sie kurzschlußhaft. Diese Beschreibung ist beinahe die Beschreibung der Liebe: Denn wenn etwas die Liebessituation von anderen Situationen unterscheidet, so der ständig und verläßlich arbeitende Kurzschluß-Mechanismus. Funktioniert nun aber ein ähnlicher Mechanismus zwischen ›Komplicen der Erfahrung‹, so ist es nur natürlich, daß die hin- und herspringenden Funken die Menschen als *ganze* elektrisieren. *›Komplicität‹ mündet in Liebe, in ›Liebe auf den letzten Blick‹.*« (Günther Anders: *Lieben gestern*)

Wobei man die ersten Blicke immer im Auge behalten muß, weil aus ihnen alles weitere folgt. Und man muß sich hüten, die Wortkargheit des Einverständnisses nicht zu bequemer Sprachlosigkeit verkümmern zu lassen. Leider mißlingt mir beides gelegentlich.

## Mittwoch, 24. November

Nach der Abschaffung der Orientierungsstufen durch die CDU-Landesregierung füllen und überfüllen jetzt auch wieder die fünften und sechsten Klassen die Gymnasien, was dort zu akuter Raumnot führt und offenbar auch zu überraschenden, ungeahnten Generationskonflikten. Jedenfalls klagt Emily, teils ironisch, teils empört, über die Respektlosigkeit mancher dieser Youngster gegenüber ihrer Generation, den Oberstufenschülern also, die ja bekanntlich die Krone der schulischen Evolution darstellen.

»Als ich so klein war wie die«, sagt Emily, »habe ich die Großen bewundert.«

»So gehört sich's ja auch«, sage ich.

»Das war mal«, sagt sie, »kannst'e vergessen.«

Sie habe, E-mailt Marlene, Van Morrison für sich entdeckt und empfiehlt Emily, mal entsprechend in meiner CD-Sammlung zu forschen, was es da Aufregendes zu hören gibt.

Ein Auftritt Van Morrisons im Hamburger Stadtpark war im Spätsommer 1980 das erste Konzert, das Jamie und ich gemeinsam besucht haben, und Van Morrisons Auftritt vor einem Jahr in der Hamburger Musikhalle war das vorerst letzte. Da gibt es also gewissermaßen musikalische Erbmasse.

## Donnerstag, 25. November

»Während die Literatur alle psychologischen Arten erotischer Konflikte behandelt hat, ist der einfachste auswendige Konfliktstoff unbeachtet geblieben um seiner Selbstverständlichkeit willen. Das ist das Phänomen des Besetztseins: daß ein geliebter Mensch sich uns versagt nicht wegen innerer Antagonismen und Hemmungen, wegen zuviel Kälte oder zuviel verdrängter Wärme, sondern weil bereits eine Beziehung besteht, die eine neue ausschließt.« (Theodor W. Adorno: *Minima Moralia*)

Als ich im Frühjahr diese Passage las, notierte ich an den Rand: »Das wäre einen Roman wert«, und seitdem gehe ich mit der Idee schwanger. Es könnte eine ziemlich realistisch beginnende Seitensprunggeschichte sein, die immer irrealer, fiktiver würde, sich aber sukzessive wieder der Realität zuneigte, so daß ein erotisches Gedankenspiel schließlich in einer Katastrophe enden müßte. Es gibt schon allerlei Notizen und Skizzen dazu, und heute fällt mir ein möglicher Titel ein: *Eine ungeschehene Liebe.*

Die Konstruktion ist völlig fiktiv, doch müßte ich sie zumindest teilweise aus meinem realen Erfahrungsfundus füllen und füttern. Und da beginnt ein Problem, das mir den Stoff in einer Art Selbstzensur ausradieren könnte, bevor ich ihn überhaupt zu fassen kriege. Zwar habe ich in fast allen Romanen die Fiktionen durch autobiographische Erfahrungen plausibel gemacht; anders geht es ja auch gar nicht. Und die Leser, die für mich so unbekannte Wesen sind wie ich für sie nur der schreibende Schatten des Textes, können sowieso nicht abschätzen, wo die Dichtung aufhört und die Wahrheit beginnt bzw. umgekehrt. Das ahnen oder wissen höchstens meine Familie und mein engster Bekanntenkreis. Fasse ich jedoch diesen Stoff an, könnte genau dieser Kreis, der den Kern meiner emotionalen und sozialen Kontakte bildet und halbwegs weiß, wie Phantasie und Erfahrung, Rollenspiel und sogenanntes Ich in meiner Produktion ineinandergreifen, auf die Idee kommen, daß ich etwas erlebt habe, was meine familiäre Situation als Fake erscheinen ließe.

Versuch macht klug. Bedenklich dennoch – allemal bedenklicher als dies Journal.

## Freitag, 26. November

Von außen und innen sind die Türklinken von Emilys Zimmer stets mit diversen Taschen und Beuteln behängt, die das Öffnen der Tür schwierig machen; man könnte darin eine unbewußt geschaffene Barriere sehen, die den Zutritt erschweren soll. Allerdings wird das Schließen der Tür von innen durch das Taschengewirr genauso behindert, weshalb sie tagsüber meistens eine Hand- bzw. Taschenbreite offensteht. Die Tür trennt und verbindet zugleich, als wolle Emily damit sagen: Ich bin noch da.

Aber sie nähert sich der Schwelle.

Links neben der Tür ein in die Wand eingebauter Kleiderschrank, rechts eine Regalkonstruktion mit Stereoanlage, CDs, Schulbüchern, vorm Fenster der Schreibtisch mit Drehstuhl. Ein Sessel. Weil ihr Zimmer sonst zu klein gewesen wäre, haben wir bei unserem Einzug einen Teil meines Arbeitszimmers abtrennen lassen und mit einem Wanddurchbruch Emily zugeschlagen. In diesem Bereich stehen, Wand an Wand zu meinen Bücherregalen, ihr Bücherregal, ihr Bett, daneben ein rundes Tischchen. Am Rahmen des Wanddurchbruchs hängen Fotos, dazwischen eine Postkarte mit Sätzen Franz Kafkas: »In der Jugend ist man glücklich, weil man die Fähigkeit hat, das Schöne zu sehen. Wer diese Fähigkeit bewahrt, wird niemals alt.«

Bei längerem Nachdenken leuchtet mir der erste Satz immer weniger ein, es sei denn, mit dieser Fähigkeit wäre die Glückserfahrung der Jugend gemeint, »das Schöne« *zum ersten Mal* zu sehen. Was wirklich »schön« ist, bleibt schön. Das Schöne ist ja eben deshalb schön, weil es krisensicher ist und selbst vor der stumpfen Bitterkeit des Alters besteht. Und vielleicht ist es sogar umgekehrt, daß das Glück der Jugend darin besteht, gar kein Bedürfnis für das derart tröstliche »Schöne« zu haben; jedenfalls sollte man mit 20 mehr Spaß am Sex haben als Vergnügen an der Lektüre Kafkas.

Und was den zweiten Satz angeht: Da kann man nur hoffen, daß er zutrifft. Ästhetische Empfänglichkeit als Rezept für's *forever young*? Schön wär's ja schon …

### Samstag, 27. November

Während Jamie und ich uns zum Ausgehen fertigmachen, liegt Emily abends um sieben matt auf der Couch und glotzt lustlos TV. Ob sie denn, frage ich, nichts unternehmen wolle. Immerhin sei Samstagabend.

»Och nö, ich hab zuviel für die Schule zu tun.«

»Und was machen deine Freundinnen?«

»Die müssen auch alle arbeiten.«

Ja, wie denn, was denn? Samstag abend? In ihrem Alter ging unsereiner da auf die Piste, anstehende Hausaufgaben hin, drohende Klassenarbeiten her. Oder bilde ich mir das nur ein, um meiner Jugend einen freieren, wilderen Sound beizumischen? Paßt schulisches Pflichtbewußtsein vielleicht nicht in die Phantasien, die ich über mich selbst pflege? Ich weiß es nicht. Weiß ich etwa nur noch das, was ich über mich zu wissen wünsche? Ich weiß allerdings, daß Erinnerung eine Fiktions- und Erfindungsmaschine ist, die das, was tatsächlich geschehen ist, permanent verzerrt oder verklärt, manchmal beides zugleich. Sie ist damit eine Form von Dichtung, die noch der unpoetischste Mensch produziert.

Die Zeiten hätten sich aber wohl auch geändert, meint Jamie. Unsere Generation hätte sich nicht oder kaum um Abiturnotendurchschnitt, Numerus clausus und zweifelhafte Zukunftsaussichten bekümmern müssen, und so hätte man die Wochenenden hemmungsloser ausgelebt. Als wir dann zum letzten Mal aus der Schultür kamen, lockte eine breite Straße, die überallhin führen konnte. Heute beginnt da eine krumme, trüb erleuchtete Gasse voller Schlaglöcher, und durch diese unfreundliche Gasse drängen sich immer mehr Menschen. Wer da noch irgendwo ankommen will, womöglich am Ziel seiner Wünsche, muß sein Gepäck sorgfältig wählen. Mit Ruck- und Schlafsack, Lyrik, Gitarre und romantischen Flausen im bekifften Kopf wäre man heute jedenfalls noch falscher ausgerüstet als damals.

Jamie und ich wollen jedenfalls zum Auftritt einer aus lokalen Rockveteranen gebildeten Band, die einen Abend mit Beatles-Cover-Versionen bestreitet. Ob Emily sich da nicht anschließen wolle, statt zwischen Schreibtisch und Fernseher zu pendeln? Aber da winkt sie müde lächelnd ab – und tut gut daran. Die Oldie-Mucke im Saal eines vorstädtischen Ausflugslokals stimmt mich melancholisch bis depressiv. Musikalisch kriegen die vier gesetzten Herren mit Doppelkinn und hohen Stirnen die Sache zwar halbwegs solide über die Bühne, aber mit dem ergrauten, mehr oder minder aus der Form geratenen Publikum verhaucht das Ganze die Atmosphäre einer provinziellen, kleinbürgerlichen Silberhochzeitsfeier. Das Schlimmste: Ich bin dabei und sträube mich zugleich gegen die Zugehörigkeit. Stück für Stück, von denen ich doch jedes mitsingen könnte, sackt meine Stimmung tiefer in ein bodenloses Unbehagen, für das ich erst viel später Worte finde: Auch das ist vorbei.

Aber ob es die richtigen Worte sind, weiß ich nicht.

## Sonntag, 28. November

»Hallo Marlene!

Du mußt uns mal gelegentlich mehr davon erzählen, wie Du Thanksgiving im Elternhaus von Jamie gefeiert hast. Ich hätte da ja nur zu gern Mäuschen gespielt. Kannst Du Dich an das Remake des Films *Father of the Bride* mit Steve Martin erinnern? Wenn Steve Martin da eifersüchtig und neugierig durchs Haus der Schwiegereltern in spe schleicht und stolpert und das totale Chaos anrichtet? Als ich den Film damals sah, dachte ich, so etwas könnte auch mir ähnlich sehen, wenn's denn mal so weit sein würde ...

Heute ist der erste Adventssonntag. Ich habe gestern auf dem Markt einen Kranz gekauft; es war absurd schwierig, einen halbwegs kitschfreien zu finden. Heute haben wir dann die erste Kerze angezündet und zu dritt spät und ausführlich gefrühstückt. Emily hat *Adiemus* aufgelegt – das hätten wir, sagt sie, auch oft in Mollberg zum Sonntagsfrühstück gehört.

Mama hat dann im Lauf des Tages allerlei Vorweihnachtsdekorationen in der Wohnung verteilt, Du weißt schon: Lichterkette mit Tesafilm ins Küchenfenster hängen und so weiter. Alles sehr schön. Und irgendwie auch ein bißchen traurig, weil Du nicht dabei bist. Die Lichterkette wäre wie immer Dein Job gewesen! Und spätestens nach zwei Tagen löst sich dann natürlich der Tesafilm von der Fensterscheibe …

Wir freuen uns alle, daß wir Dich Weihnachten wiedersehen werden.«

Denglish: I've made my Frieden.

## Montag, 29. November

Die Aussöhnung mit sich selbst, die W. Somerset Maugham dem mittleren Alter als Trost zuschreibt, setzt voraus, daß wir ein stabiles Selbst haben oder sind, mit dem wir identisch werden können. Trotz zunehmenden Alters gelingt mir Stabilität aber nur an der Oberfläche meiner sozialen Existenz, in meinen gesellschaftlichen Rollen als Vater, Schriftsteller, Freund, Bürger, Ehemann und so weiter – und selbst dort nicht reibungslos, sondern widerspruchsvoll und manchmal wie unter Zwang. Mein sogenanntes Innerstes bleibt mir verschlossen; ich erblicke nur immer ratloser verschiedene Facetten meines Charakters.

Aber vielleicht ist es gerade ein Zeichen von Reife, zu verstehen und sich einzugestehen, daß eine Person nicht aus konstanten Schichten besteht, die sich um einen stabilen Kern anlagern, sondern eine Art psychische Software ist, deren fehlerhaftes und amorphes Programm ständig umgeschrieben werden muß, um nicht zu zerfallen.

Allerdings machen all die Mißverständnisse, Widersprüche, Fehlentscheidungen und Irrtümer, in die ich verstrickt und aus denen ich gestrickt bin, das Leben auch interessant. Zumindest liefern sie Erzählstoff. Insofern käme es für einen Schriftsteller dem geistigen Ruhestand gleich, den gemeinsamen Nenner zu finden, um mit sich selbst versöhnt zu sein.

Neues aus den Klassenzimmern oder Drogenberatung:

Schüler zu Biologielehrer: »Daß Sie mich da jetzt nicht falsch verstehen, aber wie lange kann ich Kleber schnüffeln, ohne abhängig zu werden?«

## Dienstag, 30. November

Heute vor 20 Jahren war Jamie im vierten Monat mit Marlene schwanger, schob bereits einen stattlichen Bauch vor sich her und strotzte vor positiver Energie. Höchste Zeit also, im Standesamt Hamburg-Mitte zu erscheinen, um alles Kommende unters amtliche Dach der Ehe zu manövrieren. Ich hatte meiner Heiratsbegeisterung anfangs mit allerlei Hilfskonstruktionen auf die Sprünge geholfen, angebliche Steuervorteile zum Beispiel (die ich aber damals nicht verstand und auf die ich heute immer noch warte) oder auch die Entbürokratisierung von Jamies Ausländerstatus, der immer mal wieder zu absurden behördlichen Schikanen geführt hatte. Aber im Grunde und am Ende war es viel einfacher: Sie liebte mich, ich liebte sie, das erste Kind machte sich unübersehbar breit – warum also nicht?

Das Ja ging mir glatt und ehrlich, sozusagen über-zeugt, über die Zunge, und ich habe es nie bereut. Gleichwohl muß ich irgendwie kränklich, schlecht rasiert und mitgenommen ausgesehen haben, hatte wohl gerade eine Grippe überstanden. Jedenfalls wirkte ich nicht wie ein beseligt strahlender Bräutigam, was dazu führte, daß der Standesbeamte anfangs meinen Trauzeugen Sebastian für den rechtmäßigen Bräutigam und mich für den etwas deplazierten Zeugen hielt, was dem Beamten dann furchtbar peinlich war, der Zeremonie aber etwas erfreulich Ironisches verlieh. Als laut Protokoll der Austausch von Ringen anstand und ich munter sagte, die brauchten wir nicht, stutzte der Beamte einen Moment, faßte sich aber gleich wieder mit den Worten, es gehe natürlich auch ohne und lotste uns mit freundlicher Routine in den Hafen.

Dann frühstückten wir noch mit unseren Trauzeugen in einem Café am Gänsemarkt und gingen abends mit ihnen in einem französischen Restaurant essen. Und das war's. Sowenig ich je mein Ja bereut habe, sowenig mir ein Ehering fehlt, sowenig habe ich je eine Hochzeitsfeier vermißt.

Vielleicht hat gerade das beiläufig Unspektakuläre dazu beigetragen, daß Jamie und ich 20 Jahre durchgehalten haben, in guten und in schlechten Tagen. 20 weitere Jahre sind mir sehr willkommen.

*Der Spiegel* von dieser Woche macht mit der Titelstory auf: »Der geplünderte Mann. Scheidung tut weh«. Die Kurzfassung dieser Story lautet: Im Jahr 2003 kamen in Deutschland auf knapp 400.000 Eheschließungen mehr als 200.000 Scheidungen.

Und in Maughams *Notizbuch* lese ich heute: »Wenn es möglich wäre, die Ehe im ersten Jahr ohne Aufsehen aufzulösen, würde von fünfzig Paaren nicht eines zusammenbleiben.« Der Eintrag stammt aus dem Jahr 1900. Er dürfte damals nicht gestimmt haben und stimmt vermutlich auch heute noch nicht. Aber er stimmt als Pointe.

## Mittwoch, 1. Dezember

Lese am Spätnachmittag weiter in Maughams *Notizbuch*, gerate an die Bemerkung, daß es furchtbar sei, keine Ausdrucksmöglichkeit zu besitzen und deshalb Gefühle immer geheimhalten zu müssen. Ich grüble über den Satz nach, indem ich in den Garten starre, dessen späte Farben im Sprühregen und der rasch fallenden Dämmerung immer fahler werden. Als ich zum Buch zurückkehren will, ist das verbliebene Licht so schwach geworden, daß ich kaum noch etwas entziffern kann. So verschwinden auch manchmal Menschen aus unserem Blickfeld – man merkt es kaum, man hat gar nicht recht hingesehen, und wenn man genauer hinsehen will, ist es zu spät.

Ich knipse die Schreibtischlampe an, aber der Satz, der mir im Zwielicht bedeutungsvoll schien, kommt mir im Licht banal vor.

## Donnerstag, 2. Dezember

Jamie hat einen Adventskalender mit Motiven von Pettersson und Findus gekauft, Charaktere einer wunderbaren Kinderbuchserie, die leider erst auf dem Markt erschien, als die Mädchen schon fast zu alt dafür waren. Emily könne nun endlich alle Türchen ganz allein aufmachen und müsse sich nicht mehr mit Marlene streiten, wer jeweils an der Reihe sei, sagt Jamie.

Emily lächelt altersmilde, und mich schmerzt der Scherz ein bißchen.

In den Mollberger Tagen hatten wir noch einen zweiten, selbstgemachten Adventskalender: An einem Tuch mit Weihnachtsmotiven hingen 48 ganz kleine Geschenke, einzelne Wachsstifte etwa oder Süßigkeiten, für jeden Tag pro Kind eine Kleinigkeit. Wo dieser Kalender sei, erkundigt sich Emily. Er liegt mit anderen Kindheitsdingen in einem der Kartons im Keller und träumt davon, eines Tages von anderen Kindern wachgeküßt zu werden.

»Von unseren Enkeln zum Beispiel«, sage ich augenzwinkernd.

»Das kann aber noch dauern, Mann«, sagt Emily.

Am Spätnachmittag, auf meinem gewohnheitsmäßigen Gang ins Café, wo ich die Tageszeitungen lesen werde, geht mir der kurze Dialog über die Adventskalender durch den Kopf, als fehle etwas, als sei da noch nicht alles gedacht oder gesagt worden – und das, obwohl ich den Gegenstand in *Vierundzwanzig Türen* immerhin schon mal zu einem kompletten Roman verarbeitet habe. Beim Anblick des Herzchens aus Kakaopulver, das auf dem Milchschaum des Kaffees schwimmt, fällt es mir plötzlich ein: Adventskalender sind naive Ikonen der Vorfreude.

Weil uns der gelebte Augenblick nur als vergangene Erfahrung erreicht, liegt alles Glück in Vorfreude, Sehnsucht und Erinnerung, alles Unglück in Angst, Erinnerung und enttäuschter Vorfreude. Oder auch so: »Die Sehnsucht war damals meine Zukunft, so wie heute die Vergangenheit mein Heimweh ist.« (Arnold Stadler: *Sehnsucht*)

Übrigens verlangsamt Vorfreude die Zeit, während Bedenken und Angst sie beschleunigen. Insofern lebt der Glückliche länger als der Unglückliche.

## Freitag, 3. Dezember

Unter Emilys Freundinnen gibt es einige, die Bücher von mir gelesen haben oder lesen. *September Song* sei allerdings krass sexlastig, was Emily reichlich peinlich ist. Cool müsse es aber dennoch irgendwie sein, finden Emilys Freundinnen, wie auch immer verfremdet in Büchern vorzukommen, was für Emily selbstverständlich ist. Und total cool wäre es, wenn ich mal ein Buch schriebe, in dem dann auch sie, die Freundinnen, alle vorkämen.

Na schön, ihr Hübschen, hier habt ihr es. Jetzt kommt ihr alle mal vor: Deike und Maike, Luise und Luisa, Gretje, Kerry und Inga.

»Es gäbe wenig Altruismus in der Welt, wenn er nicht ein Quell der Freude wäre. In irgendeiner Weise erwartet jeder eine Belohnung seiner Selbstlosigkeit. Absoluten Altruismus gibt es nicht. Sozialer Altruismus bedeutet lediglich, daß es dem Individuum oft von Nutzen ist, sich für andere aufzuopfern. Die einzige spontane Selbstaufopferung ist diejenige, die mit dem Hervorbringen und Großziehen der Nachkommenschaft zu tun hat. Aber hierbei ist der stärkste animalische Instinkt beteiligt, und wenn er daran gehindert wird, sich auszuleben, sind Depressionen und sogar wirkliche Schmerzen die Folge. *Es ist töricht von Eltern, ihren Kindern Undankbarkeit vorzuwerfen; sie sollten daran denken, daß das, was sie für sie taten, zu ihrem eigenen Vergnügen geschah.*« (W. Somerset Maugham: *Notizbuch eines Schriftstellers*)

Das Vergnügen beginnt mit der Zeugung, pflanzt sich fort in den flüchtigen, vorübergehenden Glücksmomenten gemeinsamen Lebens und wächst sich schließlich zu Erinnerungsbildern aus, in denen die Flüchtigkeit zur bittersüßen Dauer des Es-war-einmal findet.

### Samstag, 4. Dezember

Melde Marlene aus dem Tennisverein ab; wenn sie in Zukunft hier spielen will, kann sie als Gast auftreten. Laut Schreiben des Vereins reduziert sich jetzt der Familienmitgliedsbeitrag jährlich um 30 Euro, aber darüber kommt kaum Freude auf, als ich das Schreiben abhefte. Marlene als Gast. Abheften. Weitermachen.

Und noch etwas wird demnächst zur allerneusten Vergangenheit geworden sein, nämlich der elterliche Chauffeurdienst. Als wir noch in der Mollberger Feld-Wald-und-Wiesen-Idylle lebten, fern jeden öffentlichen Verkehrssystems, mußten wir die Mädchen zu allem und jedem kutschieren – Kindergarten, Schulbus, Parties, Tennis und so weiter –, brauchten deswegen zwei Autos, vertaten Zeit, verbrannten Unsummen an Geld und waren dreimal in Unfälle verwickelt. Das nervte kolossal, und dennoch habe ich diese Fahrten mit den Mädchen in freundlicher Erinnerung, weil sich in der geschlossenen Atmosphäre des Autos oft eine besondere Nähe und Intimität einstellte. Seit wir in der Stadt wohnen, wo fast alles zu Fuß, per Fahrrad oder mit dem Bus erledigt werden kann, sind solche Situationen selten geworden.

Gestern nun war Emily zu einer Geburtstagsparty auf dem Land eingeladen, von wo Jamie sie dann nachts wieder abholte. Vermutlich war's das letzte Mal, denn in Kürze wird auch Emily den Führerschein haben. Das freut sie um so mehr, als ich das alte Autoradio mit Cassettenrecorder gegen eins mit CD-Spieler ausgetauscht habe. Wenn man es anschaltet, blinkt und flimmert es schön bunt, aber was die zahlreichen, mit rätselhaften Kürzeln beschrifteten, ohne Lesebrille unentzifferbaren Knöpfe mir sagen wollen, werde ich erst nach mehrfacher Lektüre der Gebrauchsanweisung geschnallt haben.

Was mir als Wirrwarr erscheint, durchschaut Emily auf den ersten Blick. »Da drückt man drauf, und hier dreht man dran, und schon klappt's. Ist doch ganz einfach, Papa.«

Baby, you can drive my car, beep beep, beep beep, yeah!

## Sonntag, 5. Dezember

Ein langer Brief Marlenes in ihrer sehr erwachsenen Handschrift berichtet von Thanksgiving im Elternhaus ihres Freunds. Sie erkundigt sich auch nach den Anfängen des Zusammenlebens zwischen ihrer Mutter und mir.

»Liebe Marlene,

ich kann gut verstehen, daß Dich die Reserviertheit von Jamies Mutter irritiert hat. Aber vielleicht ist solche Zurückhaltung manchmal gar nicht so schlecht. Man weiß als Eltern ja nicht so recht, was kommen wird, und wartet lieber erst einmal ab, höflich, aber distanziert. Ich kenne das gegenteilige Verhalten von Oma, und damit umzugehen war vielleicht noch schwieriger. Sie hat nämlich Freundinnen, die mein Bruder und ich ins Haus brachten, manchmal so kräftig an ihr großes Herz gedrückt, daß sie sich fast erdrückt fühlten. Ich glaube, meine Mutter hat immer gleich Hochzeiten und Enkelkinder gewünscht und gewittert, statt entspannt und distanziert abzuwarten, was sich entwickelt. Mein Vater hat das dann aber mit seiner reserviert-ironischen Art ausgeglichen. Der richtige Umgang mit Freundinnen/Freunden der eigenen Kinder liegt wahrscheinlich irgendwo in der Mitte zwischen diesen Extremen. Und ich hoffe sehr, daß es Mama und mir gelingt, Jamie gegenüber diese Mitte zu finden und zu wahren.

Mama hat Dir schon ausführlich über die Schwierigkeiten geschrieben, die wir in unserer Anfangszeit hatten. Das größte Problem – das Du und Jamie wegen Deiner Zweisprachigkeit zum Glück nicht habt – war die Sprache, nicht in der Beziehung zwischen Mama und mir, aber in unseren ›sozialen Netzen‹, den Freundes- und Bekanntenkreisen, deren Reaktionen dann wiederum Rückwirkungen auf die Beziehung hatten. Natürlich sprachen fast alle Englisch, aber man kann aus Rücksicht auf eine einzelne, fremdsprachige Person in größeren Gruppen auf Dauer nicht in einer fremden Sprache kommunizieren. Obwohl Mama schnell Deutsch gelernt hat, empfand sie sich wegen der Sprachbarriere relativ lange als Außenseiterin, und das war für sie und mich schwierig.

Aber zwischen Mama und mir war es am Anfang auch nicht ganz leicht, weil die Bedingungen ungleich waren: Sie kam mit ganz leichtem Gepäck aus Chicago nach Hamburg in meine Welt und mußte ihre Welt fast völlig aufgeben, Familie, Freunde, kulturelle Hintergründe, Lebensverhältnisse und so weiter. Es dauerte für sie entsprechend länger, sich in dieser für sie neuen Welt ihren eigenen Platz zu schaffen, und richtig etabliert hat sie sich dann erst mit der Eröffnung des Ladens. Das war wie ein Signal, daß sie hier auf eigenen Füßen stehen konnte und stand und nicht von mir abhängig war.

Ein Umzug in die USA war seinerzeit für mich ausgeschlossen, weil ich am Beginn meiner Schriftstellerei stand und völlig auf den deutschsprachigen Raum angewiesen war (das ist heute immer noch so, obwohl inzwischen vielleicht ein Leben anderswo realisierbar wäre). Nachdem wir ein Jahr in Hamburg zusammengelebt hatten, sind wir dann 1981 gemeinsam in die USA gereist, wo ich Mamas Familie und Freunde kennenlernte, ihren Hintergrund und ihr Herkommen. Seitdem habe ich sie viel besser verstanden, und unsere Beziehung hat sich zunehmend stabilisiert. Es wäre gewiß auch für Euch gut, wenn Jamie sich mal in Deutschland umsieht, um Deine Traditionen besser zu verstehen. Alles in allem habe ich die ›transatlantische Beziehung‹ mit Mama aber immer als Gewinn empfunden, sozusagen best of both worlds, und zu diesem Gewinn gehört nicht zuletzt, daß Du jetzt mit Deinem deutsch-amerikanischen Familienhintergrund und Deiner Zweisprachigkeit in den USA viel selbstverständlicher und unkomplizierter leben kannst, als wärst Du durch und durch aus Deutschland.

Mach's weiter gut – and listen to the heart!«

## Montag, 6. Dezember

Nikolaustag. Trotz unserer zarten Hinweise stellt Emily ihre Stiefel nicht mehr vor die Tür. Nicht, daß sie ihren Eltern den Spaß verderben will. Sie vergißt es nur. Kinderkram ist einfach nicht mehr ihr Ding. Morgens liegen auf der Fußmatte dennoch ein paar Kleinigkeiten. Und Emily freut sich.

Verlegt und verloren, ein in Variationen wiederkehrender Traum: In einer rauschhaften Eingebung schreibe ich handschriftlich ohne abzusetzen einen längeren, autobiographischen Text, in dem Handschrift und Inhalt so untrennbar verschmolzen sind, daß der Verlag eine Faksimile-Ausgabe druckt, schön gebunden in flexibles Leinen. Als ich im Menschengewimmel der Buchmesse erscheine, ist das Buch aber unauffindbar. Der Verlag schwört Stein und Bein, es verlegt zu haben; eben sei es noch stapelweise am Stand vorrätig gewesen. Da es jetzt spurlos verschwunden sei, müsse man allerdings bezweifeln, daß ich es je geschrieben hätte, und ich müsse den Vorschuß zurückzahlen. Handschrift sei das gewesen? Lachhaft. Handschrift beherrsche doch heutzutage kein Mensch mehr. Handschriftliche Bücher seien auch unverkäuflich. Man empfiehlt mir, an den Ständen anderer Verlage zu suchen. Vielleicht liege es dort. Aber es liegt nirgends. Ich gehe wieder zu meinem Verlag und verlange das Manuskript zurück. Es gebe kein Manuskript, sagt man mir. Wo kein Buch sei, könne es auch kein Manuskript geben. Und wenn es mir so verdammt wichtig sei, könne ich es ja noch einmal schreiben. Unmöglich, sage ich, es war doch ein Manuskript. Worum es denn überhaupt gegangen sei in dem Text, fragt man mich. Das, sage ich, wisse ich nicht mehr. Meine Kindheit oder Jugend vielleicht. Oder die erste Liebe. Oder die letzte. Und eben weil ich es nicht mehr wisse, hätte ich den Text ja überhaupt geschrieben. Damit es nicht verloren gehe, damit nichts verloren gehe.

## Dienstag, 7. Dezember

Marlene erkundigt sich bei ihrer Mutter nach dem Rezept der selbstgebackenen Brötchen, um sie ihrem Jamie zum Frühstück kredenzen zu können. Daß Liebe durch den Magen geht, ist sattsam bekannt. In Maughams *Notizbuch* dazu aber folgende Bemerkung: »Ohne Sinn für Ästhetik käme der Mensch leichter durchs Leben als ohne Geschmackssinn. Wenn man, wie es logisch wäre, die verschiedenen Fähigkeiten der Menschen nach dem Wert klassifiziert, den sie für das Fortbestehen haben, kommt dem Verdauungsapparat neben den Sexualorganen die größte Bedeutung zu.« Jedenfalls sind Brötchen fürs Fortbestehen wichtiger als Bücher.

Mir kommt ein Foto aus dem Sommer 1995 unter die Augen, aufgenommen von Jamie. Es zeigt mich mit unseren Töchtern im ersten Morgenlicht auf der Dünentreppe in Bay Head. Wir waren früh aufgestanden, um den Sonnenaufgang über dem Atlantik zu sehen. Ich erinnere mich, daß ich damals Details des Phänomens innerlich notierte, um sie im Roman *Der Mann im Mast* auszuschreiben, daß ich beim Anblick der aufgehenden Sonne aber auch schnöde dachte: Und abends geht sie wieder unter. Indem ich auf dem Foto die Kindergesichter der Mädchen sehe, verstehe ich plötzlich einen Unterschied zwischen Erwachsenen und Kindern. Sie haben nämlich bei Sonnenaufgang bestimmt nicht an den Untergang gedacht, nicht an gestern und nicht an morgen.

## Mittwoch, 8. Dezember

Ein englischer Wissenschaftler, der Software entwickelt, mit der computerisierte Phantombilder für die Fahndung nach Verbrechern generiert werden können, verspürt offenbar das Bedürfnis, seine Porträtkunst auch freundlicheren Zwecken nutzbar zu machen. Laut *Spiegel* hat er nun eine Methode ertüftelt, die Paaren vorhersagen kann, wie ihre Kinder später einmal aussehen werden. Das Programm puzzelt aus je einem Foto der Eltern ein neues Gesicht zusammen, indem der Computer bei seiner Montage 150 typische Merkmale eines Gesichts kombiniert.

Im Grunde handelt es sich dabei um eine digitale Form der Wahrsagerei, die von der Voraussetzung ausgeht, daß Kinder physiognomisch nichts weiter als die Quersumme der Merkmale ihrer Eltern sind, und die das Eigene, das jedes Kind mit zur Welt bringt, ebenso negiert wie das Leben, von dem wir bekanntlich gezeichnet werden. Kinder, denen ein solches Zukunftsporträt wie eine Art Gesichtshoroskop gestellt wird, dürften ganz arm dran sein. Wenn nämlich den Eltern mißfällt, was da als angebliches Mischungsverhältnis ihrer eigenen Visagen hochgerechnet wird, werden sie dem Nachwuchs mit Unbehagen entgegensehen. Freuen dürfte sich dann nur die plastische Chirurgie, der ein völlig neuer Kundenkreis zugetrieben würde. Wenn die Eltern aber mit dem prognostischen Porträt zufrieden sind, weil es ihrer Eitelkeit und der Vorstellung schmeichelt, Kinder seien nur Fortsetzungen der eigenen Existenz, und wenn dann, wie gar nicht anders zu erwarten, das Aussehen des Kindes sich anders entwickelt als vom Porträt befohlen, dürfte das Erwachen noch böser ausfallen und allerlei Vaterschaften in Zweifel gezogen werden.

Du sollst dir von deinen Kindern kein Bildnis machen.

## Donnerstag, 9. Dezember

Familienleben basiert auch, oder sollte jedenfalls basieren, auf Offenheit und gegenseitigem Verständnis, wodurch der Spielraum, in dem der Einzelne für sich bleiben kann, allerdings erheblich eingeschränkt wird. Eben deshalb erfordert familiäre Intimität auch ein hohes Maß an Toleranz gegenüber den Eigenarten der Einzelnen und Respekt vor der Grenze, an der jeder Einzelne undurchdringlich wird, wo der innere Dschungel beginnt, durch den sich jeder alleine schlagen muß.

Jeder von uns macht Erfahrungen, mit denen er alleinbleiben will oder muß, oder auch solche, für die er, wenn er sie vermitteln will, Kommunikationspartner braucht, die nicht zur Familie gehören. Schlichter gesagt gibt es Dinge, die außer mir niemanden etwas angehen, auch meine Frau oder meine Kinder nicht. Dann gibt es Dinge, die außer mir und meiner Frau niemanden etwas anzugehen haben, auch und vielleicht besonders unsere Kinder nicht. Umgekehrt gibt es Bereiche im Leben unserer Kinder, die entweder mich nichts angehen oder meine Frau nichts angehen oder eben auch niemanden etwas angehen.

Man tut sehr gut daran, gerade den geliebten Menschen ihre Grenzen und Geheimnisse zu lassen, weil zum gegenseitigen Verständnis auch die Einsicht gehört, daß ein vollständiges Verstehen des Anderen unmöglich ist. Wenn nämlich »zwei Menschen einander bis ins Tiefste verstehen wollen, so ist das geradeso, wie wenn zwei gegenübergestellte Spiegel sich ihre eigenen Bilder immer wieder und von immer weiter her wie in verzweifelter Neugier entgegenwerfen, bis sie sich endlich im Grauen einer hoffnungslosen Ferne verlieren.« (Arthur Schnitzler: *Buch der Sprüche und Bedenken*)

## Freitag, 10. Dezember

Neues aus den Klassenzimmern oder Kritik der Klippschule:

Mathematiklehrer nach einer Klausur zu erschöpfter Schülerin: »Haben Sie die Klausur hinbekommen? Ich hätte sie nicht geschafft. War echt zu anspruchsvoll.«

In der dank eines beherzten Moderators erfreulich phrasenfreien TV-Diskussionsrunde *Hart aber fair* wird Otto Schily mit der Bemerkung zitiert, innere Sicherheit fange beim Musikunterricht an. Daraus spricht keineswegs die elitäre Kulturblasiertheit eines ehemaligen Waldorfschülers, sondern ein unter Politikern sonst kaum noch auszumachendes Verständnis für Zusammenhänge zwischen kultureller Erziehung und dem real-banausischen Zustand unserer Gesellschaft, zwischen kulturellem Kahlschlag und wachsender Gewalttätigkeit; noch ungewöhnlicher, daß dies Verständnis sogar in einer eleganten Formulierung zu Wort findet. Natürlich bleibt Schily damit ein einsamer Rufer in den zunehmenden Verwüstungen einer Kultur- und Bildungspolitik, für die eben die Regierung verantwortlich ist, der Schily als Innenminister dient.

WKK: Exkursion von Emilys Leistungskurs nach Florenz:
Euro 244,–. Skireise von Emilys Sportkurs: Euro 320,–

### Samstag, 11. Dezember

Im Umgang mit meinen Töchtern habe ich unter anderem gelernt, »ich weiß es nicht« zu sagen, ohne mir dabei dumm vorzukommen. Und ich empfinde es als ungemein erleichternd, über bestimmte Dinge nichts zu wissen und meine Ignoranz eingestehen zu dürfen.

Allerdings ist dies Eingeständnis gegenüber Erwachsenen nicht immer ratsam, weil man sich dann häufig Dinge anhören muß, die einen überhaupt nicht interessieren; und je weniger sie einen interessieren, desto weitschweifiger wird man mit ihnen belästigt.

»Wie war's in der Schule?«

»Komische Frage«, sagt Emily.

»Wieso komisch?«

»Solche Fragen kann man doch irgendwie gar nicht beantworten.«

»Ja, verstehe. Das ist so ähnlich wie mit ›Wie geht's?‹«

»Oder wie mit ›Wie sieht's aus?‹«

»Oder wie mit ›Was liegt an?‹«

»Eben.«

Nachdenkliche Schweigeminute, in der sich Emily Ketchup auf den Nudelauflauf lädt.

»Ich meinte auch eher, ob irgendwas passiert ist, was sich zu erzählen lohnt«, sage ich.

»Nö.«

»Gar nix?«

»Echt nicht. Sonst würd ich's ja erzählen.«

»Ja, klar.«

»Genau.«

Übrigens: »Schwer zu glauben, daß jede Frau einen Mann zum Vater hat.« (Eugène Ionesco)

## Sonntag, 12. Dezember

Als Romancier, notierte W. Somerset Maugham, muß man sich »einen kindlichen Glauben an die Wirklichkeit der Dinge bewahren, die der Vernunft belanglos erscheinen«, jenen staunenden Blick auf die Welt also, den Adorno »epische Naivetät« nennt. Ein Romancier darf nie ganz erwachsen werden, sondern muß sich »bis zum Schluß für Angelegenheiten interessieren, für die er eigentlich schon zu alt ist« – vor allem für die Irrungen und Wirrungen erster und sogenannter unvernünftiger Lieben. »Der

Romancier ist gestorben in einem Mann, der die Nichtigkeit menschlicher Erlebnisse erfaßt hat.« Es wäre einen Essay wert, der Frage nachzugehen, ob Romanciers, die Familienmenschen waren und also viel Kontakt zu Kindern und Jugendlichen hatten, sich den »kindlichen Glauben« länger bewahren konnten als Einzelgänger.

Zweifellos bietet der eigene Familienkreis frische Perspektiven und jede Menge Erzählstoff. Er liefert auch Rückhalt und Trost angesichts öffentlicher Kritik, die immer häufiger zu persönlicher Schmähung und Häme verkommt. In der tröstlichen Verständnisinnigkeit eines halbwegs intakten Familienlebens verstecken sich aber auch Fallstricke aus Nachsicht und Bewunderung, die zu Selbstüberschätzung verleiten können. Deshalb tut man als Autor gut daran, im Familienkreis mit Auskünften über geplante Arbeiten zu geizen, entstehende Manuskripte unter Verschluß zu halten und mit der ganzen Wahrheit erst in Form eines fertigen Buchs herauszurücken. Mit diesem Journal mußte ich allerdings eine Ausnahme von der Regel der Selbstdiskretion machen, um mir von meiner Familie nicht den Vorwurf der Indiskretion einzuhandeln.

Gestern abend zu Gast bei den Eltern von Emilys Freundin Maike, die vor zwei Tagen ihre Führerscheinprüfung bestanden hat. Sie kam mir schlagartig selbstbewußter und erwachsener vor, und zwar um so mehr, als die Familie in der zwar idyllischen, für eine Achtzehnjährige aber wohl eher ätzenden Abgeschiedenheit eines Moordorfs lebt. Als Maike gegen 22 Uhr ankündigte, nun mal ganz locker in die Stadt fahren zu wollen, um sich dort mit Emily und anderen Freunden zu treffen, war zu spüren, um wie viel offener die Welt plötzlich für sie geworden ist.

»Dann grüß mal Emily schön von uns«, sagte ich und freute mich über Maikes Grinsen.

## Montag, 13. Dezember

Im Traum schlendere ich durch den Prater, der sich heute nacht aber nicht in Wien befindet, sondern irgendwo in Amerika. Aus dem Menschengewimmel dringen deutsche, englische und denglishe Laute. Vor einem Kettenkarussell treffe ich eine junge Frau, die mir bekannt vorkommt, Hand in Hand mit einem Mann, der ihr Liebhaber sein muß. Das wird wohl, sage ich mir, der Leutnant Gustl mit einem süßen Mädel sein, auf dem Weg ins Freie. Aber wo hat er denn seinen Degen? Wir tauschen ein paar belanglose Floskeln aus. Schließlich nehme ich meinen ganzen Mut zusammen und frage die Frau, ob sie nicht lieber mit *mir* weiter flanieren wolle? Ich sei ortskundig, zweifacher Vater und überhaupt sehr erfahren. Sie sieht mich nachdenklich an, streicht sich eine Haarsträhne aus der blassen Stirn und sagt zu meiner Überraschung leise ja. Aber da zieht der Leutnant Gustl, der immer noch ihre Hand hält, sie entschlossen von mir fort und verschwindet mit ihr im Passantenstrom, während ich in den Wirbel des Kettenkarussells starre, das sich immer schneller dreht, bis die vorbeiwischende Kreisbewegung die Form einer Acht annimmt, eines grundlosen Strudels, in dem ich versinke.

Denglish: Do I have a guilty Tetanus-Impfung?

In einem griechischen Restaurant spricht mich eine freundliche ältere Dame an. Nach meiner Geburt habe sie sich in meinem Elternhaus einige Wochen lang als Kindermädchen um meinen Bruder gekümmert. Sie nennt ihren Namen. Meine Mutter werde sich gewiß erinnern – aber obwohl sogleich eine Assoziationsflut an die Härten jener Jahre in ihr aufgewühlt wird, erinnert sich meine Mutter weder an den Namen noch an die Person. Merkwürdig. Vielleicht paßt ein Kindermädchen, das ja, wie bescheiden auch immer, bezahlt worden sein muß, nicht in die Lebensfiktion der sogenannten schweren Zeit? Vielleicht radiert die Einbildung nach und nach alle störenden Noten aus einer Lebensmelodie, bis nur noch der Ton übrigbleibt, den man als harmonisch empfindet, in dem man wiedererkannt und erinnert werden möchte.

Seinen Erinnerungen sollte man jedenfalls mißtrauen, je älter man wird, desto mehr.

»Für dich«, meint Emily, »muß das ja noch viel schwieriger sein.«

»Wieso das denn? So alt bin ich doch noch gar nicht.«

»Ich meine«, sagt sie, »daß es schwierig sein muß, später noch auseinanderzuhalten, was du in deinen Büchern erfunden, und was du selbst erlebt hast.«

Bislang hab ich's noch auseinanderhalten können. Toi toi toi. Und im übrigen ist auch das Erfundene selbst erlebt: Schließlich habe ich es selbst geschrieben.

### Dienstag, 14. Dezember

In Sándor Márais wunderbarem Skizzenbuch *Himmel und Erde* findet sich unter der Überschrift »Frieden« dieser lakonische, höchst denkwürdige Eintrag: »Beginne, mein Sohn, du, ganz persönlich. Anders geht es nicht.« Meinen Töchtern ins Stammbuch.

Die grauen Nebelgardinen dieses Winterabends scheinen das Licht, das sonst aus den Fenstern auf die stille Straße bricht, im Inneren der Häuser festzuhalten und verstärken so noch den Eindruck des Märchenhaften, den erleuchtete Zimmer auf den Außenstehenden machen. Die Wahrnehmung kommt mir vor, als sei in ihr der Begriff »zu Hause« Bild geworden.

In den Mollberger Jahren, als meine Töchter noch Kinder waren, gab es dafür ein anderes Bild. Wenn man, um die Ecke des

Waldwegs biegend, am Feldsaum hinter den Strichzeichnungen entlaubter Birkenkronen, zwischen froststarren Rhododendronbüschen und Kiefern, plötzlich das bereifte Rot des Ziegeldachs leuchten, und aus dem Schornstein hellgrauen Holzrauch ins blasse Winterblau sickern sah, war man angekommen.

## Mittwoch, 15. Dezember

Gelegentlich geben sich Leute als ehemalige Schüler meines Vaters zu erkennen; heute ein Gärtner, der den Apfelbaum beschneiden soll. Das schafft sogleich eine merkwürdige Bindung und Vertrautheit. Ich frage mich, ob diese Leute in mir etwas von dem wiedererkennen, was sie von meinem Vater erinnern. Ob wir in solchem Wiedererkennen länger leben als wir leben?

In einem Tagebucheintrag aus dem September 1990 stoße ich auf zwei wahrhaft poetische Sätze Emilys, die damals noch keine vier Jahre alt war: »Schade, daß man die Küche nicht ins Klo schieben kann.« Sowie: »Der Mond ist ein großer Stein mit `ner Taschenlampe drin.«

»Das Kind gibt seine Kindheit an immer kleinere weiter.« (Elias Canetti) Im Grunde wird das erstgeborene Kind aber durch die Existenz des Zweitgeborenen um einen Teil seiner Kindheit betrogen, weil das ältere Kind, wie klein es auch ist, ab sofort zum größeren wird und das vernünftigere zu sein hat, vielleicht sogar sein will, um zu kontrollieren und zu herrschen.

Dieser Kontrollreflex führte in meiner Kindheit zu einer bizarren Episode: Ich muß etwa vier Jahre alt gewesen sein, als mein zwei Jahre älterer Bruder mir erklärte, ein geheimnisvoller Mann habe ihm den Auftrag erteilt, ihn darüber zu informieren, wann genau ich einschliefe; deshalb müßte ich meinem Bruder stets den Zeitpunkt meines Einschlafens melden. Das führte dazu, daß ich nächtelang nicht einzuschlafen wagte, um diesen wichtigen Moment ja nicht zu verpassen – während mein Bruder längst schlief und mich so noch im Schlaf beherrschte.

Doch wird auch dem zweiten Kind durch das erste ein Teil seiner Kindheit genommen, weil das erste das zweite in seine ältere Sphäre zieht, wenn auch oft widerwillig.

## Donnerstag, 16. Dezember

»Der Geschmack einer Speise, eines Dings, eines Menschen kann täuschen, denn er trägt zu viele Möglichkeiten des Irrtums in sich. Er kann verfälscht werden durch unseren Appetit, unsere Neugier, unsere Sehnsucht, durch das Moment der Überraschung so gut wie durch das der Gewöhnung. Im Nachgeschmack erst ist der wirkliche Geschmack zwar verdünnt, aber auch gereinigt enthalten; am Nachgeschmack erst erweist sich die Idee des Menschen, des Dings, der Speise, die wir genossen haben.« (Arthur Schnitzler: *Buch der Sprüche und Bedenken*)

Nachgeschmack entsteht in Momenten, in denen Reste sinnlicher Präsenz von einsetzender Erinnerung überlagert werden. Sinnlich präsent ist Marlene noch durch ihr Zimmer, den Schreibtisch vorm Fenster, das Bücherregal mit dem Sessel davor, den in seiner Schlichtheit schönen Kleiderschrank, den ich schon als Student benutzt hatte, nachdem ich ihn auf dem Dachboden meines Elternhauses entdeckt und unter diversen Farbschichten das Holz freigelegt hatte, die Poster überm Bett, Kurt Cobain mit Gitarre und Zigarette und Edward Hoppers *Nighthawks*. Auf dem Wandbord mit Schminkutensilien steht ein gerahmtes, handkoloriertes Foto von Jim Morrisons Grab in Paris mit dem Text von *Riders on the Storm*:

»Riders on the storm,
riders on the storm,
into this house we're born,
into this world we're thrown
like a dog without a bone,
an actor out of loan.
Riders on the storm.

There's a killer on the road,
his brain is squirming like a toad.
Take a long holiday,
let your children play.
If you give this man a ride
sweet family will die.
Killer on the road.

Girl, you gotta love your man,
girl, you gotta love your man.
Take him by the hand,
make him understand.
The world on you depends,
our life will never end,
you gotta love your man.

Riders on the storm.
Riders on the storm …«

Das gerahmte Foto mit dem darunter eingeklebten Text stammt von mir, hing in Mollberg in meinem Arbeitszimmer. Irgendwann hat Marlene es sich erbeten, und ich dachte, bei ihr hängt es wohl auch besser. The world on you depends.

Der Killer auf der Straße, dem die »sweet family« zum Opfer fallen wird, wenn man ihn mitnimmt – das ist das Vergessen.

Daß man sich trotz Freiheitsphantasien bindet und umgekehrt andere an sich zu binden versucht, ohne die Überzeugung unseres Rechts dazu, macht Liebesbeziehungen problematisch und kann Familienbande in Fesseln verwandeln.

Dennoch war und ist Familie – zumindest als Symbol – die Wiege subjektiver Freiheit: »Was in der Gegenwart als Rückgang von Kultur sich offenbart, hängt nicht zuletzt mit der Gefährdung jener Institution zusammen, die seit dem Altertum als Zelle der Gesellschaft galt, mit dem durch technischen Fortschritt, durch Maschinerie und Automatisierung des Lebens, bedingten Herabsinken der Familie.«

Diese Gefährdung, die heute durch eine blinde, planlose und sich nur noch aus Sparzwängen legitimierende Bildungs- und Familienpolitik zugespitzt wird, beeinträchtigt das »Ideal der Ausdehnung der Freiheit des Einzelnen auf jedes Mitglied der Gesellschaft. Infolge einer nicht mißbrauchten, väterlichen Autorität, infolge wahrer Mutterliebe, die ohne die Verschiedenheit der männlichen und weiblichen Aufgaben und Rechte erlöschen muß, haben nicht wenige bürgerliche Familien das Symbol eines Besseren dargestellt.« (Max Horkheimer: *Nachgelassene Schriften 1949-1972*)

WKK: Emily Tennistraining Wintersaison 108,– Euro

Neues aus den Klassenzimmern oder Proud to be gay:

Schüler: »Mein Freund und ich heiraten übrigens. Dann brauchen wir nicht zum Bund.«

Lehrerin: »Und dann kommt der ganze Kurs zum Standesamt und rollt das Regenbogenbanner aus.«

## Samstag, 18. Dezember

Heute geht Emily auf einen Weihnachtsball, der von mehreren Gymnasien veranstaltet wird. Vorher werden bei Jamie und mir Meinungen eingeholt, welches der beiden in Frage kommenden Kleider angemessen sei: das mit den breiten bunten Streifen, das nach Sommer und Strandparty aussieht, oder das elegante, kleine Schwarze mit eingewebten Glitzerpunkten. Die Antwort fällt leicht und entsprechend einstimmig aus.

»Schon irgendwie komisch«, findet Emily, »das Gestreifte hat doch viel mehr gekostet.«

Abends läuft dann Freundin Luise auf, bereits in großer Abendgarderobe, herzhaft dekolletiert, hockhackige Pömps, um Emily beim Aufbrezzeln zu assistieren. Was tun mit den Haaren? Offen tragen oder aufstecken? Sie sitzen in der Küche, ein glückliches Stelldichein von Anmut und Selbstbewußtsein, und um aus diesem Anblick ein wenig Honig zu saugen, tue ich so, als hätte auch ich in der Küche etwas zu schaffen.

»Leider«, sagt Emily zu mir, »hab ich ja deine Haarstruktur geerbt.«

Ich streiche mir durch die schütteren Reste. »Da wär ich aber froh, wenn ich deine Haare hätte.«

»Struktur, meine ich«, sagt Emily, während Luise ihr das Haar zurückbindet und mit einer silbernen Spange feststeckt, »bloß so die Struktur an sich. Mit oder ohne Spange?«

»Wenn du mich fragst: mit.«

»Sagst du das jetzt als Vater? Oder als Mann?«

Ich trete einen halben Meter zurück und mustere die beiden lächelnden Bildhübschen. »Als Mann. Eindeutig.«

»Na gut«, grinst Emily, »dann bleibt die Spange drin.«

Da auch Jamie und ich heute abend ausgehen, verziehe ich mich ins Bad, um mich zu rasieren. Kaum bin ich eingeschäumt, kommt Emily dazu.

»Mann, Papa, wir brauchen doch jetzt das Badezimmer.«

»Ihr stört mich ja auch gar nicht«, sage ich und setze den Rasierer an. »Zum Glück haben wir zwei Waschbecken mit Spiegeln.«

Also postiert sich Emily vor dem anderen Spiegel und hantiert mit Schminkutensilien. Luise lehnt im Türrahmen, sieht Emily zu und riskiert auch einen Blick auf mich. Wie sieht sie mich jetzt? Als Emilys Vater? Oder als Mann?

»Rasiert dein Vater sich auch naß?« frage ich sie.

»Nur«, sagt sie.

»Mein Vater«, sagt Emily, »ist aber 'ne Doppelbegabung. Der rasiert sich manchmal auch elektrisch.«

Manchmal ist es doch nicht so schwer zu glauben, daß jede Frau einen Mann zum Vater hat.

### Sonntag, 19. Dezember

Der Ball, berichtet Emily beim Frühstück, sei eigentlich »voll okay« gewesen, obwohl auch erwartungsgemäß zahlreiche Verbindungs-Schüler dabei gewesen seien. »Voll kraß«. Daß ich bei derlei Schwachsinn nicht mitgemacht hätte, trägt mir Emilys Respekt ein. Und ich wundere mich, daß es so etwas überhaupt noch gibt! Oder wieder.

Diese Verbindungen mochten in den dreißiger Jahren noch eine Funktion gehabt haben, als sie dem Verbot durch die Nazis trotzten und sich mit der Oldenburger Hitlerjugend eine Straßenschlacht geliefert hatten, eine Art aktiven Widerstands der gymnasialen Jugend, von dem mein Vater nicht ohne Stolz zu erzählen liebte. Zu meiner Schulzeit in den sechziger Jahren wirkte die konspirative Heimlichtuerei allerdings nur noch wie ein spätpubertäres Indianerspiel, in dem man sich nicht mit Fransen und Federn, sondern mit Bierzipfeln und Mützen schmückte und statt mit Pfeil und Bogen mit Bierseideln und einem rostigen Säbel herumfuchtelte. Natürlich sollte ich, wie mein Großvater und Vater, meine Onkel und mein Bruder, die Familientradition fortsetzen und wurde also von dieser Loge hoffnungsvoller Nachwuchsalkoholiker zu einem ihrer Rekrutierungsbesäufnisse eingeladen, um mich zur alten Burschenherrlichkeit zu bekehren. Zu einer Zeit, da meine Freunde und ich Jimi Hendrix hörten und Haschisch rauchten, wurde dort zu meinem Staunen stramm deutschnationales Liedgut geschmettert und schales Bier aus Krügen und Stiefeln gesoffen. Solcher Hopfen und Malz war an mir hoffnungslos verloren.

»Die Vorurteile zu überwinden, die mir in meiner Jugend eingeimpft wurden, ist eine unterhaltsame Beschäftigung.« (W. Somerset Maugham, *Notizbuch eines Schriftstellers*)

## Montag, 20. Dezember

In unserem Bekanntenkreis lassen sich zwei Paare scheiden, beide seit über 20 Jahren verheiratet, beide Scheidungen folgen demselben Muster: Alternde Männer verfallen angesichts ihrer alternden Frauen und angesichts des häuslichen Exodus' ihrer Töchter dem Sirenengesang des »Das kann doch nicht alles gewesen sein«, verlieben sich in sehr viel jüngere Frauen und werfen sich diesen letzten hormonellen Lockerungen und Lockungen in die Arme.

Ich müßte lügen, wenn ich sagte, daß ich solche Torschlußpanikattacken nicht verstünde. Das Altern zu verstehen ist ja leider simpel genug. Wer verstünde es nicht? Und sei es nur in seinen vergessenen Träumen, an die man plötzlich erinnert wird, wenn man etwas sieht oder hört, was uns die Träume ins Bewußtsein zurückwirft – wie beispielsweise dieser Song:

»I set out one night
When the tide was low
There were signs in the sky
But I did not know
I'd be caught in the grip
Of the undertow
Ditched on a beach
Where the sea hates to go
With a child in my arms
And a chill in my soul
And my heart the shape
Of a begging bowl.«
(Leonard Cohen: *Undertow*)

Ob Männer, die Töchter haben, grundsätzlich anfälliger sind für derlei Verführungen und damit scheidungswilliger als Väter von Söhnen? Könnte es sein, daß das Aufblühen der Töchter in ihnen Wünsche weckt, die ganz tief im säuischen Getümmel des Unterbewußten am Inzesttabu kratzen (caught in the grip of the undertow) und um deren Erfüllung willen sie, ohne zu ahnen, was sie da treibt, sehr jungen Frauen erliegen (with a child in my arms and a chill in my soul)? Heimgewerkelte, spekulative Psychoanalyse – zugegeben. Aber man wird ja noch mal fragen dürfen.

Ein anderer Bekannter, liiert mit einer Dreißigjährigen, wird nach zwanzigjähriger Erholungspause wieder mal Vater. Der Mann ist fünfundsechzig. Im Hinblick auf die demographische Entwicklung und den Notstand der Sozialsysteme eine lobenswerte Leistung. Das Kind freilich wird einen Opa zum Vater haben, und wenn es heiratet, einen Greis. Oder einen Toten.

## Dienstag, 21. Dezember

Die musikalischen und literarischen Ambitionen, die ich als Jüngling hegte, nahm mein Vater so ernst, daß er mich sorgenvoll mahnte, erst einmal »was Vernünftiges« zu studieren, und vernünftig schien ihm, seinem Beispiel folgend, vor allem der Lehrerberuf.

Die Studien-, Karriere- und Berufssorgen, die meine Töchter plagen, nehme ich so ernst, daß ich sie manchmal mahne, darüber ihre künstlerischen (Marlene) und literarischen (Emily) Talente nicht ganz zu vergessen.

Irgendwie ist die Welt alt geworden.

Die Wahrheit ist häufig merkwürdiger und ausgefallener als alle Fiktionen. Um zu ihrer inneren Wahrscheinlichkeit und Glaubwürdigkeit zu kommen, muß literarische Fiktion nicht nur die Klischees und Trivialitäten des wirklichen Lebens dämpfen, sondern auch das Unwahrscheinliche, die Zufälle und rätselhaften Fügungen, das, ja doch, Schicksalhafte, bis es wieder so klingt, als sei's wirklich gewesen. Wenn man weiß, daß etwas Schicksalhaftes tatsächlich stattgefunden hat, berührt uns das tiefer als jede noch so raffinierte Erzählung. Deshalb kommen manche Romane mit dem Gestus daher, ihre Geschichte sei nicht erfunden, sondern gefunden.

Aber auch Tagebücher liefern nicht die Wahrheit des Lebens, sondern behaupten sie nur. Diskretion in eigener Sache, Rücksichtnahmen auf andere reale Existenzen, und die zwar Wirklichkeit reproduzierende, aber immer auch brechende, weil stilisierende Kraft der Sprache sorgen dafür, daß der, der uns aus dem Spiegel eines Journals anblickt, nicht mit dem identisch ist, der hineingeschaut hat.

Vielleicht sind Fiktionen am Ende deshalb sogar wahrer, weil sie nicht auf der Wahrheit bestehen.

## Mittwoch, 22. Dezember

Letzter Schultag dieses Jahres, letzte Lieferung der Serie Neues aus den Klassenzimmern. Heute: Erkenne dich selbst:

Sportlehrerin: »Schüler verstehen manchmal schwer, aber Lehrer verstehen gar nichts.«

Morgen fliegen wir nach New Jersey, um Weihnachten und Neujahr mit der amerikanischen Verwandtschaft zu verbringen. Marlene wird aus Chicago anreisen, und zu Silvester hat sich auch ihr Jamie angesagt. Emily und meine Jamie platzen vor Schwester- und Mutterneugier, während ich der Begegnung mit der väterlichen Gelassenheit des Privilegierten entgegensehe, der längst im Bilde ist.

Wir haben verabredet, die Flüge als Weihnachtsgeschenke zu verstehen und auf andere Geschenke weitgehend zu verzichten, so daß der Einkaufsstreß diesmal an uns vorübergeht. Ein paar Besorgungen muß ich dennoch erledigen, und auch Emily macht sich auf den Weg in die City.

»Vielleicht begegnen wir uns da irgendwo«, sage ich.

»Bei dem panischen Gedrängel würd ich dich aber gar nicht erkennen.«

»Ich kann mir ja irgendein Erkennungszeichen anstecken.«

»Oder du hältst ein selbstgeschriebenes Buch hoch«, schlägt Emily vor.

»Wär das nicht etwas zu eitel?«

»Dann setz dir doch einfach so eine Weihnachtsmannzipfelmütze auf. Weiße Watte, roter Filz, du weißt schon.«

»Davon laufen jetzt doch jede Menge durch die Stadt.«

»Dann nimm am besten eine mit blinkender Lichterkette. Gibt's mit Batteriebetrieb. Und wenn du mich siehst, läßt du deine Zipfelmütze dreimal kurz blinken. Dann weiß ich, daß der Weihnachtsmann mein Vater ist.«

Donnerstag, 23. Dezember
(Short Hills/New Jersey)

Denglish: Schinkenbank (für Sparschwein).

Weil die Flüge erheblich billiger sind als die Direktverbindung nach Newark, reisen wir über Kanada ein, erkaufen das Schnäppchen aber wegen der kafkaesken Zoll- und Paßformalitäten mit einem verpaßten Anschlußflug und sitzen dann sechs Stunden auf dem öden, hundertprozentig rauchfreien Flughafen Montreal fest. Als wir schließlich entnervt und übermüdet im Flieger nach Newark sitzen, schließt Emily die Augen, läßt den Kopf auf meine Schulter sinken und schläft ein. Die Süße dieser Berührung entschädigt mich für den Reisestreß. Daß sie schon einmal an meiner Schulter einschlief, ist so lange her, daß ich mich nicht mehr daran erinnern kann, und so kommt es mir wie ein verspätetes erstes Mal vor.

Im Haus meiner Schwiegermutter das große Wiedersehen mit Marlene, die nachmittags aus Chicago gekommen ist.

Wir werden älter, und unsere Kinder werden es auch. Sie holen uns nie ein, und wir können nie zurückkehren. Vielleicht kommen wir uns am nächsten, können uns gegenseitig am besten verstehen, wenn sie eben erwachsen geworden sind, und wir noch die letzten Neigen unserer Jugend zu schmecken glauben. Also jetzt. Oder nie.

### Freitag, 24. Dezember (Orangeburg/New York State)

Bevor wir zum weihnachtlichen Familientreffen im Haus einer Tante von Jamie aufbrechen, packen wir die großen Koffer aus und die kleinen ein, wobei es zu einem Déjà-vu aus längst überwunden geglaubten Pubertärzickereien kommt: Sie habe, jammert Marlene, nichts zum Anziehen, schon gar nicht für die anstehenden Festivitäten, während Emily über die schicksten und tollsten Klamotten verfüge und nicht einmal selbst bezahlen müsse. Zwar bemüht sich Marlene um einen halbwegs ironischen Zungenschlag, und doch höre ich in ihrer Klage einen Unterton, den ich mir etwa so übersetze: Während sie in der kalten Welt auf sich selbst gestellt ist, sitzt die kleine Schwester umsorgt im warmen Nest und läßt sich's gutgehen.

In Chicago fühle sie sich ansonsten zwar sehr wohl, vermisse allerdings nachhaltig einige Errungenschaften deutscher Alltagskultur.

»Schwarzbrot?« vermute ich

Weit gefehlt. »Wäscheleinen, die man einfach mal so ausspannen kann. Oder zumindest einen vernünftigen Wäschetrockner.«

»Was meinst du mit vernünftig?«

»Einen, bei dem die Wäsche beim Trocknen nicht einläuft.«

»Vielleicht stellst du die Temperatur zu hoch?« sagt Jamie.

»Nein. Bei amerikanischen Trocknern schrumpft die Wäsche immer.«

Während der Autofahrt nach Orangeburg frage ich Marlene nach Einzelheiten des Studiums ihres Freunds, für den wir wunschgemäß Bücher von Nietzsche und Kant mitgebracht haben.

Marlene antwortet zögernd, fast widerwillig, und sagt nach erneuter Nachfrage plötzlich genervt: »Frag ihn doch selbst, wenn er da ist. Dann habt ihr jedenfalls etwas, über das ihr euch unterhalten könnt.«

Da bin ich aber eingeschnappt!

Zum Weihnachtstreffen versammeln sich 20 Familienmitglieder (und das ist nur ein Teil der weitverzweigten, amerikanischen Sippschaft) bei Tante Marjorie, einer Schwester meiner Schwiegermutter. Das weitläufige, labyrinthische Haus wird nur zum kleineren Teil von der Familie bewohnt; der größere Teil dient normalerweise als TV-Studio, in dem Innenaufnahmen für Werbespots und Fernsehserien abgedreht werden. Das Haus ist entsprechend ausgestattet: Diverse Küchen, verschiebbare Wände, Zimmer und Salons, die in unterschiedlichen Stilen eingerichtet sind. Platz genug für alle.

Am Hang oberhalb des Haupthauses liegt noch eine zum Wohnhaus umgebaute, ehemalige Scheune, in der Heather, eine von Jamies Cousinen, mit ihrer Familie lebt. Hier steigt heute abend die Christmas-Eve-Party, zu der neben der Familie auch noch Freunde erscheinen, insgesamt fast 30 Personen. Mit der als Besinnlichkeit maskierten, sentimentalen Gefühlsduselei eines deutschen Heiligabends hat das muntere Gewimmel unterm drei Meter hohen Tannenbaum nichts zu tun, sondern ist ein buntes, gut gelauntes Fest. Ich sitze in einem Schaukelstuhl vor dem gewaltigen Kaminfeuer, dessen Funkenregen manchmal wie Feuerwerk prasselt, aufspringt und vom Schornsteinsog in die Höhe gerissen wird. Obwohl ich die meisten Anwesenden kenne, empfinde ich mich als Außenseiter, als ein Zukömmling, während Marlene und Emily ersichtlich Abkömmlinge sind. Man sieht es an den Gesichtszügen, über die die Familienähnlichkeit huscht, manchmal geschwisterlich ausgeprägt, manchmal schattenhaft, nur dem erkennbar, der um sie weiß oder sie sich vielleicht auch nur einbildet.

Irgendwann an diesem Abend liegt auf Marlenes Gesicht ein

Ausdruck, den ich an ihr noch nie gesehen habe, und ich verstehe, daß ihr Leben jetzt Veränderungen unterworfen ist, die an mir vorbeigehen. Sie ist bei sich selbst angekommen. Und bei anderen.

### Samstag, 25. Dezember (Orangeburg)

Nach einem gemeinsamen Frühstück teilt sich die Großfamilie in ihre kleinfamiliären Zellen, um Geschenke auszutauschen; eine Bescherung für alle wird es vorm Dinner geben. Wir setzen uns in einem der Salons vor den Kamin. Oma States schenkt den Mädchen zu Halsketten umgearbeitete Uhrenketten aus dem Schatzhort der Familie. Das schönste Geschenk, jedenfalls meiner Meinung nach, macht jedoch Emily ihrer Schwester: ein selbstgebasteltes Memory-Spiel. Die Bildseiten der Karten hat sie mit Fotos beklebt, auf denen sie gemeinsam mit Marlene zu sehen ist, von staksigen Kindesbeinen bis zur langbeinigen Bikini-Schönheit des letzten gemeinsamen Sommers am Strand von Bay Head. Eins der Fotos zeigt die Schwestern im Mollberger Wintergarten. Marlene, etwa fünf Jahre alt, hält Emily umarmt, als wolle sie ihre kleine Schwester vor etwas schützen oder sie trösten. Welcher Schutz, welcher Trost das auch immer gewesen sein mag – ich weiß es nicht mehr, aber das Foto hält eine Geste fest, von der ich mir wünsche, daß sie im Leben meiner Töchter von Dauer sein möge.

Anschließend versammelt sich die komplette Mischpoke in der Bibliothek zum Gruppenbild. Ein professioneller Fotograf hat dort bereits mit Lampen und Reflexionsschirmen die Bühne ausgeleuchtet und drapiert uns nun mit routiniertem, etwas öligem Charme zu einer Komposition zusammen, in deren Mittelpunkt Onkel Doug plaziert wird, das einzige noch lebende, männliche Familienmitglied aus der Generation unserer Eltern.

Er leidet an Alzheimer und sitzt mit leerem Gesicht zwischen den unbestrittenen Chefinnen des Clans, Oma States mit ihren beiden Schwestern, alle drei über 80 Jahre alt und alle drei von erstaunlicher Fitness – »tough old birds«, wie mein Schwager sie mal respektvoll bezeichnet hat. Ein Matriarchat wie aus dem Bilderbuch beziehungsweise Fotoalbum. Hintergrund und Peripherie des Arrangements wird mit den folgenden Generationen bestückt, und dann reißt der Fotograf allerlei Witzchen, die uns zum recht freundlichen Gesicht verführen, und bannt den Clan in die flüchtige Ewigkeit seiner Digitalkamera.

Die anschließende Bescherung von allen für alle wird mit der Weihnachtsgeschichte aus dem Lukasevangelium eingeleitet, vorbuchstabiert vom jüngsten Familienmitglied, einem achtjährigen, motorisch leicht überdrehten Jungen. Die Bescherung gehorcht den Regeln eines Julklaps: Jede Person beschenkt eine andere Person, und wer da für wen zuständig ist, ist schon vor Wochen als geheime Kommandosache ausgelost worden. Ich verschenke einen silbernen Weinstopper an den Mann einer Cousine meiner Frau und bekomme Buchstützen von der Tochter einer Cousine meiner Frau. Und so verschenken wir alle etwas und werden kreuz und quer durchs Beziehungs- und Verwandtschaftsgeflecht mit etwas beschenkt. Dazu trinkt man Gin-Fizz, mit Rücksicht auf die Jugendlichen mit deutlich mehr Fizz als Gin.

Zum frühen Dinner gibt es, wie könnte es anders sein, einen gewaltigen Truthahn, von zwei Tanten zubereitet und von Cousin Steven fachmännisch tranchiert. Jamie, Marlene und Emily gucken als Vegetarier in die Röhre und halten sich an den Sättigungsbeilagen schadlos.

Dann überkommt mich plötzlich eine bleischwere, dem kalifornischen Rotwein und dem Jetlag geschuldete Müdigkeit, und ich ziehe mich ins Schlafzimmer zurück, liege auf dem Bett, schließe die Augen. Nur ein Viertelstündchen. Das Foto, auf dem Marlene Emily umarmt, geistert über die Netzhaut, verbindet sich in diesem satten Dunkel mit anderen Geistern und Gesichtern, freundlich, liebevoll und weit, weit weg im unerreichbaren Irgendwo.

Ob ich mit ins Kino wolle, weckt Jamie mich. Die jüngeren Generationen, zu denen wir offenbar noch zählen, brächen jetzt nämlich alle ins Kino auf.

Eigentlich möchte ich nicht, nein. Eigentlich bliebe ich lieber hier im Irgendwo, aber weil ich nicht der Party-Pooper sein will, schließe ich mich an, finde aber aus meiner halbschlafenden Benommenheit nicht mehr recht heraus und bin so mürrisch, daß ich erst recht zum Party-Pooper werde, den Emily mit der Bemerkung »nun reiß dich mal zusammen, Papa« zur Besinnung ruft. Der Film heißt *Sideways*. Während der ersten Viertelstunde muß ich gegen den Schlaf ankämpfen. Als ich merke, daß der Film mir immerhin gut gefällt, ärgere ich mich über meine Müdigkeit.

Schon wieder was verträumt. Am Ende erst bin ich hellwach. So geht's manchmal im Leben.

### Sonntag, 26. Dezember
### (Short Hills/New Jersey)

Marlene, aus deren Englisch der deutsche Akzent fast verschwunden ist, deren Denglish aber um so buntere Blüten treibt: Das Haus hat fünf Flure (gemeint sind floors, also Stockwerke). Der Typ ist by der Uni employed.

Nach dem Frühstück zurück nach Short Hills, wo wir mit Russie verabredet sind, einer so entfernten Cousine meiner Schwiegermutter oder meiner Frau, daß der Verwandtschaftsgrad kaum noch zu rekonstruieren ist. In der komplizierten Erbschaftsangelegenheit, an der sich unser Anwalt immer noch die Zähne ausbeißt, ist diese Frau von Jamie ausfindig gemacht worden, und wenn es etwas zu holen gibt, belebt bekanntlich auch noch der allerletzte Vetter aus Dingsda seinen eingeschlafenen Familiensinn.

Die Ein-Achtel- bis Ein-Sechzehntel-Cousine entpuppt sich als Repräsentantin einer undurchsichtigen, christlich-fundamentalistischen Organisation, die publizistische Kreuzzüge gegen Abtreibungen durchführt. Unter einem spraystarren, blondierten Haarhelm ein maskenhaftes, mehrfach durch kosmetische Chirurgie korrigiertes, also entstelltes Gesicht. Diese Eingriffe, erklärt sie ungefragt, müßten schon sein, da sie die Erfahrung gemacht habe, daß bei ihren öffentlichen Auftritten eine jugendliche Rednerin viel glaubwürdiger sei als eine alternde. Obwohl sie vermutlich mehrere Stunden täglich vor Spiegeln verbringt, ist ihr offensichtlich entgangen, daß die zusammenoperierte Jugendlichkeit entschieden greisenhafter wirkt als jede Falte, jeder Krähenfuß, den das Leben in die Gesichter gräbt. Das Gespräch dreht sich wechselweise um ein öminöses »post abortion syndrom« und um die komplexe Genealogie der Familie Gifford, die durch diverse Seitensprünge der Quäker-Vorväter und daraus resultierenden unehelichen Kindern allerlei wirre und falsche Fährten aufweist, um sich im frühen 17. Jahrhundert im Nebel schottischer Hochländer endgültig zu verlieren.

Emily und Marlene sind schon nach kurzer Zeit zum ausgewogenen Urteil Erbschleicherin gelangt und haben sich in den Wintergarten verzogen, wo sie sich gewissenhaft durch einen Stapel Spielfilme arbeiten, den sie aus der Videothek entliehen haben. Nach dem Abendessen setzen sich Russie und ihre beiden »Cousinen« zu weiteren genealogischen Spekulationen in die Bibliothek, während die Girls den dritten Film einlegen. Ich verziehe mich ins Schlafzimmer, blättere in Nietzsches *Jenseits von Gut und Böse*, das wir für Marlenes Jamie mitgebracht haben. Nach einer Weile kommt Emily nach oben: Ob ich nicht auch den Spielfilm sehen wolle?

»Ich komm gleich«, sage ich, »will nur noch kurz einen Abschnitt lesen«.

Es ist aber nur ein einziger, grammatisch unvollständiger Satz, an dem ich hängengeblieben bin und der mich trifft, als sei er exklusiv für mich geschrieben. Er lautet: »Die Melancholie alles Fertigen.« Der Satz hüllt mich ein wie wattiger Nebel, der aus allen Richtungen kommt und sich in ein vages Überall ausdehnt.

## Montag, 27. Dezember (Short Hills)

Der Dollar steht gegenüber dem Euro so schwach wie noch nie. Also brechen wir im Bewußtsein unserer Devisenstärke und in der Hoffnung auf Dumpingpreise der After-Christmas-Sales zum Shoppen in die Short Hills Mall auf.

»Willst du dir auch was kaufen?« fragt Marlene.

»Mal sehen«, sage ich, »vielleicht einen Wintermantel.«

»Was willst *du* denn mit `nem Wintermantel?« Sie sieht mich streng an. »Du hast dir doch grade erst diese teure Lederjacke gekauft.«

Ich ärgere mich, denke, daß sie tief beleidigt gewesen wäre, hätte ich so auf sie reagiert, bin selber beleidigt und schweige mißvergnügt vor mich hin.

In der Mall trennen wir uns. Die Girls zieht es in andere Läden als unsereinen. Vor lauter Supersonderangeboten vergeht mir jede Kauflust. Ich brauche auch nichts. Schon gar keinen Wintermantel.

Zum Lunch treffen wir uns wieder, aber weil die Restaurants in der Mall überfüllt sind, fahren wir in einen schön altmodischen Diner nach Millburn.

Marlene erzählt, Nietzsche und Kant lese ihr Jamie zwar in englischer Übersetzung, wolle aber die deutschen Originaltexte als Parallellektüre, und er habe auch eine Seminararbeit über

Übersetzungsprobleme von Nietzsches *Also sprach Zarathustra* geschrieben, besonders über den Begriff des Überflusses. Überhaupt sei ja exaktes Übersetzen philosophischer Texte viel wichtiger als bei anderen Texten, weil in der Philosophie oft alles von einem einzigen Begriff abhänge.

Das, sage ich, sei aber in literarischen Texten nicht unbedingt anders, und vielleicht gelte es sogar erst recht für technische Texte, beispielsweise Gebrauchsanweisungen für Haushaltsgeräte: Wenn man da etwa »off« nicht mit »aus« sondern mit »an« übersetze, stifte man schwere Verwirrung.

Was ich erfreut für den Beginn eines tiefschürfenden Gesprächs halte, erweist sich als böser Flop. Marlene reagiert nämlich gekränkt. Warum ich ihr dauernd widersprechen müsse? Auf diesem Niveau habe sie überhaupt keine Lust, sich mit mir zu unterhalten. Und ob ich meine Studenten in Middlebury auch derart abkanzeln würde?

Ich bin perplex, sprach- und hilflos. Abkanzeln? Hier hätte doch ein Gespräch, das uns alle Vier, die wir zweisprachig funktionieren, interessiert, seinen Anfang nehmen können. Soll ich ihr jetzt etwa sagen, daß die Welt und das Leben nicht aus Entweder-Oder, sondern meistens aus Sowohl-Als-Auch besteht? Soll ich's schon wieder besser wissen? Väterliche Aphorismen zur Lebensweisheit absondern? Betretenes Schweigen. Sitzen wir hier im Diner von Millburn endlich mal wieder zusammen, nur um zu erfahren, wie weit wir schon voneinander entfernt sind?

Die Stimmung bleibt trüb und trübt sich noch mehr, als abends das Gespräch auf die anstehende Scheidung unserer Freiburger Freunde kommt. Empörend sei, daß J. sich nun mit einer so viel jüngeren Frau einlasse, daß sie seine Tochter sein könne. Und für G., die eigene Tochter, müsse es völlig unerträglich sein, wenn ihr Vater es mit einer treibe, die eher ihrer als seiner Generation angehöre.

Ich gebe zu bedenken, daß J. bislang mit einer immerhin 15

Jahre älteren Frau zusammengelebt habe, worüber sich niemand je empört hätte, jedenfalls keine Frau, und daß ich es als heuchlerisch empfände, über Harold-and-Maude-Beziehungen entzückt zu sein, Männer aber reflexartig für skrupellose Schweine zu halten, wenn sie sich jüngeren Frauen zuwendeten. Solche Zerwürfnisse hätten stets sehr viel kompliziertere Hintergründe, und lediglich den Altersunterschied zu skandalisieren, werde der Komplexität von Beziehungen und Scheidungen nicht gerecht. Wenn Frauen jüngere Männer liebten und von ihnen geliebt würden – was sei daran verwerflicher als die Liebe älterer Männer zu jüngeren Frauen? Und umgekehrt?

Doch je mehr ich mich gegen die weibliche Phalanx meiner Töchter, meiner Frau und meiner Schwiegermutter für meinen Freund in die Bresche werfe, desto mehr scheinen die Fronten sich zu verhärten. Und irgendwann habe ich das Gefühl, als führte ich eine Stellvertreterdiskussion, als gehe es hier um mich, um Jamie, um unsere Ehe. Am Ende kommt es mir und, wie ich spüre, auch den vier Frauen vor, als hätten wir uns in verschiedenen Gängen eines Labyrinths verirrt, aus dem niemand je den Ausgang finden wird.

## Dienstag, 28. Dezember (Short Hills)

Kurz vorm Erwachen ziehen unter mir in unablässigem Strom des Highways Autos nach Osten. Ich stehe auf dem Geländer einer Brücke, von der aus man die ferne Skyline New York Citys erkennt. Mit ausgebreiteten Armen balanciere ich das Geländer entlang, unschlüssig, ob ich springen, stürzen und sterben soll oder abheben und fliegen kann. Um es herauszufinden, muß ich den Schritt ins Leere wagen, sonst werde ich ewig an diese Brücke gebannt bleiben. Eine sehr akzentuierte Stimme flüstert mir ins Ohr: It's time to move on, Klaus, it's time to move on. Ich wage den Schritt und kann fliegen. Der Sog der Stadt reißt mich fort. Unter mir das Schachbrett der Avenues und Straßen, die Antennen auf den Dächern der Wolkenkratzer wie das Nagelbrett eines Fakirs, dem ich nicht zu nahe kommen darf, will ich nicht zerrissen werden, der Central Park ein grünes Bett, für mich aufgeschlagen, auf mich wartend, aber ich kann nicht sinken, weil der Sog stärker wird und die Stimme schrill wie ein Falkenschrei: It's time to move on. Ich muß zurück zur Brücke, finde sie aber im ausweglosen Labyrinth der Highways nicht wieder, und meine Arme werden schwer, sehr schwer, und als ich, auf meinem linken Arm liegend, erwache, ist er eingeschlafen und ohne jedes Gefühl.

Über die Verstimmungen von gestern kommt es mit Jamie und Marlene zu einer Aussprache, die aber unbehaglich halbherzig bleibt und mein Gefühl der Lähmung nicht löst. Beim Eiertanz, Marlene gegenüber Interesse an den Tag zu legen, ohne dabei so in die Sphäre ihrer Selbständigkeit zu geraten, daß mein Interesse als Inquisition empfunden wird, verkrampfe ich bis zur Hilflosigkeit.

Abends sind wir bei Freunden zum Essen eingeladen, aber unsere Töchter schließen sich nicht an, sondern gehen lieber ins Kino. Sie wollen unter sich sein, von Schwester zu Schwester miteinander reden, wahrscheinlich nicht zuletzt über den schwierigen Umgang mit ihrem Vater.

## Mittwoch, 29. Dezember (Short Hills)

Als Weihnachtsgeschenk für ihren Jamie hat Marlene ein Backgammon-Spiel gekauft. Ob ich das spielen und ihr beibringen könne?

Kann ich – allerdings nur in einer simplen, Mensch-ärgere-dich-nicht-ähnlichen Version, die ich in den siebziger Jahren an den Tischen griechischer Kaphenions aufgeschnappt habe. Wir werfen die Würfel, setzen die Steine, aber Zug um Zug zeigt sich auf Marlenes Gesicht wachsende Langeweile. Das sei ja völlig unspannend. Öde.

»In der Spielanleitung«, sage ich, »gibt's vielleicht interessantere Varianten. Mußt du dir mal in Ruhe durchlesen. Wollen wir noch 'ne Partie spielen?«

»Nee, das reicht jetzt.« Sie klappt das Brett zu, und mir kommt es so vor, als mache sie mich für ihre Enttäuschung verantwortlich.

Marlene fährt, als wir vom Abendessen in einem Restaurant nach Haus zurückkommen. Vor der Garageneinfahrt fragt Jamie, ob sie das denn auch wohl schaffe, in die Garage hinein zu manövrieren. Marlene steigt wortlos aus, knallt die Fahrertür zu, baut sich mit verschränkten Armen in der Einfahrt auf und murmelt: »Hier wird man ja wohl ewig wie 'n Kleinkind behandelt.«

Ich bin froh, ausnahmsweise einmal nicht der Urheber ihrer Empörung zu sein.

Wen man liebt, muß man auch loslassen können.

## Donnerstag, 30. Dezember (Short Hills)

Emilys Geburtstag. Jetzt ist sie 18 Jahre alt und volljährig, de iure erwachsen, kann sich bei Bedarf für die Schule ihre eigenen Entschuldigungszettel schreiben und im übrigen tun und lassen, was sie will.

Als sie zum Frühstück in der Küche erscheint, singen wir Happy Birthday. Oma States schenkt ihr aus den offenbar unerschöpflichen Beständen des Familienschmucks eine goldene Taschenuhr mit den eingravierten Initialen EM, kann sich aber merkwürdigerweise nicht erinnern, wer vor Emily je Träger dieser Initialen war.

Von mir bekommt sie einen Sparvertrag, auf den ich achtzehn Jahre lang regelmäßig eine bescheidene Summe einzahlte, die sich inzwischen zu einem hübschen Sümmchen ausgewachsen hat. Und ich schenke ihr meinen Lieblingsgürtel, über dessen Geschichte ich am 18. Januar berichtet habe. Wenn Micky das wüßte, denke ich, würde sie zustimmend lächeln. Ich habe ihn zusammengerollt in ein Zigarillokistchen gesteckt und einen Zettel dazugelegt:

Warst immer die Kleine,
und jetzt bist du groß;
bleibst trotzdem die Kleine:
Das wird man nie los.

Emily hat sich gewünscht, den Tag in New York zu verbringen. Eigentlich wollen wir ins soeben wiedereröffnete Museum of Modern Art, vor dem sich aber eine anderthalbstündige Warteschlange staut. Also machen wir uns auf den Weg zum Whitney Museum an der Upper East Side, und indem wir zu Fuß gehen, machen wir auch eine durchaus intensive Stadterfahrung. Mit ihren großen Schritten ist Marlene uns immer voraus, manchmal gleich einen ganzen Block.

Ob ich Lust hätte, hier zu leben, fragt mich Emily.

»Nicht für immer«, sage ich, »aber für eine Weile schon.«

»Hier in der Upper East Side?«

»Das könnte ich mir nicht leisten. Teures Pflaster. Eher in Greenwich Village, zehnte, zwölfte Straße, da unten die Gegend. Könnte ich mir aber vermutlich auch nicht leisten. Und du? Würdest du hier gern leben?«

Emily nickt. »Für'n Jahr oder zwei wär schon cool. Zum Studieren oder so.«

Nachdem wir im Whitney mit ein paar Hopper-Gemälden und anderen Americana der kulturellen Pflicht Genüge getan und in einem Diner geluncht haben, findet Emily in einem Schuhgeschäft »was Passendes«. Zwar gefallen ihr die flachen, angeschrägten Absätze nicht, aber da man die sowieso nur sieht, wenn man die Schuhe umdreht, ringt sie sich zu einem letzten Geburtstagsgeschenk durch. Wofür schlepp ich schließlich meine Kreditkarte durch die Gegend?

Auf dem Rückweg in die Vorortidylle von Short Hills läßt Marlene die geballte Unzufriedenheit ab, die sich in ihrem spröden Verhalten der letzten Tage angekündigt hat. Im Gegensatz zu *allen* ihren Freundinnen, die von ihren Eltern jede, aber wirklich auch jede nur denkbare Unterstützung erhielten, sei sie ganz auf sich allein gestellt. Sie beklage sich darüber natürlich nicht, überhaupt nicht, die ganze Sache in Chicago sei durchaus ihre freie Wahl und Entscheidung und sie sei stolz, auf eigenen Füßen zu stehen. Aber für diese Selbständigkeit könne sie von uns doch wohl ein paar »Credits« erwarten, ein bißchen mehr Respekt und Zuwendung, materiell und psychologisch. Was, wenn sie demnächst mal neues Mobiliar brauche, eine neue Küche womöglich und so weiter? Und wofür wir überhaupt noch so eine große Wohnung brauchten, jetzt, da sie aus dem Haus sei und Emily bald folgen werde? Ihr unbewußter Versuch, Jamie und mir Schuldgefühle zu implantieren, verfängt zwar nicht recht, doch glaube ich zu verstehen, daß sie das Gefühl hat, in ihrer neuen Selbständigkeit nicht akzeptiert zu werden und sich, ohne es sich einzugestehen, vor dieser Selbständigkeit vielleicht auch ein wenig fürchtet. Die Stimmung tendiert düster gegen null.

Zurück im Haus von Oma States setze ich mich mit Marlene in die Küche, schenke mir einen Bourbon ein und spreche mit ihr unter vier Augen. Höchste Zeit, mal »über alles zu reden«. Für alles reicht die Zeit zwar nicht – sie reicht ja nie –, aber dafür gelingt uns plötzlich ein freundliches Einverständnis, wie es in dieser Intensität und Tiefe selten, wenn überhaupt je, zwischen uns zustandegekommen ist. Nicht nur sie, sage ich, müsse mit neuen Situationen fertig werden, sondern auch ihre Mutter und ich müßten uns neu orientieren, anders organisieren, irgendwie noch einmal von vorne anfangen, nachdem Marlene das Haus verlassen habe, und das Ende der häuslichen Fahnenstange nun auch für Emily immer klarer in Sicht käme. Nach fast zwanzig Jahren engster Gemeinsamkeit betreffe der schmerzhafte und schwierige Abnabelungsprozeß Eltern wie Kinder gleichermaßen, und ich entschuldige mich auch gleich für das Wort Kinder, was Marlene lächelnd akzeptiert. Und manchmal sei mir dabei schlicht zum Heulen zumute, zum Beispiel jetzt, in diesem Moment. Und da spüre ich, daß ihr es genauso geht. Im übrigen hoffte ich, sage ich mit leicht gepreßter Stimme, daß sie das Glück, das sie mit ihrem Jamie gefunden habe, lange, sehr lange festhalten werde. Nur hätte ich einen Wunsch: Daß sie niemals die Wünsche und Träume, die sie selbst ans Leben hat, diesem Glück opfert.

Und dann umarmen wir uns, wie wir uns lange nicht mehr, womöglich noch nie, umarmt haben und stehen so schweigend ein paar endlose Sekunden in der stillen Küche – bis Oma States ruft: »Time to go to the Club!«

Wir essen im Country Club zu abend, bestellen als Aperitif eine Flasche Champagner. Der zuvorkommende Kellner spielt mit Blick auf unsere kleine, irgendwie ersichtlich geschlossene Gesellschaft freundlich mit, indem er sagt: »I guess everybody's over twenty-one at this table« und ohne eine Antwort zu erwarten einschenkt. Wir stoßen an. Großmutter und Mutter, Mutter und Tochter, Vater und Schwiegersohn, zwei Töchter und Enkelkinder. Und alle endlich volljährig.

Kurz vorm Einschlafen erinnere ich mich an Emilys sehr schwierige Geburt. Die Nabelschnur hatte sich verwickelt. Jamie schrie, wie ich sie noch nie und nie wieder schreien hörte. Selbst die erfahrene Hebamme wurde nervös. Ich konnte es schließlich nicht mehr ertragen, verließ den Kreißsaal, sah im Augenblick der Geburt den Tod. Alles ging gut.

»Der Säugling vereinigt in sich die selbstbeglaubigende Gewalt des Schondaseins und die heischende Ohnmacht des Nochnichtseins, den unbedingten Selbstzweck jedes Lebendigen und das Erstwerdenmüssen des zugehörigen Vermögens, ihm zu entsprechen. Dies Werdenmüssen ist ein Dazwischen – ein Hängen des hilflosen Seins über dem Nichtsein –, das eine fremde Kausalität füllen muß. In der radikalen Insuffiziens des Erzeugten als solchen ist die Abwehr des Rückfalls ins Nichts durch die Erzeuger, die Wartung seines weiteren Werdens ontologisch sozusagen vorgesehen. Die Zusage dazu war in der Zeugung enthalten. Ihre Einhaltung (selbst durch Andere) wird zur unabweisbaren Pflicht gegenüber dem nun selbstgültig bestehenden Sein in seiner totalen Angewiesenheit darauf. (...) Mit jedem Kinde, das geboren wird, fängt die Menschheit im Angesicht der Sterblichkeit neu an, und insofern ist hier auch Verantwortung für den Fortbestand der Menschheit im Spiel.« (Hans Jonas: *Das Prinzip Verantwortung*)

In Middlebury hat mich Annie F. aus dem Adorno-Seminar einmal gefragt, ob man das, was Adorno zu sagen habe, nicht auch einfacher formulieren könne. Ja, habe ich damals gesagt, das glaube ich schon. Das gilt auch für das, was Hans Jonas übers Kinderkriegen, Kinderhaben und die sich daraus ergebende Verantwortung sagt.

Und nicht zuletzt deshalb habe ich dies Journal geschrieben.

## Freitag, 31. Dezember (Short Hills)

Am frühen Nachmittag kommt er endlich an: James, genannt Jamie, aus North Carolina. Oma States und ich kennen ihn schon, von Marlene zu schweigen, und daß er bei Marlenes Mutter und Schwester ebenfalls bestens ankommt, ist schon nach wenigen Minuten klar – wenn nicht auf den ersten Blick.

Meine Jamie kocht zum Dinner ein mehrgängiges Menü, und ich habe mich gezielt im Weinkeller meiner Schwiegermutter umgesehen. Der Abend rollt freundlich dahin. Kurz vor Mitternacht ziehen wir in den Wintergarten, und um Punkt zwölf lasse ich den Champagnerkorken knallen. Silvesterfeuerwerk gibt es hier nicht, und trotzdem hört man von draußen ein paar Böller, weit entfernt, vielleicht von jenseits des Atlantiks wie das Echo von etwas ganz anderem.

Als Schlußakkord habe ich mir eine irgendwann im Lauf des Jahres notierte, altchinesische Weisheit aufgespart: »Was durch das Zeugen erzeugt wird, ist der Tod; aber das, wodurch das Zeugen zum Zeugen wird, ist noch nie zu Ende gekommen. Was durch das Gestalten gestaltet wird, ist die Masse; aber das, wodurch das Gestalten zum Gestalten wird, ist noch nie ins Dasein getreten.« (Liezi)

Was durch die Sprache erzeugt wird, ist das Verstehen; aber das, was die Sprache zur Sprache macht, hat noch keiner verstanden und ausgesprochen. Was durch die Liebe erzeugt wird, ist die Liebe; aber das, was die Liebe zur Liebe macht, entzieht sich unserem Verständnis.

*And in the end*
*the love you take*
*is equal to the love*
*you make*